CB012990

DICIONÁRIO DAS RELAÇÕES ÉTNICO-RACIAIS CONTEMPORÂNEAS

Equipe de realização:

Coordenação de textos: Elen Durando e Luiz Henrique Soares
Preparação: Marcio Honorio de Godoy
Revisão: Adriano C.A. e Sousa
Capa: Luisa Moritz Kon
Projeto Gráfico: Sergio Kon
Produção: Ricardo W. Neves e Sergio Kon

CIP-Brasil. Catalogação na Publicação
Sindicato Nacional dos Editores de Livros, RJ

D542
Dicionário das relações étnico-raciais contemporâneas / organização Flávia Rios, Marcio André dos Santos, Alex Ratts. - 1. ed. - São Paulo : Perspectiva, 2023.
336 p. ; 23 cm.

ISBN 978-65-5505-157-5

1. Brasil - Relações étnicas - Dicionários. 2. Brasil - Relações raciais - Dicionários.
I. Rios, Flávia. II. Santos, Marcio André dos. III. Ratts, Alex. 23-85507
CDD: 305.800981
CDU: 316.347(81)

1ª edição – 3ª reimpressão

EDITORA PERSPECTIVA LTDA.

Alameda Santos, 1909, cj. 22.
01419-100 São Paulo SP Brasil
Tel.: (11) 3885-8388
www.editoraperspectiva.com.br

2024

DICIONÁRIO DAS **RELAÇÕES ÉTNICO-RACIAIS** CONTEMPORÂNEAS

organização

FLÁVIA RIOS
MARCIO ANDRÉ DOS SANTOS
ALEX RATTS

SUMÁRIO

INTRODUÇÃO, por Flávia Rios, Marcio André dos Santos e Alex Ratts 9

AÇÃO AFIRMATIVA, por Anna Carolina Venturini e Paula Barreto 13
AFROCENTRICIDADE E QUILOMBISMO, por Elisa Larkin Nascimento 20
AFROCENTRISMO, por Aderivaldo Ramos de Santana 24
AFRODESCENDENTES, por Agustin Laó-Montes 29
ANTIRRACISMO, por Paulo Neves 38
ANTISSEMITISMO, por Milleni Freitas Rocha 43
ASSOCIATIVISMO NEGRO, por Mário Augusto Medeiros da Silva 46
BRANQUITUDE, por Lia Vainer Schucman e Willian Luiz da Conceição 52
CINEMA NEGRO, por Noel Carvalho 58
CLASSIFICAÇÕES RACIAIS, por Verônica Toste Daflon e Alexandre de P. Rio Camargo 63
COLONIALISMO, por Deivison Faustino 70
COLORISMO, por Maria Andrea dos Santos Soares 77
CONSCIÊNCIA NEGRA, por Nelson Inocêncio Silva 85
CONVIVIALIDADE, por Sérgio Costa 89
CULTURA NEGRA, por Cristiane S. Souza e Jucélia S. Bispo Ribeiro 94
DECOLONIALIDADE, por Joaze Bernardino-Costa 99
DEMOCRACIA RACIAL, por Ronaldo Sales 105
DESIGUALDADES, por Márcia Lima 112
DIÁSPORA NEGRA, por Luciana da Cruz Brito e Clícea Maria Augusto de Miranda . . 118
DISCRIMINAÇÃO RACIAL, por Marta Machado 123
ESCRAVIDÃO AFRICANA ATLÂNTICA NO BRASIL, por Flávio Gomes e João Flávio dos Santos Gomes 130
ETNICIDADE, por Mauricio Acuña 138
EUGENIA, por Lilia Moritz Schwarcz 143
FEMINISMOS NEGROS, por Angela Figueiredo 148
FILOSOFIA AFRODIASPÓRICA, por Fernando de Sá Moreira 153
FILOSOFIAS AFRICANAS, por Adilbênia Freire Machado, Renato Noguera e Wanderson Flor do Nascimento 158

GENOCÍDIO, por João Vargas . . . 164
GENTRIFICAÇÃO, por Ana Cláudia Castilho Barone . . . 171
HOLOCAUSTO, por Michel Gherman e Gabriel Mizrahi . . . 176
IDENTIDADE, por Vera Rodrigues e Marco Antonio Lima do Bonfim . . . 182
INTELECTUAIS NEGROS, por Matheus Gato . . . 187
INTERSECCIONALIDADE, por Mara Viveros Vigoya e Osmundo Pinho . . . 194
INTOLERÂNCIA E RACISMO RELIGIOSO, por Vagner Gonçalves da Silva . . . 201
ISLAMOFOBIA, por Francirosy Campos Barbosa e Felipe Freitas de Souza . . . 205
JUSTIÇA RACIAL, por Lívia Sant'Anna Vaz . . . 210
LITERATURA NEGRA, por Fernanda Felisberto e Fernanda Miranda . . . 217
MASCULINIDADE NEGRA, por Henrique R. da Costa Souza e Rolf Malungo de Souza . 222
MESTIÇAGEM, por Luis Hirano e Tatiana Lotierzo . . . 226
MOVIMENTO DE MULHERES NEGRAS, por Viviane Gonçalves Freitas . . . 234
MOVIMENTO NEGRO, por Amauri Mendes Pereira e Amilcar Araujo Pereira . . . 239
MOVIMENTO PELOS DIREITOS CIVIS, por Flavio Thales Ribeiro Francisco . . . 243
MULHERISMO AFRICANA, por Aza Njeri . . . 249
NEGACIONISMO, por Michel Gherman e Gabriel Mizrahi . . . 254
PAN-AFRICANISMO, por Muryatan Barbosa . . . 259
PERIGO AMARELO, por Gustavo Taniguti e Laís Miwa Higa . . . 265
PÓS-ABOLIÇÃO, por Ynaê Lopes dos Santos e Álvaro Pereira do Nascimento . . . 270
POVOS INDÍGENAS, por Gersem Baniwa . . . 275
PRECONCEITO RACIAL, por Luciane Soares da Silva . . . 283
QUILOMBOS, por José Maurício Arruti e Givânia Maria Silva . . . 286
RAÇA, por Antonio Sérgio Guimarães . . . 290
RACIALIZAÇÃO, por Valter Roberto Silvério . . . 296
RACISMO INSTITUCIONAL, por Juliana Vinuto . . . 301
SEGREGAÇÃO RACIAL, por Danilo França . . . 306
TEORIA CRÍTICA RACIAL, por Allyne Andrade e Silva . . . 311
XENOFOBIA, por Handerson Joseph . . . 316

SOBRE OS AUTORES . . . 323

INTRODUÇÃO

Flávia Rios
Marcio André dos Santos
Alex Ratts

A temática étnico-racial tem centralidade na formação e no desenvolvimento da política, da economia, da sociedade e da cultura na nação brasileira e em todo o continente americano, inclusive os caribenhos. Central no debate do século XXI em diferentes partes do planeta, especialmente após a III Conferência Mundial Contra o Racismo, Discriminação Racial, Xenofobia e Intolerâncias Correlatas, realizada em Durban, na África do Sul, no ano de 2001, a temática ganhou ainda mais relevância com o crescimento dos movimentos antirracistas ao redor do mundo, notadamente com as mobilizações que envolveram os movimentos Black Lives Matter (Vidas Negras Importam) que ocorreram em todo o globo.

No Brasil, no entanto, as questões étnicas e raciais são tema de debate de longa data. Remonta ao período escravocrata, mas tem as suas investigações científicas intensificadas a partir das primeiras décadas do século XX. Tema que animou diversos livros nacionais e internacionais, as relações étnico-raciais nunca saíram da ordem do dia no cotidiano dos brasileiros e por isso renderam e rendem um conjunto diverso de produção bibliográfica, sendo que o interesse sobre o assunto abarca desde a escrita de teses nas mais variadas áreas até diálogos e debates na esfera pública, o que o mundo digital apenas acentuou.

Apesar dessa longa tradição de debates nacionais e de haver uma intensificação da temática racial no mundo de hoje, o Brasil ainda não tinha produzido um dicionário das relações étnico-raciais a partir de reflexões de autores/as nacionais e internacionais. Os materiais disponíveis no mercado editorial são traduções de realidades estrangeiras, notadamente do mundo anglófono. Visando fazer jus à larga reflexão e ao interesse dos brasileiros e das brasileiras na temática deste dicionário, os organizadores da coletânea tivemos uma ampla e diversa colaboração de pesquisadores(as) de diferentes gerações e campos profissionais para oferecer ao público leitor um dicionário das relações étnico-raciais contemporâneas, ancorado especialmente na produção nacional e latino-americana.

Este dicionário também vem atender à crescente demanda por autorias negras, indígenas e dos demais grupos que sofrem os efeitos perversos da racialização. Em parte, creditamos essa busca ampliada por referências teóricas e bibliografias à busca por epistemologias críticas à branquitude. Considera-se o cenário das duas últimas décadas, marcadas pela implementação de políticas de ações afirmativas nas universidades brasileiras, especialmente pela modalidade de cotas raciais. Mesmo que estejamos bem longe da tão sonhada igualdade racial, é possível notar nos corredores das universidades uma mudança significativa do corpo discente que, comparado com o passado recente, tornou-se mais diverso.

Diante disso, vimos como essencial a proposição de um dicionário situado no campo das ciências sociais, que trouxesse um repertório de conceitos, noções e expressões talhados desde o final do século XIX, passando por todo o século XX, e que incluísse o debate crítico desenvolvido no horizonte de estudos atual.

No âmbito das humanidades, temos alguns importantes dicionários por áreas do conhecimento. Na perspectiva das culturas negras há outros muito relevantes. Notamos que, muito além da presença ou lacuna de um léxico, o campo de estudos e pesquisas acerca das relações étnico-raciais se ampliou significativamente, enquanto questões que têm longa história de debates continuam sendo acionadas, a exemplo das relações raciais e do racismo, das questões negras, indígenas, asiáticas, quilombolas, judaicas, assim como a temática das desigualdades raciais, da segregação e da interseccionalidade.

Nos últimos trinta anos a rede de pesquisadores e pesquisadoras das relações étnico-raciais – e dos estudos afro-brasileiros em especial – tem crescido de forma significativa. O desenho do projeto do dicionário obrigou-nos a um exercício de estabelecer alguns critérios de escolha das colaborações. Primeiro, o pertencimento identitário dos grupos que mais sofrem as consequências negativas do racismo e da discriminação racial em suas mais variadas formas e que tem sido protagonistas na luta contra tais opressões e também na produção de pesquisas sobre o assunto, leia-se negros(as) e indígenas. Segundo, a opção por termos um número expressivo de verbetes escritos por mulheres. O leitor e a leitora notarão que o dicionário das relações étnico-raciais tem mais da metade dos verbetes escritos por mulheres e por mulheres negras em particular. Um terceiro critério –não menos relevante – foi o da região em que esses conhecimentos são produzidos. Procuramos convidar colegas intelectuais de todo o país, de diferentes universidades ou centros de pesquisa, na tentativa de evitar uma vez mais a reedição da hegemonia do sudeste brasileiro em relação às demais regiões quando o assunto em tela são as relações raciais.

A maioria das colaboradoras e dos colaboradores têm formação acadêmica nas Humanidades. Na realidade, nossa preocupação não se limitou à área de formação das pessoas convidadas a colaborar com o dicionário, antes focando na reconhecida produção, combinada com a possibilidade de interlocução para produzirmos uma publicação de impacto. O que consideramos relevante é oferecer aos leitores e às leitoras um dicionário ao mesmo tempo sofisticado e de simples manuseio de modo a proporcionar uma experiência de leitura e aprendizado sobre as relações étnico-raciais e suas interfaces contemporâneas. Incentivamos a produção dos verbetes em parcerias, visando termos resultados mais elaborados e significativos. Sem a pretensão de sermos exaustivos, podemos afirmar que o *Dicionário Das Relações Étnico-Raciais Contemporâneas* visa proporcionar uma experiência de leitura que amplie sobremaneira os conhecimentos acumulados geracionalmente sobre a temática.

Dirigido às pessoas interessadas em saber mais sobre as relações raciais e seus debates contemporâneos, este dicionário vem suprir uma lacuna no tocante a quadros de referência qualificada e especializada para consulta dos termos usados nas discussões atuais. Com isso esperamos que a leitora e o leitor possam se valer dele não só como uma ferramenta para ampliar seus conhecimentos, mas também balizar seus posicionamentos sobre as relações étnicas e raciais da contemporaneidade. Afinal, não há melhor arma contra o racismo senão a abertura dos nossos horizontes para o conhecimento!

AÇÃO AFIRMATIVA

Anna Carolina Venturini
Paula Barreto

As ações afirmativas são conceituadas amplamente pela literatura especializada, podendo a expressão se referir a diversas políticas públicas e privadas que têm por objetivo promover benefícios, recursos, oportunidades e direitos civis, políticos e culturais a várias categorias sociais que são, ou foram, objeto de discriminação na sociedade. Dessa forma, as ações afirmativas não estão restritas às políticas com recorte étnico-racial, mas incluem outras que consideram gênero, condição socioeconômica, casta, local de moradia, região de origem, religião, deficiência e outras condições de vida.

A Índia foi pioneira na adoção desse tipo de política, tendo instituído ações afirmativas no começo do século XX. A Constituição indiana de 1950 institucionalizou as "políticas de reserva" e o tratamento preferencial de determinados grupos no governo, em assentos legislativos e cargos públicos. Os principais beneficiados são integrantes de grupos raciais, étnicos ou sociais historicamente excluídos de determinados espaços sociais – tais como dálites (legalmente denominados de *scheduled castes*), adivasis (comunidades rurais de baixo status no sistema hindu denominadas de *schedules tribes*) e parte da população pertencente às OBCs (*Other Backward Classes*).

No entanto, no país que mais influenciou o Brasil – os Estados Unidos – a expressão "ação afirmativa" foi utilizada pela primeira vez em um contexto racial em uma lei contra a discriminação no emprego do estado de Nova York, em 1945 (Kennedy, 2015). Porém, a maioria dos textos sobre ação afirmativa considera que o termo foi utilizado pela primeira vez quando da publicação da Ordem Executiva nº 10.925 por John F. Kennedy em 1961. A ordem criou o Committee on Equal Employment Opportunity, responsável por recomendar medidas afirmativas adicionais a serem tomadas por departamentos executivos e agências de modo a realizar mais plenamente a política nacional de não discriminação. Logo, inicialmente o termo foi utilizado no sentido de garantir a aplicação de normas antidiscriminatórias (Kennedy, 2015: 17).

A expressão "ação afirmativa" apenas ganha o sentido de "discriminação positiva" em 1965 com a promulgação da Ordem Executiva nº 11.246 por Lyndon B. Johnson, que define a ação afirmativa como um procedimento que visa a promoção da igualdade racial substantiva nas contratações (Feres Junior et al., 2018: 57).

Essa definição é suficientemente ampla para abarcar dimensões diferentes, permitindo a utilização do conceito em contextos variados:

> Portanto, nos parece razoável considerar ação afirmativa todo programa ou iniciativa, pública ou privado, que tem por objetivo conferir recursos ou direitos especiais para membros de um grupo social específico, com vista a um bem coletivo. Etnia, raça, classe, ocupação, gênero, religião e castas são as categorias mais comuns em tais políticas. Os recursos e oportunidades distribuídos pela ação afirmativa incluem participação política, acesso à educação, admissão em instituições de ensino superior, serviços de saúde, emprego, oportunidades de negócios, bens materiais, redes de proteção social e reconhecimento cultural e histórico (Feres Júnior et al., 2018: 13).

Com relação aos tipos de ações afirmativas, destaca-se que elas podem se concretizar mediante diversas modalidades de políticas públicas e privadas, como a redução das taxas de juros em empréstimos, a concessão de bolsas de estudos e auxílios estudantis, a preferência na celebração de contratos públicos, a distribuição de terras e a proteção do patrimônio cultural (Feres Júnior et al., 2018: 14).

As ações afirmativas também englobam medidas que variam em termos de rigidez. As formas mais brandas incluem a divulgação e o recrutamento direcionado com o escopo de alcançar indivíduos que poderiam se abster de participar de seleções devido à ideia de que certos grupos não seriam bem-vindos (Kennedy, 2015: 19). Já as formas mais rígidas envolvem a reserva de oportunidades exclusivas para indivíduos pertencentes a determinados grupos. No ensino superior brasileiro (graduação e pós-graduação), as ações afirmativas podem se concretizar em medidas como reservas de vagas (ou cotas) rígidas, bonificações (ou pontuações acrescidas), criação de vagas suplementares reservadas e outras políticas com menor grau de rigidez.

Nos Estados Unidos, por exemplo, a principal forma rígida de ação afirmativa – a reserva de vagas – foi considerada inconstitucional em 1978, quando a Suprema Corte analisou as ações afirmativas no âmbito educacional ao julgar o caso *Regents of the University of California v. Bakke*. Ali, um estudante branco alegava que o programa de ação afirmativa da Faculdade de Medicina da Universidade da Califórnia, em Davis, lhe havia denegado o ingresso em razão de sua cor, violando o princípio da igualdade (*equal protection clause*) previsto na Décima Quarta Emenda à Constituição dos Estados Unidos. Na decisão final escrita, pelo juiz Lewis Powell, a Suprema Corte considerou inconstitucional a política baseada na reserva de vagas para grupos minoritários, mas reconheceu que ter um corpo discente diverso era um objetivo compatível com a Constituição, autorizando, assim, que o fator "raça" fosse considerado um elemento adicional no processo de admissão dos alunos para cursos de graduação e também de pós-graduação (*Regents of the University of California v. Bakke*, p. 438, U.S. 313). Assim, no entendimento da Suprema Corte dos Estados Unidos, a universidade deveria considerar as contribuições de cada candidato/a para a diversidade do corpo discente de maneira individualizada, sem estabelecer um percentual mínimo de estudantes de cada categoria.

Após a decisão de Bakke, diversas universidades estadunidenses passaram a adotar políticas de ação afirmativa em seus processos de admissão, tendo como objetivo promover a diversidade e os benefícios educacionais dela decorrente. A questão das ações afirmativas para negros nos processos seletivos das universidades retornou à Suprema Corte dos EUA em 2013 e 2016 nos julgamentos do caso *Fisher v. University of Texas*. Em ambos os julgamentos, a Corte decidiu em favor da universidade e manteve a posição de que as universidades podem utilizar o critério raça visando alcançar a diversidade do corpo estudantil.

AÇÕES AFIRMATIVAS NO BRASIL

Ao final da década de 1970, iniciou-se um debate a respeito das desigualdades brutais de raça e classe reveladas por estudos de mobilidade social desenvolvidos por Carlos Hasenbalg e Nelson do Valle Silva, que colocaram em cheque a pretensa ausência de distinções rígidas entre brancos e negros (pretos e pardos), demonstrando haver desigualdades de oportunidades educacionais e de mobilidade social com desvantagens para estes últimos, em comparação com os primeiros.

Em 1983, o deputado Abdias Nascimento apresentou o Projeto de Lei nº 1.332, o qual propunha a criação de mecanismos de compensação para afro-brasileiros, tais como reserva de vagas no serviço público, introdução da história das civilizações africanas aos currículos escolares e acadêmicos, entre outras. Todavia, o projeto não foi aprovado pelo Congresso Nacional, ainda que tenha inspirado políticas que surgiriam alguns anos depois, como as alterações curriculares definidas pela Lei 11.645/2009 que modificou a Lei 10.639/2003.

Apesar de não receber essa denominação, a primeira ação afirmativa constante de um instrumento jurídico no Brasil após a democratização é a reserva de vagas para pessoas com deficiência em cargos e empregos públicos, prevista no artigo 37 da Constituição Federal de 1988, e regulamentada pelo Decreto 9.508/2018. Além dessa política, a Constituição de 1988 trouxe inovações importantes no que concerne às relações étnico-raciais, dado que definiu o racismo como um crime imprescritível, previu o compromisso de proteger a cultura negra e indígena e garantiu direito de posse de terra a indígenas e quilombolas. No mesmo ano, foi criada a Fundação Cultural Palmares para servir de apoio à ascensão da população negra (Htun, 2004: 60–89).

Ao final dos anos de 1990 e início dos anos 2000, a maior disponibilidade de dados e indicadores sociais sobre dimensões socioeconômicas da desigualdade racial, os novos estudos feitos pelo Instituto de Pesquisa Econômica Aplicada (Ipea), o movimento transnacional por políticas identitárias, bem como as pressões de organizações e lideranças negras e antirracistas fizeram com que a desigualdade e a discriminação raciais ganhassem visibilidade no debate público e ingressassem na agenda dos governos Fernando Henrique Cardoso (1995-2002) e, principalmente, dos governos de Luiz Inácio Lula da Silva (2003-2010) e Dilma Rousseff (2011-2016). Como salienta Rosana Heringer (2002: 3), "não se tratava mais de um pequeno grupo de ativistas denunciando a histórica desigualdade de oportunidades entre brancos e negros: o Estado brasileiro adotou um discurso antirracista, trazendo o tema para o centro da agenda política". Foi nesse cenário que as ações afirmativas ingressaram na agenda governamental brasileira e a expressão passou a ser utilizada por diferentes grupos na demanda por direitos e políticas públicas.

Em 1995, o governo federal instituiu o Grupo de Trabalho Interministerial para discutir e desenvolver políticas para valorização e promoção da população negra em áreas como educação, trabalho e saúde. Em 1996, foi lançado o Programa Nacional de Direitos Humanos (PNDH), que estabelecia como objetivo a criação de políticas compensatórias para promover a população negra. No mesmo ano, foram realizados dois seminários promovidos pelo Ipea e pelo Ministério da Justiça. Segundo Guimarães (1996), o seminário internacional realizado pelo Ministério da Justiça representa a primeira vez em que o governo brasileiro admitiu discutir políticas públicas voltadas especificamente para a população negra.

As discussões sobre a criação de ações afirmativas se intensificaram no Brasil com os preparativos para a Conferência de Durban de 2001 (Htun, 2004). A divulgação de dados sobre a participação de categorias sub-representadas no ensino superior desencadeou o surgimento de propostas visando ampliar o acesso das mesmas às universidades.

Em 2002, mediante o Decreto nº 4.228, foi lançado o Programa Nacional de Ações Afirmativas e foi editada a Lei Federal nº 10.558/2002, que criou o Programa Diversidade na Universidade, permitindo que as universidades brasileiras instituíssem medidas destinadas à "promoção do acesso ao ensino superior de pessoas pertencentes a grupos socialmente desfavorecidos, especialmente dos afrodescendentes e dos indígenas brasileiros". A partir de então, surgem as primeiras iniciativas para a instituição de ações afirmativas visando ampliar o acesso à educação superior. Entretanto, até o final do governo FHC, nenhuma política de cota racial foi efetivada pelo governo federal e as políticas desenhadas para ampliar a diversidade em ministérios não foram implementadas (Feres Júnior et al., 2018: 74).

Em decorrência de lei estadual, as instituições de ensino superior mantidas pelo estado do Rio de Janeiro – entre elas a Universidade do Estado do Rio de Janeiro (UERJ) – tornaram-se, em 2002, as primeiras universidades públicas a instituir ações afirmativas na modalidade de cotas, sendo uma delas de caráter social e destinada a alunos egressos de escolas públicas, e outra de caráter racial e destinada a alunos pretos e pardos. Esse protagonismo foi compartilhado com a Universidade do Estado da Bahia (UNEB), que criou no mesmo ano um programa de ação afirmativa com reserva de vagas em cursos de graduação e de pós-graduação, sendo a primeira do Brasil a criar cotas para negros e indígenas na pós-graduação.

Em 2004, a Universidade de Brasília (UnB) tornou-se a primeira universidade federal a instituir um programa de ação afirmativa que previa a reserva de vagas, sendo seguida por várias outras, como a Universidade Federal da Bahia, que adotou no mesmo ano um programa amplo de ações afirmativas com um formato similar àquele estabelecido alguns anos depois através da Lei de Cotas (Barreto, 2015: 39-64).

Ainda em 2004, foi criado o Prouni – Programa Universidade para Todos, o qual concedia bolsas de estudo custeadas pelo governo federal, e se tornou a principal política voltada para as instituições privadas de ensino superior, onde está concentrada a maior parcela das matrículas na educação superior.

Nos anos subsequentes, diversas outras universidades municipais, estaduais e federais instituíram programas de ações afirmativas, seja por meio da reserva de vagas, da concessão de pontos adicionais, ou pela criação de novas vagas destinadas exclusivamente a categorias selecionadas. A implementação dessas medidas se deu por meio de leis estaduais que determinaram sua instituição, ou de atos administrativos regulando os processos de admissão das universidades públicas federais. O Estatuto da Igualdade Racial, de 2010, também se tornou um marco legal relevante, na medida em que incentivava as universidades públicas a adotarem ações afirmativas voltadas para a população negra.

A criação dessas políticas não se deu consensualmente e sem conflitos. Pelo contrário: a adoção da reserva de vagas, especialmente, com recorte racial, teve grande repercussão negativa na imprensa e no meio acadêmico, uma vez que envolvia o reconhecimento de que havia desigualdades étnicas e raciais entre os brasileiros, algo que contrariava o "mito" da democracia racial (Guimarães, 1996: 249).

As ações afirmativas para inclusão universitária também foram alvo de diversas ações na Justiça por aqueles que se sentiram prejudicados pela reserva de vagas e também por aqueles que entendiam que a política era incompatível com a Constituição Federal de 1988.

O debate chegou ao Supremo Tribunal Federal (STF) pela primeira vez por meio da Arguição de Descumprimento de Preceito Fundamental (ADFP) nº 186/DF, ajuizada pelo partido Democratas (DEM) em face da política de cotas étnico-raciais adotada pela Universidade de Brasília (UnB). A ADPF 186 foi julgada improcedente por unanimidade em 26/4/2012, tendo sido considerada constitucional a criação de políticas de reserva de vagas pelas universidades brasileiras.

O ano de 2012 é considerado um marco na institucionalização das ações afirmativas devido ao reconhecimento da constitucionalidade das políticas pelo STF e da institucionalização dessas políticas pelo Congresso Nacional. Por diversos anos foram debatidos projetos de lei destinados à instituição de reserva de vagas nas universidades, até que, em 29 de agosto de 2012, foi promulgada a Lei Federal nº 12.711, conhecida como Lei de Cotas.

A nova legislação determinou que instituições federais de educação superior reservassem um percentual de vagas para estudantes que tivessem cursado integralmente o ensino médio em escolas públicas em cada processo seletivo para ingresso nos cursos de graduação. A lei instituiu, ainda, que 50% das vagas fossem reservadas aos estudantes oriundos de famílias com renda igual ou inferior a um salário mínimo e meio per capita. Por fim, as vagas reservadas deveriam ser preenchidas por estudantes autodeclarados pretos, pardos e indígenas em proporção no mínimo igual ao destas categorias na população da unidade da Federação onde a instituição se encontrasse, conforme o último censo do Instituto Brasileiro de Geografia e Estatística (IBGE). Em 2016, a Lei 13.409 alterou a Lei de Cotas para incluir as pessoas com deficiência entre as beneficiárias. Dessa forma, a lei fixou subcotas:

candidatos egressos de escolas públicas; candidatos de escolas públicas e baixa renda; candidatos pretos, pardos, indígenas de escolas públicas; candidatos pretos, pardos, indígenas com deficiência de escolas públicas; candidatos pretos, pardos, indígenas de escolas públicas e de baixa renda; e candidatos pretos, pardos, indígenas com deficiência de escolas públicas e de baixa renda.

No caso das universidades federais, a lei federal 12.711/12 exerceu um papel fundamental, ao ampliar o alcance dos programas de ação afirmativa e uniformizou os critérios para concessão dos benefícios, permitindo que a política tivesse uma abrangência nacional mais homogênea, considerando a renda familiar e a proporção de cada grupo beneficiado na unidade federativa em que a universidade estivesse localizada. A aprovação da lei federal também garantiu que as universidades criassem reserva de vagas para pretos, pardos e indígenas, vencendo a resistência ao estabelecimento de cotas específicas para essas categorias e, ao mesmo tempo, a preferência por cotas sociais. Apesar de a discussão sobre as ações afirmativas no Brasil ter se iniciado em razão da pressão dos movimentos negros e antirracistas, que colocaram a questão racial no centro, havia muita resistência à criação de cotas raciais em razão do mito da democracia racial e da ideia de que a desigualdade no Brasil decorre da classe social e não da raça.

A ampliação do acesso de estudantes de escola pública, pretos, pardos e indígenas ao ensino superior brasileiro não é resultado exclusivo da ação afirmativa, mas de um conjunto de políticas e programas que foram instituídos a partir dos anos 2000. Nesse sentido, podemos mencionar as medidas de expansão do sistema de ensino superior promovidas pelo Programa de Apoio a Planos de Reestruturação e Expansão das Universidades Federais (Reuni), como aumento do número de vagas, ampliação ou abertura de cursos noturnos, flexibilização de currículos e combate à evasão. Destaca-se também a criação de 18 novas universidades federais entre 2003 e 2013, a ampliação do Fundo de Financiamento ao Estudante do Ensino Superior (Fies), a criação do Sistema de Seleção Unificada (Sisu) e a adesão das universidades federais e estaduais ao ENEM em substituição ou complementação ao vestibular tradicional (Heringer, 2014).

Vale ressaltar, ainda, que as ações afirmativas também existem em outras áreas, como nos concursos públicos, em cursos de pós-graduação e no mercado de trabalho privado. Em 2014, as ações afirmativas são adotadas nos concursos públicos em decorrência da Lei Federal 12.990, que reserva 20% das vagas oferecidas para provimento de cargos efetivos e empregos públicos no âmbito da administração pública federal direta e indireta dos três Poderes. Em 2016 a Ordem dos Advogados do Brasil (OAB) ajuizou a Ação Declaratória de Constitucionalidade (ADC) 41, a qual foi julgada pelo STF em 8 de junho de 2017 e reconheceu a constitucionalidade da Lei 12.990/2014.

Ações afirmativas já vêm sendo adotadas para o ingresso em alguns cursos de pós-graduação *stricto sensu* (mestrado e doutorado) de universidades públicas. Os dados coletados indicam que até janeiro de 2018, havia 737 programas acadêmicos de universidades públicas com políticas afirmativas. Em 2016, o Ministério da Educação (MEC) editou a Portaria Normativa n. 13/2016, a qual determinou que todas as instituições federais de ensino superior deveriam enviar propostas de inclusão de pretos, pardos, indígenas e pessoas com deficiência em seus programas de pós-graduação, servindo de indutor para que programas e universidades aprovassem normativas sobre a temática.

Referências

BARRETO, Paula. Gênero, Raça, Desigualdades e Políticas de Ação Afirmativa no Ensino Superior. *Revista Brasileira de Ciência Política*, n.16, jan.-abr. 2015.

FERES JUNIOR, João et al. *Ação Afirmativa: Conceito, História e Debates*. Rio de Janeiro: EDUERJ, 2018.

GUIMARÃES, Antônio S. Políticas Públicas Para a Ascensão dos Negros no Brasil: Argumentando Pela Ação Afirmativa. *Afro-Ásia*, v. 0, n. 18, 24 jan. 1996.

HERINGER, Rosana. Um Balanço de 10 Anos de Políticas de Ação Afirmativa no Brasil. *TOMO*, 1 jun. 2014.

HTUN, Mala. From "Racial Democracy" to Affirmative Action: Changing State Policy on Race in Brazil. *Latin American Research Review*, v. 39, n. 1, 2004.

KENNEDY, Randall. *For Discrimination: Race, Affirmative Action, and the Law*. New York: Vintage Books, 2015.

AFROCENTRICIDADE E QUILOMBISMO

Elisa Larkin Nascimento

Nasceram em diálogo profícuo, no mesmo contexto acadêmico, social e político, duas teorias de análise social que, ao mesmo tempo, são propostas de ação e organização por mudança profunda nas relações étnico-raciais. Refiro-me à afrocentricidade e ao quilombismo. Os respetivos autores eram colegas do corpo docente da Universidade do Estado de Nova York. Em 1980, Molefi Kete Asante lançou seu livro *Afrocentricity* e Abdias Nascimento apresentou sua tese *O Quilombismo* ao 2º Congresso de Cultura Negra das Américas, no Panamá, e publicou-a no Brasil.

O contexto histórico da época era marcado pela expansão do conceito do pan-africanismo. Desde o início do século XX, a predominância das línguas inglesa e francesa nas discussões internacionais dava força maior às vozes dos africanos das então colônias anglófonas e francófonas e das populações negras dos Estados Unidos e Caribe de línguas inglesa e francesa. A partir de 1977, com os Congressos de Cultura Negra das Américas[1], o Caribe hispanofalante e a América Central e do Sul começaram a figurar como protagonistas, tornando palpável a avaliação e o desejo de intelectuais como C.L.R. James, Walter Rodney e Eusi Kwayana, que trabalhavam pela inclusão e ênfase sobre essa região no 6º Congresso Pan-Africano (1974). Abdias Nascimento atuou bastante nesse sentido (Nascimento, 2019: 47-50).

O lançamento simultâneo dessas teses vai além de uma mera coincidência. Trata-se da gênese de duas novas formulações de uma visão filosófica que emerge de gerações de pensamento e ação social negra, em prática desde os tempos de cativeiro, escravização e construção da vida em liberdade nas Américas do período colonial. Costumo chamar essa visão de abordagem afrocentrada: uma orientação de ação, reflexão teórica e prática social a partir da tradição africana (Nascimento, 2009; Nascimento & Finch III, 2009). Como conceituações explícitas, afrocentricidade e quilombismo nascem apenas no final do século XX, quando a abordagem afrocentrada já possuía um extenso *pedigree* como modo de pensamento e orientação para ação e investigação. Um exemplo disso é a crítica ao tratado racista de Gobineau elaborada por Anténor Firmin (1885), destacado intelectual haitiano.

A tradição de pensamento afrocentrado desenvolvida no Ocidente consiste, com efeito, num ato de resistência. Ligada intimamente ao pan-africanismo, ela se constitui na tessitura das ligações entre continente e diáspora ao protagonizar essa resistência. Assim, um ponto de partida simbólico para iniciar uma apreciação dessa tradição pode ser a cerimônia de vodu conduzida na localidade de Bwa Kayiman, no Haiti, no dia 14 de agosto de 1791, por Boukman Dutty, ao lado de Cécile Fatiman, uma *mambo* (mãe de santo) do vodu, mais duzentos fiéis. Esse evento desembocou na insurreição de cinquenta mil rebelados que tomaram a região de Plaine du Nord, acionando a rede de resistência que deflagrou uma revolta geral em toda a ilha (Bellegarde-Smith, 2004).

Essa insurreição teve antecedentes em todo o Caribe e nas Américas, mas se destaca por seu valor simbólico ao exemplificar a presença da tradição africana inspirando a luta contra a dominação colonial. O exemplo se repete nos quilombos, nos *cumbes*, nos *palenques* e nos *maroons* de toda a região (Nascimento, 2008: 141-189). Essa é a base histórica do quilombismo de Abdias Nascimento.

A vitória da revolução haitiana contra as forças de Napoleão Bonaparte marcou o século XIX. Pompée-Valentin, barão de Vastey (1814), articulava sua crítica ao colonialismo europeu no início do século e, ao longo dele, a necessidade de manter a independência antecipava, entre os intelectuais haitianos, a discussão do neocolonialismo que mais tarde ocuparia a *intelligentsia* africana e do Caribe. Obras como as de Louis-Joseph Janvier (*L'Égalité des races*, 1884) e Hannibal Price (*De la réhabilitation de la race noire*, 1900) desafiavam as teses racistas da época.

No exemplo do Haiti, podemos observar duas vertentes da abordagem afrocentrada: a visão epistemológica subjacente à resistência – a tradição filosófica-espiritual africana; e a produção acadêmica escrita. Essas duas vertentes coexistem e correspondem a duas dimensões do pensamento afrocentrado: aquela expressa na língua ou mediante as referências da tradição ancestral; e a produção acadêmica de autores que dominam e utilizam as ferramentas do cânone ocidental para construir análises próprias e originais. Nessa última produção, a ambiguidade pode prevalecer. Um exemplo é a obra do já mencionado barão de Vastey (1814), cuja crítica ao colonialismo é incompleta, admitindo posturas francamente influenciadas pelo discurso europeu. Esse paradoxo reflete uma condição histórica intrínseca. Alguns intelectuais afrodescendentes formados na academia ocidental, à medida que se afastam de suas matrizes culturais de origem, podem assumir um discurso eurocentrista com relação a essas matrizes. Outros, como Cheikh Anta Diop e Théophile Obenga (Nascimento, 2008: 55-108; idem, 2009: 62-90), são capazes de seguir rigorosamente o método científico sem que a hegemonia do cânone lhes imponha o distanciamento de suas origens e a consequente falta de um ponto de equilíbrio, de um centro. Esses intelectuais constroem nítidas e sólidas críticas ao legado do colonialismo, contribuindo para o avanço da resistência.

A proposta do quilombismo e da afrocentricidade é recuperar, explicitar e fortalecer esse centro, o ponto de equilíbrio africano, não apenas para os intelectuais, mas também para o povo negro. Nas palavras de Molefi Asante:

> A ideia de *conscientização* está no centro da afrocentricidade por ser o que a torna diferente

da africanidade. Pode-se praticar os usos e costumes africanos sem por isso ser afrocêntrico. *Afrocentricidade é a conscientização sobre a agência dos povos africanos.* Essa é a chave para a reorientação e a recentralização, de modo que a pessoa atue como agente, não como vítima ou dependente. (Asante, 2009: 94)

Afrocentricidade e abordagem afrocentrada nada têm a ver com um afrocentrismo supostamente análogo ao eurocentrismo. Esse equívoco, bastante comum, deriva em parte da noção de etnocentrismo cultivada pela antropologia ocidental. A ideia é que, para cada etnia, o centro de seu mundo é a sua aldeia, a sua cultura. Cada etnia percebe e apreende o mundo a partir desse lugar. Assim, o eurocentrismo seria apenas mais um exemplo de uma condição humana. O equívoco está em ocultar a imposição violenta do centrismo europeu sobre populações subjugadas e violentadas, erguendo o etnocentrismo branco europeu como padrão único de humanidade mediante o emprego do arsenal bélico, econômico, institucional e educacional do escravismo, do colonialismo, do neocolonialismo e do neoliberalismo. Hoje o equívoco parece ser mais evidente, mas seu reconhecimento é bem recente. Permanece oculto, em grande parte, o papel dos intelectuais negros e não ocidentais na operação dessa mudança. Os discursos do pós-modernismo e do multiculturalismo, por exemplo, pouco se referem aos protagonistas intelectuais do Sul Global. Apenas nas últimas duas décadas os movimentos negros e anticolonialistas vêm conquistando espaços no âmbito acadêmico. Paulatinamente, encontramos essas vozes com mais frequência nos debates e nas publicações autorizadas da academia. Ainda assim, o citado equívoco prevalece no espaço discursivo ideologicamente polarizado do mundo contemporâneo. A afrocentricidade e o quilombismo são duas expressões da resistência a essa imposição.

Ao afirmar a necessidade de reestabelecer e valorizar o centro africano como ponto de articulação de ativismo social e produção intelectual, a afrocentricidade e o quilombismo rejeitam a hegemonia. Reconhecem como válidos outros centros não hegemônicos, sempre em diálogo, como fulcro da construção de uma convivência humana multipolar, em condições igualitárias e de respeito mútuo.

A partir do final do século XX, a abordagem afrocentrada na academia vem evoluindo no sentido de incorporar progressivamente, além das obras elaboradas na linguagem acadêmica ocidental, a ética e a filosofia ancestrais e a produção de conhecimento por africanos no seu contexto de vida original. Uma missão do quilombismo e da afrocentricidade é desvelar e estudar essa produção negada e escamoteada por um Ocidente que se ergueu à postura de único criador da ciência. Autores contemporâneos como Maulana Karenga e Marimba Ani, entre outros, vêm identificando, compilando e publicando textos básicos dessa produção africana antiga. Eles dão continuidade ao empenho de estudiosos negros do século XIX, como Martin Delany e Edward Wilmot Blyden, e de alguns autores europeus. Outra missão é fazer o levantamento, estudar e articular as bases teóricas e epistemológicas das expressões atuais da matriz africana de conhecimento. Nas duas missões, a agência dos africanos na construção de sua própria história é a característica principal e o foco central.

Oriundas de diferentes experiências da história africana na diáspora, diversas e vividas a grande distância uma da outra, as duas formulações têm em comum uma série de pressupostos e preceitos básicos. Asante os resume assim: "1. o interesse pela localização psicológica; 2. o compromisso com a descoberta do lugar do africano como sujeito; 3. a defesa dos elementos culturais africanos; 4. o compromisso com o refinamento léxico; e 5. o compromisso em corrigir a história da África" e dos afrodescendentes (Asante, 2009: 96).

No quilombismo, Abdias Nascimento explicita a referência à tradição espiritual afro-brasileira viva, expressa sobretudo no candomblé. Molefi Asante, por sua vez, evita referências específicas e afirma que afrocentricidade não é religião: nela "não há sistemas fechados"; "os elementos constitutivos dos valores africanos são sujeitos a debate" (Asante, 2009: 95). Mas, ao mesmo tempo que Nascimento assume, afirma e valoriza o candomblé de forma não hegemônica, ele recupera, registra e reforça a agência histórica e a produção cultural e intelectual negra independente de religião. Mantendo-se aberto ao debate e sem medo de divisionismos, Nascimento busca relacionar a tradição afro-brasileira com as civilizações clássicas africanas (Nascimento, 2019: 273-291).

Cada qual extrapola a experiência própria de onde nasceu para um plano genérico, aplicável à experiência dos povos africanos em seu conjunto. A afrocentricidade surge como paradigma de análise acadêmica e de conscientização para a luta. O modelo quilombista serve igualmente como modo de pensar o mundo e forjar uma proposta de organização, não só da luta do povo negro, mas também do Estado brasileiro (Nascimento, 2019: 278-306). Ambos falam da agência do povo negro no mundo, e entre as duas teorias a convergência prevalece.

Notas

1 Cali, Colômbia, 1977; Panamá, 1980; São Paulo, Brasil, 1982, organizado pelo Ipeafro.

Referências

ASANTE, Molefi Kete. Afrocentricidade: Notas Sobre uma Posição Disciplinar. In: NASCIMENTO, Elisa Larkin (org.). *Afrocentricidade, uma Abordagem Epistemológica Inovadora*. São Paulo: Selo Negro, 2009. (Sankofa: Matrizes Africanas da Cultura Brasileira, v. 4.)

____. *Afrocentricity: The Theory of Social Change*. Buffalo: Amulefi Press, 1980. (2. ed., Trenton: Africa World Press, 1989.)

BELLEGARDE-SMITH, Patrick. *Haiti: The Breached Citadel*. Toronto: Canadian Scholar's Press, 2004.

FIRMIN, Anténor. *De l'égalité des races humaines, anthropologie positive*. Paris: Cotillon, 1885. Disponível em: < https://gallica.bnf.fr/ark:/12148/bpt6k84229v>. Acesso em: 2 fev 2023.

NASCIMENTO, Abdias. *O Quilombismo*. 3. ed. São Paulo: Perspectiva, 2019.

NASCIMENTO, Elisa Larkin. Lutas Africanas no Mundo e nas Américas. In: NASCIMENTO, Elisa Larkin (org.).*A Matriz Africana no Mundo*. São Paulo: Selo Negro, 2008. (Sankofa: Matrizes Africanas da Cultura Brasileira, v. 1.)

____. O Olhar Afrocentrado. In: NASCIMENTO, Elisa Larkin (org.).*Afrocentricidade, uma Abordagem Epistemológica Inovadora*. São Paulo: Selo Negro, 2009. (Sankofa: Matrizes Africanas da Cultura Brasileira, v. 4.)

NASCIMENTO, Elisa Larkin; FINCH III, Charles S. Abordagem Afrocentrada, História e Evolução. In: NASCIMENTO, Elisa Larkin (org.). *Afrocentricidade, uma Abordagem Epistemológica Inovadora*. São Paulo: Selo Negro, 2009. (Sankofa: Matrizes Africanas da Cultura Brasileira, v. 4.)

AFROCENTRISMO

Aderivaldo Ramos de Santana

O afrocentrismo é, sem dúvida, um dos movimentos intelectuais, culturais e políticos mais relevantes de nossa época moderna. Isso porque busca evidenciar as contribuições das culturas africanas para a História mundial. Por confrontar diretamente o eurocentrismo, acusando-o de ter, deliberadamente, subestimado tais contribuições, ele também é um movimento cercado de polêmicas, debates e controvérsias.

A *Enciclopédia Africana* organizada por Kwame Anthony Appiah e Henry Louis Gates define o termo "afrocentrismo" como um "estudo da África a partir de uma perspectiva não europeia". Assim sendo, para a realização desse estudo é necessário "redescobrir as conquistas africanas e afro-americanas; restaurar o lugar de direito da África na história; e estabelecer a sua importância à altura da história, cultura e realizações europeias". Os afrocentristas acreditam que, com essa tomada de consciência, todas as pessoas, afro-americanos ou não, "ganhariam com os esforços feitos para restaurar o orgulho e a dignidade da herança africana, vendo os afrodescendentes como atores da história em vez de objetos e expandindo os currículos escolares para incluir outras perspectivas". Todos esses esforços incluem "reconhecer o papel que a África desempenhou na formação da cultura europeia, explorando questões como a forma como a sociedade grega clássica foi influenciada pela sociedade egípcia antiga, por exemplo" (Appiah & Gates, 1999: 45). Essa conscientização foi, para os afrocentristas, uma investida africana (África e sua diáspora) de autodeterminação epistemológica, cultural, política e econômica que serviu de resposta à ocidentalização do mundo.

ORIGEM PAN-AFRICANISTA

O termo "afrocentrismo" foi utilizado pela primeira vez pelo historiador e filósofo afro-americano Molefi Kete Asante, em 1976, embora sabe-se que o conceito tenha suas raízes no pan-africanismo. Como bem demonstrou Wilson Jeremiah Moses, a expressão "afrocêntrico" apareceu primeiramente nos escritos do sociólogo afro-estadunidense W.E.B Du Bois, em 1962, quando ele foi convidado pelo então presidente Kwame Nkrumaha em Acra, capital de Gana, no interesse de escrever uma enciclopédia sobre as populações negras. A enciclopédia africana de Du Bois não foi concluída, mas em seu projeto o autor insistia sobre a necessidade de produzir um volume "arbitrariamente afrocêntrico, levando em conta o impacto do mundo exterior sobre a África e o impacto da África no mundo exterior" (Moses, 1998: 166). A ideia era convidar pesquisadores e intelectuais do continente africano para escrever os verbetes. Du Bois, um militante pan-africanista comprometido com a emancipação do povo negro, pretendia dar voz aos africanos para que eles fossem atores de sua própria história, inclusive no momento em que alguns desses líderes participavam na construção do seus Estados recém-independentes.

Além de Molefi Asante e de Du Bois, existem outras referências para o movimento afrocentrista, como, por exemplo, o médico e jornalista afro-estadunidense Martin Robinson Delany que propôs, no final do século XIX, uma tradução de hieróglifos egípcios, e pode ser considerado um dos precursores, nos Estados Unidos, dos estudos negro-africanos ao integrar o Egito como um dos seus centros de interesses. O afrocentrismo também contou com a participação de James Mona Georges, um discípulo de Marcus Garvey que sempre insistiu sobre a Etiópia enquanto civilização negra. Em sua obra *Stolen Legacy*, publicada em 1954, James Georges afirmou que a filosofia grega devia muito ao Egito antigo de onde os gregos tiraram seus ensinamentos. Mais tarde, acompanhando as trajetórias de Delany e de James Georges, o historiador nigeriano Kenneth Onwuka Dike, na época professor da Universidade de Ibadan, se tornou presidente do Comitê de Estudos Africanos em Harvard, na década de 1970. Dike foi chefe do comitê organizador do primeiro Congresso Internacional Africanista que foi realizado em Gana, em 1963. Esses são alguns dos nomes mais relevantes na origem do afrocentrismo.

CHEIKH ANTA DIOP E MARTIN BERNAL

Tanto os trabalhos de Cheikh Anta Diop quanto os de Martin Bernal reafirmam a primazia dos africanos como sujeitos na origem da civilização humana e são a base intelectual do pensamento afrocentrista. Serviram também de suporte para o desenvolvimento de programas universitários de estudos étnicos que, no movimento afrocentrado, sobretudo impulsionado pelos trabalhos de Molefi Asante, ganharam força ao mesmo tempo que a juventude negra lutava para tomar consciência de sua "experiência" nos centros universitários estadunidenses.

A defesa da tese *L'Afrique noire précoloniale et l'unité culturelle de l'Afrique noire* (A África Negra Pré-colonial e a Unidade Cultural da África Negra), de Cheikh Anta Diope, na Sorbonne, em 1960, representou uma viragem nos estudos sobre o Egito. Na ocasião, Diop conseguiu reunir em Paris os maiores especialistas em antropologia, história e egiptologia, e provou, com base nos textos clássicos, que "a origem africana da civilização era um fato, não uma ficção" (Asante, 2003: 100). O grande intelectual senegalês, autor de *Nações Negras e Cultura*, forneceu, mesmo sem que ele pudesse supor ou tivesse intenção, as bases e os principais elementos para formulações das teses das correntes afrocêntricas, afirmando o primado das civilizações negras na história da humanidade, mas sobretudo o caráter negro-africano da civilização egípcia. Durante toda sua vida, Cheikh Anta Diop lutou para descolonizar a história do continente africano. E um dos seus principais objetivos era repensar a unidade cultural da África e, principalmente, pensar a relação entre o Egito e a África.

Assim como fez Cheikh Anta Diop, o linguista e orientalista Martin Bernal, então professor da Universidade Cornell nos Estados Unidos, demonstrou, em seu livro *Black Athena* (Atena Negra), através de um destacado trabalho de erudição e documentação, como a influência exercida pelos egípcios no Mediterrâneo impactou diretamente o mundo; a língua e a cultura grega. Bernal contestou a preponderância indo-europeia sobre os gregos, questionando diretamente a construção de uma egiptologia europeia, como ciência construída pelos estudiosos alemães do século XVIII. Embora muito criticado, sobretudo na França, onde sua obra foi parcialmente traduzida, ele conseguiu a devida aceitação dos helenistas que reconhecem uma parte da origem semita na língua grega. Como disse Catherine Coquery-Vidrovitch, Bernal foi um visionário, um dos primeiros a aplicar, para a África, as bases para uma análise da história comparada, "global e conectada".

Em termos práticos da tomada de consciência sobre uma proposta afrocentrada para interpretação da história, temos como exemplo o Kwanzaa. Festejado de 26 de dezembro até 10 de janeiro, sobretudo entre os negros nos Estados Unidos, significa um retorno ao passado, numa ligação direta com o território que os afro-estadunidenses chamam de "terra-mãe". Durante o Kwanzaa, as crianças aprendem que, apesar da escravidão e graças às lutas por liberdade e reconhecimento dos direitos civis, os negros adquiriram a força necessária para preservar a sua identidade cultural africana ancestral. A festividade se popularizou graças ao pesquisador Maulana Karenga, outro afrocentrista conhecido, diretor do departamento dos Estudos Negros da Universidade da Califórnia. Até os anos 1990, o Kwanzaa era uma festa restrita, celebrada sobretudo pelos ativistas do movimento pelos direitos civis, mas, depois da eleição de Barack Obama, a festividade se popularizou para alegria daqueles que pretendem valorizar as experiências culturais dos afro-estadunidenses. Atualmente o Kwanzaan vem ganhando adeptos também entre membros do movimento negro brasileiro.

CRÍTICAS

O afrocentrismo nascido no final dos anos 1960, nos Estados Unidos, conheceu seu apogeu de fato nos anos 1980. Porém, no final dos anos 90 e início dos anos 2000 surgiram as críticas mais ferrenhas ao movimento. Em 1997, o livro *Not out of Africa: How Afrocentrism Became an Excuse to Teach Myth as History* (Fora da África, Não: Como o Afrocentrismo Tornou-se uma Desculpa Para Ensinar Mito Como História) atacou diretamente a tese de Martin Bernal e sua utilização no meio acadêmico. Para alguns críticos, o movimento afrocentrista seria apenas uma versão exorbitante do etnonacionalismo (Mbodj, 2000). O conceito teria sido construído em cima de um projeto político intrincado e incapaz de escolher entre ruptura e continuidade que, com certa dose exagerada de romantismo, acaba por desvalorizar a África ao não levar em conta as demandas contemporâneas de um continente globalizado. Para Stephen Howe, no seu livro *Afrocentrism: Mythical Past and*

Imagined Homes (Afrocentrismo: Passado Mítico e Lares Imaginários), o afrocentrismo ocupou o espaço deixado após as lutas pelos direitos civis nos Estados Unidos e mais relevante que "ressuscitar ou inventar glórias antigas, seria participar da modernidade africana". Assim sendo, Howe acredita que o movimento imprime uma falsa consciência, uma percepção imprecisa da realidade. Outros acreditam, como Jean Copans, que o afrocentrismo é um empreendimento (um negócio) estadunidense e assim deveria permanecer, que falta rigor no tratamento das fontes etc.

Por fim, a obra coletiva *Afrocentrismes: L'histoire des Africains entre Égypte et Amérique* (Afrocentrismos: A História dos Africanos entre o Egito e a América), organizada por François-Xavier Fauvelle-Aymar, Jean-Pierre Chrétien e Claude-Hélèene Perrot, foi o primeiro trabalho de referência, em língua francesa, sobre o afrocentrismo. As diversas contribuições dos africanistas e de egiptólogos especializados pretendiam fornecer elementos para um debate entre uma "historiografia clássica, eurocentrada e os afrocentristas revolucionários", mas tudo indica que o que ficou mais evidente foram os ataques pessoais dos primeiros contra os últimos. Em defesa desse grupo, Théophile Obenga, discípulo de Cheikh Anta Diop, escreveu um manifesto contra o que ele chamou de "africanismo racista".

Em resumo, muitas das críticas e acusações contra o movimento visam em particular a figura de Molefi Asante. As críticas direcionadas às teorias propostas pelos afrocentristas vão no sentido de questioná-las por reduzirem ou rejeitarem as influências europeias, orientais e asiáticas na contribuição para a formação da civilização humana. Wilson Jeremiah Moses buscou sempre fugir de uma crítica contraproducente; ele não entrou no debate sobre a origem negroide do Egito, por exemplo. Para Moses, esse debate deixava de lado uma análise a respeito do movimento afrocentrista como um objeto construído historicamente, num determinado espaço – os Estados Unidos – onde era necessário perceber sua evolução.

Todo esse debate também chamou a atenção para o fato de que o afrocentrismo não possui o mesmo significado em contextos diferentes: africano, estadunidense, europeu ou brasileiro. Nesse sentido, para dar conta de uma maior diversidade de experiências é preciso falar em afrocentrismos. Por outro lado, Molefi Kete Asante passou a não separar afrocentrismo de afrocentricidade, associada a uma proposta epistemológica de lugar, que visa centrar radicalmente a posição dos africanos e de seus descendentes como sujeitos, protagonistas de sua própria história. Consciente dessa centralidade, o afrocentrista tem por obrigação usar todos os seus conhecimentos para defender os valores civilizatórios africanos.

Referências

APPIAH, Anthony; GATES, Henry Louis (eds.). *Africana: The Encyclopedia of the African and African American Experience*. 2. ed. Oxford/New York: Oxford University Press, 2005.

ASANTE, Molefi Kete. *Afrocentricity: The Theory of Social Change*. African American Images: Chicago, Illinos, 2003.

BERNAL, Martin. *Black Athena: The Afroasiatic Roots of Classical Civilization*. New Brunswick: Rutgers University Press, 1987.

DIOP, Cheikh Anta. *L'Unité culturelle de l'Afrique noire: Domaines du patriarcat et du matriarcat dans l'antiquité classique*. 2. ed. Paris: Présence africaine, 1982.

FAUVELLE-AYMAR, François-Xavier; CHRÉTIEN, Jean-Pierre; PERROT, Claude-Hélèene. *Afrocentrismes: L'histoire des Africains entre Égypte et Amérique*. Paris: Karthala, 2000. (Hommes et sociétés.)

HOWE, Stephen. *Afrocentrism: Mythical Pasts and Imagined Homes*. London/New York: Verso, 1998.

MBODJ, Copans et al. Autour d'un livre, Afrocentrismes. L'histoire des Africains entre Égypte et Amérique. *Politique Africaine*, n. 79, 2000.

MOSES, Wilson Jeremiah. *Afrotopia: The Roots of African American Popular History*. Cambridge [England]/New York: Cambridge University Press, 1998. (Cambridge Studies in American Literature and Culture.)

NASCIMENTO, Elisa Larkin (org.). *Afrocentricidade, uma Abordagem Epistemológica Inovadora*. São Paulo: Selo Negro, 2008. (Sankofa: Matrizes Africanas da Cultura Brasileira, v. 4.)

AFRODESCENDENTES

Agustin Laó-Montes

Na conferência de Santiago de Chile, entramos negros e saímos afrodescendentes.
ROMERO RODRIGUEZ

As gramáticas étnico-raciais são compostas por categorias que marcam os modos de dominação, ao mesmo tempo que orientam as dinâmicas de resistência, luta e autoafirmação dos sujeitos africanos[1]. Nessa chave, nossa análise explora o conteúdo político e epistêmico das diversas designações e categorias étnico-raciais utilizadas na região. As linguagens que pretendem atribuir significados aos corpos, às culturas, aos territórios e à cor da pele das pessoas de ascendência africana são dispositivos centrais de significação racial e, por conseguinte, na constituição das múltiplas constelações de poder e conhecimento no sistema-mundo moderno/colonial capitalista. Neste breve ensaio, focamos na categoria afrodescendente, mas para proceder dessa forma é necessário fazer uma elucidação de diferentes significantes que se usam para nomear os sujeitos da "africania" em nosso continente histórico que Lélia Gonzalez batizou como "Améfrica Ladina" e que em outros escritos denominou "nossa Afro-América".

Aqui utilizo o termo "africania" referindo-me a sujeitos e povos tanto do continente africano como da diáspora africana – entendida como uma formação global – translocal, e como um espaço de viagens de ida e volta e de múltiplos intercâmbios com o continente. Em vista de sua ubiquidade nos regimes modernos/coloniais de poder e conhecimento, os significantes para as classificações e estratificações étnico-raciais sempre foram polivalentes, disputadas, ambíguas e instáveis. Suas localizações históricas são globais bem como locais e contingentes. As genealogias de significantes como "negro", "morena", "mulata", "preto" e "zambo", cunhados e utilizados como parte integrante dos processos para estabelecer e manter as hierarquias étnico-raciais, demonstram sua potência como dispositivos históricos de poder, assim como sua historicidade e, portanto, performatividade e especificidade no tempo e espaço.

O Brasil abriga a maior comunidade negra das Américas; mais de cem milhões de pessoas que no último censo se converteram na maioria da população. No século XIX, muitas pessoas de ascendência africana se identificavam como negras e pardas, e no início dos anos 1930 uma organização política nacional foi nomeada Frente Negra Brasileira. Nessa linha de organização política independente, o Movimento Negro Unificado foi fundado em 1979, nos tempos da ditadura. Nessa linha de significação, em 2020 foi fundada a Coalizão Negra por Direitos. "Negro" e "africano" são usados amiúde de maneira intercambiável ou complementar, como na obra de Abdias Nascimento, um dos principais intelectuais afro-brasileiros que fundaram o Teatro Negro Brasileiro nos anos 1940, no mesmo período em que escreveu um livro intitulado *Africanos no Brasil*. O termo "afrodescendente" foi cunhado no Brasil por ativistas e intelectuais feministas afro-brasileiras como Lélia Gonzalez, Sueli Carneiro e Edna Roland no final da década de 1980, buscando criar uma identidade política com a finalidade de articular e unir primeiro o Movimento Feminista Negro, que emergia como poderosa força na América Latina, e, mais tarde, redes de movimentos sociais afro-latino-americanos, que cresceram a partir de meados dos anos 1990 em toda a região. Tocando esse tambor, a categoria afrodescendente foi cunhada para promover uma identidade política que integre pessoas e comunidades de ascendência africana de diferentes lugares e tonalidades de cor, que compartilham uma história comum de ser descendentes do continente africano, como também do tráfico transatlântico e da escravidão, o que constitui um legado histórico e político comum.

Em Cuba, lar de uma das maiores e mais vibrantes populações negras das Américas, no final do século XIX os afrodescendentes organizaram o Diretório das Sociedades de Cor em uma rede nacional. A adoção da expressão "gente de cor" revela uma coligação entre negros e mulatos, entre escravizados e negros livres, em uma das últimas sociedades formadas para abolir a escravidão nas Américas[2]. Os múltiplos significados do significante "negro" têm uma ampla história em Cuba e Porto Rico, onde historicamente foi usado como insulto racial em expressões como *negro sucio* (negro sujo) – equivalente a *dirty nigger* – ou como o diminutivo *negrito* (negrinho), que é uma forma de infantilização que agora também poderia ser signo de familiaridade e, inclusive, de afeto, mas, em ambos os casos, sem reconhecer seus fundamentos e conotações racistas. "Negro" também pode ser utilizado por pessoas de pele escura e por "pessoas de cor" como expressão de orgulho próprio e como marcador de comunidade.

O livro *El Negro en Cuba*, do intelectual afro-cubano Tomas Fernández Robaina, narra a história da construção histórica desse sentido de comunidade através de ações coletivas. Cuba também é um cenário histórico fundamental para que o prefixo "afro" signifique a ascendência africana como demonstra a formação da Sociedad de Estudios Afro-Cubanos no princípio do século XX. Um volume publicado recentemente, intitulado *Afrocubanas: Historia, Pensamiento y Prácticas Culturales*, que reconstrói a história cubana através das lentes e da agência histórica das mulheres negras, revela uma história oculta da *cubanía* por meio dos relatos, criações e múltiplas contribuições das mulheres afro-cubanas desde o século XX até hoje. Tanto o uso de "afro-cubano(a)" quanto de "negro(a)" como significantes da particularidade cultural, política e intelectual da *cubanía* negra, mostra consciência da especificidade afro-cubana dentro da constelação nacional de práticas culturais e identidades étnico-raciais.

O reconhecimento da "diferença afro-cubana" se expressa em várias dimensões do cenário nacional ao longo da história cubana, desde as revoltas e conspirações de escravizados na época colonial até os generais negros na luta pela independência cubana no século XIX, passando pela existência do breve porém memorável Partido Independiente de Color de 1908 ao massacre de 1912, até uma pluralidade de expressões na produção cultural e intelectual nas artes, na música e na dança, na literatura, no cinema, no teatro e no mundo acadêmico do presente. Sobre as expressões culturais da história e identidade afro-cubanas, destacaremos o afro-cubanismo, movimento estético dos anos 1930 que deve ser considerado, junto como Renascimento de Harlem, a *negritude* no mundo francófono e as vanguardas brasileiras do mesmo momento, como pilares do "modernismo negro" que teve ressonância na onda de movimentos antissistêmicos da época.

Aqui é pertinente recordar Arturo Alfonso Schomburg, um afro-porto-riquenho que fundou, no período do início do século XX, o que segue sendo o principal arquivo da diáspora africana e que, além de ser presidente da Academia Negra e líder da maçonaria afro-americana, foi uma figura-chave no renascimento do Harlem, servindo em todos esses espaços como ponte entre a diáspora africana no Norte e no Sul. Em suma, o uso de uma variedade de significantes para *negritud*, como negro, mulata, Sociedades de Cor, afro-cubana, demonstra a pluralidade de rótulos raciais tanto em Cuba como no resto da América Latina, mas com seu particular axé e chave.

Brasil e Cuba, que foram os dois últimos lugares de entrada massiva de africanos nas Américas, até muito tempo depois da abolição oficial do tráfico de escravos pelos ingleses em 1807, têm conexões mais fluidas com o continente africano tanto em suas práticas culturais e religiosas como nas recordações vivas, o que inclui o empreendimento de projetos de volta à África. Ambos países cultivam relações governamentais ativas (geopolíticas, econômicas, culturais) com estados africanos, o que tem nutrido as identificações do continente com a diáspora expressas no reconhecimento da Diáspora Africana como sexta região pela Organização de Países Africanos.

A Rede de Mulheres Afro-latino-americanas e do Caribe foi fundada em 1992 em uma conferência na República Dominicana, país protagonista nos feminismos negros do Sul. Essa rede segue viva e continua usando a categoria afrodescendente como definidora de sua filiação. A Aliança Estratégica Afrodescendente foi consolidada em uma conferência em Santiago do Chile convocada no ano 2000 para articular uma plataforma até a Terceira Conferência Mundial Contra o Racismo, que se celebrou em Durban, África do Sul, em 2001. Romero Rodríguez, um intelectual ativista fundador da organização Mundo Afro do Uruguai, deu a um artigo o título "Entramos Negros e Saímos Afrodescendentes", argumentando que a conferência de Santiago do Chile foi crucial para o estabelecimento do termo "afrodescendente" como uma identidade política estratégica que uniu os movimentos negros através de América Latina e, por fim, através da diáspora africana global. A declaração de 2011 como Ano Internacional dos

Afrodescendentes e o início do Decênio de Afrodescendentes em 2015, ambos declarados pela ONU, demonstram a difusão global do termo "afrodescendente". Esse uso generalizado do vocábulo "afrodescendente" também contribuiu para que o termo fosse apropriado por agências do capital transnacional como o Banco Mundial e por ramos do Estado imperial dos EUA como a Usaid – United States Agency for International Development (Agência dos Estados Unidos para o Desenvolvimento Internacional).

O uso da palavra "afrodescendente" é continuamente debatido em toda América Latina assim como o identificador "negro". Algumas pessoas afirmam que afrodescendente é uma maneira de negar a negritude e preferem chamar-se de negros. Em contrapartida, outros afirmam que, ao identificar-se como negro se está usando a linguagem do colonizador incrustada em um selo criado na escravidão para negar a humanidade dos povos africanos. Entretanto, outros intervêm a favor de usar o prefixo afro- antes de significar a presença negra ou africana em cada nacionalidade, como em afro-venezuelano ou afro-colombiano como insistiu o eminente intelectual Manuel Zapata Olivella. Nesse cenário de debate, argumento que a política de autodenominação será sempre um terreno controverso e que o valor relativo desses significantes depende de como invertemos seus significados para usá-los como categorias políticas e epistêmicas. O termo "afrodescendente" chegou para ficar entre nós e cada vez mais gente se identifica com ele, em sintonia com as atuais culturas de movimento e com os discursos governamentais. Ao mesmo tempo, "negro" segue sendo a forma mais comum com a qual a maioria dos povos afrodescendentes ou negros chamam a si mesmos. É necessário reconhecer que as pessoas se identificam positivamente com muitos desses termos e por isso é imperativo incluir ambos em nosso vocabulário crítico tanto nos movimentos sociais e nas comunidades como nos discursos governamentais e nos estudos da africania.

Há uma tendência para associar o termo "afro-americano" como *African-American* dos Estados Unidos, o que reproduz inconscientemente a margem imperial exercida na redução de todo o hemisfério ocidental aos Estados Unidos, rotulando-o singularmente como América, como é geralmente chamado em seu território continental. Um passo mais positivo seria rastrear a crescente ascensão do significante nos Estados Unidos no momento em que a organização de Malcolm X foi nomeada Organization of African-American Unity (Organização da Unidade Afro-Americana). Malcolm nomeou a sua última organização "african-american" no contexto de sua crítica ao termo "negro"[3] significando o vendido "Pai Tomás". Essa mudança convergiu ideologicamente à ascensão do significante *black* como uma identidade política radical de autoafirmação que expressou uma política de libertação contra a opressão racista, como no lema "Poder Negro" defendido por Stokely Charmichael no SNNC – Student Nonviolent Coordinating Committee (Comitê Coordenador Estudantil Não Violento), linguagem que também foi adotada pelos setores mais radicais do movimento de libertação negro dos EUA, incluindo o Comitê Coordenador Estudantil Não Violento e os Panteras Negras.

O surgimento do Black Power e do African-American na década de 1960 como idiomas preferíveis da política radical negra e como autodefinição marcou uma mudança na política de autodenominação nos Estados Unidos. Nos anos 1930, o consenso era a favor da palavra *negro* (em inglês), como é possível ser demonstrado em vários grupos distintos da Associação Universal para o Progresso Negro – Unia, de Marcus Garvey, e da Academia Negra Americana, pilares políticos na identidade do "novo negro" enquanto sujeito por excelência do modernismo negro em cenários como o "renascimento do Harlem".

Enquanto nos Estados Unidos durante os anos 1960, o termo "negro" foi substituído por *black* e *african-american*, na América Latina e no Caribe o significante "afro-americano" tem uma história mais antiga, já que foi o título de uma revista publicada no México em 1940 assim como de um livro publicado pelo intelectual afro-cubano José Luciano Franco, em 1961. A revista *Afroamerica* agrupou os intelectuais negros mais proeminentes das Américas e também os mais destacados especialistas em estudos da Africania no período, como W.E.B. Du Bois, Aime Césaire, Fernando Ortiz, Rómulo Lachateñeré, Gonzalo Aguirre Beltráne Melvin Herkovitz. Mais de vinte anos depois, José Luciano Franco, em seu livro *Afroamerica*, conceitualizou as Américas Negras como uma constelação de povos e culturas que não se subordinava a nenhuma identidade nacional.

O significante "negro" como categoria histórica, política e epistêmica de identidade coletiva, que serve de fundamento a movimentos sociais, correntes intelectuais, criação estética e produção cultural vinculada a projetos de descolonização e libertação, recebeu impulso na América Latina desde a década de 1930 até a década de 1950 através de uma identificação com o pan-africanismo em geral e, em particular, com o movimento da negritude. Entre as figuras afro-latino-americanas mais influentes identificadas com "negritude" naquele momento havia dois pares de irmãos, tanto intelectuais como ativistas, especialmente atuantes na produção literária assim como na investigação e difusão das culturas populares negras que serviram de plataforma para combater o racismo e afirmar o valor das histórias e culturas afro-americanas. Trata-se de Victoria Eugenia Santa Cruz Gamarra e Nicomedes Santa Cruz, no Peru, e Delia e Manuel Zapata Olivella, na Colômbia.

A Colômbia tem a segunda maior população negra da América Latina e a terceira das Américas. Os cálculos são de dez milhões de pessoas de um total de 45 milhões de habitantes do país. Como no resto da região, o denominador "negro" tem uma larga história. Trata-se de uma etiqueta imposta a um grupo racializado que é subalternado em relação à definição dominante do "eu" nacional como "branco-mestiço". Mas o "negro" também pode ser um enunciado positivo de autodefinição afirmando uma identidade coletiva que constitui uma diferença étnico-racial no cenário nacional. Como país de grande diversidade regional, as denominações étnico-raciais das e dos afrodescendentes variam consideravelmente, porém o significante negro, e agora também afrodescendente, desempenharam um papel relevante na criação de linguagens de solidariedade e de identidade coletiva ao longo do território nacional[4]. Existe uma ampla tradição de "poesia negra" na costa caribenha da Colômbia que remonta à poesia de

Candelario Obeso do final do século XIX e de Jorge Artel desde os anos 1930.

Um marco histórico para o surgimento da Colômbia como um bastião das negritudes foi a Primeira Conferência de Culturas Negras nas Américas celebrada em Cali, Colômbia, 1977. Essa reunião continental articulou esforços em todo o país para o reconhecimento das culturas negras e contra o racismo, colocando a Colômbia no centro da organização política, cultural e intelectual afro-americana[5]. O conjunto de ações coletivas e iniciativas organizacionais, que agora são conceitualizadas e denominadas como Movimento Social Afro-Colombiano, se viu fortemente impulsionado pela mudança constitucional de 1991, quando o país foi declarado pluriétnico e multicultural. Uma consequência disso foi a aprovação da Lei 70, em 1993, conhecida como Lei dos Direitos dos Negros. Segundo a Lei 70, o sujeito dos direitos coletivos à terra, à educação étnica e à representação política são as comunidades negras. Uma das principais organizações de movimentos sociais surgida na década de 1990 na Colômbia foi o Processo de Comunidades Negras, que agita a bandeira da "negritude". Por outro lado, outra organização afro-colombiana chave, o Movimento Nacional Cimarrón, rechaça o termo "negro", argumentando que identificar-se de tal modo é usar um rótulo desumanizador cunhado pelos colonizadores que nos escravizaram. Mas o Processo de Comunidades Negras defende o uso de todos esses termos – "negro", "afro-colombiano" e "afrodescendente" – como categorias significativas para a autoidentificação das e dos afrodescentes, não só na Colômbia mas também através da Diáspora Africana global.

Como foi dito antes, argumentamos que cada um desses termos, se for investido de significados que implicam um reconhecimento positivo de identidade coletiva e um sentido de pertença comunitária, pode estimular ações coletivas em prol de um projeto de descolonização e libertação. Mais ainda, podem corresponder a modos de autodefinição utilizados pelas comunidades de base e pelos movimentos sociais negros e por seus intelectuais-ativistas.

Um livro publicado em 1995 com o título *No Longer Invisible* (Não Mais Invisíveis) transmitiu a mensagem de que os afro-latino-americanos tendiam a ser apagados, não apenas dos mapas regionais e nacionais hegemônicos como também de muitas cartografias da diáspora africana. Nos anos 1990, o gigante supostamente adormecido despertou e, na virada do milênio, um informe da Comissão Econômica para a América Latina – Cepal estimou a população negra da região em 150 milhões. A chamada década perdida dos anos 1980 foi de tremendo crescimento na capacidade organizativa e na defesa política das e dos afro-latino-americanos. A efervescência da organização local se converteu na aparição de movimentos sociais negros em vários países. Nos anos 1990, as redes de movimentos sociais negros se distribuíram por toda a região. Nesse processo, negro e afrodescendente floresceram como significantes positivos da negritude e da africania em toda América Latina.

A agenda aprovada na Terceira Conferência Mundial Contra o Racismo, celebrada em Durban, África do Sul, em 2001, tornou-se em grande medida o programa aprovado pela rede de movimentos sociais afro-latino-americanos em Santiado do Chile, no ano

2000, onde o significante "afrodescendente" foi lançado como uma identidade política unificadora. Ao explorar essa terminologia, necessitamos reconhecer o caráter interseccional da categoría "afrodescendente" que, para começar, foi utilizada pela primeira vez por feministas afro-brasileiras. O termo "afrodescendente" floresceu em um processo onde se revelaram claramente as dimensões de gênero e sexualidade do racismo. A cultura política dentro da qual "afrodescendente" foi produzida como uma categoria política significativa em lutas contra a opressão e a favor do empoderamento negro era consciente dos vínculos entre as opressões raciais, de gênero, sexuais e de classe, como formas conexas de dominação, desigualdade e discriminação. Essa óptica interseccional é manifesta tanto na Declaração de Santiago como na Declaração e Plano de Ação de Durban.

Hoje em dia, o termo "afrodescendente" converteu-se em um elemento básico nos léxicos dos governos, de instituições transnacionais, como o Banco Mundial e as Nações Unidas, na academia, e cada vez mais nos vocabulários da vida cotidiana. Essa propagação é sintomática do que chamamos de uma pequena revolução político-cultural na América Latina contra o racismo e a favor do reconhecimento do valor das histórias e culturas negras e, até certo ponto, na representação política.

A mudança constitucional tem sido um cenário primordial para transformar o discurso público apesar de persistirem as práticas racistas antinegras e as flagrantes desigualdades. A constituição do Equador declarou os afro-equatorianos como um *povo* com direitos coletivos, incluindo o direito a reparações, contudo uma década depois da mudança constitucional não temos visto medidas concretas desse tipo que tenham dado frutos. Apesar de suas limitações, todas essas mudanças facilitaram o aumento dos usos positivos através do campo dos significantes da negritude como negro e da africania como afrodescendente.

Outro ingrediente-chave na ascenção do reconhecimento de afro-latino-americanos e na luta contra as atribuições negativas à negritude na região é o argumento para contar as populações negras em cada censo nacional. No Brasil, a contagem combinada de pretos (negros) e pardos (mulatos) representa agora mais de 50% da população nacional. No último censo colombiano, depois de um debate sobre as categorias a serem utilizadas para melhorar o número subestimado de afro-colombianos na pesquisa nacional, decidiu-se diversificá-la, para que as pessoas pudessem ter uma variedade de opções de identificação, incluindo afro-colombiano, afrodescendente e negro, além de *palenquero* e *raizal*, que são identidades locais no Caribe colombiano. Existe um amplo consenso entre acadêmicos, ativistas e inclusive agências governamentais de que a cifra de 4,5 milhões contados no último censo, representando 10% da população, continua gravemente subavaliando o tamanho real do povo afro-colombiano que se estima ser 25% do total, chegando ao redor de dez milhões de pessoas.

TRÊS LIÇÕES POLÍTICO-EPISTÊMICAS

Para encerrar este artigo, extrairei três lições político-epistemológicas gerais da visão histórica panorâmica que esboçamos das linguagens de negritude e africania na América Latina e no Caribe de fala hispânica.

A primeira lição é que, apesar de existir uma grande variedade de marcadores étnico-raciais nas Américas, as categorias que correspondem ao racismo antinegro, as atribuições da negritude e as atribuições da africania tendem a seguir lógicas comuns em todo o hemisfério. Os significantes, os discursos raciais, as hierarquias e as práticas de racialização e racismo variam, porém as categorias étnico-raciais definidas por uma combinação de critérios fenotípicos e culturais se configuram em torno de uma classificação em três estratos: brancos, mulatos e negros[6]. Nesse sentido, os discursos étnico-raciais e seus correspondentes regimes racistas são fenômenos histórico-mundiais globais, ao mesmo tempo que são historicamente contingentes, e, portanto, locais, ambíguos, instáveis e contraditórios. A contínua transmigração dos povos, os discursos, as representações e os movimentos sociais em todas as Américas e a nível mundial, criam espaços de fluxos para as significações raciais e para a política antirracista que demonstram tanto a universalidade do racismo na modernidade capitalista como a historicidade dos racismos edas políticas étnico-raciais.

A segunda conclusão é que, como região, a América Latina sempre foi crucial na formulação das identidades e políticas da diáspora africana. Tocando esse tambor, a atitude de cunhar o termo "afrodescendente" como identidade política no final dos anos 1980 na região e sua adoção como categoria chave do decênio das e dos afrodescendentes, categoria declarada pelas Nações Unidas, revela o crescente significado global das perspectivas políticas e epistêmicas das e dos afro-latino-americanos.

Por fim, como terceira lição, concluo reafirmando que os termos "negro" e "afrodescendente" são significantes da negritude, assim como categorias-chave de autodenominação dos movimentos sociais, correntes culturais, perspectivas intelectuais e programas políticos que articulamos projetos históricos das e dos afrodescendentes na América Latina e no Caribe de língua hispânica.

Se nós afro-latinoa-mericanos chegamos a estar no centro das lutas africanas durante o processo de Durban, na atualidade nossos movimentos impulsionaram os países latino-americanos a lançar primeiro o Decênio Afrodescendente e agora o Fórum Permanente Afrodescendente na Organização das Nações Unidas, o que significa um grande passo adiante para os povos negros e, em geral, para aqueles a quem W.E.B. Du Bois denominou como "raças obscuras do mundo", categoria geo-histórica que define sujeitos que de muitas maneiras convergem com aqueles a quem Frantz Fanon caracterizou como "os condenados da terra". O Fórum Permanente de Afrodescendentes na ONU é fruto de uma visão articulada por Malcolm X nos anos 1960, e uma conquista institucional que já foi alcançada pelos povos indígenas do mundo. Enquanto seguimos reinventando a africania como um espaço translocal heterogêneo global de fluxos de ida e volta entre o continente africano e a diáspora, e entre a pluralidade de espaços e paisagens da diáspora, a contínua inversão dos valores políticos e epistêmicos que torna positivos os significantes negritude e africania deve converter-se cada vez mais em instrumento de libertação contra as opressões que acometem os povos africanos/negros do mundo, como se explica, com justiça poética e certeza político-epistêmica, na expressão "Améfrica Ladina", a categoria geo-histórica cunhada por Lélia Gonzalez para denominar nosso universo histórico afrodescendente.

Notas

1 Emprego a categoria étnico-racial para conceitualizar o emaranhado de dimensões culturais e fenotípicas que orientam as classificações e estratificações raciais. Isso implica uma relação necessária, porém complexa, entre raça e etnicidade como categorias históricas e como marcadores de identidade e diferença quando há dimensões culturais para raça, visto que a atribuição étnica tende a ser racializada.

2 As três últimas sociedades a abolir a escravatura nas Américas foram: Porto Rico, em 1873, Cuba, em 1883, e Brasil, em 1888. O último barco que chegou com africanos escravizados às Américas aportou em Cuba, em 1873.

3 É importante reconhecer que o termo *negro* em inglês é diferente do *negro* em espanhol, que será o equivalente ao *negro* em inglês que mescla o termo comum para a cor em um sistema pigmentocrático com uma identificação étnico-racial. Portanto, em inglês temos *black*, *negro* e *afro-american*, enquanto em espanhol temos *negro*, *afro-americano*, *afro-colombiano*, *afrodescendente*.

4 Há vários identificadores de culturas locais afro-colombianas como *palenquero* para San Basilio de Palenque, *raizal* para os ilhéus de San Andrés, *afro-caribenho* para afrodescendentes do Caribe colombiano e *afro-pacífico* para afrodescendentes da costa pacífica da Colômbia Equador e Panamá.

5 A segunda conferência foi celebrada no Panamá, em 1979, e a terceira no Brasil, em 1985.

6 Há uma tendência a se definir um sistema único de racialização e formação racial nos Estados Unidos baseado em hiperdescendência ou na chamada regra da gota de sangue negra para ser negro, ao contrário de um contínuo de uma pluralidade de etiquetas e categorias na América Latina. Afirmo que se trata de uma generalização excessiva porque as classificações e estratificações étnico-raciais são muito mais complexas, diversas e ambíguas nos dois amplos espaços históricos que são violentamente homogeneizados como América Latina e Estados Unidos.

Referências

ABREU, Alberto. Cuba: Apuntes Para una Cartografía en Torno al Debate del Término Afro-Cubano/a. *Kaosenlared*, 2015. Disponível em: <https://kaosenlared.net/cuba-apuntespara-una-cartografia-en-torno-al-debate-del-termino-afrocubanoa/>.

FRANCO, José Luciano. *Afroamérica*. La Habana: Junta Nacional de Arqueología y Antropología, 1961.

GODREAU, Isar. *Scripts of Blackness: Race, Cultural Nationalism, and U.S. Colonialism in Puerto Rico*. Urbana: University of Illinois Press, 2015.

GONZÁLEZ, Lelia. A Categoria Político-Cultural de Amefricanidade. *Tempo Brasileiro*, Rio de Janeiro, n. 92-93, jan.-jun. 1988.

HANCHARD, Michael. Identity, Meaning, and the African-American. *Social Text*, ano 24, v. 8, n. 2, 1990.

LAÓ-MONTES, Agustín. *Contrapunteos Diaspóricos: Cartografías Políticas de Nuestra Afroamérica*. Bogotá: Universidad del Externado, 2020.

ZAPATA OLIVELLA, Manuel. *La Rebelión de los Genes: El Mestizaje Americano en la Sociedad Futura*. Bogotá: Altamir, 1997.

ANTIRRACISMO

Paulo Neves

O antirracismo é, na literatura sobre o tema, definido como discursos e movimentos organizados que se opõem a práticas e teorias racistas (Bonnett, 2000). Nessa acepção, tanto o antirracismo como seu oposto, o racismo, são consequências da expansão colonial europeia a partir do século XV, quando a noção de raça passa a ser uma das bases legitimadoras da espoliação e escravização de populações não brancas. Isso significa que, de um ponto de vista histórico, a resistência dos povos subjugados às práticas coloniais e à ideia de superioridade da raça branca que lhe era subjacente (Fanon, 2008; Mbembe, 2000; Said, 2007) foram as primeiras expressões do antirracismo. As revoltas em países da África e da Ásia contra a escravidão e contra a dominação europeia, assim como as rebeliões escravas e indígenas nas Américas, a exemplo do quilombo de Palmares, no Brasil, e da independência do Haiti, foram lutas antirracistas centradas na experiência e no cotidiano de opressão, sem necessariamente o desenvolvimento de uma argumentação discursiva, como será própria dos antirracismos posteriormente.

A partir da segunda metade do século XIX e início do século XX, na esteira das lutas pela extensão dos direitos civis e políticos no processo de consolidação das democracias liberais, o debate antirracista vai ganhar contornos mais políticos. As campanhas pelo fim da escravidão em diversos países e as primeiras reivindicações pela igualdade jurídica entre brancos e não brancos em diversas partes do mundo vão marcar as novas estratégias de lutas contra o racismo. Nesse sentido, podemos dizer que o antirracismo recoloca a questão da cidadania e da realização da igualdade racial no centro do debate democrático, mostrando os limites das democracias liberais que então se consolidavam em diversos países.

Porém, se esse debate estava concentrado nas elites intelectuais (que tinham como modelo os valores iluministas das revoluções liberais) ele vai se expandir, já no final do século XIX, para os movimentos oriundos desses grupos vistos socialmente como de "raças inferiores". Assim, a criação de organizações negras nos Estados Unidos ou na África do Sul no início do século XX, ou ainda a ação da chamada imprensa negra no Brasil na mesma época, são a demonstração evidente de que o antirracismo torna-se não apenas uma linguagem das elites ilustradas, como igualmente uma demanda de cidadania dos grupos subalternizados pelos discursos racistas.

Isso se dá no âmbito dos Estados-nação, ganhando contornos nacionais específicos, de modo que não se pode falar de um único antirracismo e sim de diversos, com marcas nacionais e organizações burocrático-administrativas e políticas evidentes. Assim, para entendermos os antirracismos, precisamos entender o modo como o racismo se manifesta em cada contexto específico.

De todo modo, o antirracismo, na acepção aqui adotada, põe em questão o fundamento mesmo do racismo, a saber, a existência de raças biológicas e o pressuposto da superioridade dos brancos em relação aos outros grupos humanos. Mesmo quando admite a existência social de raças (Banton, 2020; Guimarães, 1999), esses movimentos pretendem, de uma forma ou de outra, combater a ideia de que os seres humanos são diferentes em termos de capacidades e direitos. Nesse sentido, os antirracismos são formas de lutar contra os racismos a partir da negação de sua base legitimadora, a ideia biológica de raça.

Além disso, se seguirmos as pistas de Michel Wieviorka (1998), podemos entender o antirracismo a partir de duas vertentes: uma universalista e outra diferencialista. A vertente universalista tende a lutar pela integração à sociedade nacional de forma a que todos tenham não só direitos iguais quanto ao exercício da cidadania como também uma mesma cultura nacional. Já a corrente diferencialista busca não apenas mostrar a igualdade intrínseca entre os membros de uma sociedade, como também reivindica o direito à diferença cultural. Por isso, essa segunda vertente do antirracismo é mais comum em sociedades ditas multiculturais, em que a premissa do respeito à diversidade cultural no seio da sociedade é tida como base da organização social. Em um certo sentido, essa distinção nos ajuda a entender a evolução do antirracismo no Brasil.

No imediato pós-abolição, os movimentos e intelectuais negros brasileiros vão buscar a aplicação da igualdade jurídica frente a uma sociedade ainda largamente marcada pelos resquícios da escravidão, pelo sistema político oligárquico e pela predominância de teorias racialistas que pregavam a inferioridade das raças não brancas. Não é de admirar pois que a luta antirracista negra nesse período estivesse sob o signo da integração à sociedade nacional. Desse modo, a chamada imprensa negra das primeiras décadas do século XX se caracterizava pela tentativa de demonstrar que os negros também eram dignos da cidadania. Para isso, muitas vezes reforçavam a estigmatização de setores negros excluídos da sociedade, uma vez que eles pregavam que pessoas negras deveriam abrir mão da cultura tradicional e de certos hábitos que os tornavam intoleráveis para a sociedade branca (Moura, 2019). Esse mesmo afã pela integração pode ser visto no discurso da Frente Negra, partido político criado nos anos 1930, o qual colocava o nacionalismo como meio de integra ção dos negros na sociedade brasileira (Domingues, 2005). Nesse esforço de reconhecimento pelas elites brancas – seja por mudanças comportamentais dos negros (evitando o alcoolismo, a luxúria sexual etc.), seja pela abdicação das culturas tradicionais negras, seja ainda pelo apoio nacionalista às políticas de construção de um estado centralizador –, a luta antirracista negra nesse período assumia muitos dos valores brancos. O objetivo maior era demonstrar que a população negra era também capaz de ser "civilizada". Uma crítica pós-colonial a essas teses só seria possível após os anos 1970, como veremos.

O apelo à integração está também presente no âmbito do Teatro Experimental do Negro (TEN), criado por Abdias Nascimento e outros, nos anos 1940. Reatualizando alguns dos tópicos dos movimentos negros anteriores, o TEN vai tentar inserir a questão racial nas discussões nacionalistas e desenvolvimentistas, que eram hegemônicas no Brasil nesse período. A obra de Guerreiro Ramos (1995), figura de proa do TEN, nos ajuda a entender esses dilemas e a nova configuração do debate antirracista nesse período. Ao colocar o tema racial como central para se pensar a constituição do povo brasileiro, ele se afasta do debate que via a situação dos negros como mera expressão de uma herança da escravidão supostamente em vias de ser superada pela expansão da sociedade capitalista industrial (Fernandes, 1978). Para ele, os negros eram parte do povo brasileiro, sua expressão mais autêntica. Nesse sentido, não haveria "o problema do negro" e, sim, "o problema do branco", que não reconhecia o negro como parte do povo e como cidadão com igual direito.

Da mesma forma, o TEN não apenas denunciava o racismo e a discriminação que atingiam a população, mas buscava também demonstrar a necessidade de se construir diferentes formatos de políticas públicas, sobretudo educacionais, para combater as desigualdades raciais.

Durante a ditadura militar, essas e outras vozes antirracistas foram abafadas pela repressão política, calando os que denunciavam o racismo. No entanto, mesmo sob a repressão, diversos atores sociais negros reivindicaram mudanças, tecendo críticas ao discurso oficial da democracia racial brasileira. Movimentos musicais como o *funk* e a *soul music* no Rio de Janeiro, os blocos afros em Salvador, os bailes *black* no Rio e em São Paulo etc. serão espaços em que se buscava transformar a cultura negra em um elemento de luta contra o racismo e, concomitantemente, de valorização identitária da população negra. Ao contrário do que ocorria nos anos 1920, 1930 e 1940, quando a luta pela integração passava pela crítica à cultura e às tradições africanas, nos anos 1970 os movimentos negros buscarão, se não a pureza, pelo menos uma linhagem com as tradições negras e africanas. Certamente o exemplo da cultura de massa vindo dos Estados Unidos e o debate colocado pelas lutas independentistas de países africanos foram elementos imprescindíveis para a consolidação dessa perspectiva política.

Essa tendência será aprofundada a partir do final dos anos 1970 e início dos anos 1980, com a criação do Movimento Negro Unificado (MNU), que se colocava como crítico da chamada ideologia da democracia racial no Brasil e se posicionava contra o Estado brasileiro. O principal diferencial dessa nova forma de antirracismo será a luta contra o culto da mestiçagem e dos discursos que valorizavam a democracia racial, que haviam servido de base ideológica à ditadura militar.

Após a redemocratização, nos anos 1980, esse processo será ampliado, com a formação de novas entidades pautadas na luta antirracista. Ao mesmo tempo, manifestações públicas serão realizadas em inúmeras cidades do país, notadamente em torno das datas do 13 de maio (data oficial da Abolição da Escravidão, que grandes segmentos do movimento consideram como não representativa da população negra) e do 20 de novembro (data presumível do assassinato de Zumbi dos Palmares). Ganha destaque, nessa série de mobilizações, a Marcha Zumbi dos Palmares Contra o Racismo realizada em 1995, em Brasília, congregando milhares de militantes.

Outra característica da luta antirracista nesse período, será a proximidade crescente entre militantes e aparatos do Estado em diversas escalas. Desde os anos 1980, quando Conselhos estaduais e municipais de combate ao racismo e a Fundação Palmares são criados, até a criação da Secretaria de Políticas d e Promoção da Igualdade Racial (SEPPIR), em 2003, no primeiro ano do governo do PT, a participação de militantes negros na elaboração e adoção de políticas públicas contra o racismo tem sido uma constante.

A maior internacionalização das pautas antirracistas no país mostra-se como outro elemento-chave nesse processo. Um marco nesse sentido foi a realização da Terceira Conferência Mundial Contra o Racismo, a Discrimina ção Racial, a Xenofobia e Formas Correlatas de Intolerância, em Durban, na África do Sul, em 2001. A mobilização da militância antirracista brasileira em torno dessa conferência vai propiciar, em retorno, maior visibilidade pública para algumas das propostas de Durban, dentre as quais as ações afirmativas, que até então não ocupavam um espaço muito grande no debate racial brasileiro.

Seja como for, no início dos anos 2000, a adoção de políticas afirmativas por algumas universidades públicas trouxe à baila um debate por vezes virulento acerca do racismo na sociedade brasileira. Nessa polêmica, as divergências sobre o modo de interpretar a mestiçagem e de se saber quem é negro no país vão ocupar um espaço argumentativo (Campos, 2019). Um dos resultados desse processo foi a maior aceitação social da necessidade de se elaborar políticas públicas distributivas para combater o racismo e as desigualdades raciais no país, o que vai, certamente, influenciar a decisão do STF de julgar constitucional o princ ípio das ações afirmativas em 2012, bem como a decisão do Congresso Nacional de votar a lei 12.711, também em 2012, estipulando a obrigatoriedade de reserva de vagas para várias categorias sociais (com peso para negros) nas universidades federais.

Tudo isso leva a que, nas duas primeiras décadas do século XXI, o antirracismo no país ganhe novos contornos. Em parte como resultado de seus sucessos institucionais, novas dimensões do racismo são desvendadas e se tornam objetos de denúncias e ações articuladas (racismo ambiental, racismo recreativo etc.). Do mesmo modo, as dimensões interseccionais (Moutinho, 2014) e pós-coloniais ganham espaço, articulando diferentes marcadores sociais da diferença, nas demandas e discursos de militantes e acadêmicos. A Interseccionalidade pressupõe que o racismo deve ser combatido em diferentes frentes introduzindo as questões de gênero, sexualidade e classe como dimensões indissociáveis do racismo.

A bem da verdade, deve-se considerar que isso já ocorria desde os anos 1970 e os anos 1980 na voz de algumas militantes negras tais como Lélia Gonzalez (1983) e Beatriz do Nascimento, as quais colocavam a questão da classe e do gênero como problemas para pensar no debate sobre o racismo. Não por acaso, os nomes dessas duas autoras vêm sendo resgatados e revalorizados no seio das novas gerações de militantes antirracistas (Rios & Lima, 2020), e suas teses estão na base da articulação entre várias formas de luta: o feminismo, o movimento LGBTQIA+ e as diferentes vertentes do movimento negro.

Como podemos ver, o antirracismo brasileiro tem sido não apenas um potente instrumento de luta contra as limitações da cidadania da população negra no Brasil, como também um meio de reforçar a democracia no país. Em um certo sentido, podemos afirmar que, como diria Nancy Fraser, os militantes antirracistas, ao tentarem conciliar cada vez mais as dimensões do reconhecimento e da redistribuição (Neves, 2005), estão lutando por implantar uma sociedade cada vez mais justa.

Referências

BANTON, Michael. [1977]. *The Idea of Race*. London: Routledge, 2020.

BONNETT, Alastair. *Anti-racism*. London/New York: Routledge, 2000.

CAMPOS, Luiz Augusto. *Em Busca do Público: A Controvérsia das Cotas na Imprensa*. 1. ed. Rio de Janeiro: EDUERJ, 2019.

DOMINGUES, Petrônio. *A Insurgência de Ébano: A História da Frente Negra Brasileira (1931-1937)*. Tese (Doutorado em História). São Paulo, FFLCH-USP, 2005.

FANON, Frantz. *Pele Negra, Máscaras Brancas*. Salvador: Edufba, 2008.

FERNANDES, Florestan. *A Integração do Negro na Sociedade de Classes*. 3. ed. São Paulo: Ática, 1978.

GONZALEZ, Lélia. Racismo e Sexismo na Cultura Brasileira. In: SILVA, Luiz Antônio Machado et al. *Movimentos Sociais Urbanos, Minorias Étnicas e Outros Estudos: Ciências Sociais Hoje*, Brasília, n. 2, 1983.

_____. O Movimento Negro na Última Década. In: GONZALEZ, Lélia; HASENBALG, Carlos Alfredo (orgs.). *Lugar de Negro*. Rio de Janeiro: Marco Zero, 1982.

GUIMARÃES, Antonio Sérgio Alfredo. *Racismo e Anti-racismo no Brasil*. Rio de Janeiro: Editora 34, 1999.

MBEMBE, Achille. *De la postcolonie: Essai sur l'imagination politique dans l'Afrique contemporaine*. Paris: Karthala, 2000.

MOUTINHO, Laura. Diferenças e Desigualdades Negociadas: Raça, Sexualidade e Gênero em Produções Acadêmicas Recentes. *Cadernos Pagu*, v. 1, 2014.

MOURA, Clóvis. *Sociologia do Negro Brasileiro*. São Paulo: Perspectiva, 2019.

NEVES, Paulo S.C. Luta Anti-racista: Entre Reconhecimento e Redistribuição. *Revista Brasileira de Ciências Sociais*, São Paulo, v. 20, n. 59, 2005.

RAMOS, Guerreiro. *Introdução Crítica à Sociologia Brasileira*. Rio de Janeiro: EDUFRJ, 1995.

RIOS, Flavia; LIMA, Márcia (orgs.). *Por um Feminismo Afro-Latino-Americano: Ensaios, Intervenções e Diálogos*. Rio de Janeiro: Zahar, 2020.

SAID, Edward. *Orientalismo: O Oriente Como Invenção do Ocidente*. São Paulo: Companhia das Letras, 2007.

WIEVIORKA, Michel. *Le Racisme, une introduction*. Paris: La Decouverte, 1998.

ANTISSEMITISMO

Milleni Freitas Rocha

O antissemitismo é um conceito polifônico, ou seja, tem diversos significados de acordo com o contexto histórico e o lugar. O antissemitismo é sobretudo racismo e uma ideologia que racionaliza a exclusão ou o extermínio de judeus (Gherman & Douek, 2022). O antissemitismo pode ser religioso (também chamado de antijudaísmo) ou racial: o primeiro designa a aversão ao judaísmo baseada na crença do cristianismo de que os judeus foram os responsáveis por condenar Jesus à morte ou de que a recusa de Jesus enquanto o messias pelo judaísmo é suficiente para condená-los; o segundo representa mais as teorias modernas de raça do século XIX, que determinam a exclusão dos judeus independente da religião, cor da pele ou nacionalidade.

O termo surgiu no século XVIII e foi cunhado por linguistas europeus para fazer referência aos povos que falavam o hebraico, o aramaico entre outros idiomas. Nesse momento, na Europa, os judeus eram vistos como estrangeiros e chamados de "semitas" (Arendt, 2013). O termo faz referência a uma origem étnica uníssona e monolítica que não corresponde a como os judeus se identificam, que é por meio da sua diversidade de origens. Ou seja, o termo "antissemita" também é uma forma de homogeneizar os judeus ao supor que todos os judeus são "semitas". A seguir, há alguns exemplos da pluralidade das origens judaicas: asquenazitas (da Europa e principalmente do Leste Europeu), sefaraditas (da Península Ibérica), *mizrahim* (judeus de países árabes ou do norte da África), judeus negros (principalmente judeus etíopes) e judeus israelenses (aqueles que nasceram em Israel, já pós-1948).

Há também uma cisão entre o antissemitismo antigo e o moderno. A diferença entre ambos é definida através da clivagem temporal e de características de funcionamento, segundo a obra de referência de Moishe Postone, *Antissemitismo e Nacional-Socialismo*. O antissemitismo antigo tinha como característica o vínculo dos judeus com o dinheiro. Postone afirma que, ao contrário do racismo contra povos nativos e contra negros, que tende a inferiorizá-los e a dominá-los com a crença de serem povos com potencial de se rebelar, o antissemitismo vem da crença de que os judeus são poderosos, os donos do mundo, controladores da mídia, do dinheiro e são a verdadeira elite poderosa. No antissemitismo moderno, os judeus são vistos não só apenas vinculados ao dinheiro, mas também como conspiradores, "donos do sistema".

Para o antissemitismo moderno de conspiração, os judeus são tão poderosos e ricos que seria difícil quantificar esse poder. No antissemitismo moderno, de maneira mais complexa, os judeus estariam por trás das crises, do poder do mundo, do capitalismo e do socialismo (Marx, como um judeu e inventor do socialismo científico, influenciaria os judeus ao redor do planeta nessa lógica antissemita).

Um exemplo típico dessa modalidade de antissemitismo são as caricaturas de judeus como titeriteiros do mundo. Esse antissemitismo surge no final do século XIX e início do século XX fomentado principalmente pelo nacional-socialismo alemão dos anos 1920. Nesse momento histórico de ascensão de determinadas formas de nacionalismo, o pertencimento à terra de maneira enraizada e as crises políticas e econômicas (principalmente a crise de 1920) formaram um caldo cultural que tinha na figura do judeu o estrangeiro digno de desconfiança. Judeus tinham cidadania francesa sem serem franceses[1] e cidadania alemã sem serem alemães, portanto, a integração incompleta de judeus foi motivo para aquecer noções de conspiração judaica internacional. Essa ideia de conspiração é nutrida exatamente porque trata os judeus como figuras abstratas, universais, com muita mobilidade e intangíveis, em um momento histórico no qual havia uma exigência ideológica de enraizamento e de grupos muito bem definidos.

Assim, o antissemitismo ganhou novas perspectivas com a ascensão do nazismo na Alemanha, em 1933. O extermínio dos judeus, principalmente europeus, renovou perguntas acerca do conceito de antissemitismo e da emergência de investigações teóricas sobre o Holocausto (ou Schoá), como fez Hannah Arendt.

No mundo pós-Holocausto, há certa dificuldade enfrentada hoje por judeus e judias ao denunciarem o antissemitismo. Essa dificuldade tem duas razões principais: a primeira está ligada a uma noção de "vitimismo", como se houvesse ganhos políticos na reclamação feita por um judeu em relação à situação de antissemitismo enfrentada; e a segunda marca uma distinção entre judeus e povos nativos e negros descendentes de escravizados. Nesse sentido, os judeus teriam recebido o reconhecimento de seus traumas (Holocausto) por meio de instituições, pensões de ressarcimento e, mesmo com controvérsias, até por meio da construção de um Estado três anos após a libertação de Auschwitz. Esse encaminhamento da história judaica em nível internacional ressoa de duas formas principais: alimenta o próprio antissemitismo, que crê que os judeus só conseguiram isso porque são os verdadeiros donos do mundo, ou tenta convencer de que na verdade os judeus só obtiveram essas reparações por serem "brancos" (Brodkin, 1998). A falsa ideia de branquitude dos judeus tem no antissemitismo pós-Holocausto um designador da própria inexistência do antissemitismo. No mundo contemporâneo, pelo fato de os judeus serem uma minoria não minorizada (Gherman & Douek, 2022), diferente de outros grupos racializados, mulheres e LGBTQIA+, há a crença de grupos políticos de diversos segmentos ideológicos segundo a qual o antissemitismo não é mais um problema a ser enfrentado.

Entretanto, o antissemitismo ainda é objeto de reflexões e de combate. No esforço de diversos intelectuais não judeus, judeus, árabes e palestinos de conceituarem o antissemitismo na contemporaneidade, a Declaração de Jerusalém[2] traz dez tópicos com exemplos típicos de antissemitismo, e foi adotada pela IHRA, International Holocaust Remembrance Alliance (Aliança Internacional para a Memória do Holocausto), em 2016. Tal declaração explicita também maneiras antissemitas e não antissemitas de se lidar com a questão Israel-Palestina, pois uma das novas roupagens do antissemitismo é esconder a palavra "judeu" e trocá-la por "Israel", produzindo assim perspectivas antissemitas sob o manto de antissionista (Rocha, 2022).

Notas

1 Um exemplo típico do antissemitismo na França, e que culminou em olhares mais atentos para a Europa, foi o caso Dreyfus, um oficial judeu francês falsamente acusado de traição, em 1894, e que reverberou como tema do famoso "J'Accuse" (Eu Acuso, 1898), de Émile Zola.

2 The Jerusalem Declaration on Antisemitism, *Jerusalem Declaration*.

Referências

ARENDT, Hannah. *Origens do Totalitarismo: Antissemitismo, Imperialismo, Totalitarismo*. São Paulo: Companhia das Letras, 2013.

BAUMAN, Zygmunt. *Modernidade e Holocausto*. Rio de Janeiro: Jorge Zahar, 1998.

BRODKIN, Karen. *How Jews Became White Folks and What That Says About Race in America*. New Brunswick: Rutgers University Press, 1998.

COHN, Norman. *Warrant For Genocide: The Myth of the Jewish World-Conspiracy and the Protocols of the Elders of Zion*. London: Eyre & Spottiswoode, 1967.

FANON, Frantz. *Pele Negra, Máscaras Brancas*. Trad. Renato da Silveira. Salvador: Edufba, 2008.

GHERMAN, Michel; DOUEK, Daniel. Judeu É Branco? *Quatro Cinco Um*. Disponível em: <https://www.quatrocincoum.com.br/br/artigos/direitos-humanos/judeu-e-branco>. Acesso em: 21 jan. 2022

JERUSALEM Declaration on Antisemitism, The. Jerusalem Declaration. Disponível em: <https://jerusalemdeclaration.org/>. Acesso em: 27 jan. 2022

KLEIN, Misha; GHERMAN, Michel. From Beacon to Siren: The Transformation of Brazil From Racial Utopia to Racist / Antisemitic Dystopia. *Revista Videre*, v. 13, n. 28, 2021.

MARX, Karl. *Sobre a Questão Judaica*. São Paulo: Boitempo, 2010.

POSTONE, Moishe. *Antissemitismo e Nacional-Socialismo: Escritos Sobre a Questão Judaica*. Org. Marcos Barreira e trad. Sérgio Ricardo Oliveira. Rio de Janeiro: Consequência, 2021.

ROCHA, Milleni Freitas. Exército de Israel em Brumadinho: Antissemitismos Velados e Explícitos. Instituto Brasil-Israel. Disponível em: <http://institutobrasilisrael.org/colunistas/milleni-freitas/geral/exercito-de-israel-em-brumadinho-antissemitismos-velados-e-explicitos/>. Acesso em: 27 jan. 2022.

ASSOCIATIVISMO NEGRO

Mário Augusto Medeiros da Silva

Formas de solidariedade social negras em prol de um fim coletivo fazem parte da história política, religiosa e cultural brasileira, nos períodos colonial, imperial e republicano: as irmandades leigas católicas (desde o século XVIII, como as de Boa Morte, do Rosário dos Homens Pretos, de São Benedito etc.), a imprensa negra (desde o século XIX), clubes e sociedade beneficentes, recreativas, protetoras negras (criados em meados do século XIX), espaços de religiosidade de origem africana encontrados no candomblé. Todas essas iniciativas organizam redes de apoio mútuo e troca de ideias, acompanhando a luta por direitos antirracistas e antidiscriminatórios em seus tempos e contextos.

Por associativismo negro entenda-se o tratamento de sentidos do querer e fazer coletivo de homens negros e mulheres negras em permanente construção política e histórica, organizados em prol de atividades comuns ou entidades no espaço público (muitas vezes familiares, com sedes próprias), voltadas para os interesses do grupo que procuram representar, com finalidades recreativas, de sociabilidade, assistencialistas, classistas, em grande medida reivindicativas de direitos e de respeito da diferença social de existência, reativas às diferentes formas de discriminação, preconceitos e racismos dos quais pessoas negras foram e são alvo historicamente. "As associações negras não se limitaram a denunciar problemas, mas tentaram apontar caminhos para superá-los. [...] a principal solução advogada foi a união, considerada pré-requisito para os negros se fortalecerem [...]" (Domingues, 2018: 113-119). A ação coletiva organizada negra sempre esteve presente em nossa paisagem geográfica, política e cultural; o associativismo negro é componente da história cívica brasileira, mesmo que deliberadamente esquecido muitas vezes.

A ideia de um associativismo negro ocupou parte do debate das ciências sociais brasileiras entre os anos 1930 e 1980, através de artigos, teses e livros. Tais ideias têm sido revisitadas criticamente por estudos históricos mais recentes. O texto do antropólogo Arthur Ramos pode ser considerado um ponto de partida para a discussão. Por ocasião do Cinquentenário da Abolição, em 1938, Ramos escreveu sobre o que denominou "O Espírito Associativo do Negro Brasileiro". Com proposições pertinentes, o autor tratou o assunto como um produto da escravidão, em que os africanos trazidos para cá, como sujeitos de culturas variadas, carregaram consigo tais matrizes, que se misturaram solidariamente face ao subjugo comum iniciado no trânsito atlântico dentro dos navios negreiros. Para ele, todo esse caminho e esses encontros foram fundamentais para a formação dos diferentes quilombos e, a partir do século XVI, das irmandades e confrarias religiosas. No século XVII, tiveram grande destaque nos processos de alforria como fruto de solidariedade escrava e contribuíram até mesmo para a formação dos grupos de cordões, blocos carnavalescos a partir do século XIX, atingindo associações negras ou mesmo a Frente Negra Brasileira, no século XX, organizações herdeiras dos processos anteriores e formas solidárias distintivas, que permitiam entender as recusas de oportunidades e reivindicar direitos como cidadãos (Ramos, 1938).

Em 1945, a socióloga Virgínia Leone Bicudo apresentou sua tese *Estudo de Atitudes Raciais de Pretos e Mulatos em São Paulo*, constituindo-se o primeiro trabalho de pós-graduação em ciências sociais sobre a questão racial no Brasil. Bicudo (2010) preocupa-se em entender o preconceito e a discriminação racial sofridos pelo negro na capital paulista, por meio das diferentes formas de interação social (no ambiente escolar, no passeio público, na sociabilidade em clubes, nas relações afetivas e matrimoniais, no ambiente de trabalho etc.). Também se ocupou das reações coletivas, entrevistando membros de uma "Associação de Negros Brasileiros" e analisando seu jornal, denominado *Os Descendentes de Palmares*. Ambos os nomes eram fictícios: a associação era a Frente Negra Brasileira (FNB, 1931-1937) e o periódico analisado por Bicudo, *A Voz da Raça*, o que a faz a primeira cientista social a pesquisar a FNB. Dessa forma, para Bicudo, uma das *atitudes coletivas* de reação ao preconceito e à discriminação do cidadão negro, em São Paulo, teria sido a criação de *uma associação negra*, de sociabilidade cultural, política e recreativa.

Em 1951, Roger Bastide publicou o estudo "A Imprensa Negra do Estado de São Paulo" (Bastide, 1973: 129-156). A proposta do autor foi estudar a imprensa negra paulista como uma forma de entender a "consciência coletiva do negro", que se organizara no começo do século XX em torno de clubes e associações "da raça". O marco temporal de Bastide é 1915 até o começo dos anos 1950, tomando como base os jornais a que teve acesso com intelectuais negros da capital paulista. Os jornais foram entendidos como uma forma organizativa do grupo negro, vocalizada e autossustentada por meio de seus intelectuais e associações, que teriam múltiplas funções: noticiar fatos diversos, divertir-se, normatizar o comportamento e reagir coletivamente ao preconceito e à discriminação vividos no cotidiano.

O associativismo político negro, mesmo perseguido durante o Estado Novo, manteve-se atuante e seria estudado pela Pesquisa Unesco de Relações Raciais (1951-1955) no Brasil. A parte que coube a São Paulo contou com os trabalhos de pesquisa de Roger Bastide, Florestan Fernandes, Virgínia Bicudo, Aniela Ginsburg e Oracy Nogueira, publicados em relatório. No Rio de Janeiro, Luiz de Aguiar Costa Pinto escreveu sobre as irmandades religiosas negras (como as do Rosário e de São Benedito dos Homens Pretos), as escolas de samba, os terreiros de candomblé da cidade, a União dos Homens de Cor (UHC) e o

Teatro Experimental do Negro (TEN) no livro *O Negro no Rio de Janeiro*. Thales de Azevedo, na Bahia, tratou de *As Elites de Cor* e as diferentes experiências negras em Salvador em processo de mudança social, bem como René Ribeiro escreveu sobre *Religião e Relações Raciais*, em Pernambuco. Aspectos dessas análises dos cientistas sociais foram debatidas e criticadas por intelectuais negros como Abdias Nascimento, líder do Teatro Experimental do Negro, em *O Negro Revoltado*.

Produtos daquele projeto da Unesco no Brasil, os livros *Brancos e Negros em São Paulo*, de Roger Bastide e Florestan Fernandes, e *A Integração do Negro na Sociedade de Classes*, de Florestan Fernandes, não teriam sido possíveis sem o apoio do associativismo negro, expresso por meio das reuniões organizadas pelos sociólogos na Faculdade de Filosofia e Biblioteca Mário de Andrade, para onde convergiram representantes de coletivos negros como a Associação José do Patrocínio, Irmandade Nossa Senhora do Rosário dos Homens Pretos, a Frente Negra Brasileira (já extinta pelo Estado Novo), a Associação dos Negros Brasileiros, diversas experiências de jornais da imprensa negra entre outros. Com base nessas experiências das associações e seus intelectuais negros, Florestan Fernandes aprofundou o debate da denúncia do mito da democracia racial como um limite objetivo para a realização democrática brasileira. Segundo ele, enquanto não houvesse uma democracia racial verdadeira, não haveria democracia. Esta é a ideia final do livro de Florestan de 1964, que parece revivida no lema "Enquanto houver racismo não haverá democracia", da Coalizão Negra por Direitos e suas mais de duzentas organizações atualmente.

O golpe de estado civil-militar de 1964 atingiu a pesquisa sobre o associativismo negro e o ativismo antirracista. Este se manteve entre 1964 e 1978, por meio de velhos e novos militantes que fundaram organizações como o Centro de Cultura e Arte Negra (Cecan, 1974-1978), o Movimento [Negro] Unificado Contra a Discriminação Racial (MUCDR, posterior MNU, fundado em 1978) ou os *Cadernos Negros* (editados a partir de 1978), algumas das novas experiências coletivas e reivindicativas criadas por jovens negros nascidos nos anos 1950 em aliança com intelectuais negros mais velhos, que poderiam compartilhar suas experiências e construir novos projetos. Além disso, nos anos 1980, um novo conjunto de estudos nas ciências sociais retomou temas e questões relativos ao associativismo negro. Destacam-se entre eles os trabalhos de Míriam Ferrara (1986), Clóvis Moura (1983: 143-175), Ieda Britto (1986), Olga von Simson (2007), Regina Pahim Pinto (1993), sincrônicos ao contexto de redemocratização, da Constituição de 1988 e da crítica ao Centenário de 1888.

Entre o final dos anos 1990 e a década de 2000, há uma contribuição significativa de estudos da História sobre o tema aliados aos das ciências sociais. De modo geral, essas pesquisas demarcaram algumas mudanças nos estudos recentes sobre o associativismo negro; elas têm voltado a atenção para diferentes práticas no cenário do associativismo, particularmente em relação aos clubes negros. Daí são investigadas sociedades de fruição e de festividades, em que ocorreriam encontros de diferentes grupos geracionais negros e que persistem na paisagem das cidades, alguns se mantendo em atividade nos dias correntes e havendo uma militância em torno de si. Os historiadores procuraram com isso entender as experiências das sociedades negras num sentido mais amplificado.

A emergência dessas perspectivas na historiografia brasileira se deu num contexto específico, marcado por mudanças mais gerais no tocante aos estudos sobre os significados da liberdade no pós-abolição. Novas pesquisas sugerem que trabalhadores negros criaram essas organizações para se protegerem enquanto trabalhadores e também da discriminação racial. Segundo alguns autores ainda, os estudos a respeito das experiências associativas permitem compreender a luta por direitos de cidadania dos negros em diferentes localidades, de modo que *a denominação contemporânea* "clube social" (sociedades beneficentes, clubes sociais, grêmios recreativos etc.) passa a figurar na bibliografia recente.

A tese de Beatriz Ana Loner é uma das pioneiras em incluir a análise das organizações negras nos estudos acerca das associações mutualistas operárias. Seu trabalho consiste em estudar a formação da classe operária nas cidades de Rio Grande e Pelotas, ambas no Rio Grande do Sul, a partir da experiência da vida associativa na Primeira República (Loner, 1999). Fernanda Oliveira da Silva também pesquisou a vida associativa de Pelotas, mas focou somente nas associações negras, fossem elas recreativas, beneficentes ou carnavalescas, entre 1820 e 1943 (Silva, 2011).

Em outras pesquisas sobre as sociabilidades dentro de clubes negros, também são considerados aspectos relacionados à formação de identidades. Ainda no Rio Grande do Sul, especificamente na cidade de Caxias do Sul, o Sport Club Gaúcho foi fundado como um time de futebol, que também realizava bailes e festas, tornando-se posteriormente sede de uma escola de samba, Os Protegidos da Princesa. A trajetória deste clube, entre os anos de 1934 e 1988, foi estudada por Fabrício Romani Gomes (2008). Joselina da Silva (2000) e Sonia Maria Giacomini (2006) tiveram como objeto de pesquisa o Renascença Clube do Rio de Janeiro. Ambas mostraram que no Renascença Clube havia práticas culturais e sociais similares ao do clube do sul mencionado antes, e que também foi promotor e impulsionou a formação de identidades. Maria das Graças Maria (1997), Bernadete Orsi (1999), Janaina Nail-de Silveira (2000) e Marileia Simiano (2002) também tratam da diversidade de projetos e experiências em clubes negros. A pesquisa de Julio César da Rosa (2011) destaca as experiências de clubes negros catarinenses nos quais as identidades foram usadas para reforçar as diferenças.

Giane Vargas Escobar, historiadora que, junto com o ativista e poeta negro Oliveira Silveira (1941-2009), impulsionou o inventário nacional dos clubes negros como patrimônio cultural imaterial pelo Instituto do Patrimônio Histórico e Artístico Nacional (Iphan), menciona a variedade de profissões exercidas pelos fundadores de Clubes Sociais Negros do Brasil. Trata-se de: operários da Companhia Siderúrgica Nacional (CSN), que fundaram o Clube Palmares em Volta Redonda, RJ; membros da marinha mercante, portuários e professores da rede pública que fundaram o Clube Estrela do Oriente de Rio Grande, RS; os jornalistas negros do Clube Fica Ahi Pra Ir Dizendo e os alfaiates negros que, brincando, fundaram o Clube Chove Não Molha, em Pelotas, RS;

os ferroviários negros do Clube 13 de Maio de Santa Maria, RS; os policiais militares e os ferroviários que fundaram a Sociedade Floresta Montenegrina de Montenegro, RS; os médicos, advogados, engenheiros, intelectuais e artistas negros que fundaram o Renascença Clube, RJ; os trabalhadores do ramo da construção civil do Centro Cívico Cruz e Souza, de Lages, SC; os operários da Siderúrgica Belgo-Mineira, que passaram a ser os principais frequentadores do Clube Mundo Velho de Sabará, MG; os operários da Companhia Paulista de Estrada de Ferro de São Paulo, que fundaram o Clube 28 de Setembro de Jundiaí, SP, dentre vários outros citados em sua pesquisa (Escobar, 2010).

Portanto, o associativismo se refere a homens, mulheres e suas famílias negras que compreenderam a associação como uma forma de existência e luta antirracista.

Referências

AZEVEDO, Thales de. *As Elites de Cor: Um Estudo de Ascenção Social.* São Paulo: Companhia Editora Nacional, 1955.

BASTIDE, Roger; FERNANDES, Florestan. [1955]. *Brancos e Negros em São Paulo.* 4. ed. São Paulo: Global, 2008.

BASTIDE, Roger. *Estudos Afro-brasileiros.* São Paulo: Perspectiva, 1973

BICUDO, Virgínia Leone. *Atitudes Raciais de Pretos e Mulatos em São Paulo.* São Paulo: Sociologia e Política, 2010

BRITTO, Iêda Marques. *Samba na Cidade de São Paulo (1900-1930): Um Exercício de Resistência Cultural.* São Paulo: FFLCH-USP, 1986.

COSTA PINTO, Luiz de Aguiar. [1953]. *O Negro no Rio de Janeiro: Relações de Raça Numa Sociedade em Mudança.* 2. ed. Rio de Janeiro: Editora UFRJ, 1998.

DOMINGUES, Petrônio. Associativismo Negro. In: SCHWARCZ, Lilia; GOMES, Flávio (orgs.). *Dicionário da Escravidão e da Liberdade.* São Paulo: Companhia das Letras, 2018.

_____. *A Insurgência de Ébano: A História da Frente Negra Brasileira (1931-1937).* Tese (Doutorado em História). São Paulo: FFLCH/USP, 2005.

ESCOBAR, Giane Vargas. *Clubes Sociais Negros: Lugares de Memória, Resistência Negra, Patrimônio e Potencial.* Dissertação (Mestrado em Patrimônio Cultural). Santa Maria: UFSM, 2010.

FERNANDES, Florestan. [1964]. *A Integração do Negro na Sociedade de Classes, v. 2: No Limiar de uma Nova Era.* 3. ed. São Paulo: Ática, 1978.

FERRARA, Miriam Nicolau. *A Imprensa Negra Paulista (1915-1963).* São Paulo: FFLCH-USP, 1986.

GIACOMINI, Sônia Maria. *A Alma da Festa: Etnicidade e Projetos num Clube Social da Zona Norte do Rio de Janeiro – O Renascença Clube.* Belo Horizonte/Rio de Janeiro: Editora UFMG/Iuperj, 2006.

GOMES, Fabrício Romani. *Sob a Proteção da Princesa e de São Benedito: Identidade Étnica, Associativismo e Projetos num Clube Negro de Caxias do Sul (1934-1988).* Dissertação (Mestrado em História). São Leopoldo: Universidade do Vale do Rio dos Sinos, 2008.

LONER, Beatriz Ana. *Classe Operária: Mobilização e Organização em Pelotas, 1888-1937.* Tese (Doutorado em Sociologia). Porto Alegre: Universidade Federal do Rio Grande do Sul, Instituto de Filosofia e Ciências Humanas, 1999.

MARIA, Maria das Graças. *Imagens Invisíveis de Áfricas Presentes: Experiências das Populações Negras no Cotidiano da Cidade de Florianópolis (1930-1940).* Dissertação (Mestrado em História). Florianópolis: Universidade Federal de Santa Catarina, 1997.

MOURA, Clóvis. Organizações Negras. In: SINGER, Paul; BRANT, Vinicius C. (orgs.). *São Paulo: O Povo em Movimento.* Petrópolis/São Paulo: Vozes/Cebrap, 1983.

NASCIMENTO, Abdias. *O Negro Revoltado.* Rio de Janeiro: GRD, 1968.

ORSI, Bernadete. *Clube 13 de Maio: Um Estudo Sobre um Território Negro na Área Urbana de Tijucas.* Monografia (Aperfeiçoamento/Especialização em Educação, Relações Raciais e Multiculturalismo). Florianópolis: Universidade do Estado de Santa Catarina, 1999.

PINTO, Ana Flávia M. *Imprensa Negra no Brasil do Século XIX.* São Paulo: Selo Negro, 2010.

PINTO, Regina Pahim. *O Movimento Negro em São Paulo: Luta e Identidade.* Tese (Doutorado em Antropologia Social). São Paulo: FFLCH/USP, 1993.

RAMOS, Arthur. O Espírito Associativo do Negro Brasileiro, *Revista do Arquivo Municipal,* São Paulo, 1938.

RIBEIRO, René. *Religião e Relações Raciais*. Rio de Janeiro: Ministério da Educação e Cultura, Serviço de Documentação, 1956.

ROSA, Júlio César. *Sociabilidades e Territorialidade: A Construção de Sociedades de Afrodescendentes no Sul de Santa Catarina (1903-1950)*. Dissertação (Mestrado em História). Florianópolis: Universidade do Estado de Santa Catarina, 2011.

SILVA, Fernanda Oliveira da. *Os Negros, a Constituição de Espaço Para os Seus e o Entrelaçamento Desses Espaços: Associações e Identidades Negras em Pelotas (1820-1943)*. Dissertação (Mestrado em História). Porto Alegre: Pontifícia Universidade Católica do Rio Grande do Sul, 2011.

SILVA, Joselina da. *Renascença, Lugar de Negros no Plural: Construções Identitárias em um Clube de Negros no Rio de Janeiro*. Dissertação (Mestrado em Ciências Sociais). Rio de Janeiro: Universidade do Estado do Rio de Janeiro, 2000.

SILVEIRA, Janaina Nailde da. *Nos Bailes da Vida: Sociedade Sebastião Lucas – Espaço de Sociabilidade dos Afro-descendentes em Itajaí*. Monografia (Graduação em História). Itajaí: Universidade do Vale do Itajaí, 2000.

SIMIANO, Mariléia. *Sociedade Recreativa União Operária: Um Estudo Sobre um Território Negro na Cidade de Criciúma nos 1940-1960*. Monografia (Especialização em História). Florianópolis: Universidade do Estado de Santa Catarina,2002.

VON SIMSON, Olga Rodrigues de Moraes. *Carnaval em Branco & Negro: Carnaval Popular Paulistano 1914-1988*. Campinas/São Paulo: Ed. Unicamp/Edusp/Imprensa Oficial do Estado de São Paulo, 2007.

BRANQUITUDE

Lia Vainer Schucman
Willian Luiz da Conceição

Branquitude é o termo construído dentro da teoria crítica de raça com o objetivo de enunciar as estruturas sociais que produzem e reproduzem a supremacia branca e o privilégio branco, resultado da expansão colonial. A definição de branquitude não é a mesma para os diferentes estudiosos do campo, já que, para alguns, a branquitude é usada como sinônimo de identidade racial branca, enquanto para outros se trata de uma construção discursiva, uma posição de poder, ou ainda uma ideologia. Apesar de diferentes conceituações entre os autores da área, o argumento central entre as diferentes posições é que a branquitude é uma racialidade que foi construída sócio-historicamente como uma ficção de superioridade, e que, portanto, produz e legitima a violência racial contra grupos sociais não brancos.

OS ESTUDOS CRÍTICOS SOBRE A BRANQUITUDE

Diferentes estudos mostram que esse campo de conhecimento teve sua gênese no início do século XX, com o livro *Black Reconstruction in America* (Reconstrução Negra na América, 1935), no qual o sociólogo negro Du Bois apresenta uma dinâmica que entrelaça as categorias de raça, classe e *status*. Ele demonstra que a aceitação do racismo e filiação na categoria racial "branca" pela classe trabalhadora de imigrantes do leste e sul da Europa, ao chegarem nos EUA, foi uma forma de se apropriar de benefícios da classe dominante e se diferenciar dos ex-escravizados recém-libertos. Du Bois nomeou esse lugar de prestígio da brancura como o "salário público e psicológico da brancura", que resultava em acesso a bens materiais e simbólicos, os quais os negros não podiam compartilhar. Dessa forma, a ideia de que a branquitude é um lugar de valor e uma posição na qual os sujeitos recebem e distribuem benefícios simbólicos e materiais apenas por pertencerem a esse grupo social foi construída por Du Bois e permanece até hoje como o maior legado do autor para essa área de análise e pesquisa.

Os estudos críticos da branquitude nos Estados Unidos se caracterizam por três momentos diferentes. O primeiro é do início do século XX até 1990, no qual se consolida a ideia da branquitude como:

1. uma posição em que brancos adquirem privilégio material e simbólico advindo da dominação colonial, prática que permanece na contemporaneidade;

2. identidade racial que se caracteriza por ser normativa, hegemônica e pela falsa ideia de neutralidade;

3. tendência de sujeitos classificados como brancos de invisibilizar a própria raça, característica que foi nomeada como "cegueira racial".

Esse primeiro momento de estudos críticos da branquitude teve como maiores expoentes Du Bois, Frantz Fanon, Steve Biko, Albert Memmi, James Baldwin e Toni Morrison.

No segundo momento surge o termo Estudos Críticos da Branquitude, que se desenvolve no fim dos anos 1980 e se estende até o início dos anos 2000. Esse campo de estudos emerge a partir da teoria crítica de raça e visa complexificar os conceitos criados anteriormente, gerando uma agenda para a compreensão do fenômeno a partir de diferentes contextos, localidades e particularidades. Aqui surge a proposta de se romper com a ideia de uma branquitude essencializada e universal e se defende mostrá-la como uma construção histórica que se manifesta de diferentes formas a partir de marcadores como classe, gênero, sexualidade, regionalidade, religião, etnia, entre outros elementos. Dessa forma, é preciso compreender que esse lugar de privilégio não é totalizante, mas sim marcado por diversas intersecções que o modelam. Isso significa que, dentro do Brasil, a branquitude tem características diferentes dependendo das regiões. Em algumas regiões, como no Sudeste, muitas pessoas que no Sul são vistas como negras de pele clara são consideradas brancas. Isso ocorre porque no Sul do Brasil, diferentemente do Norte, por exemplo, a categoria branco está ligada também à questão étnica, ou seja, para ser considerado branco no Sul do Brasil é preciso ter, além do fenótipo demarcador da raça, a origem europeia.

É nesse momento que a branquitude também é caracterizada pela jurista Cheryl I. Harris como "propriedade". Para a autora, a branquitude atua como um bem jurídico, que confere ao seu detentor um conjunto de direitos. O proprietário da "branquitude", pessoas classificadas como brancas, seriam detentoras de uma série de direitos negados aos não brancos. Assim, a "linha da cor" agiria como critério para uma série de discriminações direcionadas a negros e indígenas e como privilégios para os brancos.

Ainda em um terceiro momento, que começa no início dos anos 2000 e se estende até o momento atual, incorpora-se como central aos estudos de branquitude a compreensão dos mecanismos que perpetuam o racismo institucional e a relação entre micro e macroestrutura, a fim de se compreender o papel dos indivíduos na manutenção da supremacia branca, bem como os limites e possibilidades para o desmantelamento desta, ou seja, para a luta antirracista.

Mesmo caracterizando instantes diferentes, podemos dizer que esses estudos nascem da necessidade de desnaturalizar o branco como representante da humanidade e de seu caráter normativo. Dentro dessa área de conhecimento há um esforço para primeiro caracterizar o que é branquitude e, posteriormente, para compreender seu funcionamento na estruturação das desigualdades raciais locais e globais. Quanto à caracterização da branquitude, alguns pontos são unificadores entre os diferentes autores do tema:

- a branquitude é uma categoria racial particular que se apresenta "falsamente" como universal, assim ela é muitas vezes não marcada e, portanto, se apresenta fantasiosamente como se fosse uma identidade racial nacional "neutra" e normativa;
- a branquitude se construiu historicamente a partir da falsa ideia de superioridade racial branca;
- a branquitude é uma posição de vantagem que produz privilégios materiais e simbólicos nas sociedades estruturadas pelo racismo;
- a branquitude é uma categoria relacional e seus significados variam conforme a localidade e seus processos históricos.

O PENSAMENTO SOCIAL BRASILEIRO E O "LUGAR DO BRANCO" NAS RELAÇÕES RACIAIS

No Brasil, diferente do que se imagina, o tema da branquitude não é um tópico recente. Em contrapartida, o fenômeno e seu enunciado carregaram, ao longo do tempo, diferentes abordagens e entendimentos entre os intelectuais brasileiros.

À vista disso, destacamos quatro autores para a gênese dos estudos sobre branquitude no Brasil: Alberto Guerreiro Ramos, Gilberto Freyre, Florestan Fernandes e Paulo Freire.

Sem mencionar propriamente o termo "branquitude", o sociólogo Alberto Guerreiro Ramos se tornou a primeira referência a descrever o lugar de privilégio do branco na sociedade brasileira. Para Ramos, duas características são centrais ao que ele nomeou como "Patologia Social do 'Branco' Brasileiro" (1957). A tese central de Ramos é o fato de que, devido ao racismo e a um ideal de beleza e estética branca, a população brasileira produziu significados positivos à brancura. Em contrapartida, significados negativos estéticos e culturais foram atribuídos aos negros. Dessa maneira, para o autor, a patologia do "branco" brasileiro consiste em que, apesar de a grande maioria destes ter ascendência miscigenada cultural e biologicamente com os negros, este é um fator negado por eles – a patologia então seria o fato de que o branco brasileiro considera vergonhosa a sua ancestralidade cultural negra. Por conseguinte, há um processo reiterado de enaltecimento da cultura europeia/branca da qual o branco brasileiro não faz parte inteiramente. Outro apontamento do autor foi mostrar como as relações raciais brasileiras estavam sendo estudadas e interpretadas exclusivamente por intelectuais brancos como se apenas o negro tivesse "raça". Parafraseando Guerreiro Ramos, no Brasil o branco tem usufruído do privilégio unilateral de produzir conhecimento acerca de outros segmentos raciais e dos problemas sociais – ausentando-se da posição central de produção das desigualdades, essa prática reiterada teria cristalizado os problemas sociorraciais existentes no país como um "problema [exclusivo] do negro". O texto de Guerreiro Ramos será imprescindível para o desenvolvimento posterior de um campo de estudos críticos da branquitude.

Gilberto Freyre, ao elaborar seus estudos sobre a sociedade patriarcal brasileira e o lema nacional de "Ordem e Progresso" no período de transição do Império à República, vai acionar a categoria da branquitude como fenômeno ambivalente. Em primeiro lugar, Freyre escolhe esse caminho crítico a fim de argumentar que o "homem nacional", em grande medida identificado com a herança das sociedades europeias, desprezaria os conhecimentos orais e tradicionais necessários desenvolvidos por indígenas e negros nos trópicos. Nesse sentido, Freyre criticou a discriminação educacional jesuíta que excluiu os africanos e seus descendentes da formação escolar. Por outro lado, Gilberto Freyre, ao demonstrar a necessidade da educação para a ascensão social dos mestiços, afirma que a educação aparece como instituição assimilacionista imprescindível para aquisição dos valores da superioridade branca na sociedade. De acordo com o autor, a educação durante o Império e mesmo na República tornou-se para os mestiços "cartas de branquitude sociológica" que os aproximavam dos ideais do branqueamento necessários à modernização do país. A branquitude se encadeia com um processo de branqueamento cultural e não apenas como atributo fenotípico. Em um tom apologético, a branquitude, nesse caso, poderia ser aprendida, desenvolvida através do letramento cultural compartilhado: um complexo de valores culturais hegemônicos e civilizatórios adquiridos e assimiláveis.

Florestan Fernandes, em seus estudos acerca das relações raciais no Brasil, discorre sobre a marginalização do negro na ordem social brasileira. Para Fernandes, a branquitude é a própria ordem racial imposta pelos brancos no Brasil, o que o autor também denominou como "mundo dos brancos". Segundo o sociólogo, a sociedade brasileira foi constituída desde sua gênese por uma relação racial assimétrica, desigual e violenta, que buscou constantemente arrebatar o negro da sua humanidade. Por outro lado, a formação social brasileira assentada na escravidão racializou a distribuição da renda, o prestígio social e o poder nas mãos dos brancos – que, ao mesmo tempo, se estruturavam como raça dominante –, apesar das divisões impostas pelas classes no interior da sociedade. A integração social do negro sempre foi repelida por uma ordem social hegemonizada essencialmente pelos brancos, ou melhor, por "seguimentos privilegiados da raça dominante". A abolição da escravidão, considerada pelo autor como a primeira revolução social brasileira, não fora capaz de romper com o "mundo dos brancos". A abolição teria sido uma revolução conservadora feita pelos brancos para os brancos e passará a privilegiar ideologicamente os grupos de europeus que para cá imigraram substituindo a mão de obra de africanos e de seus descendentes, que seriam lançados às margens do sistema capitalista e mesmo das divisões de classe. Como uma espécie de subclasse, negros e mestiços se viram compelidos, de acordo com Fernandes, a um processo de branqueamento psicossocial, moral e fenotípico imposto pela ordem social. Esse processo de transmutação cultural, operado pelo branqueamento, o autor chamou de "imperialismo da branquitude".

Paulo Freire, em seu livro sobre autonomia, descreve a branquitude como um conjunto de práticas preconceituosas, violentas e antidemocráticas que articulam raça, classe e gênero e, por conseguinte, afrontam a diversidade da humanidade. A branquitude, em Paulo Freire, aparece como uma prática antidemocrática, arrogante, na maioria das vezes impune, que é reiterada pelas violências cotidianas contra negros, mulheres e pobres no Brasil.

Esses quatro autores brasileiros foram alguns dos precursores da problemática da branquitude no Brasil. Todavia, poderíamos mencionar outros intelectuais que questionam o papel social exercido pelo branco na sociedade brasileira, como, por exemplo, Abdias Nascimento. Apesar de os autores comentados acima identificarem e descreverem o fenômeno da branquitude, seus trabalhos não desenvolveram uma abordagem sistemática a respeitodo tema.

OS ESTUDOS BRASILEIROS DE BRANQUITUDE

Podemos considerar que os estudos críticos da branquitude consistem em uma reviravolta epistemológica sobre as abordagens das relações raciais no Brasil. Ao ecoar a denúncia de Alberto Guerreiro Ramos expondo que no Brasil o branco tem desfrutado do privilégio de ver o negro sem por este último ser visto, diferentes intelectuais brasileiros, como Maria Aparecida Bento, Edith Piza, Liv Sovik, Lourenço Cardoso, Lia Schucman, Willian Luiz da Conceição entre outros têm se mobilizado para desenvolver pesquisas com o objetivo de visibilizar e inserir o branco como parte fundamental das relações raciais e dos problemas socioeconômicos decorrentes do racismo estrutural brasileiro. Os estudos de branquitude iniciados no Brasil na década de 1990 têm buscado enfrentar a ausência do branco nas análises do problema racial – incluindo-os como portadores de identidade racial que favorece a distribuição de recursos sociais dentro do próprio grupo de identificação. Essas pesquisas têm demonstrado que os brancos, apesar de sua pluralidade étnica e em distintas condições de classe, fazem parte de um campo de força, de irradiação e produção do racismo e, portanto, exercem o papel de dominação racial na sociedade brasileira. Nesse sentido, a branquitude tem sido acionada como expressão das relações de poder – um lugar de vantagem e de privilégios herdados e estruturados social e historicamente pelos brancos, o que permitiu que esses operassem como grupo racial dominante em detrimento de outros grupos étnico-raciais.

Entre os principais conceitos elaborados por esses estudos está o de pacto narcísico da branquitude elaborado pela psicóloga Maria Aparecida Silva Bento (2002). Seu trabalho tem destaque por demonstrar como operam os privilégios sociais conferidos à brancura na sociedade brasileira através do que a autora denomina como *pacto narcísico*, que corresponde a um acordo amplo e tácito predeterminado pela identificação racial entre sujeitos brancos, independentes de classe social. Esse pacto é permeado pelo silenciamento e pela condescendência dos brancos em relação aos processos históricos de exploração e dominação sofridos cotidianamente pela população negra. Há, segundo Bento, uma espécie de espólio social proveniente das desigualdades raciais e da estratificação socioeconômica que serve de vantagens sociais constantemente distribuídas entre os brancos. A concepção do pacto narcísico da branquitude reconhece a constituição e articulação dos brancos como grupo de identificação racial – os sujeitos brancos se protegem, criam e partilham reciprocamente oportunidades que beneficiam seu próprio grupo racial –, podendo ser observado em práticas sociais cotidianas como na seleção de emprego, na defesa de pautas sociais e na escolha das suas relações interpessoais. A ideologia do branqueamento e da branquitude aparece como constructo histórico com ressonância nas estruturas sociais – através da interdependência entre classe e raça – que conformam a subjetividade dos sujeitos em sociedade e os aspectos psicossociais do racismo brasileiro.

Por fim, o maior desafio que todos esses estudos apontam é o de compreender quais seriam as estratégias antirracistas apropriadas para desmantelar as forças da branquitude no seio da sociedade ocidental e da brasileira (Ware, 2004). Nesse sentido, a proposta de letramento racial crítico produzida pela intelectual estadunidense France Winddance Twine tem sido apontada por alguns autores como uma das alternativas individuais possíveis, e se caracteriza por um conjunto de práticas (individuais e institucionais) que inclui desde a conscientização dos próprios privilégios até a inclusão de ações afirmativas nos ambientes institucionais de pertença. Esse letramento funciona como uma resposta que indivíduos podem dar às tensões das hierarquias raciais da estrutura social, contudo, esses mesmos autores apontam os limites dos indivíduos diante do racismo estrutural e argumentam que para uma real transformação no tecido social brasileiro nesse sentido, precisamos que haja, além de mudanças individuais em seus microlugares, uma mudança estrutural nos valores culturais da sociedade como um todo: é imprescindível que a branquitude como lugar de normatividade e poder se transforme em identidades nas quais o racismo não seja o pilar de sua sustentação. Para isso, é preciso alterar as relações socioeconômicas, os padrões culturais e as formas de produzir e reproduzir a história brasileira. Assim, as políticas públicas voltadas para a igualdade racial como as cotas, o reconhecimento da história, do espaço e da ação do movimento negro são essenciais para que os brancos consigam se deslocar da posição de norma e hegemonia cultural na qual estão inseridos.

Referências

BENTO, Maria Aparecida; CARONE, Iray (orgs.). *Psicologia Social do Racismo*. 2. ed. São Paulo: Vozes, 2002.

CARDOSO, Loureço; MULLER, Tânia. *Branquitude: Estudos Sobre a Identidade Branca no Brasil.* Curitiba: Appris, 2017.

CONCEIÇÃO. Willian Luiz da. *Branquitude: Dilema Racial Brasileiro*. Rio de Janeiro: Papéis Selvagens, 2020.

DU BOIS, W.E.B. *Black Reconstruction in America*. New York: Oxford University Press, 2014.

GUERREIRO RAMOS, Alberto. Patologia Social do "Branco" Brasileiro. In: GUERREIRO RAMOS, Alberto. *Introdução Crítica à Sociologia Brasileira*. Rio de Janeiro: Editora UFRJ, 1957.

SCHUCMAN, Lia Vainer. *Entre o Encardido, o Branco e o Branquíssimo: Branquitude, Hierarquia e Poder na Cidade de São Paulo*. São Paulo: Annablume, 2014.

WARE, Vron (org.). *Branquidade, Identidade Branca e Multiculturalismo*. Rio de Janeiro: Garamond, 2004.

CINEMA NEGRO

Noel Carvalho

A expressão "cinema negro" se capilarizou nos últimos anos entre curadores, cineastas e críticos para designar os filmes realizados por artistas negros. Via de regra é utilizado de modo prático para dar conta dos interesses de produção e curadorias. Em face da ausência de uma definição objetiva, resta um labirinto de designações políticas – há tantos cinemas negros quanto o número de interessados em criá-los.

No entanto, para o analista, uma teoria do Cinema Negro ilumina questões inevitáveis acerca da identidade e da cultura negras. Primeiramente porque ela se relaciona com a herança intelectual de teorias sobre a história, cultura e experiências dos negros. Depois, porque explicita as competições, tensões e recompensas conectadas à prática do Cinema Negro.

As estratégias êmica e ética propostas por Marvin Harris (1976) nos ajudam a deslindar as versões de Cinema Negro em circulação. Elas dizem respeito ao modo como os grupos organizam seus domínios. A estratégia êmica busca reter os princípios "organização" e "explicação" tal como eles se dispõem na vida mental dos nativos. Já a ética procura os parâmetros gerais capazes de construir saberes objetivos, generalizáveis e, portanto, científicos (Kottak, 2013: 75).

O sistema não é hierárquico – não há uma conceituação superior a outra. A diferença entre as estratégias está na eficácia das explicações. Em suma, todas as definições de Cinema Negro são reais, porém nem todas são igualmente eficazes para explicar a realidade do porquê e do como definimos o que definimos. A partir do exposto, vejamos como os cineastas e, em seguida, os teóricos, formularam saberes sobre o Cinema Negro.

O CINEMA NEGRO PRATICADO PELOS CINEASTAS

A primeira definição sobre o Cinema Negro que conhecemos até o momento foi forjada no contexto da eclosão do Cinema Novo. Em 1965, o cineasta David Neves apresentou, num congresso em Gênova, a comunicação "O Cinema de Assunto e Autor Negros no Brasil"[1], em que destacou a recorrência do "assunto negro" nos filmes e a ausência de autores negros. Segundo sua classificação, o assunto negro assumia as formas: 1. comercial, em que se explorava o exotismo racial; 2. autoral, baseada em pesquisa cultural; 3. e indiferente ao tema negro, "onde o assunto negro seja apenas um acidente dentro de seu contexto" (Neves, 1968: 75). Em seguida, Neves propõe o que entende ser as bases fenomenológicas do Cinema Negro: "no panorama cinematográfico brasileiro, emergiram cinco filmes que serão, no método indutivo que proponho adotar aqui, as bases de uma modesta fenomenologia do cinema negro no Brasil. Os filmes são: *Barravento*, *Ganga Zumba*, *Aruanda*, *Esse Mundo É Meu* e *Integração Racial*" (Neves, 1968: 75-76).

Os filmes *Barravento* (Glauber Rocha, 1962) e *Ganga Zumba* (Cacá Diegues, 1964) sustentam a maior parte do argumento. *Barravento* destaca o antirracismo no fato de o realizador branco escolher um ator negro (Antonio Pitanga) como o seu porta-voz (Neves, 1968: 77). Já *Ganga Zumba* é a expressão autêntica do Cinema Negro, pois foi concebido a partir da história da resistência dos negros escravizados[2]: "Num sentido restrito, esse é o único filme de assunto negro feito pelo Cinema Novo." (Neves, 1968: 77-78)

Para David Neves, o Cinema Negro: 1. é o cinema de assunto negro; 2. desassocia as personagens da cor dos atores; 3. expressa fenômenos da experiência negra, a religiosidade (*Barravento*), a história (*Ganga Zumba*, *Aruanda*) e o preconceito (*Integração Racial*, *Esse Mundo É Meu*); 4. soma-se às investidas do grupo cinemanovista em suas estratégias de diferenciação dos filmes da Vera Cruz (racistas) e da chanchada (comerciais, exóticos).

Em 1979, outro realizador oriundo do Cinema Novo, Orlando Senna, apontou a necessidade de um Cinema Negro em *Preto-e-Branco ou Colorido: O Negro e o Cinema Brasileiro*. Para tanto, dividiu a história do negro no cinema em períodos racializados: 1. o cinema branco (1898-1930) – marcado pelo etnocentrismo europeu; 2. o cinema mulato (1930-1960) – correspondeu aos dramalhões e chanchadas cujo imaginário racial foi inspirado no livro *Casa-Grande & Senzala*, de Gilberto Freyre; 3. o Cinema Novo: negro/povo (anos 1960) – construiu interpelações do negro na esteira do cinema nacionalista de esquerda dos anos 1950.

Embora acompanhe Neves nas linhas gerais da agenda cinemanovista, Orlando Senna não compreende o Cinema Novo como emanação fenomenológica do Cinema Negro. A invisibilidade e a estereotipação das personagens negras decorrem, para ele: 1. do fato de estarem afastadas das posições de poder na indústria cultural, monopolizada por homens brancos de classe média; 2. do fato de os produtores (diretores, roteiristas, distribuidores) serem alienados da experiência de vida dos negros.

Senna conclui que o Cinema Negro decorrerá da existência de produtores e diretores negros, "único meio para que um discurso negro seja articulado no Cinema Brasileiro: a tomada, pelos próprios negros, de uma parcela de decisão na complexa engrenagem cinematográfica – capitalista, industrial e *fechada*" (Senna, 2018: 204).

No final da década de 1990, jovens cineastas negros e negras publicaram dois manifestos: o Dogma Feijoada e o Manifesto do Recife.

O Dogma Feijoada foi lançado em 1999 e reivindicou a fundação de um Cinema Negro baseado no cumprimento de sete mandamentos: 1. O filme tem que ser dirigido por um realizador negro; 2. o protagonista deve ser negro; 3. a temática do filme tem que estar relacionada com a cultura negra brasileira; 4. o filme tem que ter um cronograma exequível; 5. personagens estereotipadas, negros ou não, estão proibidos; 6. o roteiro deverá privilegiar o negro comum brasileiro; 7. super-heróis ou bandidos deverão ser evitados.

O Manifesto do Recife foi lançado durante o Festival de Cinema de Recife em 2001. Em síntese, foi uma carta de reivindicações que partiu da constatação de que os meios de comunicação negavam a realidade racial do país. Relacionou a representação estereotipada à ausência de profissionais afro-brasileiros na indústria audiovisual e conclamou os produtores a moverem uma "aliança ampla geral e irrestrita entre negros, índios, brancos e amarelos" contra as imagens distorcidas das minorias e do país. Propôs ainda apoiar sanções legais contra os produtores que resistissem à criação de imagens multirraciais do país e à criação de um fundo público para incentivar a produção audiovisual multirracial.

Os dois movimentos são um marco da modernidade negra no âmbito do cinema: 1. foram protagonizados por artistas e intelectuais negros; 2. reivindicaram a autoria negra; 3. irradiaram o debate racial – até então restrito ao ativismo – para o interior do campo do audiovisual; 4. pleitearam posições de poder no âmbito da cadeia produtiva do cinema; 5. denunciaram as representações preconceituosas e deformadas do negro e do país; 6. reivindicaram políticas públicas para incrementar a presença negra no cinema.

Nos últimos dez anos, a emergência de jovens realizadoras negras renovou o Cinema Negro. Elas produziram filmes de média, curta e, recentemente, longas-metragens de vários gêneros. A origem heterogênea do grupo, sua diversidade cultural e geracional, resultaram em filmes com novos pontos de vista, personagens, imaginações e repertórios. Embora não se guiem por um manifesto ou qualquer marco fundador, algumas manifestações públicas permitem entender – ainda que de modo geral – parte do pensamento do grupo. Declarou a cineasta Viviane Ferreira:

> Não existe uma disposição ou uma perspectiva do que a gente chama como o movimento político do cinema negro [...] pra encaixotar a gente em um formato. Encaixotar esse movimento em uma forma X, Y ou Z, porque a ideia mesmo é ocupar todos os espaços. A ideia é que corpos pretos possam explorar todos os gêneros. Todas as formas de fazer cinematograficamente. Disputar esses espaços e se entranhar neles, sair desconstruindo cada estereótipo sobre este corpo preto. (Apud Monteiro, 2017: 232)

Paralelo às produções, cineastas, críticos e estudiosos criaram organizações para institucionalizar o Cinema Negro. Entre outras iniciativas nesse sentido, destacamos: a Mostra Internacional de Cinema Negro, criada em 2004; o Centro Afro-Carioca de Cinema (CACC), de 2007; o Fórum Itinerante de Cinema Negro (Ficine), de 2013; e a Associação de Profissionais do Audiovisual Negro (Apan), de 2016.

A BUSCA POR UMA TEORIA DO CINEMA NEGRO

Teóricos avançaram na conceituação do Cinema Negro. Em outras publicações, afirmo que o cineasta Zózimo Bulbul foi o primeiro diretor do Cinema Negro (Carvalho, 2006; idem, 2012). Esse argumento se baseia no alinhamento dos filmes de Bulbul com as pautas racialistas e africanistas que embasaram a ideia de consciência e cultura negras propostas pelo movimento negro a partir dos anos 1970. Os filmes *Alma no Olho* (1973), *Aniceto do Império em... Dia de Alforria...?* (1981) e *Abolição* (1988) demarcam um ponto de vista negro sobre a história e a cultura negras – uma das principais bandeiras do ativismo no período.

Já para Celso Luiz Prudente o Cinema Negro se origina do Cinema Novo (Prudente, 2021). Seus marcos iniciais são a obra de Glauber Rocha, em particular, *O Leão de Sete Cabeças* (1970). A partir deles, uma geração de realizadores negros – no qual se inclui Prudente, Ari Candido, Zózimo Bulbul entre outros – produziu um Cinema Negro cujo programa foi a afirmação da negritude, da africanidade e o combate aos estereótipos. Para o autor, a dimensão pedagógica do Cinema Negro reside, precisamente, na busca por imagens positivas da africanidade em detrimento das caricaturas construídas pelo cinema comercial.

Edileuza Penha de Souza e Ceiça Ferreira chamam atenção para a invisibilização das mulheres negras na produção e teorias do Cinema Negro (Ferreira & Souza, 2017). Elas detectaram a presença de realizadoras negras nos anos 1980 e 1990 e a produção de jovens diretoras na atualidade. Para dar conta dessa produção, Edileuza Penha de Souza formulou o conceito de "Cinema Negro no Feminino", cuja proposta é "denunciar e combater o racismo, o machismo, a homofobia, e as múltiplas formas e especificidades de discriminações e preconceito tão arraigadas na sociedade" (Souza, 2020: 180-181).

Segundo Ceiça e Edileuza, embora os filmes das diretoras negras não rompam com as propostas políticas do Cinema Negro, eles avançam sobre temas exclusivos da experiência de vida das mulheres negras: a resistência ao machismo, a solidão, os afetos, a educação das crianças negras etc. Ao contarem suas histórias através dos filmes, as mulheres negras negam a subalternidade e a invisibilidade. O cinema humaniza suas vidas.

Finalmente, Janaína Oliveira constrói uma narrativa teleológica sobre o Cinema Negro que desagua no cinema produzido pelas mulheres (Oliveira, 2016). Amparada em meus trabalhos citados acima, na tese *Cinema na Panela de Barro* de Edileuza Souza e em sua experiência de curadoria, a autora faz um inventário de fatos e eventos que contribuíram para demarcar um Cinema Negro, entendido por ela como projeto.

Outros estudos foram feitos nos últimos anos;parte deles gravita em torno das questões postas pelos analistas acima.

DEFINIÇÕES NATIVAS, TEORIZAÇÃO EM ABISMO

Enfim, o Cinema Negro é uma construção nativa praticada por cineastas, críticos e curadores a partir de demandas políticas, culturais e econômicas. As definições que emanam desses grupos e indivíduos fazem todo o sentido quando vistas na extensão dos interesses, disputas e negociações de onde partem como projetos acabados. A partir de um discurso político naturalizante, ocultam suas divergências, rachaduras e fragilidades.

Já as teorizações sobre o Cinema Negro buscam fazer proposições apuradas em documentos, teorias e análises precedentes. Nesse caso, há uma convergência maior no sentido de construir uma história e tradição, propor análises críticas dos filmes, estudar os contextos de cada produção e movimento, construir relações acuradas entre política, arte e cultura negras, estudar trajetórias de indivíduos e grupos. Esse esforço de pesquisa demarca um princípio de teorização em um campo onde até poucos anos atrás não havia absolutamente nada em termos de estudos.

No entanto, é preciso atentar para a adesão acrítica das análises acadêmicas aos pressupostos essencialistas e enviesados dos cineastas e produtores – a fixação na figura do diretor, os estreitamentos de significados entre cultura, estética e política, a biologização dos significados associados ao negro.

Apenas ingenuamente essas análises representam engajamento e compromisso. Revelam, antes, a fragilidade do campo acadêmico, sua baixa autonomia e juventude. Destarte, cabe aos teóricos construir as categorias analíticas para explicar o Cinema Negro e trazer à tona as singularidades dos seus praticantes.

Notas

1 Em 1965, realizou-se na Itália a V Resenha do Cinema Latino-Americano que reuniu intelectuais da América Latina e África. Do Brasil participaram os cinemanovistas Glauber Rocha, Cacá Diégues, Gustavo Dahl, David Neves e Paulo César Saraceni.

2 O filme foi baseado no livro *Ganga Zumba* de João Felício dos Santos.

Referências

CARVALHO, Noel dos Santos. *Cinema e Representação Racial: O Cinema Negro de Zózimo Bulbul*. Tese (Doutorado em Sociologia), Faculdade de Filosofia Letras e Ciências Humanas da Universidade de São Paulo – FFLCH-USP, São Paulo, 2006.

____. O Produtor e Cineasta Zózimo Bulbul: O Inventor do Cinema Negro Brasileiro. *Crioula*, n. 12, nov. 2012. Disponível em: <https://www.revistas.usp.br/crioula/article/view/57858>. Acesso em: 7 fev. 2022.

FERREIRA, Ceiça; SOUZA, Edileuza Penha de. Formas de Visibilidade e (Re) existência no Cinema de Mulheres Negras. In: HOLANDA, Karla; TEDESCO, Marina Cavalcanti (orgs.). *Feminino Plural: Mulheres no Cinema Brasileiro*. Campinas: Papirus, 2017.

HARRIS, Marvin. History and Significance on the Emic/Etic Distinction. *Annual Review of Anthropology*, v. 5, 1976.

KOTTAK, Conrad Phillip. *Um Espelho Para a Humanidade: Uma Introdução Concisa à Antropologia Cultural*. Porto Alegre: McGraw Hill-Artmed / Penso, 2013.

MONTEIRO, Adriano Domingos. *Os Territórios Simbólicos do Cinema Negro: Racialidade e Relações de Poder no Campo do Audiovisual Brasileiro*. Dissertação (Mestrado em Comunicação e Territorialidades). Vitória: Universidade Federal do Espírito Santo - UFES, 2017.

NASCIMENTO, Beatriz. A Senzala Vista da Casa-Grande. *Opinião*, Rio de Janeiro, n. 206, 15 out. 1976.

NEVES, David. O Cinema de Assunto e Autor Negros no Brasil. *Cadernos Brasileiros: 80 Anos de Abolição*, Rio de Janeiro, a. 10, n. 47, 1968.

OLIVEIRA, Janaína. "Kbela" e "Cinzas": O Cinema Negro no Feminino do "Dogma Feijoada" aos Dias de Hoje. *Avanca*, 2016. Disponível em: <https://www.academia.edu/27618018/_Kbela_e_Cinzas_o_cinema_negro_no_feminino_do_Dogma_Feijoada_aos_dias_de_hoje>. Acesso em: 08 fev. 2022.

PRUDENTE, Celso Luiz. A Imagem de Afirmação Positiva do Ibero-Ásio-Afro-Ameríndio na Dimensão Pedagógica do Cinema Negro. *Educação e Pesquisa*, São Paulo, v. 47, dez. 2021. Disponível em: <https://www.scielo.br/j/ep/a/DzqQR53y4s9gZbNH7NGjtWN/>. Acesso em: 07 fev. 2022.

SENNA, Orlando. *Preto-e-Branco ou Colorido: O Negro e o Cinema Brasileiro – Catálogo do 20o Festival Internacional de Curtas de Belo Horizonte*. Belo Horizonte: Fundação Clóvis Salgado, 2018.

SOUZA, Edileuza Penha de. Mulheres Negras na Construção de um Cinema Negro no Feminino. *Aniki: Revista Portuguesa de Imagem em Movimento*, Portugal, v. 7, n. 1, 2020. Disponível em: <https://aim.org.pt/ojs/index.php/revista/issue/view/22>. Acesso em: 07 fev. 2022.

____. *Cinema na Panela de Barro: Mulheres Negras, Narrativas de Amor, Afeto e Identidade*. Tese (Doutorado em Educação).Brasília: Universidade de Brasília, 2013.

CLASSIFICAÇÕES RACIAIS

Verônica Toste Daflon
Alexandre de Paiva Rio Camargo

Formas de classificação emergem de relações sociais, redes, interações cotidianas e instituições. Teorias sociológicas elaboradas por autores como Norbert Elias, John Scotson e Charles Tilly, que têm como tema as desigualdades, vinculam construções sociais como, por exemplo, "raça" a processos de exploração e de clausura grupal, isto é, de definição de quem deve ou não acessar determinados recursos e *status* em uma comunidade. Já a teoria das formações raciais de Michael Omi e Howard Winant, uma abordagem altamente influente na sociologia, enfatiza os contextos históricos da classificação racial destacando o papel e a força das instituições e do Estado na construção social de raça e na distribuição de recursos em linhas raciais.

Apesar de diferenças de enfoque ou escala, todas essas teorias compartilham a noção de que raça é social e historicamente construída e, portanto, não corresponde à realidade objetiva. Sendo assim, não está amparada em um núcleo estável e coerente de preceitos e não possui base genética ou científica. Contudo, ainda que seja uma fabricação e uma falácia, a ideia de raça produz efeitos muito reais. Por isso, um dos desafios dos cientistas sociais é reconhecer e investigar as relações sociais que constroem e são também afetadas pelos processos de racialização sem essencializar ou naturalizar essas mesmas relações.

Esse é o motivo pelo qual não se pode falar de classificação racial no singular, mas apenas sobre classificações raciais no plural. Uma das evidências mais eloquentes do caráter histórico e socialmente construído de raça são as várias formas de classificação racial praticadas em diferentes países, regiões e contextos. Classificações raciais são significantes vazios se forem abstraídas das relações sociais de que resultam. O exemplo citado com mais frequência para ilustrar esse ponto é o dos diferentes censos nacionais.

No Brasil, por exemplo, os respondentes do Censo do IBGE devem optar por uma entre as categorias "branca", "preta", "parda", "amarela" ou "indígena" para se descrever. Já nos Estados Unidos, a pergunta sobre raça no Censo compreende quatorze categorias distintas. Os respondentes podem assinalar não apenas uma, mas quantas opções desejarem. Se escolher mais de uma opção, entende-se que o indivíduo está expressando uma identidade "multirracial". Indaga-se também se o respondente é espanhol/hispânico/latino, uma categoria que faz sentido no contexto estadunidense, mas não em outros países. Isso ocorre porque o termo "latino" codifica relações sociais resultantes de processos de imigração particulares àquele contexto específico.

Na França, ao contrário, a etnicidade está associada ao problema da migração e não à diversidade cultural. As pressões para visibilizar a discriminação racial, embora crescentes, ainda não surtiram efeito sobre o censo, que permanece fiel à tradição republicana de não "dividir" os cidadãos ao classificá-los pela identidade. As estatísticas raciais carecem de legitimidade naquele país, sendo progressivamente incorporadas, nos últimos anos, em pesquisas por amostragem, desvinculadas das representações sobre a nacionalidade dos franceses.

Classificações raciais variam não apenas entre países, mas também no interior deles. Além disso, se transformam e são feitas e refeitas nos contextos interacionais e institucionais. O antropólogo Peter Wade critica a ideia comumente difundida de que o conceito de raça presume necessariamente "fixidez" e "imutabilidade": ainda que muitos dos discursos sobre raça aludam a sangue, hereditariedade, parentesco, biologia, genes etc. isso não significa que devamos supor que raças sejam um reflexo, ainda que imperfeito, de um fenômeno real e fixo de hereditariedade biológica.

Raça e classificações raciais são fenômenos multidimensionais e, por isso, podem ser decompostos e analisados em diferentes planos e escalas. É possível falar de classificações desde os contextos interacionais cotidianos de pequena escala até contextos maiores como as organizações, os movimentos políticos e o Estado.

ESTADO

O Estado se destaca entre os agentes de classificação de populações, por representar um tipo mais estável de relação social e concentrar mais recursos materiais, capilaridade e poder simbólico. São diversas as políticas do Estado que constroem classificações, contudo os censos populacionais são as mais estudadas entre elas pela literatura. Isso porque o censo é um dos principais instrumentos de construção simbólica das nações e de racialização de populações, um entendimento amplamente consolidado nas ciências sociais, desde os trabalhos do antropólogo Benedict Anderson.

Várias categorias que utilizamos hoje para descrever pessoas são derivadas das necessidades do Estado ao enumerar cidadãos e não cidadãos, e, assim, governar a população e o território. A trajetória das classificações oficiais se relaciona com a própria construção do Estado. A historiadora Margo Anderson (1998) mostrou como, nos Estados Unidos, as estatísticas de "livres" e "escravos", "negros" e "brancos", durante o período escravista, contribuiu para cristalizar a imagem de "país dividido". Entre 1850 e 1890, praticou-se uma divisão tripartite – "brancos", "negros" e "mulatos" –, que sugeria uma suposta tendência de absorção dos negros pela "raça branca" superior. A partir de 1890, passou-se a dividir os "mulatos" em *quadroons* e *octoroons*, de acordo com a fração de sangue "negro". Já no censo de 1920, se adotou o princípio da *one-drop rule* (regra de uma gota), que liquidava o grupo dos "mulatos", ao fazer da simples existência de um ancestral africano – ainda que remota – o critério de definição das pessoas negras, e da "pureza" de sangue, o de identificação dos "brancos".

Assim redefinida, a classificação do censo estadunidense serviu de base para diversos tipos de práticas discriminatórias contra as pessoas negras: elas eram proibidas de votar, possuir propriedade, trabalhar em certas ocupações, receber instrução pública, servir no júri, testemunhar contra brancos e dispor plenamente de liberdades pessoais, como a de ir e vir. A classificação do censo era retomada por outros instrumentos de identificação civil, como inquéritos criminais, formulários médicos e registros escolares, reforçando restrições aos benefícios da cidadania plena e estabelecendo associações entre pistas visuais e uma suposta inferioridade inata de pessoas negras.

No Brasil, ao menos desde a realização do primeiro censo nacional, em 1872, a classificação racial não esteve atrelada à discriminação aberta contra a população negra. Contudo, isso não significa que não foram produzidas leis e formas de alocação de recursos que contribuíram para construir e solidificar a raça no pós-abolição. A opção pela solução imigracionista, por exemplo, colaborou para uma segmentação regional do mercado de trabalho em torno de uma geografia racializada, resultando em diferenças marcantes entre o norte e o sul do país. As políticas de branqueamento mediante a imigração em massa de europeus se traduziram em vantagens para imigrantes e seus filhos e desvantagens duradouras para as pessoas negras e seus descendentes, contribuindo para a construção e reificação de raça na vida cotidiana e na estrutura social.

Os censos do Brasil foram historicamente marcados pela exaltação da miscigenação racial como uma singularidade positiva do país. Um dos aspectos que chama atenção é a relativa continuidade histórica das classificações. Ainda assim, as categorias parda, mestiça, cabocla, e indígena tiveram intersecções, sobreposições e substituições ao longo do tempo. No censo de 1872, o primeiro do Brasil, pardo se refere à população oriunda de cativeiro, ou seja, pessoas alforriadas e seus descendentes nascidos livres, constituindo-se em um marcador de *status*, entre a escravidão e a liberdade. No levantamento de 1890, deu lugar à categoria mestiça, a única na trajetória dos censos que incluiu somente os filhos de pessoas "pretas" e "brancas", excluindo, desse modo, outros casos de miscigenação e revelando uma população mais branca.

O quadro político e intelectual dos três primeiros censos da República, de 1890, 1900 e 1920, foi dominado pela forte difusão das ideias evolucionistas. Pensadores como Silvio Romero e Oliveira Viana propunham que a miscigenação seria capaz de elevar o país à civilização, ao promover o branqueamento físico da população. No auge da recepção da eugenia no país, a cor foi suprimida do questionário do censo, sob alegação de que as declarações ocultariam a verdade sobre os pardos, que dissimulariam sua cor. No censo de 1940, o mesmo argumento sobre a dissimulação foi recuperado pela comissão censitária, dessa vez para justificar uma classificação mais restrita da população em pretos, brancos e amarelos. A categoria pardo foi eliminada dos questionários aplicados, sendo incluída somente na tabulação e divulgação dos resultados, para agregar as respostas que indicaram diferentes qualificativos de miscigenação.

A categoria cabocla, que em 1872 compreendeu os indígenas, foi, nos censos seguintes, subsumida à categoria parda. Tal fato aponta para a classificação restritiva dos agrupamentos indígenas, que baseou as políticas tutelares do Estado brasileiro durante a maior parte do século XX. A visão de que eles não constituíam um grupo etnicamente distinto, fosse devido ao extermínio físico ou ao processo de assimilação cultural, impactou diretamente o modo como foram identificados pelas estatísticas oficiais.

Pode-se dizer que, sob influência do pensamento racial e noções europeias de progresso e modernidade, assim como normas científicas internacionais, os países da América Latina incluíram inicialmente diferentes formas de classificação étnico-racial com o intuito de equacionar progresso nacional e progresso racial. A despeito de especificidades, os países da região acabaram por compartilhar a ideia fundacional da mestiçagem. Em um momento em que se associava fortemente raça e nação, esses países reclamaram seu pertencimento ao rol de "nações civilizadas", empregando a linguagem prestigiosa da estatística para representar matematicamente uma pretensa inevitabilidade do embranquecimento de suas populações.

MOVIMENTOS SOCIAIS

As classificações raciais oficiais são capazes de enquadrar as políticas públicas e o planejamento estatal, afetando ou mesmo guiando a definição dos problemas e contribuindo para a construção de categorias legítimas de contestação política. Leis e classificações oficiais podem proporcionar estruturas para a autoidentificação e mobilização, inspirando a formação de identidades. Por esse motivo, movimentos sociais frequentemente desafiam identificações oficiais e oferecem outras, esforçando-se para que as pessoas se reconheçam de uma determinada forma e para que se identifiquem emocionalmente entre si.

Dá exemplo disso a trajetória da contagem da população indígena no Censo brasileiro: de 1950 a 1980, a categoria parda englobou indígenas e, em 1960, somente indígenas fora dos aldeamentos. Na década de 1980, universidades e associações da sociedade civil impulsionaram o debate sobre a falta de uma demografia indígena e seu lugar no censo, o que seria resguardado pela Constituição de 1988. Como resultado desses esforços, o censo de 1991 incluiu uma categoria exclusiva para identificação dos povos indígenas, transformando-se, assim, a lógica de produção de informações a seu respeito.

O censo brasileiro de 1991 foi um marco na politização das classificações oficiais como instrumentos de luta e visibilidade dos movimentos sociais. A aproximação entre cientistas sociais e o Movimento Negro Unificado remonta à pressão que fizeram pela reintrodução do tópico cor no censo de 1980, após sua retirada em 1970. Na década de 1990, o MNU passou a disputar a definição da categoria parda, reinterpretada a partir do critério de ascendência racial (origem) e agregada à categoria preta para constituir a população negra. Com esse gesto, definiu o negro como a soma estatística de pretos e pardos, passando a representar como negra mais da metade da população brasileira. Em 1991, ativistas e intelectuais moveram uma campanha para que a população declarasse sua ascendência africana ao recenseador, sob o *slogan* "não deixe sua cor passar em branco".

Nesse sentido, a luta em torno do reconhecimento e legalização de identidades não tem se dado apenas no campo mais óbvio da titulação de direitos coletivos e cobrança de políticas públicas focais, mas também na produção de dados censitários e classificações. A batalha em torno dos censos nacionais é facilmente ilustrada pela forte coincidência temporal entre a ampliação e modificações na coleta de dados étnico-raciais nos países da América Latina e o recrudescimento da agenda do multiculturalismo: se na década de 1980 apenas o Brasil, Cuba e Guatemala coletavam estatísticas étnico-raciais de suas populações, no ano de 2010 todos os países da América Latina – à exceção da República Dominicana – o faziam. Se no século XX os dados coligidos representavam tais sociedades a partir da óptica do embranquecimento, no século XXI eles passam a representá-las como pluriétnicas e multiculturais. Em alguns casos, como, por exemplo, nos Estados Unidos, a inclusão de uma categoria ou a modificação de um procedimento é o objetivo final em si: lá o movimento "multirracial" lutou recentemente e com êxito pela mudança na coleta de dados no censo nacional de modo a obter reconhecimento oficial de sua identidade "racialmente mista".

COTIDIANO

Ainda que o Estado e outras instituições sejam agentes fundamentais da classificação e da produção social de raça, as classificações oficiais e dos movimentos sociais não se traduzem de forma automática para a vida cotidiana. A observação empírica mostra que as categorias da experiência social cotidiana são frequentemente diferentes daquelas utilizadas pelo Estado, movimentos sociais e academia. Rogers Brubaker e Frederick Cooper advertem que, se admitimos que a raça é socialmente construída, não se deve conceitualizar as identidades como algo primordial, isto é, que todas as pessoas possuem, buscam, constroem ou negociam. Categorias de prática como a identidade são usadas por atores sociais em algumas configurações cotidianas e não em outras, quando fazem sentido para si e para as outras pessoas com quem se relacionam.

Há, por isso, um componente situacional das classificações: diferentes formas de classificação podem ser ativadas pelos mesmos indivíduos, a depender da situação. Na relação com a burocracia estatal, por exemplo, as pessoas podem classificar-se conforme terminologias oficiais. Diferentes momentos de comunalidade, coesão ou conexão podem ativar diferentes classificações. Experiências de discriminação e imputação de classificações por terceiros também têm o potencial de ativar determinadas autocompreensões. Finalmente, as classificações são usadas por empreendedores políticos para persuadir, convencer as pessoas de que elas possuem interesses comuns com as outras e que podem compreender seus dilemas por determinadas lentes. Busca-se, assim, impulsioná-las à ação coletiva através de classificações. Graziella Moraes e Luciana Leão demonstraram através da pesquisa qualitativa que os termos "negro", "pardo", "moreno" e outros podem ser ativados por um mesmo indivíduo para referir-se a si mesmo ao longo de uma entrevista, a depender do assunto em discussão.

Pesquisas por amostragem complementares ao censo foram realizadas pelo IBGE para aproximar a escolha das categorias raciais das formas pelas quais a população se identifica. Em 1998, foi introduzido um conjunto de questões abertas na Pesquisa Mensal de Emprego para apreender se um critério de origem seria ou não mais pertinente que o critério de cor e qual termo as pessoas utilizam para definir sua cor ou raça. Um total de 136 categorias diferentes foram compiladas. Por um lado, esse dado aponta para a relativa fluidez do sistema brasileiro de classificação. Por outro lado, cerca de 90% das declarações se concentraram em quatorze categorias, a maioria delas indicando variações de cor. Para atender às preferências históricas da população e manter a série estatística que viabiliza as comparações, o censo de 2000 adotou uma solução de compromisso político, mantendo a categoria pardo, mas mudando a classificação para "raça ou cor".

Outro objeto de atenção foi a dinâmica de relacionamento entre recenseador e recenseado, de modo a evitar uma atribuição de cor baseada no fenótipo, que esteve na base de uma leitura da cor como autoevidente nos cinco primeiros levantamentos. A consideração da dimensão intersubjetiva da classificação racial acompanha o movimento de rotinização das categorias do IBGE na administração pública e nas políticas sociais, que se acelerou com a instituição das ações afirmativas no acesso ao ensino superior.

DILEMAS DA CLASSIFICAÇÃO

Assim como etnicidade e nação, raça e identidade são ao mesmo tempo categorias práticas (ou "nativas") e também conceitos manipulados por cientistas sociais na produção de análises sociais e políticas. Uma preocupação central volta-se, portanto, para como trabalhar com conceitos como identidade racial sem reificá-los e sem misturar entendimentos nativos e analíticos de forma não controlada. Ao mesmo tempo, como adverte Antonio Sergio Guimarães, descartar tais conceitos como puras "ficções" significa recair em uma diluição total e injustificada de observar raça enquanto fenômeno social. Em resumo, os cientistas sociais que lidam com classificações raciais e identidades devem se equilibrar em uma fronteira tênue, localizada entre os perigos da reificação e do negacionismo.

Referências

ANDERSON, Benedict. *Comunidades Imaginadas: Reflexões Sobre a Origem e a Difusão do Nacionalismo*. São Paulo: Cia das Letras, 1993.

ANDERSON, Margo. *The American Census: A Social History*. New Haven: Yale University, 1998.

BRUBAKER, Rogers; COOPER, Frederick. Para Além da "Identidade". *Antropolítica: Revista Contemporânea de Antropologia*, n. 45, 2019.

CAMARGO, Alexandre de Paiva Rio. Mensuração Racial e Campo Estatístico nos Censos Brasileiros: Uma Abordagem Convergente. *Boletim do Museu Paraense Emilio Goeldi. Ciencias. Humanas*, v. 4, n. 3, set.-dez. 2009.

DAFLON, Verônica Toste. *Tão Longe, Tão Perto: Identidades, Discriminação e Estereótipos de Pretos e Pardos no Brasil*. Rio de Janeiro: Mauad, 2018.

ELIAS, Norbert; SCOTSON, John L. *Os Estabelecidos e os Outsiders: Sociologia das Relações de Poder a Partir de uma Pequena Comunidade*. Rio de Janeiro: Jorge Zahar, 2000.

GUIMARÃES, Antonio Sérgio Alfredo. Como Trabalhar Com "Raça" em Sociologia. *Educação e Pesquisa*, v. 29, n. 1, jan.-jun. 2003.

HOFBAUER, Andreas. O Conceito de Raça e o Ideário do Branqueamento no Século XIX: Bases Ideológicas do Racismo Brasileiro. *Teoria & Pesquisa*, n. 42-43, jan.-jul. 2003.

KERTZER, David; AREL, Dominique (orgs.). *Census and Identity: The Politics of Race, Ethnicity and Language in National Censuses*. New York: Cambridge University Press, 2002.

LOVEMAN, Mara. A Política de um Cenário de Dados Transformado: Estatísticas Etnorraciais no Brasil em uma Perspectiva Comparativa Regional. *Sociologias*, v. 23, n. 56, jan.-abr. 2021.

MUNIZ, Jerônimo. Sobre o Uso da Variável Raça-Cor em Estudos Quantitativos. *Rev. Sociologia e Política*, v. 18, n. 36, jun.2010.

OMI, Michael; WINANT, Howard. *Racial Formation in the United States*. New York: Routledge, 2014.

PIZA, Edith; ROSEMBERG, Flúvia. Cor nos Censos Brasileiros. *Revista USP*, São Paulo, n.40, dez.-fev. 1998-1999.

SANTOS, Ricardo Ventura et al. The Identification of Indigenous Population in Brazil´s Oficial Statistics, With an Emphasis on Demographic Censuses. *Statistical Journal of the IAOS*, v. 35, n. 1,2019.

SILVA, Graziella Moraes; LEÃO, Luciana T. de Souza. O Paradoxo da Mistura: Identidades, Desigualdades e Percepção de Discriminação Entre Brasileiros Pardos. *Revista Brasileira de Ciências Sociais*, v. 27, n. 80, out. 2012.

TILLY, Charles. *La Desigualdad Persistente*. Buenos Aires: Manantial, 2000.

COLONIALISMO

Deivison Faustino

Colonialismo, colonização, colonialidade, anticolonial, decolonial, pós-colonial, contracolonial, colônia; várias palavras repercutem o nominativo "colônia" que deriva dos termos latinos *colere* e *colonia*. O primeiro significa habitar, guardar ou cultivar, enquanto o segundo refere-se a um grupo de pessoas (*colonus*) de origem comum que se instala em determinado território externo. Da colônia agrícola à colônia de bactérias, passando pela colonização capitalista e a possibilidade da colonização humana de outros planetas, essa noção recebe sentidos diversos, sempre relacionados, no entanto, à ocupação parasitária de uma entidade por outra.

Na biologia, a sociedade é descrita como a articulação de diferentes classes de indivíduos trabalhando cooperativamente em prol de sua reprodução, enquanto a colônia pressupõe ligação anatômica entre instâncias de natureza distintas. Embora se diferencie colônias isomorfas – quando os indivíduos que a compõe possuem certas semelhanças – das heteromorfas – compostas por indivíduos que se diferenciam tanto na função quando na morfologia –, há em ambas uma ligação estrutural que identifica o grupo colonizador entre si enquanto o diferencia do colonizado.

Em termos históricos, a imaginação ou constatação da separação essencial que fundamenta a colônia é acompanhada ou possibilitada por outras cisões sociais ou simbólicas de natureza semelhante, tais como entre homem e natureza, masculino e feminino, sociedade e colônia, sujeito e objeto etc. Por definição, o colono (agricultor) é aquele que fertiliza e *seme[m]eia* o solo em proveito de seu grupo, consolidando, pelo menos nas culturas de matriz euroasiáticas, a visão de uma relação hierárquica entre sujeito (homem) e objeto (natureza).

Na Roma Antiga, incentivava-se a fundação de assentamentos nos territórios *externos* conquistados, viabilizando a expansão política, econômica ou militar do império. Essa prática é anterior ao Império Romano, sendo comum, com outros nomes, nos grandes impérios existentes nos chamados modo de produção tributário, como é o caso dos antigos Egito, China e Grécia (Amin, 2021). Na geopolítica grega, por exemplo, encontrava-se as *apoikias* – concessão de terras estrangeiras a cidadãos que não a possuíam para a fundação de novas pólis, relativamente autônomas – e os *emporion* – uma espécie de entreposto comercial estratégico voltado às trocas de produtos locais com estrangeiros

(Crespo, 2006). Ambas as práticas – embora não, necessariamente, destituídas de tirania – poderiam coabitar, se relacionar ou se mesclar às formações sociais preexistentes.

Com o advento do capitalismo mercantil, na Europa, a colônia ganhou novas configurações históricas e significados. A corrida dos Estados Nacionais, a serviço de suas respectivas burguesias – em busca de metais preciosos, matérias primas diversas e seres humanos –, teve na colônia um aspecto primordial. A percepção disso fez com que o termo fosse retomado, dessa vez acrescido de um novo sufixo (*colônia+ismo*). Entende-se o sufixo -ismo como a generalização do significado do substantivo primitivo que pode ou não designar uma ação, prática ou doutrina (Gianastácio, 2009). No entanto, a novidade, no caso aqui estudado, não se resumia ao campo semântico, mas expressava uma nova forma de dominação geopolítica.

O advento do capitalismo comercial transmutou a antiga prática colonial para o patamar de sistema socioeconômico, fundamental para a sua expansão e consolidação. A novidade das formações coloniais modernas não foi apenas o seu caráter sistêmico e transcontinental, mas, sobretudo, a intensidade e a qualidade dos mecanismos de violência e dominação de que se valia. Karl Marx, no Livro 1 de *O Capital*, afirmou que o sistema colonial foi o grande responsável pela proclamação da "produção de mais valor como finalidade última e única de toda a humanidade" (2013: 147-148). Ele assevera, no entanto, que isso só foi possível "mediante o saqueio, a escravização e o latrocínio" (ibidem) necessário à conversão dos tesouros espoliados em capital.

Para o filósofo germânico, o sistema colonial atuou como uma incubadora que permitiu o desenvolvimento das manufaturas europeias que deram origem, posteriormente, à Revolução Industrial. Outro aspecto para o filósofo é que a violência sistêmica dessa forma de colonização permitiu, ao mesmo tempo, o desmantelamento ou a antropofagicização de outros modos e relação de produção para atender às necessidades econômicas das metrópoles europeias.

Tendo o colonialismo nos trópicos americanos em mente, Caio Prado Jr., em *Formação do Brasil Contemporâneo*, argumentará que o sentido das relações de produção estabelecidas nas colônias é, antes de mais nada, alimentar o comércio europeu com os gêneros que interessavam às metrópoles. Essa forma, principalmente exploratória, de colonização tropical, não excluiu, segundo ele, a existência concomitante de outros arranjos coloniais nas zonas temperadas, nomeados por Leroy-Beaulieu de "colônias de povoamento". Esse tipo particular de colonização lembra as *apoikias* e os *emporion* clássicos ao se estabelecerem como "escoadouro para excessos demográficos da Europa que reconstituem no novo mundo uma organização e uma sociedade à semelhança de seu modelo e origem europeus" (Prado Jr., 2000: 19), mas diferem deles em sua impossibilidade de coabitar pacificamente com as formações sociais autóctones.

De todo modo, a chamada "colônia de povoamento" apresenta diferenças sociais e econômicas fundamentais em relação às "colônias de exploração", mas não difere delas no que tange ao emprego sistemático da violência e objetificação daquilo e daqueles que não considera parte da mesma espécie. Alguns exemplos presentes em todas as formas modernas de colonialismo foram o predatório extrativismo, o genocídio e assujeitamento dos povos originários do continente americano para fins de expropriação de suas terras e saberes e, sobretudo, o emprego posterior da escravização dessas populações ou daquelas raptadas no continente africano. As diferentes formas de colonização convergem em um outro aspecto fundamental: o genocídio e a escravidão nas colônias não apenas amenizaram a luta de classes entre colonos europeus como também permitiu a consolidação desses colonos como "dirigente[s] e grande[s] proprietário[s] rural[is]" (Prado Jr., 2000: 18).

O desenvolvimento do capitalismo nos séculos subsequentes às navegações mercantilistas redefiniu, novamente, o lugar político, econômico e, sobretudo, ideológico da dominação colonial. Em primeiro lugar, as novas necessidades de expansão e liberalização internacional dos mercados, dois pontos promovidos pela Revolução Industrial, abriram a senda histórica para a eclosão de diversas experiências independentistas nos territórios colonizados no continente americano, no final do século XVIII e início do XIX, e também para as novas formas indiretas de controle econômico, à exemplo da relação entre Brasil e Inglaterra.

Ao final do século XIX, no entanto, o capitalismo entrou em um novo estágio de acumulação, elevando o colonialismo e o especificismo mais uma vez a um outro patamar. O século XIX foi o período em que a biologia se apresentou como o novo parâmetro para o entendimento das diferentes formas de vida. A chamada "ciência da vida", especialmente a partir do naturalista francês George Cuvier (1769-1832), instaurou as bases para a diferenciação evolutiva e classificação racial hierárquica a partir dos mesmos postulados que o permitiram atribuir leis naturais ao funcionamento dos seres vivos (Silva, 2019).

O hierárquico diferencialismo biológico que fundamentou o chamado racismo científico atravessou o conjunto dos saberes modernos justificando, de uma só vez, as desigualdades sociais próprias à luta de classes na Europa e o empreendimento colonial (Lukács, 2020). O poema "The White Man's Burden" (Fardo do Homem Branco), escrito pelo poeta inglês Rudyard Kipling para louvar a conquista estadunidense das Filipinas, explicita bem a função do racismo diante das necessidades econômicas de expansão colonial no estágio de acumulação em que o capitalismo se encontrava. Nela o "fardo" dado por Deus ao homem branco, entendido como civilizado, seria enviar os seus filhos às colônias para civilizar os "selvagens" e "pagãos" (Kipling, 1899). Mas houve, mesmo na Europa, outras formas de interpretar esse movimento.

Para o intelectual russo Vladímir Lênin, em sua obra *O Imperialismo: Fase Superior do Capitalismo*, esse novo estágio, nomeado por ele como imperialismo, tinha as colônias comoo elemento fundamental na partilha territorial do mundo entre potências monopolistas. Alguns anos antes, embora por outros caminhos, a economista polonesa Rosa Luxemburgo já havia argumentado, em seu livro *A Acumulação de Capital*, que as violentas formas de expropriação coloniais, alertadas por Marx em *O Capital*, não se dissolveram com o desenvolvimento da sociabilidade burguesa. Para ela, o avanço colonial da sociedade capitalista para o espaço social que lhe seria "exterior" atuou como condição fundamental ao seu desenvolvimento. A colonização permitiu, ao mesmo tempo, exportação global de capitais e, sobretudo, a transferência de suas contradições internas mais agudas às colônias.

Embora Lênin tenha argumentado que o imperialismo implicou uma transformação qualitativa da totalidade do processo produtivo, eliminando qualquer exterioridade ao capitalismo, ele reconhece que a incorporação do planeta à sua égide foi desigual, subalternizante e sob modalidades diversas, destacando-se com ele as novas formas de colonização (Fontes, 2010). Tanto Lênin quanto Luxemburgo partiram das contribuições de Marx para analisar um fenômeno social – a acumulação de capitais – em um contexto relativamente distinto daquele observado pelo filósofo germânico. Em ambos, as colônias representam um elemento central às formas de ser do imperialismo, mas não explicam, por si só, a sua existência.

Quase um século depois de *O Capital*, de Marx, e algumas décadas após Lênin e Luxemburgo, dois novos fatores colocam o colonialismo na ordem do dia. De um lado, mais uma vez, o desenvolvimento do capitalismo, no período do pós-guerra, permitiu a sofisticação das formas de dominação colonial, e, do outro lado, as *lutas anticoloniais* de libertação na Ásia e na África (e parte das Américas) faziam emergir, nos novos sujeitos políticos, epistemes e horizontes teóricos que se articularam ou redefiniram os termos do debate, distendendo as análises centralmente econômicas para englobar os aspectos políticos, culturais, ideológicos e subjetivos da luta de classes e, com isso, enfatizar a centralidade da colonização para a constituição da sociedade moderna.

Na França do pós-guerra, o antropólogo francês Georges Balandier, em seu célebre "La Situation coloniale: Approche théorique" (A Situação Colonial: Abordagem Teórica), reclamava da ausência de investigação sobre o racismo nos estudos antropológicos realizados em sociedades colonizadas. Para ele, a *situação colonial* se apresentava como "um complexo, uma totalidade" (2014: 42) que exigia a articulação de fatores econômicos, culturais, sociais e subjetivos. Para o psiquiatra martinicano Frantz Fanon, o desenvolvimento e expansão do capitalismo seria inviável, em seus múltiplos aspectos, sem a violência e a expropriação colonial, no entanto, o seu giro dialético consiste, em primeiro lugar, em explicitar o papel do racismo para a estruturação da sociabilidade colonial e, consequentemente, para a totalidade das relações capitalistas de produção, inclusive nas metrópoles (Fanon, 2022).

Para Fanon, o racismo oriundo do colonialismo é uma violenta ideologia de dominação que cimenta a estrutura econômica capitalista em sua totalidade, permitindo uma certa gestão mundial da luta de classes e, sobretudo, uma distribuição desigual e combinada da sua violência a partir da diferenciação essencialista (racialização) da humanidade em diferentes espécies (Fanon, 2010; idem, 2020; e idem, 2021). Por isso, a ética, a política e a estética, aspectos necessários ao pacto social que compõe o contrato burguês, podem ser estrategicamente suspensos sempre que convier aos interesses coloniais (Faustino, 2021). Assim, sua abordagem eleva a outro patamar a compreensão das implicações culturais e subjetivas das formas de dominação e, sobretudo, das possibilidades de lutas emancipatórias.

As já mencionadas lutas anticoloniais permitiram a emergência de um *corpus* político e teórico crítico ao colonialismo que pode ser nomeado, em sua diversidade, como "movimentos anticoloniais", pan-africanistas e/ou terceiro-mundistas, de onde se pode alocar nomes como Hồ Chí Minh, George Padmore, Patrice Lumumba, Agostinho Neto, Cheikh Anta Diop, Leopold Sedar Senghor, Tomas Sankara Assata Shakur, Kwame Nkrumah, entre outros. Embora este último tenha sido responsável por dirigir uma das primeiras experiências anticoloniais, em Gana, e empreender, nos anos 1960, uma atualização da teoria leninista – a partir da conceituação do que chamou de "neocolonialismo como último estágio do imperialismo" (Nkrumah, 1967) –, cabe enfatizar que o diálogo com o marxismo, ou pelo menos a forma pelo qual o diálogo poderia se estabelecer, nunca foi consenso no interior das lutas anticoloniais africanas e asiáticas.

Essas divergências foram intensificadas e ressignificadas pelas intensas transformações sociais globais ocorridas na virada do século XX para o XXI e, sobretudo, na percepção e caracterização do que seria o colonialismo em tal contexto. As experiências reais de descolonização abalaram o mundo, abrindo espaço para a circulação de "novos" horizontes teóricos, políticos e epistêmicos. Por outro lado, permitia a análise crítica, *a posteriori*, de suas contradições. O "neocolonialismo", analisado por Fanon e Nkrumah, se desdobrava em novas formas de dominação ocidental sobre os países recém-independentes – como no caso da CFA francesa[1] – e, ao mesmo tempo, a movimentação identitária em torno da raça ou da nação degeneraram, em alguns casos, para guerras civis ou genocídios fratricidas, como foi o caso de Ruanda, em 1994.

Simultaneamente, a queda do Muro de Berlim, em 1989, a burocratização dos aparatos de esquerda e, sobretudo, o vigor das novas e velhas formas de organização das lutas em torno de bandeiras que extrapolavam o espaço fabril impulsionaram uma relativa perda de hegemonia do marxismo entre o pensamento crítico. Esse momento, marcado pela chamada "crise de paradigmas" nas ciências sociais, viu emergir pelo menos três grandes tradições de estudos e intervenção política de contraposição ao colonialismo: 1. A tradição pan-africanista da economia política; 2. O pensamento pós-colonial; e 3. o pensamento decolonial.

O primeiro movimento intelectual acima elencado é fruto do esforço institucional de formação intelectual e produção de centros de pensamento em países africanos recém-independentes em torno das características do imperialismo no pós-guerra. Nomes como, entre outros, Samir Amin, Sam Moyo, Abdalla Bujra, Thandika Mkandawire, Zenebewerke Tadesse, Archie Mafeje, Mahmood Mamdani retomam as perspectivas tricontinentais, anticoloniais e anticapitalistas da Conferência de Bandung (1955) e, sobretudo, as perspectivas econômicas de Kwame Nkrumah (1967) para enfrentar os desafios do desenvolvimento das forças produtivas e da subalternização econômica diante da divisão internacional do trabalho na periferia do capitalismo e, sobretudo, nas ex-colônias (Yeros e Jha, 2021). É com essa tradição que nomes como Immanuel Wallerstein e Etienne Balibar estão dialogando para pensar a identidade e a nação. Dela também são oriundos os estudos de Paris Yeros e Praveen Jha sobre o "neocolonialismo tardio" que, segundo argumentam, expressa a etapa atual do imperialismo capitalista.

Num outro bloco, substancialmente distinto desse, encontra-se o chamado "pensamento pós-colonial" ou "da diáspora". Esse movimento foi protagonizado por intelectuais imigrantes asiáticos e afro-caribenhos no interior da nova esquerda do Reino Unido, no final do século XX. Os estudos pós-coloniais recolocaram a temática do colonialismo no interior dos estudos culturais britânicos influenciando, posteriormente, a ascensão do pós-estruturalismo nas ciências sociais e, sobretudo, na recepção dessa perspectiva teórica nos movimentos negros, feministas, anticapacitistas, ambientais, LGBTQIA+, entre outros, no mundo ocidental. Sua plataforma teórico-epistêmica, marcadamente crítica das experiências políticas anticoloniais, estruturou-se, principalmente, na recusa às noções de identidade, sujeito, universalidade, real, práxis e razão, entendidas como categorias coloniais. O prefixo pós-, aqui, não exprime um marco cronológico, mas, antes, uma perspectiva teórica voltada à transfiguração e decodificação das premissas coloniais (Hall, 2009). Esse enquadramento permite a autores como Stuart Hall, Gayatri Spivak, Avtar Brah, Sergio Costa, Valter Silvério, entre outros, a busca pelo deslocamento do debate político para a subjetividade, o desejo e os processos de significação e representação.

Um terceiro bloco, relativamente distinto dos anteriores é o chamado "pensamento decolonial". A sua proposta, prioritariamente epistêmica, nomeada como "giro decolonial", empreende uma espécie de fusão entre os dois grupos acima citados, em um objeto de estudos não abordado por eles, a saber: a América Latina. Essa opção permite a abordagem não apenas das particularidades geográficas locais, mas, sobretudo, temporais. São as independências americanas, ocorridas no século XIX, e não as africanas e asiáticas, ocorridas no século XX, o eixo pelo qual problematizarão as permanências de longa duração das formas de dominação coloniais. Daí emerge o conceito de "colonialidade" do poder, do ser e do saber, mas também a centralidade do racismo para uma espécie de divisão racial do trabalho no mundo moderno, entendido por eles como intrinsecamente colonial.

Outros estudiosos mais ou menos contemporâneos mobilizaram a temática colonial em outros caminhos mais ou menos próximos das perspectivas acima apresentadas. Caio Prado Jr., Rui Mauro Marine, Florestan Fernandes, Jacob Gorender, Ciro Flamarion, Fernando Henrique Cardoso, Otavio Ianni, Maria Gorete Jovêncio, entre outros, discutirão as influências do colonialismo para as particularidades econômicas sociais brasileiras. Num outro polo, bell hooks, Maria Lugones, Francoise Verger, Silvia Frederich, Patricia Hill Collins, Lélia Gonzalez, Carla Akotirene, entre outras, explorarão, cada uma a seu modo, as relações entre gênero e colonialismo. É válido citar, também, a perspectiva contracolonial do griô brasileiro, Negro Bispo, e os estudos seminais de Michael Kwet sobre o colonialismo digital, bem como a sua recepção em autores como Sergio Amadeu, Walter Lippold e Deivison Faustino.

Notas

1 Uma das heranças contemporâneas do neocolonialismo francês é o Franco CFA, uma política monetária de origem colonial que obriga os países africanos como o Senegal, Mali, Niger, Burkina Faso, Benin,

Costa do Marfim, Togo e Guiné Bissau a guardar 50% de suas reservas financeiras internacionais no tesouro francês, o que resulta em barreiras monetárias que impedem o desenvolvimento desses países.

Referências

AMIN, Samir. *O Eurocentrismo: Crítica de uma Ideologia*. São Paulo: Lavra Palavra, 2021.

BALANDIER, Georges. A Situação Colonial: Abordagem Teórica. *Cadernos CERU*, v. 25, n. 1, 2014.

CRESPO, Jeanne Cristina Menezes. *Um Estudo Comparativo dos Contatos Estabelecidos Entre Emporitanos e Indigetes da Catalunha: Caso Emporitanos e o Oppidum de Ullastret (500-350 a.C.)*. Dissertação (Mestrado em História), Rio de Janeiro: Universidade Federal Fluminense, 2006.

FANON, Frantz. *Pele Negra, Máscaras Brancas*. São Paulo: Ubu, 2020

____. *Por uma Revolução Africana*. Rio de Janeiro: Zahar, 2021.

____. *Os Condenados da Terra*. Rio de Janeiro: Zahar, 2022.

FAUSTINO, Deivison. A "Interdição do Reconhecimento" em Frantz Fanon: A Negação Colonial, a Dialética Hegeliana e a Apropriação Calibanizada dos Cânones Ocidentais. *Revista de Filosofia Aurora*, v. 33, n. 59, ago. 2021. Disponível em: <https://periodicos.pucpr.br/aurora/article/view/28065>.

FONTES, Virgínia. *O Brasil e o Capital Imperialismo: Teoria e História*. 2. ed. Rio de Janeiro: EPSJV/Editora UFRJ, 2010.

GIANASTACIO, Vanderlei. *A Presença do Sufixo -ismo nas Gramáticas da Língua Portuguesa e Sua Abrangência dos Valores Semânticos, a Partir do Dicionário de Língua Portuguesa Antônio Houaiss*. Dissertação (Mestrado em Filologia e Língua Portuguesa), São Paulo: Faculdade de Filosofia, Letras e Ciências Humanas Universidade de São Paulo, 2009.

HALL, Stuart. Quando Foi o Pós-colonial? In: HALL, Stuart. *Da Diáspora: Identidades e Mediações Culturais*. Belo Horizonte: Editora UFMG, 2009.

KIPLING, Rudyard. *The White Man's Burden: The United States & The Philippine Islands*. Garden City/New York: Doubleday, 1929. (Rudyard Kipling's Verse: Definitive Edition.) Disponível em: <https://sourcebooks.fordham.edu/mod/kipling.asp>.

LENIN, Vlademir. [1916]. *O Imperialismo: Fase Superior do Capitalismo*. 3. ed. Tradução de Leila Prado. São Paulo: Centauro, 2008.

LUKÁCS, Georg. *Destruição da Razão*. São Paulo: Instituto Lukács, 2020.

LUXEMBURGO, Rosa. [1913]. *A Acumulação de Capital: Contribuição ao Estudo Econômico do Imperialismo*. São Paulo: Abril Cultural, 1985.

MARX, Karl. *O Capital: Crítica da Economia Política*. Livro 1. São Paulo: Boitempo, 2013.

MONTEL, S. POLINNI, A. Colonização Grega no Ocidente Através do Exemplo de Poseidônia. Disponível em: <http://www.historiaehistoria.com.br/materia.cfm?tb=historiadores&ID=29>.

NKRUMAH, Kwame. *Neocolonialismo: Último Estágio do Imperialismo*. Rio de Janeiro: Civilização Brasileira, 1967.

PRADO JR., Caio. *Formação do Brasil Contemporâneo*. São Paulo: Brasiliense/Publifolha, 2000.

SILVA, Denise Ferreira. *A Dívida Impagável*. Tradução de Amilcar Packer e Pedro Daher. São Paulo: Oficina de Imaginação Política e Living Commons, 2019.

YEROS, Paris; JHA, Praven. Neocolonialismo Tardio: Capitalismo Monopolista em Permanente Crise. *Agrarian South: Journal of Political Economical*, 27 maio 2020. Disponível em: <https://www.agrariansouth.org/2020/05/27/neocolonialismo-tardio-capitalismo-monopolista-em-permanente-crise/>.

____. A Luta Por Soberania Epistêmica no Sul: Uma Homenagem a Sam Moyo. *Revista Fim do Mundo*, n. 4, jan.-abr. 2021.

COLORISMO

Maria Andrea dos Santos Soares

Em geral, definido como a diferença de tratamento recebida por pessoas negras de pele clara em relação às pessoas negras de pele escura, o debate sobre colorismo tem se apresentado como um novo ângulo da discussão a respeito da identidade negra. Esse debate tem sido perpassado por outras questões como a da legitimidade de pessoas negras de pele clara em tratar do racismo. Outros impactos relevantes dessa discussão se referem ao pensar a categoria censitária "pardo" e à necessidade de assegurar a continuidade das políticas de ação afirmativa. Dessa forma, pensando o panorama das relações raciais no Brasil e o presente momento em que se está prestes a discutir a continuidade das políticas de ação afirmativa, tanto é necessário reconhecer os impactos que as diferenças em relação ao tom de pele têm dentro do grupo "negro" quanto é necessário ser cuidadoso para não desagregar a categoria política "negro".

Está na gênese desse debate a percepção de que pessoas que se autodeclaram "negras" e possuem pele mais clara que os tipos retintos – além de outros traços como cabelos menos crespos, narizes mais afilados – podem ter acesso a certos espaços, vantagens e tipos de tratamento em comparação às pessoas negras de pele preta/retinta, e que é necessário a essas pessoas de pele clara reconhecer suas vantagens em relação aos retintos. É preciso observar que esse tratamento preferencial dispensado às pessoas negras de pele clara ocorre como um subproduto do racismo que promoveu aos atributos físicos associados ao branco o *status* de superiores, tidos como mais belos, mais aprazíveis de se olhar do que os atributos físicos associados ao negro (Devulsky, 2021). No entanto, pessoas negras (de pele clara ou escura) podem também reproduzir essa preferência por pessoas com traços fenotípicos tidos como não "absolutamente" negroides (cabelo ondulado ou liso, ou seja, menos crespo, e tom da pele claro, ou seja, menos retinta).

A primeira elaboração de "colorismo" enquanto conceito surge por volta de 1982, nos Estados Unidos, e é atribuída à escritora Alice Walker. Para Walker, o colorismo (ou pigmentocracia) seria o tratamento prejudicial ou preferencial de pessoas de uma mesma raça baseado somente na sua cor. As discussões sobre os efeitos do colorismo se voltam para três aspectos principais e inter-relacionados: 1. opressão a partir da racialização enquanto uma pessoa não branca; 2. desvalorização de pessoas de pele escura por parte de pessoas não brancas de pele clara; 3. Vantagens para pessoas não brancas de pele clara. De acordo com estudos estadunidenses nas áreas de sociologia, saúde, educação e teoria crítica da raça, as pessoas que possuem pele escura podem ser alvo de discriminações mais severas do que pessoas negras de peles mais claras dentro do sistema binário estadunidense (Glenn, 2009). O colorismo se apresenta na forma de arranjos hierarquizados que existem acerca das tonalidades da pele e de outras características físicas, como as feições faciais, a cor dos olhos e a textura do cabelo. Esse tipo de discriminação pode ser praticado de forma inter-racial – quando é feito por grupos brancos ou minimamente não negros (por exemplo, latinos e asiáticos) –, mas também de maneira intrarracial – quando o próprio grupo negro pretende projetar ou hierarquizar como melhores ou mais aceitáveis certas texturas de cabelo menos crespos e tons de pele menos escuros. Na perspectiva do racismo estrutural, um grupo inteiro racializado está sujeito a discriminação, já no colorismo, a maneira como o tom de pele é percebido – tanto pelo grupo que racializa quanto pelo grupo racializado – influencia a frequência e a intensidade das discriminações bem como as vantagens que pessoas com tons de pele mais claros podem experienciar.

A questão do colorismo perpassa necessariamente a observação e análise da diferença dada ao tratamento das questões raciais no Brasil e nos Estados Unidos. No caso estadunidense, aquilo que ficou conhecido como *one-drop-rule* (regra de uma única gota de sangue) – que começa a ser discutida no século XVIII e é adotada no início do século XX como forma de determinar quem era *white* (branco) e quem era "negro" ("negro" ou "colored", para usar os termos históricos) – determinava que o pertencimento racial de uma pessoa se dá por hipodescendência. Assim, basta que um de seus ascendentes de quatro gerações atrás seja negro (colored/de cor) para que essa pessoa tenha o *status* de pessoa negra. A proibição de casamentos inter-raciais nos estados do sul durante a era da segregação conhecida como Jim Crow, a severa punição a homens negros suspeitos de flertar com mulheres brancas e a desobrigação de homens brancos reconhecerem filhos de mulheres negras, estão entre os fatores que reforçaram a impossibilidade de reconhecer uma categoria não binária de classificação racial do ponto de vista da lei. Contudo, do ponto de vista da prática, homens brancos continuaram engravidando mulheres negras cujos filhos, por mais fenotipicamente brancos que fossem, continuavam dentro do grupo negro. O debate surge então entre os afro-estadunidenses em função das melhores oportunidades econômicas que os *light skinned black* (pretos de pele clara) tinham em relação aos *dark skinned black* (pretos de pele escura). Para além das oportunidades no mercado de trabalho, autoras afro-estadunidenses fizeram notar que entre os homens negros (de pele clara ou escura) a preferência era casar ou manter relações duradouras com mulheres de pele clara, e que o tratamento mais severo ou indiferente para com meninas e mulheres negras de pele escura causa danos severos à autoestima e muitas vezes impacta negativamente as oportunidades e escolhas de vida dessas meninas e mulheres (Glenn, 2009).

Aqui no Brasil se priorizou o branqueamento pela via da mistura (em conjunção com políticas migratórias, visando trazer sobretudo europeus) e não pela via da segregação oficial, em um contexto onde se negava o racismo e se pregava a harmonia entre as raças – a conhecida ideologia da democracia racial. A retórica de que o Brasil era uma nação miscigenada disfarçava o fato de que o objetivo dessa "mistura" era o branqueamento da população, entendido como uma "melhora" do estoque humano nacional. Assim, para várias pessoas negras, à perspectiva de "clarear a família", como aparece em um dito popular, está atrelada uma projeção de descendentes mais claros, mais próximos ao grupo branco. Talvez esse movimento traga a perspectiva de estes se passarem por brancos, de serem vistos e tratados como brancos, ou ao menos como "não negros" e, com isso, conseguir melhores oportunidades de vida para si próprios e a família.

Um exemplo dessa ideologia de "melhora" racial da população está representado também no quadro do pintor espanhol Modesto Brocos intitulado *A Redenção de Cam*. No quadro, aparece uma senhora retinta de perfil em pé, ao seu lado, sentados, estão a filha, de pele clara, e o marido desta, um homem branco. A filha da senhora negra segura um bebê no colo e aponta para a figura da avó negra. O bebê é branco. A senhora negra em pé tem os braços erguidos para os céus em agradecimento. Então, embora não se discutisse até pouco tempo o conceito de colorismo, na prática, pessoas de pele mais clara, com fenótipos associados ao tipo branco (textura do cabelo, volume e forma do nariz, por exemplo) foram/são consideradas mais aceitáveis socialmente do que as pessoas de pele retinta. No entanto, apesar de uma possível expectativa de ascensão social devido a uma menor pigmentação da pele, os dados estatísticos negam que exista uma diferença significativa entre as condições socioeconômicas de pretos e pardos (Paixão, 2013).

Precisamos também considerar o que poderíamos denominar como "recusa nacional" de dizer ou nomear alguém como "negro", a não ser para significar um insulto. Estudos das terminologias empreendidos no Brasil desde o final dos anos 1970 identificam mais de uma centena de termos empregados para designar a cor autoatribuída e percebida pelos entrevistados (cor de formiga, moreno, morena-jambo, escurinha, galego etc.). Os termos variam de região para região, ao longo do tempo, e também dependem do contexto de interação social em que são utilizados, mas têm em comum a preferência por não usar o termo "negro" – o qual, em sua origem, estava condicionado às noções de inferioridade racial inata construídas ao longo do processo de colonização e escravização e aprimoradas pelos discursos científicos europeus e estadunidenses do século XIX. Não é à toa que, nos Estados Unidos, a comunidade afro-americana baniu o termo "negro", utilizando-se então como forma de autodenominação *african-american* ou *black* (afro-americano ou preto). No Brasil, "negro" também esteve atrelado à condição de inferioridade e de escravizado e, ainda hoje, há resistência de muitas pessoas negras/pretas em autodenominarem-se usando esse vocábulo. A palavra "moreno", por exemplo, pode, ao mesmo tempo, e a depender da localização geográfica de onde se fala, referir-se a uma pessoa socialmente branca de cabelos pretos, a uma pessoa negra de pele clara ou ser usada como eufemismo ao designar pessoas negras. Mais recentemente temos visto também disputas entre grupos da militância racial em relação a qual termo deveria ser usado, "negro" ou "preto", havendo toda uma discussão acerca da conotação negativa e imposta pelo branco no emprego da palavra "negro".

As terminologias de classificação racial do estado brasileiro há muito tempo recorrem ao vocábulo "pardo", sendo que esse termo aparece pela primeira já na carta escrita em 1500 por Pero Vaz de Caminha. Nela, Caminha se refere à população nativa como sendo composta de "pardos". O primeiro censo demográfico, realizado em 1872, utiliza a categoria "pardo" denotando a mistura de "branco" e "preto"; assim como a categoria "caboclo" denotava a mistura de "branco" e "índio". Nos censos de 1900 e 1920, o quesito cor/raça não esteve presente, retornando em 1940, quando os termos "caboclo" e "pardo" foram excluídos. No censo de 1950, a palavra "pardo" retorna, indicando uma categoria que engloba várias possibilidades – ora indica o que se denominava "mulato" (branco com preto), ora substitui as designações "caboclo" e "mameluco" (índio com branco) ou o chamado "cafuzo" (preto com índio). Esses exemplos do uso do termo "pardo" atestam a fluidez de seu significado (Bacelar, 2021). Nos anos 1970, o quesito cor/raça não se apresenta no censo e finalmente, em 1991, o censo passou a apresentar as cinco categorias de cor/raça tais como as conhecemos hoje: indígena, amarela (asiática), preta, parda e branca.

Desde o final dos anos 1970, os movimentos negros se empenharam em configurar categorias de identidade racial que abrangessem com maior precisão a configuração étnico-racial da população. Ou seja, houve um esforço para viabilizar uma construção identitária e política na qual pessoas que notada e/ou sabidamente tivessem ascendência africana pudessem se declarar ou serem contabilizadas, para fins demográfico, como negras. Assim, a categoria "negro" abrange aqueles que se declaram "pretos", pessoas de pele escura, e aqueles que se declaram "pardos", pessoas com tons de pele mais claros mas que não se identificam como brancas ou indígenas. A pressão pelo reconhecimento da identidade negra serviu para comprovar que a maior parte da população brasileira tem ascendência africana. A partir daí foi possível comprovar que as oportunidades para brancos e negros eram desiguais, que apesar de a população negra ser maioria, esse segmento está sub-representado em lugares sociais de prestígio (universidades, negócios, política etc.) e hiper-representado em lugares sociais de baixo prestígio (prisão, subemprego, favelas etc.).

A construção política pautada pelo Movimento Negro visava a positivação do pertencimento negro e a adesão de pessoas que até então evitavam serem associadas ao termo "negro", a uma identidade que valorizasse a negritude. Aqui, destaque-se o aspecto político desse movimento que consegue, com essa construção, demonstrar que a maior parte da população brasileira é de ascendência africana, e revela que a maior parte da população negra no Brasil não tem as mesmas condições de vida e oportunidades que a população branca, o que abre caminho para a luta por políticas de ação afirmativa. No entanto, o termo "pardo" – como já demonstrado aqui – é escorregadio, podendo tanto ser entendido do ponto de vista genotípico, e abranger qualquer pessoa de qualquer ascendência mista entre os grupos branco, negro e indígena, ou podendo ser entendido do ponto de vista fenotípico e abranger apenas pessoas de ascendência mista que tenham características físicas associadas ao grupo negro (textura do cabelo, formato do nariz, formato dos lábios, tonalidade da pele). Sendo um termo de significado amplo demais, ele permite variadas interpretações, inclusive do ponto de vista da lei, o que o torna uma armadilha por causa das seguintes questões:

1. Está posta a discussão de que "pardo" poderia incluir pessoas com ascendência indígena mas que não fazem parte de um povo indígena, ou seja, não habitam um território indígena, não falam uma língua indígena, não são reconhecidas por grupos indígenas e assim, portanto, não podem concorrer às vagas de política de ação afirmativa destinadas ao grupo indígena. Por outro lado, tais pessoas, em muitos contextos regionais e sociais, apresentam um certo grau de passabilidade no grupo "branco" e, dessa forma, não seria justo, ou mesmo ético, que elas reivindicassem as ações afirmativas destinadas ao grupo "negro".

2. Há o reconhecimento de que pessoas que no cotidiano são vistas como socialmente brancas podem ter algum grau de ancestralidade negra; com isso existe, portanto, a possibilidade de essas pessoas, que sempre foram vistas e tratadas como socialmente brancas ou "não negras", reivindicarem políticas de ação afirmativa, já que a lei prevê a reserva de cotas para "pretos e pardos".

Nesse sentido, a dissertação de Gabriela Bacelar *(Contra)Mestiçagem Negra: Pele Clara, Anti-Colorismo e Comissões de Heteroidentificação Racial* (UFBA, 2021) aborda, com profundidade, essas e outras questões relacionadas à identidade negra de pessoas de pele clara (ou os chamados "pardos"). No entendimento de Bacelar, quando se propõe uma política de ação afirmativa para "pretos" e "pardos" o grupo populacional que se almeja atingir em relação aos "pardos" não são os genotipicamente mistos e sim os fenotipicamente não brancos.

No momento atual, temos um problema concreto que diz respeito às tentativas de fraudes no sistema de cotas. A cada ano são identificados novos casos de pessoas fenotipicamente brancas que alegam pertencimento ao grupo "pardo". Esse é o problema real a ser resolvido, assim como a manutenção e ampliação das políticas de ação afirmativa. Algumas discussões, e mesmo acusações trocadas entre indivíduos e coletivos negros, tendo como foco a questão dos graus de melanina na pele, têm criado conflitos tangenciais em relação à legitimidade política de pessoas negras de pele clara no que diz respeito ao direito de se posicionarem no debate e luta antirracista.

Aqui é interessante notar que essa tensão provocada pelo tema do colorismo parece estar atravessada também por uma questão geracional; muitos intelectuais e ativistas respeitados das gerações mais antigas do Movimento Negro são pessoas negras de pele clara que não têm sua legitimidade e autoridade questionadas. Talvez isso se deva ao fato de que esses e essas intelectuais já estão bem estabelecidos em seus lugares e contribuíram com muito do arcabouço teórico e metodológico que a militância negra utiliza até hoje. É possível também que esses intelectuais consigam sustentar e defender suas identidades raciais com mais eficácia do que as pessoas negras de pele clara que não têm tanta formação política e/ou intelectual, muitas delas ainda confusas em relação ao uso do termo "negro", "preto" e "pardo".

Sueli Carneiro, durante a *live* "Feminismos Negros", promovida pela editora Companhia das Letras em junho de 2020, trouxe dois apontamentos: o primeiro foi no sentido de situar o debate sobre colorismo como uma questão que tem interessado as gerações de ativistas e intelectuais negros e negras mais jovens, sendo que tal debate não estava na pauta do Movimento Negro dos anos 1970 até o final dos 1990; o segundo apontamento feito por Carneiro diz respeito ao quanto essa discussão tem sido trazida por mulheres negras jovens – sobretudo mulheres de pele retinta –, apontando a preferência amorosa de homens heterossexuais negros (sobretudo, mas não apenas) por mulheres brancas ou de pele clara. Nos termos de Carneiro, isso é rebaixar as lutas negras e as lutas das mulheres negras, relegando-as às disputas entre mulheres pela preferência dos homens.

Por outro lado, pesquisadoras negras brasileiras têm demonstrado que o índice de celibato involuntário é maior entre as mulheres negras de pele escura (Bacelar, 2021). Acreditamos que a rejeição afetiva constante com base no fenótipo possui grave impacto na autoestima e, por isso, estamos lidando com hipóteses e problemas que precisam de contínua investigação. O efeito que o estigma da "feiúra" ou da "não desejabilidade" tem sobre a construção subjetiva das pessoas, também é fator que não deve ser negligenciado quando se almeja a afirmação positiva de pertencimento negro.

A diligência de movimentos sociais, intelectuais, ONGs entre outros viabilizou o debate mais amplo sobre racismo, discriminação e desigualdade racial, bem como consolidou um movimento de reconhecimento e de identificação positiva com a negritude para brasileiros negros e negras, muitos dos quais não se autodenominavam como negros e negras ou vinham de famílias que viam no termo "negro" um tabu ou uma ofensa. Pessoas que antes não se identificariam como negras, mas sim "morenas", "mulatas", "cor de jambo" etc., passaram a se autodeclarar negras, às vezes em oposição à família que, com frequência, mesmo sendo formada por pessoas com tonalidade mais escura recusa o termo "negro".

As pessoas de pele clara que se autodeclaram negras – na verdade "tornam-se negras" (Bacelar 2021) a partir de um processo que é de construção subjetiva e política – precisam sim perceber que existe diferenças entre elas e outras pessoas retintas, diferenças essas positivas a seu favor. Mas a tentativa de desqualificá-las em seu pertencimento racial "negro" ou mesmo sugerir que elas não são "negras" é, nas palavras de Sueli Carneiro, "um tiro no pé". Isso pelas seguintes razões: 1. o que torna a população brasileira majoritariamente negra é o agrupamento das categorias censitárias "pretos" (peles retintas), que perfazem em torno de 7% da população, e "pardos" (peles mais claras), que perfazem em torno de 44% da população; 2. os índices socioeconômicos de pretos e pardos mostram diferenças pequenas entre pretos e pardos em relação a fatores como taxas de desemprego, nível de escolaridade, taxa de homicídios, níveis de encarceramento e local de residência. Já as diferenças entre pretos e pardos agrupados e comparados com o grupo branco é bastante elevada (IBGE, 2019; Paixão 2013).

Embora o maior coeficiente populacional brasileiro esteja concentrado no grupo denominado "pardo", esse fato não retém, não passa adiante e não acumula nenhuma das supostas vantagens atribuídas às pessoas negras de pele clara. O tratamento preferencial dirigido a indivíduos identificados como pardos por indivíduos do grupo branco – o grupo que realmente detém o poder e em torno do qual está estruturado o poder econômico, político e capital simbólico – é sempre circunstancial. Assim, o pardo será preferido se estiver em competição com um preto, mas será preterido se a competição for entre ele e um branco. Isso porque o colorismo ou a pigmentocracia não oferece, na verdade, privilégios, os quais significam um direito, uma vantagem ou uma autoridade inata ou adquirida por um indivíduo ou grupo e não pequenas vantagens concedidas por outro. O que acontece em relação à hierarquia cromática são pequenas concessões feitas pela branquitude aos que podem se distanciar fenotipicamente do tipo negroide. A qualquer momento essas concessões podem ser retiradas novamente pelo mesmo indivíduo que as concedeu ou por outro que não as reconheça.

Receber concessões do grupo branco não pode ser entendido como privilégio e sim como uma demonstração do poder estruturado em torno da supremacia branca. Os dados apontam que pardos e pretos necessitam das mesmas políticas públicas porque, em sua maioria, vivem condições socioeconômicas muito similares. Nesse sentido, conforme Devulsky, o colorismo é "um braço do racismo" (2021) e não uma invenção do grupo negro. Ele é um aliado na manutenção do poder do grupo branco e um aliado extremamente perigoso porque promove cisões nas estratégias de resistência negra. O colorismo e o racismo, embora não idênticos, estão intrinsecamente relacionados e operam tanto para confundir quanto para reestruturar as hierarquias raciais (Glenn, 2009), as mesmas que continuam a manter no topo da pirâmide social, política e econômica o tipo branco, independentemente de uma melhor ou maior "aceitação" dos tipos não brancos de pele mais clara.

As concessões do grupo branco não são gratuitas e não são inocentes; elas apostam que entre o grupo racializado os indivíduos "pardos" irão aceitar "esquecer" sua negritude se assim lhes for permitido pelo grupo que detém o poder. Na verdade, trata-se de uma estratégia bem eficiente quando relembramos das políticas de branqueamento em curso no Brasil desde do final do século XIX. O Movimento Negro conquistou ao longo das décadas exatamente a quebra dessa lógica; com a paulatina adesão dos "pardos" ao grupo negro. Claro, é preciso considerar que muitas pessoas com ascendência africana e de traços fenotípicos associados a essa ascendência ainda hoje não conseguem vencer o estigma construído em torno da terminologia "negro", e que a adesão de pessoas com peles menos retintas à categoria da negritude muitas vezes está relacionada a fatores como: o contato com movimentos sociais e culturais negros; o ingresso em instituições de ensino onde a discussão das relações raciais se apresente em uma ou outra instância; o contato com pessoas (amigos, parceiros e família) que circulam em espaços onde essa discussão se apresente. Essas são algumas circunstâncias que possibilitam algum nível de formação política em torno das questões raciais e que possivelmente contribuem para a recusa em aceitar a concessão branca de ser considerado não negro.

Temos então um processo em andamento que visa a afirmação positivada da negritude, e isso contribui muito com o avanço do debate da questão racial no Brasil e com a criação de estratégias de ação política visando a igualdade racial. Assim, muitas das tensões atribuídas ao colorismo/pigmentocracia entre comunidades negras precisam ser encaradas, mas precisam ser encaradas a partir de estratégias e posicionamentos que não destruam a construção política que possibilitou a identificação positiva com a negritude, mesma construção política que possibilitou também a consolidação das políticas de ação afirmativa.

Referências

BACELAR, Gabriela. *(Contra) Mestiçagem Negra: Pele Clara, Anti-colorismo e Comissões de Heteroidentificação Racial*. Dissertação (Mestrado em Antropologia Social). Bahia: UFBA, 2021.

DEVULSKY, Alessandra. *Colorismo*. São Paulo: Jandaíra, 2021.(Coleção Feminismos Plurais.)

IBGE - Instituto Brasileiro de Geografia e Estatística. Desigualdades Sociais Por Cor e Raça no Brasil. *Estudos e Pesquisas*, n. 41, 2019. Disponível em: <https://biblioteca.ibge.gov.br/visualizacao/livros/liv101681_informativo.pdf->. Acesso em: 22 fev. 2022.

GLENN, Evelyn (ed.). *Shades of Difference: Why Skin Color Matters?* Stanford: Stanford University Press, 2009.

PAIXÃO, Marcelo. *500 Anos de Solidão: Ensaios Sobre as Desigualdades Raciais no Brasil*. Curitiba: Appris, 2013.

CONSCIÊNCIA NEGRA

Nelson Inocêncio Silva

O conceito de consciência negra, que é mais recorrente no âmbito do ativismo negro, alude a um processo de construção coletiva, em que pese o conhecimento acerca da história, atravessada por diferentes formas de resistência face à opressão imposta aos povos africanos desde o estabelecimento do tráfico atlântico. Ela é fruto das correlações entre o individual e o coletivo, tendo como referência precípua a compreensão das circunstâncias históricas. No caso específico da consciência negra, esse movimento busca acesso ao conhecimento que foi negado, omitido, apagado em torno do legado africano e afrodiaspórico. O intuito é o de ressignificar a história contaminada por uma série de interpretações absurdas baseadas no racismo produzido pelo pensamento eurocêntrico. Esse é o alicerce que dá sustentação, forma e conteúdo ao fenômeno da consciência negra.

Conforme argumentado no livro *Consciência Negra em Cartaz*, devemos deixar explícito que a consciência à qual nos referimos, apesar de referência da psicanálise, não resulta das formulações produzidas por especialistas do campo. Isso se justifica, considerando o fato de que só recentemente foi possível constatar um maior interesse de profissionais na abordagem das conexões entre racismo e psique, provocado pelo ativismo negro na área da saúde mental.

Embora seja pertinente apresentar tais observações, não há dúvidas de que o conceito suscita algumas interpretações psicanalíticas, imprescindíveis à compreensão da ação política, a exemplo "das percepções que nossos órgãos sensoriais recebem do mundo exterior" ou ainda "a recepção de estados de tensão pulsional e descargas de excitação sob forma das qualidades desprazer/prazer" (Laplanche & Pontalis, 1986: 93). No que se refere a tais aspectos, destaca-se a consciência negra enquanto fenômeno que tanto afeta a percepção do mundo exterior quanto influencia os estados de desprazer/prazer, na medida em que possibilita a ressignificação de ambos.

A CONSCIÊNCIA NEGRA COMO FRUTO DA EXPERIÊNCIA COLONIAL

Há setenta anos, o psiquiatra Frantz Fanon, nascido na Martinica, publicava a primeira edição de *Pele Negra, Máscaras Brancas*, que se traduz em manifesto contra a herança do racismo colonial. Conforme Fanon, para compreender a violência da qual a pessoa negra era alvo, fazia-se necessário "um exercício de interpretação psicanalítica acerca do duplo narcisismo" por meio do qual "o branco é escravo de sua brancura" (pretensa superioridade), ao passo que "o negro, da sua negrura" (suposta inferioridade). Como antídoto ou possibilidade de cura do indivíduo negro, ele argumentará: "julgamos que a verdadeira desalienação do negro supõe uma súbita tomada de consciência das relações econômicas e sociais" (Fanon, 1983: 12). Embora essa percepção mais ampla seja absolutamente necessária, vale destacar que ela é antecedida de um outro processo. A consciência, da perspectiva fanoniana, tem como ponto de partida o conhecimento de si, do próprio corpo, aqui identificado como corpo da pessoa negra. Do contrário: "O conhecimento do corpo é uma atividade unicamente negadora. É um conhecimento em terceira pessoa." (Fanon, 1983: 92) O trabalho não apenas inaugural, mas também inspirador, desse médico e ativista revolucionário, tem subsidiado de modo amplo as vertentes acadêmicas dos Estudos Decoloniais e dos Estudos Pós-Coloniais. Além disso, muito colabora para que entendamos os desdobramentos existentes na construção do conceito de consciência negra.

A CONSCIÊNCIA A PARTIR DO "TORNAR-SE NEGRA/O"

No prefácio da obra da psiquiatra e psicanalista Neusa Santos Souza, intitulada *Tornar-se Negro ou as Vicissitudes da Identidade do Negro Brasileiro em Ascensão Social,* Jurandir Feire Costa, também psiquiatra e psicanalista, argumenta sobre as regras das identificações normativas ou estruturantes. Segundo ele: "estas instâncias vão mostrar ao sujeito aquilo que lhe é permitido, proibido ou prescrito sentir ou exprimir, a fim de que sejam garantidos, simultaneamente, seu direito a existência, enquanto ser autônomo, e o da existência de seu grupo, enquanto comunidade histórico-social". No entanto, para a pessoa negra: "O modelo de identificação normativo-estruturante com o qual se defronta é o de um fetiche: o fetiche do branco e da brancura [...] Nada pode macular esta brancura que, a ferro e fogo, cravou-se na consciência negra como sinônimo de pureza artística; nobreza estética; majestade moral; sabedoria científica etc." (In: Souza, 1983: 4-5)

Ao longo do texto, Souza se dedica a pensar estratégias de superação dessa condição baseando-se, no caso específico do Brasil, em um tripé "formado pelo contínuo de cor, ideologia do branqueamento e democracia racial" (referindo-se o último componente ao mito, propriamente dito). A autora tomou a obra de Frantz Fanon como um dos alicerces do seu trabalho com o intuito de demonstrar que a qualidade da vida emocional das pessoas negras está inexoravelmente vinculada ao autoconhecimento e, por conseguinte, à consciência, fruto dessa experiência. Algo potencialmente libertário.

A CONSCIÊNCIA ENQUANTO FOMENTO DO ATIVISMO NEGRO

O intelectual e artista Nei Lopes, em uma de suas mais relevantes publicações, denominada *Enciclopédia Brasileira da Diáspora Africana*, inclui, entre vários verbetes, a consciência negra. Segundo ele, tratara-se de: "ideologia que se expressa, na África e na Diáspora, mediante à aquisição, pelo indivíduo negro, de autoconhecimento e de autoestima em relação à sua originalidade étnica e cultural. Aplicação desse conhecimento na condução do destino" (Lopes, 2004: 206). O pesquisador enfatiza também a relevância do conceito no contexto sul-africano, mais especificamente no que se refere à luta contra o apartheid.

A esse respeito, abordando, mais detidamente, as lutas protagonizadas pelo ativismo negro, torna-se imprescindível o reconhecimento das contribuições deixadas pelo Movimento da Consciência Negra (Black Consciousness Movement – BCM), que ganhou adesão e cresceu substancialmente diante do cenário de esvaziamento ocasionado pelo encarceramento em grande escala das lideranças do Congresso Nacional Africano (African National Congress – ANC). O referido movimento encontrou em Steve Biko sua principal liderança. Seu argumento, partilhado com aquele coletivo, se sustentava na seguinte ideia:

> A Consciência Negra é, em essência, a percepção pelo homem negro da necessidade de juntar suas forças com seus irmãos em torno da causa de sua atuação – a negritude de sua pele – e de agir como grupo, a fim de se libertar das correntes que os prendem à servidão perpétua [...] Portanto, a Consciência Negra [...] Procura infundir na comunidade negra um novo orgulho de si mesma, de seus esforços, seus sistemas de valores, sua cultura, religião e maneira de viver a vida. (Biko, 1990: 5)

No entendimento de N. Barney Pityana, membro da Organização de Estudantes da África do Sul (South African Student's Organization – Saso) e do BCM, ao lado de Biko, existiriam três áreas principais que estão no centro do desenvolvimento da estratégia da Consciência Negra. São elas: 1. a responsabilidade do negro, que consistia em não subestimar o legado deixado por contribuições passadas de ativistas negros, nítida definição dos objetivos político e compreensão do processo de cooptação; 2. a união teria, necessariamente, de corresponder ao desenvolvimento do espírito solidário entre a população negra; 3. a constituição de um movimento popular capaz de representar as aspirações da maioria dessa população.

No Brasil, particularmente, o conceito de consciência negra passou a se tornar mais difundido a partir da proposição apresentada pelo Grupo Palmares do Rio Grande do Sul, em 1971, ao conjunto da militância negra brasileira. A ideia consistia em uma grande mobilização para que 20 de novembro, data oficial da morte de Zumbi, fosse assumido como Dia Nacional da Consciência Negra, em memória e reconhecimento ao líder maior do Quilombo dos Palmares e à luta palmarina. Da perspectiva ideológica, aquela atitude se contrapunha às celebrações do dia 13 de maio, Dia da Abolição da Escravatura, amplamente homenageado pela oficialidade, em um nítido exercício de silenciamento da luta negra abolicionista. O gesto do coletivo negro gaúcho, liderado pelo poeta Oliveira Silveira, logo ganha adesão. O Movimento Negro Unificado – MNU estabelece em assembleia o compromisso com a data histórica. Nesse fluxo, também seguem várias entidades negras do país, entre elas o Grupo União e Consciência Negra-Grucon, que incorporou o conceito ao nome da entidade.

Esse projeto contra-hegemônico foi fundamental como demonstração da força mobilizadora do movimento negro e, apesar das reações conservadoras, a sua abrangência evidenciou não apenas uma disputa no campo do imaginário, em relação à população negra, mas também contribuiu para subverter a noção de que pessoas negras não são capazes de pensar, de produzir intelectualmente. O Dia Nacional da Consciência Negra resulta de um exaustivo trabalho, nascido há cerca de meio século, que favoreceu a identidade, a memória, a ancestralidade, o pertencimento e o prazer da pessoa negra em regozijar-se, a partir das conexões com o seu segmento, enxergando-se em outras pessoas com as quais compartilha uma história comum.

No âmbito das transgressões estéticas, registram-se várias ações, que nos remetem ao sentimento que alimenta o conceito de consciência negra. Trata-se de gestos individuais ou coletivos que vão desde representações visuais afirmadas até outras manifestações. Tais práticas implicam no reconhecimento, por parte das pessoas negras, de que seus corpos são inevitavelmente signos políticos. A emergência de vários grupos culturais, a exemplo do Ilê Aiyê em 1974 e dos que vieram no seu fluxo, reafirma a necessidade de estratégias corporais para a superação do racismo, como destacou Fanon. Além disso, outra ousadia estética foi constatada a partir do momento em que filhos de ativistas passaram a receber nomes africanos em homenagem aos povos que formaram a diáspora africana no Brasil, atitude que, com o tempo, extrapolou o espaço da militância. Nota-se ainda, nas artes em geral (artes visuais, teatro, dança, cinema, literatura, música), produções profícuas que revigoram e potencializam o referido conceito. Essa subversão estética foi habilmente analisada no documentário *Ori: Cabeça, Consciência Negra*, dirigido por Raquel Gerber, com argumento e roteiro de Beatriz Nascimento.

À guisa de conclusão, lembramos que consciência negra pode ser compreendida por alguns flancos, mas, se buscássemos um argumento capaz de aproximar as interpretações, poderíamos dizer que, sem dúvida, ela está relacionada aos mecanismos de superação do racismo que desumaniza a população negra ao concebê-la como resultado de um conjunto de estereótipos (positivos e negativos), os quais aprisionam e inviabilizam a existência alimentada pelo prazer de ser o que é. Ao tratarmos de consciência negra na esfera política, observaremos outros referenciais que dialogam com a dimensão psicanalítica de consciência. Inegavelmente, trata-se de uma construção complexa, que deve ser apropriada, sobretudo, pela população negra, muitas das vezes refém da violência racial, seja ela simbólica ou física. Digamos que a consciência negra, entre outras possibilidades, serve como um manual de sobrevivência diante das armadilhas do racismo.

Referências

BIKO, Steve. *Escrevo o Que Quero*. São Paulo: Ática, 1990.

FANON, Frantz. *Pele Negra, Máscaras Brancas*. Rio de Janeiro: Fator, 1983. (Coleção Outra Gente, v. 1.)

LAPLANCHE, Jean; PONTALIS, J.B. *Vocabulário da Psicanálise*. São Paulo: Martins Fontes, 1986.

LOPES, Nei. *Enciclopédia Brasileira da Diáspora Africana*. São Paulo: Selo Negro, 2004.

SILVA, Nelson Fernando Inocencio. *Consciência Negra em Cartaz*. Brasília: Editora UnB, 2001.

SOUZA, Neusa Santos. *Tornar-se Negro: As Vicissitudes da Identidade do Negro Brasileiro em Ascensão Social*. Rio de Janeiro: Graal, 1983.

Audiovisuais

ORÍ: *Cabeça, Consciência Negra*. Direção: Raquel Gerber. Textos e narração: Beatriz Nascimento. Documentário, 91 min, Angra Filmes, Brasil, 2008.

CONVIVIALIDADE

Sérgio Costa

ORIGEM E DESENVOLVIMENTO DO CONCEITO

O termo "convivialidade" foi introduzido nas ciências humanas e sociais pelo teólogo e filósofo austríaco Ivan Illich, em livro publicado em 1973 sob o título *Tools for Conviviality* (Ferramentas Para a Convivialidade). Na ocasião, Illich dirigia, em Cuernavaca, México, o Centro Intercultural de Documentação – Cidoc, formalmente um centro de preparação de missionários católicos, mas que de fato funcionava como um espaço de debates e local de encontro de pensadores progressistas da América Latina e de outras regiões do mundo. Por ali passaram nomes como Paulo Freire, Gustavo Gutiérrez, Susan Sontag, Erich Fromm e André Gorz.

As ferramentas para a convivialidade exploradas no livro refletem claramente esse contexto de diálogo internacional e pretendem ser uma resposta crítica à alienação humana no âmbito do capitalismo industrial. Representam também um alerta pioneiro e vigoroso contra o desrespeito dos limites ambientais para o crescimento econômico. Para combater a crença nas possibilidades de expansão ilimitada do capitalismo, Illich contrapõe a noção de convivialidade entendida como "a interação autônoma e criativa entre pessoas e entre estas e o meio ambiente" (1973: 11).

Nas duas últimas décadas, as concepções desenvolvidas por Illich no livro foram redescobertas e vêm sendo mobilizadas e ressignificadas em campos muito diversos do conhecimento. Estudiosos da literatura valem-se, por exemplo, da noção de convivialidade para referir-se aos múltiplos formatos e enredos assumidos pela coexistência de grupos marcados por diferenças culturais, religiosas ou de outra natureza nas obras de ficção. Essas obras constituem, segundo essa vertente, espaços de invenção e experimentação com claras conexões com a vida real. Isto é, não existe, conforme esse entendimento, qualquer distinção rígida entre ficção e realidade, ambas se conectam e se frutificam reciprocamente.

O trabalho de Illich se tornou também influência marcante do convivialismo, movimento político e teórico que surge na França nos primeiros anos do presente século em torno do sociólogo Allain Caillé. Caillé é o principal articulador do primeiro e do segundo manifestos convivialistas, publicados respectivamente em 2013 e 2020, os quais originam a formação de uma Internacional Convivialista. Apoiado na crítica ao crescimento econômico como um fim em si mesmo, o convivialismo postula que, diante dos recursos naturais limitados disponíveis, as sociedades do Norte global precisam reduzir radicalmente seu consumo para que as sociedades do Sul global possam satisfazer suas necessidades básicas. Desse modo, se, no plano local, o convivialismo implica relações mais fraternas e solidárias, no plano global, ele implica uma redistribuição radical da riqueza e dos recursos disponíveis.

As ferramentas da convivialidade concebidas por Illich tornaram-se também inspiração marcante do amplo campo de estudos interdisciplinar conhecido como estudos pós-humanos e que abrange um corpo de teorias e trabalhos empíricos que questionam o antropocentrismo, qual seja, a ideia de que o ser humano é o protagonista principal do que acontece no planeta Terra. Conforme essa leitura, os seres humanos, ao contrário do que prega a ideologia liberal da autonomia individual, são parte de uma rede de interdependências com outros seres vivos (plantas, animais, vírus, bactérias etc.) e de processos físicos e químicos que constituem a teia da vida no planeta. Assim, é preciso reconhecer que, mesmo cidades, aeroportos ou plantas industriais, das quais os seres humanos procuraram, em vão, banir a natureza, constituem, no fundo, entrelaçamentos multiespécies. Nesse contexto, a ideologia do excepcionalismo humano, isto é, a crença de que seres humanos subsistirão ao subjugo e, no limite, à destruição de outras espécies, é vista como a raiz da crise ambiental e climática contemporânea, para a qual só há uma saída: aceitar o primado da convivialidade entre todos os seres vivos, os humanos e os não humanos.

USOS NO ESTUDO DAS RELAÇÕES ÉTNICO-RACIAIS

O conceito e as teorias da convivialidade vêm tendo uso crescente no estudo das relações étnico-raciais em contextos diversos. Destaque-se que "convivialidade" não é sinônimo, nesses usos, do termo "convivência". Convivência se refere, via de regra, à caracterização de formas de vida sociais marcadas pelo convívio entre grupos que se distinguem por meio de diferenças religiosas, culturais ou de outra natureza, como é o caso do regime de convivência entre muçulmanos, cristãos e judeus durante a ocupação moura na Península Ibérica, entre os séculos VIII e XV.

Diferentemente, convivialidade, como teoria e categoria analítica, se refere a situações concretas de interação entre pessoas e grupos e é estudada, em geral, no plano microanalítico de uma comunidade ou localidade específica. Boa parte dos estudos sobre convivialidades interétnicas apresenta um viés normativo, reservando o conceito convivialidade apenas para os casos em que as interações são marcadas pela cooperação. A rigor, contudo, a tensão entre cooperação e competição, não raro virulenta e violenta, é traço necessário e inseparável das relações conviviais realmente existentes, de sorte que o uso analítico das teorias da convivialidade não admite a distinção prévia entre uma suposta "boa convivialidade" e a convivialidade conflitiva.

Esse uso mais analítico e menos normativo do termo convivialidade encontra-se muito difundido na chamada antropologia da vida cotidiana, a qual tem nos estudos das sociabilidades indígenas na Amazônia (não só brasileira) um campo privilegiado de pesquisa. Tais trabalhos partem da premissa de que o conceito de sociedade da sociologia, com sua distinção obsoleta entre comunidade e sociedade, agência e estrutura, afeto e razão, é insuficiente para captar a sociabilidade amazônica construída sobre a base de interações e acordos *ad hoc* articulados em situações específicas. Nesse contexto, no lugar de referirem-se à sociedade, especialistas entendem que "convivialidade parece se encaixar melhor na ênfase amazônica no lado afetivo da sociabilidade" (Overing & Passes, 2000: 14).

Outro campo no qual oportunas teorias da convivialidade vêm sendo empregadas para estudar relações étnico-raciais diz respeito à pesquisa em contextos marcados por fortes fluxos migratórios. Impulsionados na Europa pelos trabalhos de Paul Gilroy (2006), esse tipo de abordagem já se encontra presente em outras regiões. Aqui, convivialidade funciona como antídoto tanto contra os apelos nacionalistas pela assimilação e integração dos imigrantes e seus descendentes quanto contra a ilusão da separação das diferenças em arranjos multiculturais. Contra essas perspectivas, afirma-se que, efetivamente, no cotidiano migratório e pós-migratório, as diferenças já se misturaram e convivem. Nesse contexto, convivialidade assume a forma de um "padrão social no qual diferentes grupos urbanos coexistem em proximidade sem que suas particularidades raciais, linguísticas e religiosas colidam" (Gilroy, 2006: 40). Isso não implica ignorar que o sexismo, o racismo, a xenofobia continuam presentes tanto nas relações cotidianas quanto nas instituições. Trata-se, contudo, de entender que, em muitas interações, seja nos pátios das escolas, nos clubes noturnos, nos parques ou nos locais de trabalho, essas ideologias segregacionistas já não têm mais o poder de estruturar as relações sociais.

Um alerta contra a idealização das interações conviviais no âmbito de relações assimétricas de poder vem do historiador e cientista político de Camarões Achille Mbembe (2001), o qual mostra que a encenação de relações de proximidade e afeto entre opressores e oprimidos é marca característica da África colonial e pós-colonial. Mostra também que, sem essas formas de instrumentalização das relações conviviais, não teria sido possível a dominação de uma minoria sobre uma maioria ao longo da história do continente. Abordagem semelhante vem sendo utilizada também para estudar relações interétnicas no âmbito da prestação de serviços domésticos. Em muitos países, o tratamento informal e pessoal dos empregados domésticos – em sua maioria mulheres imigrantes, afrodescendentes ou indígenas – como supostos membros da família permite explorar não apenas sua força de trabalho para além dos limites contratais como também o uso dos serviços afetivos gratuitos (cuidado, carinho etc.) que os trabalhadores domésticos prestam às famílias que os empregam (Gutiérrez-Rodríguez, 2010).

Partindo das tensões que marcam a convivialidade em contextos de fortes assimetrias, procuramos, no marco do Centro Mecila (Mecila, 2022), desenvolver uma matriz analítica para os estudos das interações sociais, na qual convivialidade e desigualdade se constituem reciprocamente, isto é, são dois lados da mesma moeda. Afinal, as interações sociais realmente existentes se dão em contextos de desigualdade (econômica, de poder, epistemológica, ecológica).

Ao mesmo tempo, a desigualdade, enquanto categoria relacional, só adquire sentido nas interações sociais. Ou seja, é no plano das interações interpessoais concretas que a desigualdade é significada e adquire implicações concretas para a vida em sociedade.

Transposta para um estudo concreto das relações étnico-raciais na América Latina, este entendimento da interpenetração entre convivialidade e desigualdade implicou reconhecer que as relações cotidianas são um espaço essencial de reprodução das desigualdades existentes entre os diferentes grupos étnico-raciais. Concretamente, tratou-se de estudar as desigualdades entre negros e não negros (classificados, dependendo do país, como brancos ou *mestizos* enquanto indígenas se encontram em situação similar à dos negros) no Brasil, Colômbia e Equador (ver Góngora Mera, Vera Santos & Costa, 2019), buscando identificar, para além dos mitos da excepcionalidade relatados e construídos pelas historiografias nacionais, os elos que conectam as estruturas de desigualdades nos três países. Pudemos identificar quatro regimes que, a despeito de sua heterogeneidade interna e das interseções temporais entre os diferentes regimes, caracterizam, ao longo da história, as desigualdades que afetam os afrodescendentes nos três países. São eles:

- escravidão;
- nacionalismo racista;
- mestiçagem;
- neoliberalismo multicultural e/ou compensatório.

Cada um desses regimes, por sua vez, contém quatro dimensões que se completam reciprocamente: estrutura social, direito e políticas públicas, discursos, convivialidade. O estudo mostrou que a convivialidade cotidiana é uma arena central de aprofundamento, estabilização ou renegociação das desigualdades sociais entre negros e não negros em todos os regimes nos três países. Assim, por exemplo, no regime caracterizado como nacionalismo racista, o endurecimento das práticas conviviais racistas se prestou, juntamente com os discursos de inferiorização dos negros legitimados pelo chamado racismo científico importado da Europa, à estabilização da hierarquia racial no momento em que a abolição da escravidão mudava o *status* legal e a posição formal dos negros na estrutura social. Já no regime compensatório atual, as relações conviviais cotidianas se tornaram espaço primordial de disputa e concretização da igualdade garantida no âmbito da lei e das políticas públicas.

CONSIDERAÇÕES FINAIS

Este verbete procurou mostrar como as teorias da convivialidade vêm sendo utilizadas de forma ainda incipiente, mas crescente, nos estudos de relações étnico-raciais, tanto no contexto da sociabilidade indígena quanto em sociedades marcadas por migração recentee também no âmbito das chamadas desigualdades raciais. A bibliografia existente ainda tem um viés eurocêntrico que só aos poucos vai desaparecendo. Novos estudos desenvolvidos no Brasil e em outras regiões do Sul global poderão consolidar esse novo campo de estudos que procura explorar os nexos, evidentes mas ainda pouco pesquisados, entre as relações cotidianas e as assimetrias estruturais presentes em sociedades fortemente hierárquicas como a brasileira.

Referências

CONVIVIALIST International. < https://convivialism.org/>.

GILROY, Paul. Multiculture in Times of War: An Inaugural Lecture Given at the London School of Economics. *Critical Quarterly*, v. 48, n. 4, dec. 2006.

GÓNGORA MERA, Manuel; VERA SANTOS, Rocío; COSTA, Sérgio. *Entre el Atlántico y el Pacífico Negro: Afrodescendencia y Regímenes de Desigualdad en Sudamérica.* Frankfurt/ Madrid: Vervuert / Iberoamericana, 2019.

GUTIÉRREZ-RODRÍGUEZ, Encarnación. *Migration, Domestic Work and Affect: A Decolonial Approach on Value and the Feminisation of Labor*. London: Routledge, 2010.

ILLICH, Ivan. *Tools for Conviviality*. New York: Harper & RowLes, 1973.

MECILA. *Convivialidad-Desigualdad: Explorando los Nexos Entre lo Que nos Une y lo Que nos Separa.* Buenos Aires: Mecila / Clacso, 2022.

MBEMBE, Achille. *On the Postcolony*. Berkeley: Univ. California Press, 2001.

OVERING, Joanna de; PASSES, Alan. Introduction: Conviviality and the Opening Up of Amazonian Anthropology. In: OVERING, Joanna de; PASSES, Alan (eds.). *The Anthropology of Love and Anger: The Aesthetics of Conviviality in Native Amazonia*. London: Routledge, 2000.

CULTURA NEGRA

Cristiane S. Souza
Jucélia S. Bispo Ribeiro

A noção de cultura negra resulta de um processo de atravessamentos de diferentes experiências e expressões negras forjadas no decorrer da diáspora negra impulsionada na expansão colonial europeia para instalar o projeto civilizatório moderno no mundo. Em termos conceituais, nas ciências sociais, a noção ocupa um lugar complexo e plural, bem como em outras áreas das humanidades que se debruçaram sobre o conceito. O termo ganha força ao longo do século XX com as contribuições nascidas nessas muitas áreas de conhecimento e, notadamente, nos movimentos negros de resistência. Tudo isso sinaliza para a dimensão da disputa que caracteriza a história da construção do termo, tanto no âmbito intelectual quanto político.

Vários estudos das primeiras décadas do século XX apresentam em comum a busca por unidade nas práticas culturais das populações negras, forjando homogeneizações, naturalizações e estereótipos. Nesse percurso, os conceitos de raça e cultura estão em linha de tensão em momentos e contextos distintos. A ligação entre essas noções desenha quase uma linha de continuidade, na qual a cultura é alçada ao patamar privilegiado nas explicações sobre as diferenças, substituindo a já tão questionada noção de raça, justificada pela sua dimensão biológica. Ao longo da consolidação do que se convencionou chamar de antropologia moderna, essas noções e outras se viram envoltas em uma ideologia essencialista. É, pois, nesse tensionamento que se pode pensar conceitualmente a noção de cultura e, posteriormente, em cultura negra.

A cultura negra vem sendo pensada num movimento intenso dentro de um fluxo de ideias e ações políticas desde o final do século XIX e início do XX. Durante esse período observamos a emergência do pan-africanismo, um movimento teórico-político e cultural focado na luta contra a exploração e opressão de africanos e descendentes e empenhado na afirmação, busca e garantia de sua emancipação em todo o mundo. Esse ideário atravessa décadas até os tempos atuais, junto com as contribuições geradas a partir do movimento literário e artístico denominado "negritude". Nos anos 1930, esse movimento literário e artístico nasce, no contexto francês, por intermédio de estudantes negros das Antilhas e da África mobilizados pela concepção de que há um vínculo cultural compartilhado por africanos negros e seus descendentes onde quer que eles estejam no mundo. Por outras vias, o debate se intensifica com os processos de lutas pela descolonização dos países africanos e no contexto da diáspora negra e africana, com os movimentos de combate ao racismo e pelos direitos civis nos Estados Unidos.

Num esforço de compreensão das múltiplas dimensões do racismo voltadas às populações negras, alvo da dominação colonial na África, Américas e em outros territórios, intelectuais negros se debruçaram em várias nuances a fim de apontar, sublinhar e explicar essas relações de opressão e subordinação, bem como os efeitos do racismo sobre a mentalidade dos negros vitimados por esse empreendimento colonial. Du Bois, Aimé Césaire, Frantz Fanon e Amílcar Cabral, entre outros, serão grandes expoentes desse debate que irá repercutir nos caminhos delineados em torno das noções de cultura negra. Dessa forma, as expressões não somente objetivas do colonialismo, mas sobretudo os efeitos deste na mentalidade do colonizado pautarão as reflexões a respeito das diferenças e relações entre negros e brancos.

No campo da teoria crítica e dos estudos culturais e pós-coloniais, as abordagens empreendidas tecem fortes críticas ao essencialismo presente nas noções de cultura e raça. Além disso, indicam e reprovam as limitações epistemológicas e políticas dessas noções para a compreensão das sociedades contemporâneas, em especial das sociedades que vivenciaram a experiência colonial. Stuart Hall (2016) percebeu os deslocamentos significativos das noções de cultura, e com eles, o de cultura negra num momento de virada epistêmica como o foi a chamada "virada cultural". A emergência da cultura negra como nova prática cultural vai se dar nesse contexto das lutas e "políticas culturais da diferença", produzindo novos sujeitos e novas identidades.

Para Hall, as práticas culturais assentadas na musicalidade e no corpo foram alguns elementos significativos de diferença e formas de capital cultural do povo da diáspora negra. Não é à toa que o blues, o jazz, o samba, a capoeira, o jongo, as expressões artísticas musicais e da dança estejam presentes em tantos grupos representantes da cultura negra. Hall aponta, ainda em seus estudos, que a diferença tem seu aspecto positivo e exerce um fascínio na pesquisa, mas ela é, além de uma noção poderosa, muito perigosa, muitas vezes apropriada pela indústria do consumo. Portanto, diferença e alteridade, nas suas ambivalências, podem se situar na fronteira com a violência, a hostilidade, a negação e recusa do Outro como visto em estudos sobre raça e racismo e nas formas de apropriação mercantilizada de aspectos da própria cultura negra.

No contexto brasileiro, a formação de um campo intelectual no pensamento negro é marcada por abordagens diversas, porém, as narrativas convergem para a adoção da noção social e política de raça e pelo olhar atento para as relações raciais enviesadas pelos recortes de classe social, gênero, idade e geração, entre outros, assumindo múltiplas dimensões e destaque em períodos variados. Em particular, a noção de cultura negra é central para a luta política em busca de justiça, reparação e restituição histórica, social e heurística. A história colonial compartilhada por diferentes sociedades, a exemplo do Brasil, caracterizou-se por muitas violências, dores e opressões. Por décadas, até os anos 1970, boa parte dos estudos foram centrados na religião, na música e nas ditas "sobrevivências" nas diásporas, em tom muitas vezes folclorizante, reduzindo as diferenças à ideia de tradição como imutável, restrita aos grupos vistos como marginalizados, subalternos, rurais, deslocada das mudanças históricas. Em outra direção, alguns trabalhos buscavam demonstrar a existência da cultura negra a partir das "contribuições" para a "cultura popular brasileira" (Assunção & Abreu, 2018), pensada em termos de uma mestiçagem que viria a ser associada à ideia de democracia racial e de uma identidade nacional mestiça. A negligência acadêmica e política quanto à complexidade e especificidades da cultura negra gerou questionamentos e críticas quanto às expressões tomadas por décadas, nos estudos e nas práticas sociais, sobre o que representava ou indicava o que é chamado de cultura negra, assim como cultura nacional.

Conforme sublinham Matthias Assunção e Martha Abreu (2018), a partir dos anos 1980 torna-se mais recorrente o uso da noção de "cultura negra" ao invés da homogeneizante e defendida "cultura popular", por décadas alinhada ao projeto de nação miscigenada. De outra maneira, também no contexto brasileiro, o pensador Clóvis Moura e outros historiadores e sociólogos defendiam um olhar crítico direcionado às relações raciais no Brasil, tomando as experiências dos quilombos, das insurreições e dos protestos negros como referência. Ao contrário do pensamento integrador de um projeto de miscigenação e falsa democracia, esses estudiosos da cultura negra vão destacar o recorte de raça e classe, bem como as lutas por emancipação e construção de uma sociedade que reconhecesse as diferenças e o lugar do negro como sujeito de direitos. Assim, a pluralidade de expressões da chamada cultura negra recolocou o debate sobre identidade nacional, cultura popular e democracia racial. Ao integrar a cultura negra como resistência, afirmação identitária e projeto político, o pacto por uma unidade nacional que não reconhece as diferenças é contundentemente rompido e, com ele, se desmonta as ideias de miscigenação e folclorização da cultura outrora chamada de popular. Cultura popular, com um forte viés classista, não deu conta de apreender a realidade diversa, diferenciada, e o legado de uma longa história de deslocamentos forçados, insurgências, criatividade e estratégias coletivas de sobrevivência e continuidade dessas chamadas culturas negras.

O compositor, sambista e estudioso Nei Lopes (2006) destaca o marco e a efervescência da década de 1950 para a elevação da cultura negra como protagonista no cenário da cultura brasileira, momento em que o samba, o carnaval, a musicalidade negra, o jongo, a capoeira, a religiosidade de matriz africana, o futebol, o teatro negro ganham representação e força. O autor enfatiza que naquela década a cultura negra esteve representada por afrodescendentes, por valores, práticas e influências ancestrais africanas em toda a América Latina.

O potencial epistêmico, político e de consciência dessas expressões da(s) cultura(s) negra(s) dentro de uma sociedade racializada aparece nas análises de pensadores e pensadoras como Lélia Gonzalez, Abdias Nascimento, Beatriz Nascimento, Luiza Bairros e tantos(as) outras(os) presentes na atualidade. Trata-se de um legado já existente nas formulações e pautas das lutas das irmandades religiosas, associações sindicais e carnavalescas, coletivos negros como o MNU (Movimento Negro Unificado), blocos afro, afoxés, grupos de hip-hop, dentre outros, que, apesar dos tensionamentos e desafios, permanecem e atestam o terreno fértil da diversidade das experiências negras para desmontar e subverter velhos e novos reducionismos e essencialismos, no entendimento e valorização da cultura negra.

Nas linhas do pensamento crítico de Lélia Gonzalez (1984) sobre os estudos desenvolvidos pelas ciências sociais durante décadas, observa-se também uma convocação para uma virada epistemológica acerca das reflexões sobre a população negra, apontando a centralidade da cultura negra no contexto da América Latina. Essa pensadora deixou registrada a necessidade de intelectuais negras e negros estarem atentas(os) às armadilhas de continuar repetindo e reproduzindo velhos modelos de análise ofertados pelos cânones das ciências sociais. Para ela só fazia sentido o caminho em direção ao aprofundamento da reflexão acerca do lugar do negro, especialmente da mulher negra, na sociedade brasileira e na América Latina.

Em direção comum, a historiadora e poeta Beatriz Nascimento se dedicou a estudar os quilombos em sua complexidade como instituições que se convertem em símbolos de resistência, em um processo de profunda redefinição conceitual. Trata-se, dessa forma, de pensar o quilombo também como prática política que possibilita a emancipação dos sujeitos negros, corrigindo, ao provocar fissuras nas estruturas hegemônicas de dominação, as deturpações racistas que estruturam a sociedade brasileira. Da mesma forma, as contribuições de Abdias Nascimento apreendem o quilombo como dimensão conceitual, epistêmica e política ao afirmar o quilombismo como possibilidade de subversão da estrutura racista que configura o país. Apesar de essas autoras e esse autor não adotarem e não operarem conceitualmente de forma explícita com a noção de cultura negra, em seus estudos há um esforço teórico de compreensão das singularidades que constituem a pessoa do homem e da mulher negra em suas experiências e expressões que contribuem para a forma como vem se delineando a ideia de cultura negra na atualidade.

Nos termos que a noção de cultura negra tem assumido, algumas abordagens apontam criticamente para as armadilhas possíveis em que pode incorrer o seu uso. Osmundo Pinho (2021), numa perspectivada cultura enquanto invenção, sinaliza para os perigos do reducionismo potencial do que chamamos de cultura negra, já que se pode deixar escapar a multiplicidade das expressões num embate permanente entre o que somos, as formas como reconhecemos a nós mesmos diante das negações num mundo antinegro. Ainda nessa linha, outros estudos mais recentes sobre a história e as expressões negras tomam a noção de cultura negra como ideia, desejo, perspectiva, utopia ou resistência, alimentando e consolidando um campo intelectual no pensamento negro brasileiro que aponta e afirma a dimensão epistêmica das artes e das culturas negras. Entre a negação e a afirmação da cultura negra, permanece o esforço de reconhecer a pluralidade da vivência negra em suas performances, criações que esgarçam as dores do cativeiro e nos coloca num campo aberto diante das memórias ancestrais que podem nos conduzir à construção de um eu negro, eu pessoa e uma história futura de liberdade.

Referências

ASSUNÇÃO, Matthias; ABREU, Martha. Da Cultura Popular à Cultura Negra. In: ABREU, Martha; XAVIER, Giovana; MONTEIRO, Lívia; BRASIL, Eric (orgs.). *Cultura Negra, v. 1: Festas, Carnavais e Patrimônios Negros*. Niterói: Eduff, 2018.

BUTLER, Octavia. *Kindred: Laços de Sangue*. Tradução de Caroline Caires Coelho. São Paulo: Morro-Branco,2017.

FANON, Frantz. *Pele Negra, Máscaras Brancas*. Salvador: Edufba, 2008.

GILROY, Paul. *O Atlântico Negro: Modernidade e Dupla Consciência*.2. ed. Tradução de Cid Knipel Moreira. Rio de Janeiro: Editora 34, 2012.

GONZALEZ, Lélia. Racismo e Sexismo na Cultura Brasileira. *Revista Ciências Sociais Hoje*, Brasília, n. 2, 1984.

HALL, Stuart. *Cultura e Representação*. Rio de Janeiro: Editora PUC-Rio & Apicuri, 2016.

_____. Que "Negro" É Esse na Cultura Popular Negra? *Lugar Comum*, n. 13-14, 1992.

LOPES, Nei. A Presença Africana na Música Popular Brasileira. *ArtCultura*, v. 6, n. 9, 2006. (Dossiê História e Música, EDUFU.) Disponível em: <https://seer.ufu.br/index.php/artcultura/article/view/1370>. Acesso em: 17 de abril de 2022.

NASCIMENTO, Maria Beatriz. O Conceito de Quilombo e a Resistência Cultural Negra. In: RATTS, Alex (org.). *Eu Sou Atlântica: Sobre a Trajetória de Vida de Beatriz Nascimento*. São Paulo: Instituto Kuanza & Imprensa Oficial, 2006.

PINHO, Osmundo. *Cativeiro: Antinegritude e Ancestralidade*. Salvador: Segundo Selo, 2021.

DECOLONIALIDADE

Joaze Bernardino-Costa

Como um conceito analítico, decolonialidade emerge nas discussões acadêmicas com o seu par conceitual colonialidade, que juntamente com o termo "modernidade" forma a tríade conceitual modernidade/colonialidade/decolonialidade, em que o "/" é indicativo de uma complexa articulação entre os três conceitos. Portanto, para explicarmos o que significa decolonialidade, teremos que explicar primeiramente os outros dois termos.

O neologismo colonialidade possui relações com o colonialismo, mas não se confunde com o mesmo. Surge pela primeira vez em 1992, no âmbito das discussões político-acadêmicas dos quinhentos anos de invasão das Américas.

Encontramos as primeiras menções ao termo nos artigos "Americanity as a Concept or the Americas in the Modern World-System", assinado por Anibal Quijano e Immanuel Wallerstein, e "Colonialidad y Modernidad/Racionalidad", assinado somente pelo sociólogo peruano, ambos de 1992. Nesses artigos, os autores demonstram que a criação das Américas foi um ato constitutivo do sistema-mundo moderno. Não poderia haver capitalismo se não houvesse as Américas. A partir daquele momento histórico, inicia-se não apenas o colonialismo moderno, mas a própria colonialidade.

Três anos depois, em 1995, Quijano aprimora o conceito e publica "Colonialidade do Poder, Eurocentrismo e América Latina", em que desenvolve o argumento de que na constituição das Américas ocorreu a convergência de dois processos históricos: a codificação das diferenças entre conquistadores e conquistados na ideia de raça; e a articulação de todas as formas históricas de controle do trabalho, seus recursos e produtos em torno do capital e do mercado mundial. Esses dois processos históricos dão origem a um novo padrão de poder mundial, a colonialidade do poder que, a despeito do fim do colonialismo, perdura até o presente momento.

A América Latina é o local onde a colonialidade do poder começou a se materializar e onde o sistema de classificação baseado na raça e no racismo se articulou com a modernidade e o capitalismo histórico eurocentrado. O controle da subjetividade, as práticas de escravização e genocídio, a destruição de conhecimentos, humanidade e cosmovisões de mundo tornaram-se o *modus operandi* desse novo modelo e padrão de poder que posteriormente se expandiu para outras áreas geográficas do globo (Mignolo & Walsh, 2018).

Esse padrão de poder mundial torna-se presente em todos os campos da vida, abrangendo desde aspectos geopolíticos ligados à economia política (poder político, econômico, militar), passando pelo controle e objetificação da natureza, até o controle da subjetividade (racismo e sexismo), engendrando diversas formas de colonialidade.

A fecundidade criativa desse conceito reuniu em torno de si um grupo de pesquisadores que posteriormente foi nomeado por Arturo Escobar (2003) como rede de investigação modernidade/colonialidade. Daquela rede heterogênea inicial participavam os(as) seguintes pesquisadores(as), em sua maioria sediados(as) na América Latina hispânica e/ou Estados Unidos: Agustín Lao-Montes, Anibal Quijano, Arturo Escobar, Edgardo Lander, Enrique Dussel, Fernando Coronil, Javier Sanjínes, Linda Alcoff, Maria Lugones, Nelson Maldonado-Torres, Oscar Guardiola-Rivera, Ramón Grosfoguel, Santiago Castro-Gomez, Walter Mignolo.

As primeiras publicações em língua inglesa que identificaram o grupo ocorreram em um dossiê da revista *Nepantla*, em 2002. Trata-se do dossiê *Knowledges and the Known*, organizado por Freya Schiwy e Michael Ennis. Nesse sentido, também há de se ressaltar o dossiê *Globalization and Decolonial Option*, publicado no periódico *Cultural Studies*, em 2007. Posteriormente, outras publicações saíram em língua espanhola, como, por exemplo, *El Giro Decolonial*, organizado por Santiago Castro-Gomez e Ramón Grosfoguel (2007). No Brasil, tivemos a tradução da coletânea *Colonialidade do Saber* organizada por Edgardo Lander (2005). Mais recentemente, apareceram outras publicações que propõem um diálogo com a tradição do chamado pensamento afrodiaspórico (Bernardino-Costa, Maldonado-Torres & Grosfoguel, 2018). Para além da América Latina, temos visto surgir títulos e projetos políticos inspirados na decolonialidade (Ndlovu-Gatsheni, 2013; Bouteldja, 2018).

Hoje, aquela rede de pesquisadores se ampliou e se constitui numa rede flexível e heterogênea. Há uma diversidade epistêmica dentro das discussões a respeito do decolonial, e dela fazem parte destacados intelectuais da América Latina (Cusicanqui, 2010) além da contínua produção crítica dos próprios integrantes daquela rede originária (Grosfoguel, 2018). Mesmo diante das críticas, que precisam ser consideradas com seriedade, nenhuma perspectiva do pensamento decolonial pode se eleger como a única e verdadeira, sob o risco de trair o próprio projeto, que é o de promover a diversidade de pensamento e de existências, rompendo por inteiro com a narrativa totalitária eurocentrada da modernidade.

A partir da primeira rede de investigadores, iniciou-se o giro decolonial e uma crítica contundente à modernidade pensada a partir de uma perspectiva eurocêntrica (Castro-Gomez & Grosfoguel, 2007). Contrariamente às narrativas eurocêntricas, que descrevem o advento da modernidade a partir de eventos intra-europeus – reforma protestante, revolução industrial e iluminismo –, a modernidade é concebida como uma invenção histórica que tem seu início em 1492, com a invasão das Américas e a escravização de africanos.

Mesmo reconhecendo críticas no interior da modernidade e a partir de uma geopolítica europeia (exemplo: Foucault, Sartre, Lévinas, marxismo, Escola de Frankfurt), *grosso modo* a modernidade se constituiu como a narrativa do florescimento, progresso e evolução da humanidade a partir de um ponto de vista europeu. Ela se apresentou via de regra a partir de diversos discursos de salvação, felicidade, realização que, ao longo dos mais de quinhentos anos, se materializaram nos projetos de cristianização, civilização, modernização, desenvolvimento, democracia de mercado (Grosfoguel, 2006). Enfim, a partir do marco temporal da invasão das Américas, espalha-se pelo globo o "mito (salvífico) da modernidade" (Dussel, 1994) em que as vidas humanas, a natureza, as formas de conhecimento são controladas e exploradas sob o pretexto de salvá-las.

Se a modernidade é uma narrativa que exalta as realizações do mundo ocidental, a colonialidade é o que essa narrativa esconde e disfarça. Em outras palavras, a colonialidade é o lado mais obscuro do ocidentalismo, pois é a narrativa que rompe o encobrimento do outro (Dussel, 1994), revelando as contradições, omissões e apagamentos do discurso da modernidade, que alegam que as frequentes invasões e desrespeito aos povos (desde 1492 até as mais recentes invasões e/ou ameaças de invasões no Oriente Médio e em outras áreas do globo) são feitas sob o pretexto do avanço dos projetos civilizatórios, modernizadores e democráticos.

A discussão analítica da colonialidade e da modernidade como um período histórico constituído pela colonialidade somente foi possível em virtude do terceiro conceito, a decolonialidade. Este torna visível a colonialidade como o lado mais obscuro da modernidade.

Embora a discussão conceitual e analítica seja fundamental para abertura de horizontes cognitivos e práticos, é fundamental entender que nem a modernidade/colonialidade iniciaram-se com a supramencionada rede de pesquisadores nem tampouco a decolonialidade iniciou-se a partir dessa rede. Decolonialidade não é uma disciplina acadêmica, que se propõe a ter um método. Isso equivaleria a aprisionar a decolonialidade dentro dos parâmetros da cientificidade moderna que o giro decolonial procura romper. Todavia, isso não significa que a reflexão conceitual não seja relevante para a ação política. Porém, não há precedência do pensamento sobre a ação. A proposta é agir teorizando e teorizar agindo. Teorização sem compromisso com a ação política e transformadora é estéril e não faz sentido para o giro decolonial. Como assinala Nelson Maldonado-Torres (2016), é preciso ter uma atitude decolonial.

Nem sempre os intelectuais decoloniais e os movimentos decoloniais se intitularam como tais. Entretanto, suas proposições e práticas constituíram-se como verdadeiras críticas à colonialidade do poder e suas variantes, e buscaram a construção de uma outra realidade desconectada (*delinking*, como propõe Mignolo, 2007) da modernidade/colonialidade.

Esse foi e é um projeto de resistência, insurgência e re-existência que podemos identificar entre diversos povos indígenas, africanos, africanos da diáspora, árabes, asiáticos, bem como entre sujeitos colonizados que estão no interior dos impérios globais ou, para usar uma metáfora, o sul dentro do norte, por exemplo, chicanas nos Estados Unidos, magrebinos na França, caribenhos na Inglaterra etc.

Em diálogo com intelectuais e movimentos políticos que usam a força criativa para se desvencilhar da lógica da modernidade/colonialidade, foram elaborados outros conceitos fundamentais para o entendimento do projeto decolonial, a saber: (de)colonialidade do saber, (de)colonialidade do ser, (de) colonialidade da natureza.

Se a colonialidade do saber (Mignolo, 2003) é o processo de desqualificação, rebaixamento e apagamento de outras tradições do conhecimento, a decolonialidade do saber é entendida como o projeto inverso de produção do conhecimento a partir de outras epistemes, cosmovisões e experiências de vida outrora desqualificadas pela narrativa moderna. Em outras palavras, a decolonialidade do saber será a produção do conhecimento a partir do lado encoberto pela modernidade. Destaque-se para essa articulação da decolonialidade do saber a crítica feita à geopolítica do conhecimento e a valorização da diferença colonial como *loci* privilegiado de enunciação e produção do conhecimento.

A crítica à geopolítica do conhecimento reside na constatação de que aquilo que se considera como conhecimento válido e científico tem uma localização geopolítica específica (que se confunde com o conhecimento produzido na Europa Ocidental e Estados Unidos) e é replicado a partir das instituições ocidentalizadas presentes em outras partes do globo (universidades, centro de pesquisa, museus etc.). A resistência, insurgência e re-existência decolonial consiste em pensar a partir de e com outras experiências históricas.

Outro conceito que emerge junto com a ideia de geopolítica do conhecimento é o de corpo-política do conhecimento, tão presente na tradição do pensamento afrodiaspórico. Contrariamente ao mito cartesiano que engendra as ideias de neutralidade e objetividade, a decolonialidade do saber traz para o centro de suas elaborações a ideia de corpo-política do conhecimento que, em seu cerne, não procura apagar as experiências vividas daqueles que produzem o conhecimento.

A força do conhecimento decolonial, todavia, não emerge de uma ideia de pureza, como se tivesse sujeitos e experiências não tocadas pela modernidade/colonialidade. Ao contrário, o pressuposto histórico é que a colonialidade está em toda parte, o que não significa que ela tenha eliminado todas as "formas outras" de vida e conhecimento. É na fronteira do encontro entre modernidade/colonialidade e formas outras de vida e existência que se produz conhecimentos a partir da diferença colonial e a partir da fronteira. É isso que vemos, por exemplo, na produção do conhecimento proveniente das experiências indígenas e afro-centradas.

Além da colonialidade do poder e do saber, outro conceito é o de colonialidade do ser. Se a colonialidade do ser concretizou-se no rebaixamento da humanidade de populações não europeias (africanas, negras, indígenas, asiáticas etc.), a decolonialidade do ser reside justamente na afirmação da humanidade dessas populações. Na elaboração e refinamento desse conceito, inicialmente trazido por Nelson Maldonado-Torres (2007) – em diálogo com as contribuições de Frantz Fanon, Aimé Césaire, Enrique Dussel –, fundamentais são as contribuições de Maria Lugones, ao reconhecer a colonialidade de gênero, bem como as de outras feministas decoloniais e suas críticas ao feminismo branco, que se colocava como universal

(Lugones, 2008; Espinosa Miñoso, Correal & Muñoz, 2014; Anzaldúa, 1987).

Um quarto conceito é o de (de)colonialidade de natureza, elaborado dispersamente por alguns pesquisadores da rede (Arturo Escobar, Catherine Walsh, Fernando Coronil, Adolfo Albán etc.) e em diálogo com a forte tradição dos povos originários. A crítica à colonialidade da natureza reside na invenção de uma entidade chamada de natureza, distinta do ser humano e algumas vezes chamada de "natureza morta". A construção dessa dualidade natureza/humano foi fundamental para todo processo de exploração e extração que tem caracterizado o capitalismo histórico mundial, processo esse que nos coloca, segundo diversas narrativas dos povos indígenas, à beira de um colapso global. Diferentemente, as múltiplas cosmovisões dos povos originários propõem uma decolonialidade da natureza, o que envolve uma concepção outra dos diversos organismos vivos e das forças vitais que estão ao redor de nós, humanos, que somos apenas outros seres vivos nesse planeta.

Decolonialidade denota outras formas de pensar, saber, ser e fazer que começam como atos de resistência e re-existência à invasão colonial de 1492. Implica o reconhecimento e o desfazimento das hierarquias de raça, gênero, classe, patriarcais que controlam a vida, a espiritualidade, o pensamento. Todavia, decolonialidade não é uma condição estática, mas sim um projeto e uma atitude que busca avançar perspectivas e posicionamentos distintos do capitalismo eurocentrado e de todo o seu aparato cognitivo e epistêmico.

A decolonialidade também não é um estado de iluminação de alguns intelectuais ou pesquisadores, mas uma prática e reflexão que tem sido exercida por diferentes povos e movimentos sociais em seus múltiplos e diversos projetos de resistência e re-existência. Ela não é propriedade de um grupo de intelectuais, que supostamente teria clarividência para iluminar a luta político-cognitiva de outros supostamente não dotados da mesma clarividência e horizontes políticos.

Por excelência, a decolonialidade é um projeto que trabalha em prol da diversidade epistêmica e cognitiva. Ela não pode repetir o aprisionamento produzido pela colonialidade, em que a modernidade se tornou o único projeto político disponível. Dessa forma, promove a pluralidade ou pluriversalidade. Repetindo o tão caro lema zapatista, a decolonialidade é um convite à criatividade para construirmos outros mundos possíveis.

Referências

ANZALDÚA, Gloria. *Borderlands/La Frontera: The New Mestiza*. San Francisco: Aunt Lute, 1987.

BERNARDINO-COSTA, Joaze; MALDONADO-TORRES, Nelson; GROSFOGUEL, Ramón (orgs.). *Decolonialidade e Pensamento Afrodiaspórico*. Belo Horizonte: Autêntica, 2018.

BOUTELDJA, Houria. *Los Blancos, los Judíos y Nosotros: Hacia una Política del Amor Revolucionario*. Mexico: Akal, 2018.

CASTRO-GOMEZ, Santiago; GROSFOGUEL, Ramón (eds.). *El Giro Decolonial: Reflexiones para una Diversidad Epistémicamas Allá del Capitalismo Global*. Bogotá: Siglo del Hombre/Universidad Central/Instituto de Estudios Sociales Contemporáneos/Pontificia Universidad Javeriana/Instituto Pensar, 2007.

CUSINCANQUI, Silvia Rivera. *Ch'ixinakax utxiwa: Una Reflexión Sobre Prácticas y Discursos Descolonizadores*. Buenos Aires: Tinta Limón,2010.

DUSSEL, Enrique. *1492: El Encubrimiento del Otro: Hacia el Origen del Mito de la Modernidade*. Bolivia: Plural,1994.

ESCOBAR, Arturo. Mundos y Conocimientos del Otro Modo: El Programa de Investigación de Modernidad/ Colonialidade Latinoamericano. *Tabula Rasa*, n. 1, 2003.

ESPINOSA MIÑOSO, Yuderkys; CORREAL, Diana Gómez; MUNÕZ, Karina Ochoa (eds.). *Tejiendo de Otro Modo: Feminismo, Epistemologia y Apuestas Descoloniales em Abya Yala*. Popayán: Universidad de Cauca, 2014.

GROSFOGUEL, Ramón. La Descolonizatión de la Economia Política y los Estúdios Postcoloniales: Transmodernidad, Pensamento Fronterizo y Colonialidad Global. *Tabula Rasa*, n. 4, 2006.

____. Negros Marxistas o Marxismo Negro? Una Mirada Decolonial. *Tabula Rasa*, n. 28, 2018.

LANDER, Edgardo (org.). *A Colonialidade do Saber: Eurocentrismo e Ciências Sociais. Perspectivas Latino-Americanas*. Buenos Aires: Clacso, 2005.

LUGONES, Maria. Colonialidad y Gênero. *Tabula Rasa*, n. 8, 2008.

MALDONADO-TORRES, Nelson. Sobre la Decolonialidade del Ser: Contribuciones al Desarrollo de un Concepto. In: CASTRO-GOMEZ, Santiago; GROSFOGUEL, Ramón (eds.). *El Giro Decolonial: Reflexiones para una Diversidad Epistémicamas allá del Capitalismo Global*. Bogotá: Siglo del Hombre/Universidad Central/Instituto de Estudios Sociales Contemporáneos/Pontificia Universidad Javeriana/Instituto Pensar, 2007.

____. Transdisciplinaridade e Decolonialidade. *Sociedade & Estado*, v. 31, n. 1, 2016.

MIGNOLO, Walter.*Histórias Locais/Projetos Globais: Colonialidade, Saberes Subalternos e Pensamento Liminar*. Belo Horizonte: Editora UFMG, 2003.

____. Delinking: The Rethoric of Modernity, the Logic of Coloniality and the Grammar of Decoloniality. *Cultural Studies*, v. 21, n. 2-3, 2007. (Dossiê Globalization and Decolonial Option.)

MIGNOLO, Walter; WALSH, Catherine. *On Decoloniality: Concepts, Analytics, Praxis*. Duhan/London: Duke University Press, 2018.

NDLOVU-GATSHENI, Sabelo. *Coloniality of Power in Postcolonial Africa: Myths of Decolonization*. Dakar: Codesria, 2013.

QUIJANO, Anibal. Colonialidad y Modernidad/Racionalidad. *Perú Indígena*, v. 13, n. 29, 1992.

____. Colonialidade do Poder, Eurocentrismo e América Latina. In: LANDER, Edgardo (org.). *A Colonialidade do Saber: Eurocentrismo e Ciências Sociais. Perspectivas Latino-Americanas*. Buenos Aires: Clacso, 2005.

QUIJANO, Anibal; WALLERSTEIN, Immanuel. Americanity as Concept, or the Americas in the Modern World-System. *International Social Science Journal*, n. 134, 1992.

SCHIWY, Freya; ENNIS, Michael (eds.). *Nepantla: Views from South*, v. 3, n. 1, 2002. (Special Dossier Knowledges and the Known: Andean Perspectives on Capitalism and Epistemology.)

DEMOCRACIA RACIAL

Ronaldo Sales

A democracia racial ou o mito da democracia racial não é meramente uma falsa crença, porém envolve um modo de funcionamento e regulação das práticas sociais, das relações de poder, das formas de sociabilidade e do pensamento social que compõem um determinado regime de dominação étnico-racial historicamente constituído.

Ainda que os elementos sociais que o compõem já existissem desde muito antes, como, por exemplo, a suposta brandura das relações entre proprietários e escravizados no Brasil, só a partir da década de 1930 o mito da democracia racial vai articular tais elementos de modo a se consolidar como regime particular de dominação étnico-racial.

A partir da década de 1930, o racismo assimilacionista no Brasil viria a aparecer como uma resposta à questão: como manter a dominação e a hierarquia étnico-raciais sem o recurso a formas institucionais, oficiais e ostensivas de segregação, opressão e conflito étnico-raciais propostos pelas teorias racistas adotadas pelas oligarquias tradicionais? Essa resposta começara a se efetivar na Revolução de 1930 como uma forma de "revolução passiva", instaurando um processo de transformação social ampla que excluiria a participação, no novo bloco no poder, das massas, classes e grupos populares, inovando o país "pelo alto". Nesse contexto, a democracia racial se apresentava como parte da instituição de uma nova ordem hegemônica. Segundo Antônio Sérgio Guimarães, a democracia racial brasileira se configuraria como um pacto político, econômico e social do moderno Estado republicano brasileiro, que vigoraria do Estado Novo de Vargas até a ditadura militar, e "uniu a massa negra urbana (formada principalmente por trabalhadores) e os intelectuais negros ao *establishment* (elites políticas, intelectuais e econômicas) do Estado desenvolvimentista" (Guimarães, 2002: 110).

A Revolução de 1930 e, logo a seguir, o Estado Novo caracterizar-se-iam pela incorporação tutelada das massas urbanas à sociedade oligárquica e pela construção de uma ordem institucional que permitisse a incorporação dos novos atores à arena política: incorporação da população negra ao mercado de trabalho, ampliação da educação formal, criação das condições infraestruturais de uma sociedade de classes, banimento do conceito de raça substituído pelos de cultura e classe social na interpretação social do Brasil. A inclusão do negro se dava através de políticas nacional-desenvolvimentistas de *integração subordinada* das classes e grupos populares, reduzindo os poderes das oligarquias tradicionais e de suas ideologias racistas. As políticas sociais, nesse período, não se definiam como uma intervenção compensatória ou redistributiva, mas sim como parte de um movimento de construção nacional. Porém, ao contrário do que aconteceu em outras experiências de cunho nacionalista e populista no mundo, e apesar de sua aproximação com o integralismo, fascismo e nazismo, o Estado Novo não desenvolveu ações ostensivamente racistas contra a diáspora negro-africana brasileira. Ao contrário, promoveu a ideologia da "nacionalidade morena" do "povo mestiço", que sustentava o populismo nacionalista de Vargas, o "pai dos pobres", quebrando a parte do poder das oligarquias regionais.

No plano das práticas sociais cotidianas, consolidou-se o que, inspirado em *Raízes do Brasil*, de Sérgio Buarque de Holanda, chamei, no artigo "Democracia Racial: o Não-dito Racista", de "cordialidade racial", expressão da estabilidade da desigualdade e da hierarquia étnico-raciais que diminuem o nível de tensão étnico-racial. A cordialidade não é para "negros impertinentes". As relações cordiais são fruto de regras de sociabilidade que estabelecem uma reciprocidade assimétrica que, uma vez rompida, justifica a "suspensão" do tratamento amigável ou respeitoso e a adoção de práticas mais agressivas e até mesmo violentas. A cordialidade é uma espécie de tolerância condicional associada ao clientelismo e ao patrimonialismo, reproduzindo relações sociais disseminadas de dependência e paternalismo. A associação entre cordialidade, clientelismo e patrimonialismo (Holanda, 1995) parece ser parte da explicação da manutenção de um racismo institucional não oficial – relações sociais difusas e informais que permeiam e fazem parte do funcionamento das instituições oficiais. Instaura-se uma espécie de anistia geral pós-escravocrata que "perdoa" opressores e revoltados, mas mantém intocadas a hierarquia social e as desigualdades correlatas. O mito da democracia racial colocou o debate sobre as relações raciais no Brasil como um falso problema, um sem-sentido e, inclusive, como racista. Qualquer tentativa de abordar de forma explícita, pública e séria as relações étnico-raciais passa a ser censurada como racista, uma vez que, por um lado, faz uso da noção de raça e, por outro lado, tenta estabelecer um conflito que seria inexistente numa sociedade miscigenada como a brasileira.

A pessoa negra consegue ascender socialmente desde que não transgrida esse "pacto de silêncio" imposto pelas normas de "cordialidade", que regulam as trocas de favores e a distribuição da gratidão como forma de obrigação. A cordialidade aparece, assim, como estratégia de ascensão social dos grupos subordinados, disseminando narrativas que apontam a existência de muitos mestiços bem-sucedidos. Por outro lado, a cordialidade tem a incumbência de defender a paz e a ordem sociais, cuja estrutura de poder é configurada de maneira que alguns possam defender, contra os outros, o *status quo*, perpetuando-o na democracia racial. Trata-se, pois, de uma estratégia de deslegitimação e desmobilização de forças emancipatórias mediante a criação de redes de interdependência e por meio da integração subordinada dos grupos marginalizados, tachando as lutas antirracistas como "conflitos raciais" e como formas particulares de "racismo".

Não foi no Estado Novo, início da Segunda República, que surgiram o assimilacionismo e a cordialidade étnico-raciais como tecnologias políticas, mas foi a partir da década de 1930 que a cordialidade étnico-racial e a integração subordinada das pessoas negras produziram, segundo certas transformações e adaptações, uma funcionalidade política e econômica que consolidou o sistema instaurado pelo Estado Novo e o fizeram operar no conjunto. A integração subordinada e a cordialidade incorporaram-se nos mecanismos globais e, enfim, no sistema do Estado inteiro. O assimilacionismo estatal consiste, especialmente, numa vontade de conformismo, tendo como sua contrapartida a cordialidade como "eticidade" nas relações de poder. O Estado possui, assim, um poder ético-moral mediante sua crescente capacidade de realizar "assimilações" em todos os grupos sociais, por meio de uma atividade formativa e cultural, em meio a tensões, resistências, transações, deslocamentos, transformações. A concepção "estatista" do populismo varguista busca fazer com que as diferentes forças, classes ou grupos sociais acreditem que o Estado condensa os valores populares ou nacionais, conciliando os interesses de todos e arbitrando os conflitos. Trata-se, pois, na democracia racial, de impedir que as relações étnico-raciais se apresentem como relações políticas nos espaços de debate público, nos discursos formais e institucionais de maneira explícita.

No pensamento social brasileiro, tais mudanças econômicas, políticas e sociais convergem com os esforços de reflexão de alguns intelectuais sobre a identidade nacional: Gilberto Freyre, Sérgio Buarque de Holanda, Caio Prado Jr., Jorge Amado, José Lins do Rego, Raquel de Queiroz (Maio, 1999).

Na obra *Casa-Grande & Senzala*, Gilberto Freyre é um dos primeiros intelectuais brasileiros a romper com o racismo científico e o determinismo geográfico vigentes na sociologia nacional até 1930. Porém, embora o autor não negasse a existência de violência e desigualdade étnico-raciais, tendia a descrevê-las como circunstanciais e não fundamentais, e dava mais valor à contribuição dos negros e índios para a cultura e à miscigenação como estratégia do empreendimento colonial português na formação da população brasileira como um processo dinâmico, adaptativo, que tendia, apesar dos conflitos e violências, a equilibrar os antagonismos. Ainda hoje, a obra *Casa-Grande & Senzala* do sociólogo Gilberto Freyre é considerada a expressão maior da nova ideologia. Para alguns, é a obra fundadora, e o seu autor, o pai da nova ideologia que viria a ser chamada de mito da democracia racial. Porém, tal crença faz parte do próprio mito. Sem negar o papel que a obra e o autor possam ter assumido em sua constituição, não podemos reduzir o mito ao texto de *Casa-Grande & Senzala*, atribuindo-lhe poderes mágicos. Ao contrário, é preciso evidenciar as condições sociais objetivas que permitiram ao texto adquirir sua aura e produzir seus efeitos, como parte de um processo sócio-histórico mais amplo com o qual contribuiu sem ser sua causa suficiente ou necessária.

O movimento modernista iniciado uma década antes e, em especial, o movimento regionalista propunham uma reforma cultural como expressão do nacional-popular, da cultura popular. O projeto nacional passa por uma recomposição popular. Foram sublinhadas as redes de intercâmbio, empréstimos, condicionantes recíprocos entre diferentes grupos sociais e étnico-raciais. A miscigenação, o sincretismo, a hibridização, a mistura passam a ser valorizadas como constituintes da cultura popular brasileira. O popular passa a ser definido por uma série de características internas e por um conjunto de conteúdos tradicionais anteriores à industrialização e à massificação da cultura. A "cultura afro-brasileira" é associada ao não moderno, ao tradicional, ao particular (não universal) e "museificada", congelada no tempo, pura sobrevivência ou remanescente cultural. Dessa forma, as esferas da "cultura popular" ou da "cultura afro-brasileira" se tornaram espaços de integração subordinada do negro, permitindo valorizar a contribuição do "componente negro" na cultura e na história nacionais, mas fechando a ele o acesso aos espaços públicos e institucionais de deliberação e intervenção políticas: nos espaços públicos, as pessoas negras podem dançar, cantar e jogar, mas não contestar, protestar e transformar. O espaço público é palco, mas não palanque. A própria "visibilidade pública" dos negros nos palcos é vista como expressão da democracia racial brasileira, ou seja, da inexistência de conflito ou problema racial no Brasil que precise ser politicamente enfrentado.

Instituições de ensino, dentre as quais as faculdades de direito, medicina e as academias de polícia, começaram a retirar de seus currículos oficiais as disciplinas racistas e as demais instituições abolem de seus documentos formais referências raciais.

Todavia, as forças de emancipação negra buscaram fazer da cultura o espaço de resistência e da luta contra-hegemônica na religião, na música, no teatro, na capoeira, nas comunidades negras rurais e urbanas. É nesse contexto que surge o Teatro Experimental do Negro (TEN), fundado em 1944. O TEN pretendia organizar um tipo de ação que simultaneamente tivesse significação cultural, valor artístico e função social, buscando a abertura de oportunidades reais de ascensão econômica, cultural, política e social para as comunidades negras e de suas raízes históricas e culturais. Um dos principais alvos do TEN foi o que, mais tarde, seria denominado por Florestan Fernandes como mito da democracia racial. Nesse sentido, o TEN patrocinou o Primeiro Congresso Nacional do Negro Brasileiro, realizado em agosto de 1950, no Rio de Janeiro, tentando aproximar cientistas sociais, intelectuais e lideranças de movimentos sociais visando a associação entre trabalho acadêmico e intervenção política. Dentre os participantes do Congresso destacam-se os nomes de Abdias Nascimento, dos sociólogos Guerreiro Ramos e Roger Bastide.

Nos anos 1951 e 1952, o sociólogo francês radicado no Brasil, Roger Bastide, seria convidado a participar de uma das pesquisas patrocinadas pela Organização das Nações Unidas para a Educação, Ciência e Cultura, Unesco, referentes às relações étnico-raciais no Brasil. A intenção da Unesco era apresentar ao mundo pós-guerra uma experiência considerada singular e bem-sucedida. No plano internacional, a persistência do racismo, em especial nos EUA e na África do Sul, a emergência da Guerra Fria e os movimentos de descolonização africana e asiática mantiveram a relevância das questões étnico-raciais na política internacional da ONU. Isso levou à Primeira Declaração sobre Raça e à criação da Divisão de Estudos sobre Problemas Raciais do Departamento de Ciências Sociais da Unesco. As pesquisas viriam a ser realizadas nas cidades de Salvador, Recife, Rio de Janeiro e São Paulo. Thales de Azevedo ficou responsável pela pesquisa em Salvador, René Ribeiro, em Recife e Costa Pinto, no Rio de Janeiro. Roger Bastide ficou responsável pela cidade de São Paulo, contando com a colaboração do sociólogo Florestan Fernandes, ambos da Faculdade de Filosofia da Universidade de São Paulo, e de uma comissão composta por lideranças negras, intelectuais negros de classe média. A publicação do livro *Relações Raciais Entre Negros e Brancos em São Paulo*, em 1955, representa a conclusão da pesquisa realizada. Nessa obra, Roger Bastide e Florestan Fernandes identificam a existência de formas de "preconceito de cor" como resultado da persistência de padrões de sociabilidade e relações de dominação oriundas da antiga ordem oligárquica e escravocrata. Porém identificavam um processo de consolidação de uma nova sociedade baseada em padrões de sociabilidade, relações de dominação e controle racionais e juridicamente estabelecidos, próprios de uma sociedade de classes de economia urbana e capitalista, que favoreceria a formação de movimentos sociais e políticos contrários ao preconceito e à discriminação contra os negros em defesa dos direitos igualitários entre brancos e negros.

Todavia, pode-se constatar uma mudança de olhar no trabalho de Florestan Fernandes na passagem dos anos 1950 para os 1960. Em *A Integração do Negro na Sociedade de Classes*, publicada em 1965, Florestan adota uma atitude mais cética quanto à progressiva integração da população negra à sociedade de classes, evidenciando a constituição problemática da cidadania decorrente da marginalização social do negro e da persistência da antiga ordem patrimonial na sociedade brasileira. Analisa aí o que passou a chamar de mito da democracia racial, entendido como ideologia que dificulta o reconhecimento do racismo e da discriminação na sociedade brasileira.

Com o golpe civil-militar de 1964, as liberdades políticas foram cerceadas. A democracia racial passou a ser uma das principais ideologias do regime autoritário com suas práticas repressivas de manutenção da ordem social e da segurança nacional. Em meados da década de 1970, quando se intensificou a oposição ao regime civil-militar, duas forças políticas se destacavam na luta antirracista: 1. os movimentos sociais independentes, que conduziriam à formação do Movimento Negro Unificado Contra a Discriminação Racial (MNU); 2. o Grupo de Negros do Movimento Democrático Brasileiro (MDB). Esse período foi marcado pelo reflorescimento das organizações dos movimentos sociais negros que se empenharam nas denúncias dos casos de racismo, buscando contestar o ideário da democracia racial brasileira. O MNU teve uma atuação primordial na luta contra a discriminação, contestando o regime autoritário assim como denunciando para o país e o mundo o racismo existente na sociedade brasileira.

No início da década de 1980, começaram a se destacar os Grupos de União e Consciência Negra (Grucons) que, juntamente com os Agentes Pastorais Negros, contaram com o apoio de setores progressistas das Igrejas Católica Romana, Batistas e Metodistas. Com a conquista da liberdade de organização partidária e com a criação de novos partidos como, por exemplo, o Partido dos Trabalhadores – PT, e o Partido Democrático Trabalhista – PDT, alguns grupos negros se organizaram no interior dos mesmos. Juntamente com o crescimento da mobilização e organização de diversos movimentos populares, novas conquistas e avanços políticos acerca das questões étnico-raciais se sucederam em diversos níveis da federação como, por exemplo, os Grupos Afro nas secretarias municipais de cultura, o Conselho de Participação e Desenvolvimento da Comunidade Negra criado em 1984 em São Paulo, ou a Fundação Cultural Palmares no Ministério da Cultura criada em 1988 pelo governo federal.

Nas eleições de 1986, a representação negra no Congresso Nacional aumentou. O caminho aberto por parlamentares como Abdias Nascimento (PDT), Benedita da Silva (PT), Carlos Alberto de Oliveira Caó (PDT) e Paulo Paim (PT) levou à aprovação dos seguintes dispositivos propostos na Constituinte de 1988: o reconhecimento da natureza multiétnica do país, o estabelecimento do racismo como crime inafiançável e imprescritível, a demarcação das terras dos remanescentes de quilombos.

Apesar dos significativos avanços políticos e legais, a Lei Caó sofre de um baixo nível de eficácia ou aplicação. Nesse mesmo período, a disposição transitória relativa às comunidades quilombolas teve sua regulamentação adiada.

Após o período de abertura política e redemocratização do Estado, têm sido significativas as conquistas dos movimentos sociais negros na busca por reverter, para melhor, a situação da população negra no Brasil como parte da democratização da sociedade brasileira. Essas conquistas convergiram para as propostas e ações no plano das políticas públicas afirmativas que têm se tornado elemento de visibilização e enfrentamento do racismo em uma de suas dimensões que é a desigualdade étnico-racial.

Desde meados de 1990, um novo impulso foi dado à questão étnico-racial, sobretudo a partir do governo Fernando Henrique Cardoso. Em 1995, por conta do tricentenário de morte de Zumbi, os movimentos sociais negros organizaram um grande ato para celebrar a imortalidade de Zumbi e reivindicar políticas públicas para a população negra. O evento foi denominado Marcha a Brasília: Pela Cidadania e a Vida. Na oportunidade, foi entregue ao então Presidente da República um documento detalhando as principais necessidades da população negra, e sugerindo formas de intervir nessas questões. A criação, por decreto presidencial, de um Grupo de Trabalho Interministerial de Valorização da População Negra (GTI População Negra), ligado ao Ministério da Justiça, é consequência dessa mobilização nacional. A proposta surgira no governo a partir da articulação de setores dos movimentos sociais negros que demandavam uma ação mais incisiva do governo federal no estabelecimento de políticas públicas para a população negra que não fossem restritas às questões culturais. Paralelamente à instalação do GTI População Negra, foi lançado, pelo Ministério da Justiça, o primeiro Programa Nacional dos Direitos Humanos (PNDH), que continha um tópico destinado à população negra, no qual se propunha a conquista efetiva da igualdade de oportunidades (Ipea, 2003: 75).

No início do século XXI, com a participação do Brasil na Conferência Mundial de Combate do Racismo, Xenofobia e Intolerâncias Correlatas, realizada na cidade de Durban, na África do Sul, em 2001, foram propostas e adotadas várias medidas de Ações

Afirmativas para combater a discriminação e desigualdade raciais. Dentre tais políticas, as que ganharam maior visibilidade no debate público, sendo alvo de grande polêmica, foram as políticas de cotas para negros no acesso às universidades públicas brasileiras. Ainda assim, o Supremo Tribunal Federal decidiria, em 2012, por unanimidade, pela constitucionalidade das cotas raciais, após julgar ação do Partido Democratas (DEM), que questionara o sistema de cotas raciais da Universidade de Brasília (UnB).

Em 2003, foi criada a Secretaria Especial de Políticas de Promoção da Igualdade Racial – Seppir ligada à Presidência da República. Em 2014, entra em vigor a Lei 12.990, que reserva para negros e pardos 20% das vagas em concursos públicos para cargos na administração pública federal.

Essas e outras conquistas da luta antirracista foram avanços na superação do mito da democracia racial, possibilitando tratar democrática e publicamente dos conflitos, injustiças e desigualdades resultantes do racismo estrutural brasileiro. Possibilitou também enfrentar o racismo institucional presente nas instituições republicanas.

Todavia, nenhum desses avanços se deu sem forte resistência de grandes setores das elites brasileiras, intelectuais, lideranças políticas e da burocracia brasileira. Astentativas de trazer a questão do racismo para o debate público e institucionalizar o combate ao racismo, desde a legislação antirracista até a política de cotas nas universidades, foram acusadas de trazer à cena algo que não existia antes delas, isto é, os "conflitos raciais". Foram acusadas de serem, elas mesmas, formas de racismo que institucionalizariam o conceito de raça, instaurariam conflitos e discriminações raciais até então inexistentes no Brasil e provocariam uma "bipolarização racial" e um aumento de "tensão inter-racial" e representariam uma ruptura com a "tradição a-racista brasileira".

Depois do Golpe Institucional de 2016, ocorre uma tendência de retrocesso político dos avanços conquistados nas três décadas anteriores. Há tentativas constantes de extinguir ou esvaziar instituições e revogar leis, defendendo, em razão da miscigenação e da democracia racial brasileira, a inexistência de um racismo estrutural ou sistêmico no Brasil. Isso demonstra a força que o mito da democracia racial ainda tem no debate público e no processo de formulação e implantação da agenda pública brasileira.

Referências

BASTIDE, Roger; FERNANDES, Florestan. *Relações Raciais Entre Negros e Brancos em São Paulo*. São Paulo: Unesco/Anhembi, 1955.

FERNANDES, Florestan. *A Integração do Negro na Sociedade Classes*. São Paulo: Dominus, 1965.

FREYRE, Gilberto. *Casa-Grande & Senzala: Formação da Família Brasileira Sob o Regime da Economia Patriarcal*. São Paulo: Global, 2003.

GUIMARÃES, Antônio Sérgio. *Classes, Raças e Democracia*. São Paulo: Editora 34, 2002.

HOLANDA, Sérgio Buarque. *Raízes do Brasil*. São Paulo: Companhia das Letras, 1995

MAIO, Marcos Chor. O Projeto UNESCO e a Agenda das Ciências Sociais no Brasil dos Anos 40 e 50. *Revista Brasileira de Ciências Sociais*,v. 14, n. 41, out. 1999.

SALES, Ronaldo. Democracia Racial: O Não-dito Racista. *Tempo Social, Revista de Sociologia da USP*, v. 18, n. 2, 2006.

DESIGUALDADES

Márcia Lima

O TEMA E O PORQUÊ

As desigualdades sociais representam, sem dúvida, uma das questões mais centrais para a sociedade contemporânea, sempre comparecendo no debate político, na gestão pública, assim como se faz presente na agenda intelectual das mais diferentes áreas de investigação, dada a sua conexão com temas como desenvolvimento econômico, democracia, pobreza, estratificação e justiça social. As desigualdades ganham destaque e controvérsia no debate público assim como têm pautado as ações dos mais relevantes organismos internacionais e do investimento social privado. Trata-se de um fenômeno de longa duração cujo desafio intelectual tem sido compreender sua durabilidade e sua tendência à estabilidade nos mais diferentes cenários econômicos. Pensar sobre a desigualdade nos coloca também diante de uma discussão normativa a respeito do que vem a ser uma sociedade justa, e nos leva a investigar como e em quais circunstâncias as desigualdades devem ser enfrentadas.

Embora trate-se de um fenômeno global, cabe destacar as características regionais das desigualdades. Considerando os dados do Banco Mundial sobre distribuição de renda, os países da América Latina e da África Subsaariana são os que apresentam os mais altos índices de desigualdades do mundo. Esses dados nos levam a uma questão central para o entendimento desse fenômeno: a distinção entre pobreza e desigualdades. Enquanto os estudos relacionados à pobreza focam na insuficiência de recursos, os estudos sobre desigualdades focam na distribuição de recursos. Se compararmos essas duas regiões, veremos que a América Latina apresenta uma distribuição muito mais desigual de sua riqueza do que os países africanos. Em 2015, o produto interno bruto *per capita* médio da América Latina era aproximadamente três vezes maior do que o dos países do continente africano. Esse dado coloca a América Latina com uma distribuição muito mais desigual de sua riqueza (Paixão & Rossetto, 2018: 288).

Tratando especificamente do caso brasileiro, o país se destaca internacionalmente pelos seus altos índices de concentração de renda, o que o leva a ocupar o nono lugar dentre os países mais desiguais do mundo. Em 2019, os 10% da população com maior rendimento detinha 42,9% do rendimento domiciliar *per capita* total. Esse quadro pode se tornar mais agudo se usarmos outra fonte de dados. Segundo Pedro Souza (2018), o Brasil é o país mais desigual dentre aqueles que possuem estimativas disponíveis a partir de dados tributários.

Entretanto, apesar de uma forte tendência de estabilidade das desigualdades, o Brasil, nos últimos quarenta anos, passou por transformações positivas. A pesquisa realizada pelo Centro de Estudos da Metrópole, com base nos dados censitários, apontou que, nos anos 1960, o Brasil era um país rural, com taxa de fecundidade alta, com um mercado de trabalho predominantemente masculino. O acesso à universidade era para muito poucos, em sua maioria homens e brancos: na verdade, a desigualdade racial já começava no acesso à alfabetização. Em 2010, esse quadro se modifica: 85% da população brasileira vivia em cidades, houve uma enorme transformação no acesso à educação e as taxas de analfabetismo caíram de forma significativa, sendo mais alta nos estratos mais velhos. Porém, dois marcadores sociais limitaram as chances de um pleno aproveitamento dessas mudanças: gênero e raça. As mulheres continuam enfrentando expressivas desigualdades salariais e os negros representavam 25% da população universitária e têm um retorno menor do investimento em educação (Arretche, 2015: 4-5).

SOBRE O CONCEITO

Uma abordagem simples e direta sobre o assunto seria definir a desigualdade como "uma relação entre pessoas ou conjunto de pessoas na qual a interação gera mais vantagens para um dos lados" (Tilly, 2006: 50). Entretanto, essa definição é apenas um ponto de partida. Para dar conta da enorme complexidade analítica, é necessário especificar: quais as características desse conjunto de pessoas, quais os tipos e formas de interação e a que vantagens estamos nos referindo.

No que concerne ao primeiro ponto, há um enorme acúmulo de pesquisas na área demonstrando historicamente um conjunto de categorias – como classe, raça, gênero, migração, território – que permitem distinguir as condições de vida e as oportunidades de diferentes grupos sociais. Quanto às formas de interação e os tipos de vantagens, elas se relacionam com os mecanismos (institucionais e cotidianos) de produção (e reprodução) de desigualdades: exploração, discriminação, poder. Por fim, é necessário definir a qual dimensão ou espaço avaliativo estamos nos referindo. Por exemplo, se estamos falando de acesso à educação superior, há um conjunto de características específico desse fenômeno a ser levado em consideração: quais são as formas de acesso, qual a qualidade de ensino ofertada e como se organiza, qual o *status* e reconhecimento das carreiras dentro do sistema de ensino, como os recursos educacionais estão distribuídos (Lima & Prates, 2015).

Um segundo aspecto a ser analisado é aquele que deve nos permitir observarmos e avaliarmos como o conceito de desigualdades envolve uma dimensão teórico-normativa, ou seja, um projeto de igualdade. Definir desigualdades pressupõe indicar o que é igualdade, conceito que abarca diferentes dimensões como justiça social, distribuição de recursos, acesso a oportunidades, cidadania, dentre outros. O economista indiano Amartya Sen defende que para tratar do tema da igualdade é necessário responder às seguintes perguntas: igualdade de que e entre quem? A igualdade deve ser entendida a partir de um espaço avaliativo (renda, riqueza, oportunidades etc.), e estará sempre relacionada a uma comparação entre situações e/ou pessoas.

Um terceiro aspecto na definição das desigualdades está relacionadoà ideia de diferença. A esse respeito, Goran Therborn (2010) chama a atenção para alguns pontos. Primeiro, ele afirma que uma diferença não envolve hierarquia, enquanto uma desigualdade é sempre vertical ou envolve um *ranking* ou escalonamento (mais ou menos desiguais). Em segundo lugar, ele diz que diferenças envolvem categorização e, portanto, não ferem o princípio da igualdade. Diferentemente da desigualdade, que viola uma norma moral de igualdade entre seres humanos. Em terceiro, uma diferença não é extinguível, a desigualdade sim. Quando analisamos as desigualdades étnico-raciais e de gênero, estamos tratando da transformação da diferença em desigualdade. As variáveis raça e sexo são marcadores sociais da diferença, são atributos que se distinguem da classe por esta ser condição adquirida, podendo, inclusive, ser transitória.

Um quarto aspecto fundamental para a compreensão das desigualdades é a distinção entre desigualdades de condições e desigualdades de oportunidades. Diferenciá-las é imprescindível não apenas para uma produção de diagnósticos mais precisos, mas também para a construção de políticas públicas. A primeira relaciona-se à distribuição de bens e posições sociais num certo momento e, portanto, determina as desigualdades de condições de vida. Já as desigualdades de oportunidades traduzem o nível de fluidez social da sociedade, ou seja, estudos que pretendem perceber essas desigualdades focam nas chances diferenciadas que os indivíduos e grupos têm de acessar vantagens capazes de melhorar a sua condição de vida. Conforme aponta Carlos A.C. Ribeiro, "as desigualdades de oportunidades só podem ser observadas a partir da análise de transmissão de vantagens e desvantagens socioeconômicas ao longo dos ciclos da vida" (Ribeiro, 2009: 15).

Nesse sentido, desigualdades é um fenômeno histórico, relacional e multidimensional cujas estabilidade e durabilidade têm sido investigadas através da observação e análise de mecanismos e processos voltados à manutenção de posições sociais, privilégios e acúmulos de oportunidades por um determinado grupo social em detrimento de outro.

MEDIDAS DE DESIGUALDADES

Sabemos que a definição conceitual afeta diretamente a forma como observamos e medimos determinados fenômenos. Nesse sentido, do mesmo modo que há muitas formas de observar as desigualdades, há inúmeras formas de mensurá-las. Por se tratar de um fenômeno multidimensional, sua mensuração será construída a partir da definição sobre qual desigualdade estamos observando.

Em geral, a mensuração da desigualdade de distribuição de renda é a que mais se sobressai nos estudos e indicadores. Vale destacar que os termos renda e rendimento referem-se a ativos distintos. A renda envolve direitos de propriedade (renda da terra, imóveis, investimentos rentáveis etc.), que é diferente da remuneração resultante do trabalho (Medeiros, 2012: 20).

Outra distinção diz respeito às formas de observação da distribuição da renda ou dos rendimentos. Há uma diferença analítica entre observar as desigualdades absolutas (A ganha um valor X a mais que B) e observar as desigualdades relativas (A ganha duas vezes mais que B). Marcelo Medeiros ressalta que "o termo 'desigualdade' é mais apropriado para se referir às desigualdades relativas enquanto, para as desigualdades absolutas, usa-se o os termos 'disparidade' ou 'distância'. Essa distinção informa a maneira como as principais medidas de desigualdade, como, por exemplo, o índice de Gini ou os índices de Theil, são construídas. Elas variam apenas quando ocorrem variações na desigualdade relativa" (Medeiros, 2012: 20).

Mas sabemos que dado o seu caráter multidimensional, podemos observar as desigualdades a partir de outros parâmetros. Uma das grandes contribuições para esse debate foi de Amartya Sen. O autor desenvolve uma teoria que parte de uma distinção fundamental entre o que significa a "satisfação individual" welfarista e o que ele define como "vantagem individual". A "vantagem individual" é uma categoria avaliatória de bem-estar mais abrangente que permite conceber os "bens individuais" como passíveis de comparação e ordenação. Segundo ele, o bem-estar alcançado através da renda não é uma medida suficiente da vantagem individual (Sen, 2001). Seguindo nessa linha, Marta Arretche sugere distinguir desigualdade monetária, baseada na renda, da desigualdade não monetária, que envolve, por exemplo, acesso a serviços, condições de vida e capacidades (Arretche, 2018: 4).

Outra forma recorrente de interpretar as desigualdades é através dos estudos sobre estratificação ocupacional. A ocupação é hoje um dos principais indicadores da posição social dos indivíduos e tem sido amplamente utilizada para definir esquemas de classe. Quando falamos de classificações sócio-ocupacionais estamos discutindo tipos de critério na sua construção dos estratos ocupacionais utilizados nas análises da estrutura ocupacional e mobilidade social. Tais critérios pressupõem a delimitação de um campo teórico dentro do qual se processam escolhas dos elementos considerados essenciais para a definição dos estratos.

DESIGUALDADES E MARCADORES SOCIAIS

"Como, por que, e com quais consequências as desigualdades distinguem categorias de pessoas socialmente diferentes?" Essa pergunta feita por Charles Tilly em seu livro *La Desigualdad Persistente* sintetiza uma das questões mais centrais para a interpretação do fenômeno das desigualdades (assim como usar o conceito no plural).

Para dar conta dessa indagação, os estudos sobre desigualdades têm se dedicado a entender o peso das variáveis que estão consolidadas nas desvantagens historicamente produzidas entre os grupos sociais, étnicos e de gênero, tornando-se, então, preditores das chances de sucesso dos indivíduos. Scott Sernau (2006) nomeia a tríade "raça, classe e gênero" de nó górdio das desigualdades, dimensões que estão emaranhadas, entrelaçadas e que são difíceis de medir. O avanço nos estudos pautados na perspectiva interseccional tem dado uma contribuição fundamental para dar conta dessa complexidade. As experiências das mulheres negras no mercado de trabalho, na educação e na política, por exemplo, têm sido investigadas sob o prisma da Interseccionalidade, demonstrando que não se deve compreender essas variáveis isoladamente e sim a sua composição (Collins, 2019; Gonzalez, 2020).

David Grusky (1994) afirma que variáveis como sexo e raça influenciam a posição social dos indivíduos, uma vez que o sistema de estratificação repousa em processos adscritos que configuram o padrão de desigualdades na sociedade moderna. Gênero e raça são, portanto, atributos não produtivos (diferem de escolaridade, renda, por exemplo), que se tornaram decisivos na compreensão da estratificação social. Em síntese, não é possível dar conta dos mecanismos produtores e reprodutores das desigualdades sem tratar da discriminação. Na sociedade de classes, há uma tendência geral a naturalizar a desigualdade social. Todas as formas de preconceito e discriminação raciais têm em comum dois procedimentos ideológicos: naturalizar as diferenças socialmente significativas e interpretar tais diferenças como desigualdades (Stolcke, 1991).

No caso brasileiro, o trabalho de Carlos Hasenbalg trouxe avanços para essa agenda. Em seu livro *Discriminação e Desigualdades Raciais no Brasil*, a discriminação e o preconceito adquirem novos significados analíticos. A raça é conceitualizada como um critério independente – e não subordinado – no preenchimento por não brancos de lugares na estrutura de classes e no sistema de estratificação social. Esse argumento é sustentado pelo uso pioneiro das estatísticas. Ela é analisada como atributo independente e associada a outras dimensões tais como aspectos demográficos (distribuição regional dos grupos de cor e política migratória), educação, mercado de trabalho e ocupação, mobilidade social.

Assim, entender a produção, a reprodução e a persistência das desigualdades envolve um exercício de identificar as categorias que historicamente são acionadas para a sua institucionalização. Vale lembrar que a desigualdade é um fenômeno moderno, uma vez que a noção de igualdade tem como um de seus pilares a não discriminação. Portanto, não se altera o curso da desigualdade sem se enfrentar analítica e politicamente este aspecto central: as clivagens raciais e de gênero.

Referências

ARRETCHE, Marta. Democracia e Redução da Desigualdade Econômica no Brasil: A Inclusão dos Outsiders. *Revista Brasileira de Ciências Sociais*, v. 33, n. 96, 2018.

____. (org.). *Trajetórias das Desigualdades: Como o Brasil Mudou nos Últimos Cinquenta Anos*. São Paulo: Editora Unesp, 2015.

COLLINS, Patricia Hill. *Pensamento Feminista Negro: Conhecimento, Consciência e a Política do Empoderamento*. São Paulo: Boitempo, 2019.

GONZALEZ, Lélia. *Por um Feminismo Afro-Latino-Americano: Ensaios, Intervenções e Diálogos*. Rio de Janeiro: Zahar, 2020.

GRUSKY, David. *Social Stratification: Classe, Race, and Gender in Sociological Perspective*. Boulder: Westview Press, 1994.

HASENBALG, Carlos. *Discriminação e Desigualdades Raciais no Brasil*. Rio de Janeiro: Graal, 1979.

LIMA, Márcia; PRATES, Ian. Desigualdades Raciais no Brasil: Um Desafio Persistente. In: Arretche, Marta (org.). *Trajetórias das Desigualdades: Como o Brasil Mudou nos Últimos Cinquenta Anos*. São Paulo: Editora Unesp, 2015.

MEDEIROS, Marcelo. *Medidas de Desigualdade e Pobreza*. Brasília: Editora UnB, 2012.

PAIXÃO, Marcelo; ROSSETTO, Irene. The Labyrinth of Ethnic-racial Inequality: A Picture of Latin America

According to the Recent Census Rounds. In: DIXON, Kwame; JOHNSON III, Ollie A. (eds.).*Comparative Racial Politics in LatinAmerica*. New York: Routledge, 2018.

RIBEIRO, Carlos A.C. *Desigualdades de Oportunidades no Brasil*. Belo Horizonte: Argumentum, 2009.

SEN, Amartya. *Desigualdade Reexaminada*. Rio de Janeiro: Record, 2001.

SERNAU, Scott. The Gordian Knot of Race, Class and Gender. *Worlds Apart: Social Inequality in the Global Economy*. California: Pine Forge Press, 2006.

SOUZA, Pedro. *Uma História de Desigualdade: A Concentração de Renda Entre os Ricos no Brasil, 1926-2013*. São Paulo: Hucitec/Anpocs, 2018.

STOLCKE, Verena. Sexo Está Para Gênero Assim Como Raça Para Etnicidade? *Estudos Afro-Asiáticos*, n. 20, jun. 1991.

THERBORN, Goran. Os Campos de Extermínio da Desigualdade. *Novos estudos*, CEBRAP, n. 87, 2010.

TILLY, Charles. *La Desigualdad Persistente*. Buenos Aires: Manancial, 2006.

DIÁSPORA NEGRA

Luciana da Cruz Brito
Clícea Maria Augusto de Miranda

> [*A*] *identidade é irrevogavelmente uma questão histórica.*
> STUART HALL, *Da Diáspora: Identidades e Mediações Culturais.*

Em seu livro *Um Defeito de Cor*, a escritora Ana Maria Gonçalves narra a saga de Kahinde, nome africano de Luiza, uma mulher que foi escravizada na África e transportada em um tumbeiro para a Bahia. A história de Kahinde é semelhante a muitas histórias de pessoas reais, que ao longo de mais de três séculos saíram de diversos portos da África, cruzaram o Atlântico para serem escravizadas nas Américas, ao mesmo tempo que transplantaram e reinventaram hábitos, formas de viver, religiosidades, idiomas e produziram memórias.

A saga de Kahinde reproduz um dos traços do que se convencionou chamar de diáspora africana, resultado do tráfico transatlântico de africanos e africanas para o trabalho servil nas Américas na era moderna. O espalhamento de pessoas escravizadas de diferentes línguas, religiões e grupos étnicos da África nas Américas e também na Europa entre os séculos XVI e XIX ficou registrado como uma das experiências dos povos africanos no mundo. Um caldeirão polissêmico que deu contornos a sociedades modernas seja do ponto de vista político, seja do ponto de vista cultural nas Américas e na Europa.

Além do tráfico transatlântico, num período mais recente, a diáspora também é resultado de outros movimentos migratórios, deslocamentos, trocas e diálogos políticos que ocorreram no pós-abolição até os dias de hoje, e que se interconectam por identidades múltiplas, sejam elas políticas ou culturais, ou até mesmo pelas semelhanças que marcam as condições de vida das pessoas negras. Performada por uma diversidade de pessoas, a diáspora inclui diferenças de gênero, sexualidades, identidades nacionais, classe e outras, que se expressam entre os povos que têm em comum a ascendência africana: trabalhadoras e trabalhadores negros africanos que migram para o continente europeu; mulheres negras que produzem cultura nos seus cânticos de labor ao longo das Américas; mulheres e homens *negres queer*, que buscam liberdade e direitos civis em outras nações; crianças afro-caribenhas, imigrantes nos Estados Unidos ou na Europa, que comunicam- se com sua família na língua do país de origem; a música negra do Caribe que embala as festas das famílias afro-brasileiras; as mulheres africanas trançadeiras que adornam as cabeças das mulheres negras de São Paulo, e que adotam uma estética que carrega referenciais africanos; os movimentos políticos que defendem a vida da juventude negra e que encontram eco nas ruas de Nova York, Salvador, Paris, Berlim, Lagos, Rio de Janeiro.

Podemos identificar também outro exemplo das trocas, fluxos e contrafluxos que ocorrem na diáspora negra no fato de o hip-hop, que nasce nas Américas como uma forte expressão política/cultural/musical, ser apropriado pela juventude africana como linguagem que traduz, nas suas letras, a denúncia do colonialismo e do racismo na contemporaneidade. Tudo isso demonstra que a diáspora e suas permanências e transformações são marcadas pelo dinamismo.

No período escravista, vínculos e identidades forjados entre pessoas que tinham em comum a experiência do cativeiro e a origem africana ou eram suas/seus descendentes, indicam a ideia de uma vivência compartilhada entre esses povos em dispersão. A revolta do Haiti, primeira República negra das Américas, inspirou revoltas e discursos por liberdade entre pessoas escravizadas dos Estados Unidos, Caribe e Brasil. Viajantes negros na Europa, como Mohamad Baquaqua[1], traduziram em narrativas abolicionsitas suas experiências atlânticas. Já na primeira metade do século XIX, abolicionistas negros como Frederick Douglass, nos EUA, expressavam a importância da união entre os povos negros, escravizados ou libertos, de todas as Américas. Sem abrir mão das suas identidades nacionais, ao mesmo tempo afirmavam que constituíam uma maioria no continente, fossem consideradas todas as pessoas negras que aqui vivessem. Essa identidade sustentada na origem e descendência africana comum, no olhar dos abolicionistas negros estadunidenses, seria forte ferramenta política que defendia cidadania e igualdade racial.

Essa identidade política cultural ganhou mais tentáculos, transnacionalmente, a partir de diálogos e encontros, o que reverberou em diversos movimentos políticos: o pan-africanismo é um exemplo, uma vez que defende que a África é o ponto de partida e identidade dos povos negros em qualquer lugar que estejam. O movimento de negritude forjado na França entre intelectuais de diversas partes do Caribe é outra expressão de movimento político cultural, que parte do conceito de dispersão originário do judaísmo. Nos anos 1970, o movimento negro brasileiro, fazendo frente ao racismo, ao mito da democracia racial e à ditadura militar, defendeu e estabeleceu diálogos político-culturais com militantes africanas e africanos que lutavam em seus países contra o colonialismo europeu. As noções de ascendência africana e da opressão sofrida por povos negros na África e na diáspora também estava no discurso do Partido dos Panteras Negras, e pouco mais tarde do movimento Black Power (Poder Negro), que, dos Estados Unidos, estabeleceu trocas e diálogos importantes com organizações negras de outras nações como Cuba e Brasil.

Diversos intelectuais dedicaram-se a pensar a diáspora além do campo da experiência e dos movimentos políticos e buscaram teorizar o que viria a ser essa diáspora africana ou negra. No esforço de conceituação, foram percorridas diferentes concepções da diáspora elaboradas e reelaboradas ao longo do tempo, e em consonância com os contextos sociais e políticos no final do século XIX e ao longo dos séculos XX e XXI.

Ideólogos do pan-africanismo, como William Edward Burghardt Du Bois, Marcus Garvey e George Padmore, entre outros intelectuais que estiveram imersos no ambiente de contestação ao colonialismo, identificaram a experiência comum de africanas, africanos e seus descendentes a partir do universo marcado por vivências de terror racial e marginalização. No caso de Du Bois, por exemplo, ao pensar o conceito de dupla consciência, ele situa uma delas como típica dos estadunidenses negros, que são resultado da dispersão promovida pelo tráfico tlansatlântico. Isso confere aos chamados afro-americanos uma possibilidade de identificação com pessoas negras de nações distintas, sem falar das próprias existências singularmente marcadas pelo racismo e pela segregação racial, os quais, por sua vez, impediriam o sentimento pleno de pertencimento nacional ao país em que nasceram.

O historiador Nei Lopes também identifica o pan-africanismo como o movimento que inicia a compreensão do que seria a diáspora africana, ao tomar a África, os Estados Unidos e o Caribe inglês como espaços de experiência negra, assinalados pelos desdobramentos do processo de escravidão e colonialismo. Lopes argumenta no entanto que tal movimento inicialmente deixaria ao largo o Caribe espanhol e a América Latina, que seriam incorporados somente a partir das intervenções feitas pelo movimento negro brasileiro representado por Abdias Nascimento em 1973 na conferência preparatória para o 6º Congresso Pan-africano, quando ele denunciou o racismo brasileiro (LOPES, 2011).

Ainda sobre uma teorização brasileira a respeito do conceito de diáspora e seus desdobramentos, Lélia Gonzalez resgata a noção de "amefricanidade" para dar lugar central às experiências negras latino-americanas, após trocas com povos indígenas e até brancos. Isso produziu uma identidade negra específica, diferenciada em relação às vivências dos negros dos Estados Unidos. Portanto, ao mesmo tempo que reconhecia em comum a origem africana e o cativeiro, Lélia questionava o olhar mitificado e essencialista da experiência dos descendentes de africanos dispersos nas Américas, que seriam os povos amefricanos.

Um outro olhar sobre a diáspora negra na América Latina parte da historiadora Beatriz Nascimento. Ao obervar e examinar os quilombos brasileiros, ela afirma que essa é uma forma política e cultural afro-brasileira que se inspira no modo de vida africano. Ainda assim, os encontros com povos indígenas e brancos pobres, além das próprias dinâmicas que vivenciaram nas Américas, promoveram nas comunidades quilombolas formulações novas, que desembocaram num modo de viver particularmente afro-brasileiro. Assim, formou-se algo novo, que não se pode necessariamente traduzir como uma transposição da cultura africana. Nesse sentido, Nascimento reforça a importância de se entender a história do negro e das relações raciais no Brasil como uma produção singular, destacando suas especificidades, sem enxergá-las à luz das experiências africana ou afro-americana.

Uma perspectiva culturalista, por sua vez, foi apontada pelo antropólogo Melville J. Herskovits, em seus estudos entre as décadas de 1920 e 1940, a partir da identificação de continuidades de traços culturais em todas as comunidades de descendência africana. A identificação de um passado comum a partir de registros culturais problematiza a questão da identidade cultural enquanto forjada nos trânsitos de pessoas negras no mundo, opondo permanências às novas configurações sociais, estéticas e políticas.

O sociólogo Stuart Hall, um dos críticos da perspectiva afrocêntrica e estudioso dos problemas de identidade, estabelece questões que orientam e desafiam a concepção de identidade diaspórica no sentido essencialista. O hibridismo permitiria analisar e compreender a diáspora numa perspectiva contemporânea. A religiosidade de matriz africana, nesse sentido, pode ser exemplar, uma vez que reúne elementos que identificam tradições ancestrais em constante diálogo com as demandas do presente, como o reconhecimento da liderança e do poder feminino em sociedades patriarcais contemporâneas.

Retrabalhar a África a partir do Caribe tem sido, ainda na visão de Hall, um potente instrumento de política cultural. Para tanto, recorda fenômenos como o garveysmo, o rastafarianismo e a cultura popular urbana como exemplos de expressões e leituras narrativas de África na contemporaneidade.

A diáspora vista como fenômeno que entrelaça o teórico e o político é colocada por Paul Girloy. Ela é observada por ele como movimento de dispersão dos povos africanos ocasionado pelo tráfico atlântico e pela escravidão, e como fenômeno transnacional de unidade negra em torno das lutas por humanidade. A formulação de uma identidade forjada na consciência coletiva e solidária por meio dos trânsitos de pessoas, trocas culturais e de redes de comunicação que se estabelecem no Atlântico permitem (re)constituir o pensamento negro e a resistência às formas de subalternização por meio da raça, o que coloca a ideia de diáspora como ferramenta conceitual e política.

Pensando nas diversas formas como a diáspora se constitui e nas diferentes circunstâncias nas quais se dá o movimento de pessoas, a brasilianista Kim Butler conceitua diáspora dando ênfase à experiência afro-brasileira. Assim, ela destaca a questão do gênero, uma vez que atrelar o fazer da diáspora à mobilidade física pode privilegiar o movimento migratório masculino. Butler ainda lança luz sobre o fazer de mulheres negras na produção de uma cultura, de linguagens e reivindicações políticas ao longo das Américas. Com suas análises, ela também contribui para as discussões a respeito da diáspora ao pensar os movimentos e diálogos transnacionais contemporâneos das comunidades LGBTQI+ negras e na forma como produzem, dentro da diáspora, outros movimentos. Assim, ao questionar uma possível heteronormatividade implícita no conceito de diáspora, Butler atenta para a diversidade que ocorre dentro dela mesma, estejam as pessoas em ponto fixo ou em movimento, no Caribe, na América Latina, na América do Norte ou na Europa.

Portanto, desempenhando diferentes papéis, num movimento marcado pelo dinamismo e pela transnacionalidade, a diáspora se produz e se renova a partir de uma referência de dispersão comum e ao mesmo tempo diversa, sobretudo na contemporaneidade, tendo como características fundamentais a produção de novas identidades e a transformação. A diáspora se faz e refaz, com base na própria maneira como as pessoas que a constituem promovem mudanças e criam novos referenciais no seu modo de viver e de produzir cultura e política.

Na saga escrita por Ana Maria Gonçalves, Kahinde volta à África, onde termina seus dias. O movimento de retorno, resultado da Revolta dos Malês, da qual ela teria participado, revela, também por meio da literatura, a circulação de negros e negras pelo mundo carregando novas impressões, novos olhares, novas experiências, novos contatos, construindo e reconstruindo texturas de mundo.

Notas

2 Mahommad Gardo Baquaqua teria nascido por volta de 1820 em Zoogoo, atual Benin, na África. Foi transportado para o Brasil em 1840, e escravizado em Pernambuco, ao lado de um padeiro. Depois, foi vendido para um capitão de um navio que seguia para o Rio Grande do Sul, de cuja embarcação fugiu em direção aos Estados Unidos. De lá seguiu jornada, passando por Haiti, Canadá e Inglaterra. Sua trajetória foi registrada no relato autobiográfico escrito e editado pelo abolicionista Samuel Moore, e publicado em Detroit em 1854: *A Biografia de Mahommad Gardo Baquaqua, um Nativo de Zoogoo, no Interior da África*. São Paulo: Uirapuru, 2017.

Referências Bibliográficas

BUTLER, Kim; DOMINGUES, Petrônio. *Diásporas Imaginadas: Atlântico Negro e Histórias Afro-Atlânticas*. São Paulo: Perspectiva, 2020.

GILROY, Paul. *Atlântico Negro: Modernidade e Dupla Consciência*. São Paulo/Rio de Janeiro: Editora 34/ Universidade Cândido Mendes, 2001.

GONÇALVES, Ana Maria. *Um Defeito de Cor*. 28. ed. Rio de Janeiro: Record, 2006.

GONZALEZ, Lélia. A Categoria Político-Cultural de Amefricanidade. *Tempo Brasileiro*, n. 92-93, jan.-jun. 1988.

HALL, Stuart. *Da Diáspora: Identidades e Mediações Culturais*. Belo Horizonte/Brasília: Editora UFMG/ Unesco, 2003.

LOPES, Nei. *Enciclopédia Brasileira da Diáspora Africana*. 4. ed. revista, ampliada e atualizada. São Paulo: Selo Negro, 2011.

UNIÃO DOS COLETIVOS Pan-Africanistas (orgs.). *Beatriz Nascimento: Quilombola e Intelectual – Possibilidades nos Dias de Destruição*. São Paulo: UPCA/Filhos da África, 2018.

DISCRIMINAÇÃO RACIAL

Marta Machado

DEFINIÇÕES

A discriminação racial é o ato de distinguir, excluir, restringir ou dar preferência, em qualquer área da vida pública ou privada, cujo propósito ou efeito seja anular ou restringir a determinados grupos racializados o reconhecimento, gozo ou exercício, em condições de igualdade, de um ou mais direitos. Essa é a definição dada pela Convenção Interamericana contra o Racismo, a Discriminação Racial e Formas Correlatas de Intolerância, em linha com outros documentos internacionais.

Por traz dessa definição, já houve muita contenda. Discriminação racial, preconceito e racismo são conceitos interligados e com delimitações disputadas em um contínuo que envolve academia, instituições e mobilização social, além do jogo entre arenas nacionais, internacionais e redes de ativismo. Os termos são muitas vezes usados de forma ambígua, ora para caracterizar processos ou ações, ora resultados. Essas diferenças merecem destaque na medida em que podem significar concepções mais individualistas do fenômeno – a ação de um indivíduo contra outro – ou abarcar processos coletivos e sistemáticos de exclusão, em que um grupo é colocado em posição de desvantagem por processos não intencionais ou por omissões que permitem a reprodução de desigualdades. Essa caracterização envolve diferentes diagnósticos e narrativas sobre a causa ou as responsabilidades diante do fenômeno, os quais, por sua vez, demandam distintas intervenções de políticas públicas. Estas podem ser mais estreitas e individuais – por exemplo, punitivas – ou de caráter mais estrutural, como políticas compensatórias e ações afirmativas. No campo jurídico, esse debate tem por espelho a disputa entre conceitos de igualdade formal e material, que envolvem concepções diversas de políticas antidiscriminatórias. Nesse contexto, este verbete busca situar as consequências políticas e jurídicas das concepções de discriminação racial. Em seguida, situa esse debate na trajetória de juridificação de políticas antidiscriminatórias no Brasil, marcada pela centralidade de políticas sancionatórias de controle de relações interpessoais e a chegada, com atraso, de políticas que pressupõem concepções mais robustas de antidiscriminação e de igualdade.

A discriminação racial é a denegação de igualdade de tratamento a determinados grupos racializados, a partir de critérios arbitrários ligados a estereótipos e estigmas que inferiorizam esses grupos e que lhes resultam em desvantagens, exclusão, hierarquização ou segregação. Diferencia-se discriminação do preconceito por se colocar no plano do que é exteriorizado ou observável em ações, omissões ou resultados. O preconceito, ao contrário, estaria no âmbito das representações, dos juízos valorativos ou afetivos internos, também assentados em estereótipos raciais, mas que não necessariamente se externalizam como ação ou omissão discriminatórias.

Tradicionalmente, a distinção entre discriminação e preconceito esteve em torno da passagem ao ato intencional e arbitrário. Assim, a discriminação se manifestaria em situações intencionais de tratamento desigual, evitação, agressão verbal, violência, segregação espacial etc. Contudo, a literatura, os movimentos sociais e os consensos internacionais já apontaram as limitações dessa concepção de discriminação circunscrita à ação intencional e observaram a existência de duas formas de discriminação: a direta e a indireta. A discriminação direta seria a imposição de tratamento desigual a indivíduos por conta de seu pertencimento a um grupo racializado. Teria por característica a intencionalidade e a arbitrariedade ou injustiça do critério de diferenciação. Esta definição abarca qualquer violação à regra de igualdade formal de tratamento, expressa por exemplo em tratamento diferenciado em estabelecimentos comerciais, de emprego, ensino etc., no xingamento racial, em discursos racistas.

Essa definição de discriminação direta, porém, deixa de fora processos não intencionais que também resultam em exclusão de certos grupos raciais por mecanismos de reprodução de preferências, por aplicação de normas aparentemente neutras, ou por falta de acesso a oportunidades diante de desigualdades estruturais. Mecanismos como esses podem não ser intencionais, nem arbitrários a princípio, e ainda assim produzem tratamento diferenciado e resultados irracionais, como a hierarquização, a desvantagem ou exclusão de certos grupos raciais. Isso também passou a integrar a definição de discriminação. O conceito de discriminação indireta busca, assim, dar conta da desigualdade de resultados decorrente de ações e mecanismos que não são *prima facie* movidos por distinções raciais, mas cujo resultado tem claramente um viés racial.

Compreender a discriminação para além das ações intencionais permite ampliar significativamente o alcance das políticas antidiscriminatórias, pois demanda que a lei trate não apenas de discriminações por motivos proibidos como também de situações que são a princípio lícitas ou aparentemente neutras, mas que geram resultados discriminatórios. Essa concepção de discriminação abre espaço para observarmos a discriminação para além das relações interpessoais e observar processos de exclusão acarretados pelo funcionamento de instituições de forma intencional ou não. Um exemplo eloquente de racismo (ou discriminação) *institucional* no Brasil é o funcionamento do sistema de justiça criminal, responsável por uma população carcerária composta por 67% de negros[1], embora esses correspondam a 52% da população.

Um conceito de discriminação indireta exige políticas antidiscriminação que vão além da garantia de simetria de tratamento e demandam ações positivas do Estado para transformar cenários de desigualdade. No anverso dessa díade entre discriminação direta e indireta estão as definições de igualdade formal *versus* material ou substantiva. Esse debate reflete a disputa entre posições liberais, que se limitam a vedar distinções arbitrárias e veem a lei como um instrumento voltado apenas a coibir ações individuais injustificadas, em contraposição a visões que apontam a insuficiência desse modelo regulatório para captar processos estruturais de reprodução dos privilégios de alguns grupos raciais, às custas da subalternização de outros.

Para além de regulações baseadas na sanção a atos ilícitos individuais, a garantia da igualdade substantiva exige ações positivas das instituições públicas e do direito, que devem cuidar de reverter processos de exclusão social, que existem e se perpetuam independentemente da intenção deliberada de discriminar por parte dos agentes, mas que impedem, na prática, que alguns grupos de pessoas distinguíveis por critérios raciais tenham igual liberdade de acessar e usufruir de seus direitos.

A inspiração liberal de muitos ordenamentos jurídicos, assim como a composição elitizada do estamento jurídico favorecem a prevalência de conceitos de discriminação direta e igualdade formal, em contraposição a intervenções que visam a garantir igualdade em suas distintas dimensões, e que demandam ações positivas do Estado para transformar cenários sistemáticos de discriminação. Contudo, como trataremos adiante, o conceito de discriminação indireta e igualdade substantiva já faz parte do repertório jurídico nacional e internacional. Está presente em documentos internacionais de direitos humanos e foi uma das maiores conquistas da Constituição de 1988, de modo que todas as instituições do Estado brasileiro estão juridicamente comprometidas a agir pela consecução da igualdade substantiva e a garantia de cidadania plena de todos e todas.

A JURIDIFICAÇÃO DA DISCRIMINAÇÃO RACIAL NO BRASIL

Boa parte das lutas antidiscriminação no Brasil se voltaram a eliminar distinções arbitrárias trazidas pela própria legislação. Na Colônia e no Império, as relações econômicas e sociais estavam legalmente assentadas no instituto da escravidão e na distribuição discriminatória do *status* de pessoas e de cidadãos. O Brasil republicano pós-abolição foi marcado por leis que continuaram a discriminar pessoas negras ao criminalizar especificamente sua condição ou forma de vida, proibindo, por exemplo, a vadiagem, a magia, o curandeirismo e a capoeira.

Embora as Constituições brasileiras, desde a outorgada pelo Imperador em 1824, tenham reconhecido o princípio da igualdade formal, práticas discriminatórias seguiriam sendo promovidas como política de Estado por muito tempo. Isso se aplica tanto às políticas imigratórias seletivas de viés eugenista, como ao não reconhecimento às trabalhadoras domésticas dos mesmos direitos concedidos a todos os demais trabalhadores rurais e urbanos, distinção esta que sobreviveu até mesmo à Constituição de 1988 e apenas caiu com aprovação, em 2015, da Proposta de Emenda Constitucional n. 478/2010, a PEC das Domésticas.

Durante a ditadura militar, enquanto a população negra sofria a repressão seletiva das agências penais e os movimentos negros eram perseguidos por seu potencial subversivo, os governos militares buscaram cultivar internacionalmente a imagem do país como uma democracia racial, em contraposição ao regime de *apartheid* da África do Sul. Em 1968, o país internalizou a Convenção 111 OIT sobre Discriminação em Matéria de Emprego e Profissão e a Convenção Relativa à Luta Contra a Discriminação no Campo do Ensino. Em 1969, o país transforma em norma nacional a Convenção Internacional sobre a Eliminação de todas as Formas de Discriminação Racial das Nações Unidas, que já se refere em sua definição aos dois tipos de discriminação: as que têm por *objetivo* ou *efeito* anular ou restringir o reconhecimento ou exercício de direitos.

Internamente, a demanda por uma legislação antidiscriminatória por parte dos movimentos negros brasileiros já havia sido articulada pelo menos desde 1945 e, de certa forma, já encontrara algum respaldo na Constituição Federal de 1946, que proibia a veiculação de propagandas que difundissem "preconceito de raça e cor". Concretamente, a primeira lei antidiscriminação viria apenas em 1951, motivada pela repercussão negativa da recusa de hospedagem da bailarina estadunidense negra Katherine Dunham em um hotel em São Paulo. A Afonso Arinos (Lei n. 1.390/51) foi a primeira lei que considerou a discriminação racial como algo ilícito, ainda que a tenha definido como *contravenção penal* – algo mais leve que um crime – e que tenha reduzido seu alcance a atos intencionais, praticados em razão de preconceito de raça e cor: a recusa de atendimento em estabelecimentos comerciais, de ensino, lazer, alimentação, hospedagem, e recusa de acesso a emprego, cargo público ou forças armadas etc.

Durante sua vigência, abundaram os relatos de insuficiência da lei e sua baixa aplicação. As condutas eram muito específicas, os xingamentos raciais eram classificados como simples ofensas à honra e imagem da pessoa ofendida e os juízes tinham dificuldade de reconhecer a ação com orientação preconceituosa. Nos anúncios de emprego, por exemplo, a exigência de boa aparência se referia à não aceitação de candidatos negros, mas tal preconceito mascarado não era considerado pelo sistema de justiça. Em 1979, o MNU realizou o enterro simbólico da Lei Afonso Arinos. Além de sua inoperância, criticava-se também a caracterização da discriminação como um ilícito mais leve, de menor relevância e que, portanto, restabelecia o *status quo* da democracia racial brasileira. Em 1983, Abdias Nascimento propõe a revogação da Lei Afonso Arinos, e a definição da discriminação racial como crime de lesa-humanidade[2]. No mesmo ano, Abdias proporia também um projeto de lei que previa a destinação de 40% das bolsas de estudos concedidas pelo Ministério da Educação e Cultura e pelas Secretarias de Educação estaduais e municipais a estudantes negros[3], evidenciando a dupla estratégia dos movimentos negros em investir simultaneamente em políticas sancionatórias e distributivas.

A Constituição de 1988, documento que marca a transição para o regime democrático e cujo processo de discussão e aprovação contou com expressiva participação dos movimentos negros, reconheceu que racismo constitui *crime* e de especial gravidade na ordem jurídica nacional. Além de vedar tratamentos díspares de forma injustificada, garantir o respeito à diversidade religiosa e trazer destacado repúdio à discriminação e ao preconceito de raça e cor, o texto constitucional também impõe deveres positivos ao Estado para a promoção do bem-estar, justiça social e cidadania plena, além de reconhecer um robusto elenco de direitos sociais. A Constituição reconheceu também as comunidades quilombolas e seu direito à titulação de terras, o que é considerado a primeira política compensatória para a população negra do país. Embora outras pautas distributivas dos movimentos negros, como por exemplo as ações afirmativas, tenham ficado de fora do texto final, a Constituição de 1988 é central para marcar o compromisso expresso da ordem jurídica nacional com uma compreensão de igualdade substantiva.

Em 1989, regulamentando a previsão constitucional do crime de racismo, foi promulgada a Lei n. 7716 (Lei Caó), definindo agora como crime muitas das condutas de discriminação de acesso que estavam na Lei Afonso Arinos. A Lei Caó sofreu uma série de modificações ao longo dos anos 1990, dentre elas a introdução como crime da prática ou incitação de atos discriminatórios pelos meios de comunicação e a criação do crime de injúria racial, de modo que o xingamento racista passasse a ter mesma gravidade que os demais crimes raciais e não fosse considerado mais uma ofensa contra a honra individual, cujo interesse em perseguir é apenas da vítima e não do Estado. A história dessa legislação e da aplicação desses institutos, contudo, é também permeada pelas inúmeras críticas à sua interpretação pelo Judiciário, que cria óbices processuais e probatórios para a punição dos crimes raciais, além de frequentemente minimizar sua gravidade.

Embora a legislação punitiva seja limitada por seu componente individual e por abarcar apenas casos de discriminação direta, entende-se – em debates no campo acadêmico, por exemplo, no direito e na teoria crítica racial, assim como no campo da mobilização social – que os esforços voltados à sua implementação são cruciais na medida em que apontam para o reconhecimento da ocorrência sistêmica de atos de discriminação racial em nossa sociedade. Reconhece-se assim um caráter simbiótico entre discriminação direta e indireta, sendo que atos hostis, manifestados em piadas ou xingamentos, alimentam, legitimam e reproduzem mecanismos de subalternização da população negra. Como reconheceu o STF, em julgamento de 2021, a injúria racial é uma forma de discriminação racial e uma manifestação concreta do fenômeno sistemático do racismo, na medida em que "consuma os objetivos concretos da circulação de estereótipos e estigmas raciais ao alcançar destinatário específico, o indivíduo racializado, o que não seria possível sem seu pertencimento a um grupo social também demarcado pela raça"[4].

De qualquer modo, é notável que a política pública brasileira sobre discriminação racial tenha permanecido por um longo período limitada a legislações punitivas, não obstante o conceito de discriminação indireta integre nossa ordem jurídica desde 1969 e não obstante os compromissos substantivos de igualdade e de políticas redistributivas trazidos pela Constituição. O início de uma virada em direção a ações positivas por parte do Estado se dá apenas a partir da Conferência de Durban, em 2001, com o aprofundamento da mobilização social e da inclusão da justiça racial na agenda oficial do governo federal, que resultou na criação, em 2002, da política de ações afirmativas no serviço público federal e, em 2003, da Secretaria de Políticas de Promoção da Igualdade Racial. No mesmo ano, foi promulgada a Lei 10.639, que determina o ensino de história da África e cultura afro-brasileira em todas as escolas nacionais.

Experiências de ingresso no ensino superior por recorte de classe e raça começaram no país nos anos 2000, com iniciativas de universidades públicas como a UERJ e a UNB, e se espalham por outras federais. Esse debate é fortalecido com a promulgação, em 2010, do Estatuto da Igualdade Racial. Fortemente guiado por princípios de igualdade substantiva e a necessidade de ações afirmativas para a promoção de igualdade de oportunidades, o Estatuto estabelece deveres do Estado de criar políticas públicas de promoção de igualdade racial e de garantir à população negra o acesso igualitário a políticas públicas universais sociais e econômicas.

Em 2012, o STF enfrentou o questionamento da constitucionalidade do critério racial na adoção de políticas de ações afirmativas, que fora feito com base em critérios de igualdade formal. Na decisão, o tribunal reconheceu a ação afirmativa como um meio de promover a cidadania racial, prometida na Constituição. No mesmo ano, seria promulgada a Lei 12.711/2012, que ficou conhecida como a Lei de Cotas, ampliando o alcance e normatizando o sistema de cotas em todas as instituições de ensino federais.

Embora tais iniciativas tenham sido valiosíssimas e tenham provocado mudanças em nossa estrutura social, a permanência sistemática de discriminação racial no país, em suas diversas formas, mostra a permanente falha do Estado brasileiro em cumprir os compromissos assumidos em âmbito nacional e internacional de promoção da igualdade racial. E isso se dá tanto por permitir a reiteração de práticas de discriminação direta, marcadas pela impunidade chancelada pelo sistema de justiça, como pela insuficiência das políticas de promoção da igualdade substantiva.

Notas

1 Mulheres e Grupos Específicos, em Departamento Penitenciário Nacional (Brasil) - Sisdepen, *Levantamento Nacional de Informações Carcerárias: Período de janeiro a junho de 2021.*

2 Brasil, *Projeto de Lei n. 1.661, de 30 de junho de 1983.*

3 Idem, *Projeto de Lei n. 1.332, de 14 de junho de 1983.*

4 Brasil, Supremo Tribunal Federal (Tribunal Pleno), *Habeas Corpus 154.248/DF.*

Referências

ALMEIDA, Silvio Luiz de. *Racismo Estrutural.* São Paulo: Pólen, 2019.

BRASIL. *Projeto de Lei n. 1.332, de 14 de junho de 1983.* Dispõe sobre ação compensatória, visando a implementação do princípio da isonomia social do negro, em relação aos demais segmentos étnicos da população brasileira, conforme direito assegurado pelo artigo 133, § primeiro, da Constituição da República. Disponível em: <https://www.camara.leg.br/proposicoesWeb/fichadetramitacao?idProposicao=190742>. Acesso em: 27 abr. 2022.

____. *Projeto de Lei n. 1.661, de 30 de junho de 1983.* Dispõe sobre o crime de lesa humanidade: discriminar pessoas, individual ou coletivamente, em razão de cor, raça ou etnia. Disponível em: <https://www.camara.leg.br/proposicoesWeb/fichadetramitacao?idProposicao=194746>. Acesso em: 27 abr. 2022.

BRASIL. Supremo Tribunal Federal (Tribunal Pleno). *Habeas Corpus 154.248/DF.* Relator: Min. Edson

Fachin, 28 de outubro de 2021. Disponível em: <https://jurisprudencia.stf.jus.br/pages/search/sjur459490/false>. Acesso em: 27 abr. 2022.

FREDMAN, Sandra. *Discrimination Law*. Oxford: Oxford University Press, 2002.

GUIMARÃES, Antônio Sérgio Alfredo. *Preconceito e Discriminação: Queixas de Ofensas e Tratamento Desigual dos Negros no Brasil*. São Paulo: Editora 34, 2004.

_____. *Racismo e Antirracismo no Brasil*. São Paulo: Editora 34, 2004.

JACCOUD, Luciana. O Combate ao Racismo e à Desigualdade: O Desafio das Políticas Públicas de Promoção da Igualdade Racial. In: THEODORO, Mário (org.). *As Políticas Públicas e a Desigualdade Racial no Brasil: 120 Anos Após a Abolição*. Brasília: Ipea, 2008.

MACHADO, Marta Rodriguez de Assis; SILVA, Márcia Regina de Lima; SANTOS, Natália Neris da Silva. Anti-racism Legislation in Brazil: The Role of the Courts in the Reproduction of the Myth of Racial Democracy. *Revista de Investigações Constitucionais*, Curitiba, v. 6, n. 2, 2019.

MATSUDA, Mari J.; LAWRENCE, Charles R.; DELGADO, Richard; CRENSHAW, Kimberlé Williams. *Words That Wound: Critical Race Theory, Assaultive Speech, and The First Amendment*. New York: Routledge, 1993.

MOREIRA, Adilson José. *O Que É Discriminação*. Belo Horizonte: Casa do Direito, 2017.

MULHERES e Grupos Específicos: Composição da População Por Cor/Raça no Sistema Prisional. In: DEPARTAMENTO Penitenciário Nacional (Brasil): Sisdepen. *Levantamento Nacional de Informações Carcerárias: Período de janeiro a junho de 2021*. [S.l.], 2021.

Disponível em: <https://app.powerbi.com/ew?r=eyJrIjoiZTBjMTUwYjYtNjFmNS00MjFkLTljN2QtZDlmZmZjMmRkYjFiIiwidCI6ImViMDkwNDIwLTQ0NGMtNDNmNy05MWYyLTRiOGRhNmJmZThlMSJ9>. Acesso em: 27 abr. 2022.

PIRES, Thula Rafaela de Oliveira. *Criminalização do Racismo: Entre Política de Reconhecimento e Meio de Legitimação do Controle Social Sobre os Negros*. Brasília: Brado Negro, 2016.

SANTOS, Natália Neris da Silva. *A Voz e a Palavra do Movimento Negro na Constituinte de 1988*. São Paulo: Casa do Direito, 2018.

ESCRAVIDÃO AFRICANA ATLÂNTICA NO BRASIL

Tempos e Espaços, Séculos XVI-XIX

Flávio Gomes
João Flávio dos Santos Gomes

Nos "Domínios do Ultramar" – áreas que inventariam o Brasil ao longo da colonização lusitana –, o trabalho compulsório foi base na ocupação territorial e na produção de riquezas. Negros da Terra e Negros da Guiné eram as denominações para indígenas e africanos escravizados. No século XVIII, cativeiro colonial virou sinônimo de africanos diante da pressão demográfica e, fundamentalmente, significava negócio lucrativo do tráfico atlântico que envolvia comerciantes europeus e elites coloniais. Calcula-se em mais de dez milhões a quantidade de africanos escravizados desembarcados em várias partes das Américas entre os séculos XVI e XIX, tendo o Brasil recebido 46% desse montante.

Há poucas informações sobre as primeiras gerações africanas. Quando? Onde? Quem? Houve quem anotasse que o primeiro navio negreiro – vindo de Angola – teria chegado em 1516, embora outros registros falem de 1525. Ao considerar cronistas, há dúvidas acerca das grandes remessas anteriores a 1550. Em 1542, donatários em Pernambuco já reclamavam ao rei a respeito da "licença e maneira de haver alguns escravos de Guiné". Capital, divisão do trabalho, técnicas e investimentos se reproduziram. Desenvolvimento das plantações e funcionamento dos primeiros engenhos coloniais foram complexos, considerando mão de obra, cultivo e produção com máquinas, controle e trabalho operando em ritmos frenéticos. Plantio, corte, transporte, moagem, refino e arrumação em caixas eram etapas conectadas em que escravizados africanos e seus descendentes (chamados "crioulos") foram utilizados tanto nas lavouras, juntamente com indígenas cativos e livres, como nas atividades especializadas dos engenhos: caldeireiros, purgadores, mestres de açúcar, tanoeiros e outros. Havia hierarquia nos "mundos do trabalho", com africanos atuando mais nas funções do eito (cultivo, corte, colheita e transporte) e os cativos nascidos no Brasil ocupando os postos especializados de artesãos e supervisores na produção açucareira.

Mas quem foram os primeiros africanos das paisagens agrícolas? Sabemos que eram provenientes de várias partes da Senegâmbia, África Ocidental. Juntamente chegava considerável número de africanos centrais escravizados embarcados em Mpinda, área do Congo, e outros que saíam por Angola, especialmente na região ao sul do rio Dande. Ao findar o século XVI, desembarcavam anualmente entre dez e quinze mil africanos vindos da Guiné, Congo e Angola. Com as rivalidades europeias – entre Espanha e Holanda – e os impactos no tocante ao abastecimento de escravizados, será diversificada ainda mais a busca por africanos. Com a ocupação das posições lusitanas de São Jorge de Mina (1621) e Luanda e Benguela (1641) pelos holandeses, os traficantes luso-brasileiros se concentram na costa do Daomé. Até as primeiras décadas seiscentistas, regiões da África Ocidental foram o foco do comércio negreiro. A predominância foi de africanos da Senegâmbia para o século XVI, africanos Congo-Angola para o século XVII e aqueles da Costa da Mina, Golfo do Benin no alvorecer do século XVIII.

Plantações continuariam florescendo no nordeste colonial – Bahia, Pernambuco e partes de Sergipe, Paraíba, Ceará, Maranhão e Rio Grande do Norte. Mas já no final seiscentista, a escravidão se interioriza. Para além dos canaviais, lavouras de alimentos, transporte e extrativismo, cativos começam a ser utilizados na pecuária. Abriram-se pastos para a criação de gado, especialmente de bois, depois cavalos e jumentos. Não só devidoàs incursões para apresamento de indígenas, o desbravamento para o sertão se deu pelo percurso da pecuária. Ela se esparramou, ganhando força, reproduzindo outros *espaços* escravistas. Seguindo os leitos dos grandes rios, o gado se espalhava por toda a parte, em fazendas móveis concentrando milhares de cabeças de gado. Ordens religiosas (jesuítas e beneditinos) se destacaram em várias capitanias – Rio de Janeiro, Bahia, Pernambuco e São Vicente – com grandiosas fazendas de gado desde o século XVII. Eram supridos engenhos, cidades e regiões mineradoras. Além do transporte e força motriz – fornecia-se carne para os núcleos urbanos e as populações coloniais. Surgem feiras (grandes mercados) para onde eram enviadas as boiadas. Em alguns casos, chegavam a percorrer quase sessenta quilômetros por dia para alcançar determinados entrepostos. Uma das principais feiras foi a de Capuame, na Bahia, atual feira de Camaçari, surgida em 1614. Esse foi o principal entreposto nordestino até 1820, com o estabelecimento da Feira de Santana.

A pecuária escravista tem parte da sua história desconhecida antes de se desenvolver com as charqueadas no sul. Nos séculos XVI e XVII, a criação bovina alternou entre necessidade e empecilho diante da ampliação das fronteiras do açúcar. Coexistiam atividades distintas com especialização da mão de obra, áreas e rentabilidades próprias. A criação de gado se desenvolveu associando trabalho livre e trabalho escravo. Mesmo para os campos gerais paranaenses – Castro e Curitiba –, pequenas ou médias fazendas surgiram com o predomínio de cativos. Igualmente em Santa Catarina – áreas como Desterro e Lages –, escravizados se concentravam nos plantéis das fazendas de gado. Em termos econômicos, a pecuária precisava de menos investimento inicial comparado ao açúcar, que apresentava a necessidade de extensa mão de obra, montagem de engenhos e tecnologias para a exportação. Mas nunca existiu incompatibilidade entre escravidão e pecuária, nem houve supostos obstáculos: absentismo de proprietários, falta de mão de obra e dificuldade de controle e vigilância.

Com a população negra, se espalharam personagens de destaque como os vaqueiros, muitas vezes mestiços, porém livres. Mas foi no extremo sul colonial que floresceu original base escravista através da produção de charque. A charqueada oitocentista talvez seja um dos maiores exemplos da expansão da pecuária com base na escravidão africana. É certo que a criação de gado no sul se desenvolve até meados do século XVII, concentrando-se na produção de couro. Já havia africanos nos primórdios da ocupação colonial no Rio Grande, porém a mão de obra inicial utilizada na criação de gado – as "vacarias" – foi predominantemente indígena e/ou livre. Ponto central da ocupação colonial – delimitando interesses mercantis de espanhóis e lusitanos –, a Colônia de Sacramento também serviu de porta de entrada para os africanos na região.

No Brasil, uma das principais peculiaridades da escravidão foi a sua disseminação por toda a parte. Ao contrário de outras áreas coloniais nas Américas, onde ficou rarefeito em algumas partes ou então quase inexistiu em outras, o trabalho de escravizados africanos foi utilizado desde os primórdios da ocupação colonial, mesmo em áreas não necessariamente articuladas com economias voltadas para o mercado externo. Mesmo em número reduzido, escravizados – africanos e descendentes destes – estiveram presentes em todos os lugares. A Amazônia sem dúvida é a área menos conhecida e precisamos saber sobre as gerações de africanos escravizados que ali chegaram. Na viragem do século XVII, encontramos referências a respeito da inserção africana através de provisões régias e companhias de comércio. Em 1665, autoridades de São Luís se preocupavam com as "muitas moléstias" dos africanos que ali desembarcavam. Uma indústria de anil foi instalada no Maranhão – depois transferida para o Pará – em 1673, sendo trazidos "negros de Angola". Pouco a pouco, o Grão-Pará ganhou proeminência como o destino final de africanos que entravam para a Amazônia. A inserção africana continuou no final do século XVII, depois das atuações da Companhia de Comércio do Maranhão (1682-1684), e ganhou incremento na segunda metade dos Setecentos com outra companhia de comércio. Organizada pela própria metrópole, a Companhia Geral do Comércio do Grão-Pará e Maranhão (1755-1778) atuaria por mais de vinte anos.

Não há estatísticas detalhadas sobre a entrada de africanos na Amazônia,sendo entregue a nós cifras até mesmo exageradas. Até 1755, estima-se sessenta mil africanos. Posteriormente, até 1792, teriam chegado pelo menos mais 22 mil. Muitos desses cálculos não podem sequer ser considerados aproximações, mesmo levando em conta tanto iniciativas particulares de tráfico e contrabando da era seiscentista como posteriormente os desvios para o Mato Grosso, as disputas entre o Maranhão e o Pará, e comércio interno a partir da Bahia e Pernambuco. Entre 1810 e 1816, há indicações da entrada de quase três mil africanos só em Belém. Considerando o fim das companhias de comércio, até 1820 teria entrado no Pará mais de cinquenta mil africanos.

No alvorecer setecentista, o Brasil conhece o apogeu escravista com a entrada de quase dois milhões de africanos. A descoberta do ouro atraiu fluxo migratório sem igual. Há indicações de que o "achamento do ouro nas Gerais" acontece por volta de 1692, sendo que as notícias se espalharam a partir de 1695. O ouro se reproduziu como a gente de toda parte, chegando forasteiros, portugueses, reinóis, colonos e demandando escravizados.

A corrida pelo ouro fez florescer novas faces escravistas, e com elas problemas coloniais: fluxo demográfico agudo, fiscalização, contrabando, cobrança de impostos, adensamento urbano e controle social. Com o sistema de quintos e capacitação, tentava-se regular a exploração aurífera. Haverá proliferação de impostos: dízimos, donativos, movimentação e trânsito pelas minas. Não apenas o ouro e os escravizados – que apareceriam em abundância –, mas tudo deveria ser tributado e fiscalizado. A base do ouro produzido era aquele de aluvião lavrado entre ribeirões, córregos e beira dos rios, entre cascalhos auríferos. Contudo, não havia um só tipo; temos notícias ainda do ouro preto, do ouro podre e do ouro branco. Mudavam as form as e a cor. Os tipos mais valorizados eram aqueles encontrados em faíscas e grãos, principalmente lisos e sem asperezas. Sendo as minas de aluvião as principais fontes auríferas, os faiscadores utilizavam bateias para garimpar os cursos dos rios.

As levas africanas que alcançaram Minas Gerais no século XVIII tinham características únicas. Trata-se da região das Américas – área mineradora de destaque – que mesclou com maior intensidade, em determinado período, forças demográficas africanas originárias de diferentes partes de África. Em pouco mais de sessenta anos, diamantes foram coletados e ouro lavrado tanto pelas mãos de africanos ocidentais – chamados ali de Courá, Courano, Savalu, Alada e outros –, que desembarcaram no Rio de Janeiro e Salvador nos primeiros anos do século XVIII, como por africanos centrais, especialmente do sul de Angola, chamados Benguelas. Estes aumentaram extraordinariamente os seus contingentes a partir de 1760, sendo acompanhados pelos africanos orientais.

Com eles não trouxeram apenas força física, visto que há registros de que a tecnologia da mineração colonial teve base africana. Vale destacar as condições de trabalho, mas também a contribuição tecnológica e aspectos da cultura material e imaterial do povo que foi escravizado. Há uma intervenção técnica adaptada da agricultura africana considerando diferentes influências, impactos, legados e tecnologias, passando por aspectos da agricultura da África Oriental no século XIX, e antes por regiões da Senegâmbia no XVII. Também é possível destacar a policultura em diversas áreas da África Central. Mesmo instrumentos de trabalho podem ter sido adaptados, como a enxada de cabo curto, comum em diversas partes do continente africano. Nem sempre destacadas, foram fundamentais as tecnologias africanas adaptadas ao sistema de mineração no Brasil. Afinal, não havia ouro em Portugal, mas sim em várias regiões africanas, passando por Gana até Sofala, atingindo o planalto central de Zimbábue entre outras partes. Muitas técnicas de mineração podem até mesmo ter sido introduzidas cotidianamente pelos africanos, além da mistura de saberes trazidos (transmitidos pela memória ancestral) e adaptados.

Não era incomum o interesse comercial por determinados africanos escravizados, especialmente aqueles conhecedores de técnicas de metalurgia. Uma base considerável dos elementos construtivos e arquiteturais em áreas rurais e urbanas foi igualmente adaptada a partir de técnicas de origens africanas, como a taipa de pilão, utilizada nas construções de paredes e alicerces, produzida a partir da massa crua de terra ou de sua mistura com esterco, fibras vegetais, óleo e sangue animal. Podemos mencionar ainda a contribuição dos escravos ao trazer a técnica de produção do adobe, uma espécie de tijolo produzido com barro, areia, fibras e esterco, posteriormente secado ao sol. Essas eram técnicas comuns utilizadas por coletividades africanas das regiões do Mali, por populações que viviam junto ao rio Níger e em outras tantas áreas da África Central. Também uma base das técnicas de pastoreio, preparação de pastagens e manuseio do gado bovino pode ter sido adaptada a partir da experiência africana. Do mesmo modo, culturas de arroz e algodão no delta de Macapá, Maranhão e Pernambuco se basearam em tecnologias africanas.

Igualmente, o *background* africano de urbanização foi adaptado às cidades negras no Brasil. Em várias regiões surgiram espaços urbanos adensados com considerável população afrodescendente, entre livres, libertos e escravizados. Mesmo quando não havia ainda Argentina, Colômbia, Venezuela, Peru, Equador, Uruguai, Brasil, entre outros, enquanto Estados Nacionais, se destacavam ali ou acolá, desde o período colonial, *territórios negros* nas franjas de núcleos urbanos. Brasil e Cuba foram sociedades escravistas com altos índices de população negra (os chamados pretos e pardos) livre. No Brasil, em 1798, pardos e negros livres somavam mais de quatrocentos mil. Em 1872, o número de negros livres alcançaria 3,3 milhões.

Novas paisagens surgem com destaque e podemos acompanhar a evolução demográfica dos principais centros urbanos. Em 1821, no Rio de Janeiro – maior concentração urbana africana em termos atlânticos –, escravizados já representavam quase a metade da população, alcançando posteriormente 55 mil. O interessante é que mais de 65% dos escravizados viviam nas freguesias urbanas, sendo que, em 1838, esse índice alcançará 78% e, em 1870, 81%.

Para várias cidades – com base no censo de 1872 –, verifica-se a força demográfica (absoluta e relativa) da população negra, juntando africanos, crioulos, pardos, pretos, livres e cativos. Na parte urbana de São Paulo, na freguesia da Sé, escravizados já eram 20%. Só no município de São Paulo – com nove freguesias – somavam quase quatro mil. A população de pardos e pretos livres ali atingiu 25% da população livre. Cerca de 6% e 13% da população escrava e livre, respectivamente, era de africanos. Na freguesia de Santos, os escravizados eram quase 1/5 da população. Ao norte do Brasil, província do Grão-Pará, na cidade de Belém, a principal freguesia urbana, a Sé, já contava quase três mil escravizados, sendo que pardos e pretos livres somavam 34% da população livre. Em meados do século XIX, nas partes mais antigas e populosas da cidade de Belém praticamente 52% da população era escrava. Em 1822, as paróquias de Sé e Campina tinham 45% de escravizados. Em 1849, na Comarca de Belém (freguesias da Sé, Campina, Sant'Ana, Trindade, Nazaré, Inhangapi, Bujaru, São Domingos, Barbacena, Capim, Benfica, Mosqueiro, Acará e Conde) havia cerca de vinte mil cativos, representando 56% da população escrava da província.

Em 1872, em Curitiba, 33% da população livre contava com pardos, pretos e caboclos (como eram denominados os indígenas). Na província do Ceará, a principal paróquia de Fortaleza tinha 35% de escravizados. No

Espírito Santo, para a cidade de Vitória, pretos e pardos – entre livres, libertos e escravos – somavam quase 74% da população. As sete freguesias do município do Desterro, em Santa Catarina, reuniam quase três mil escravos em 1872. Na mais distante cidade de Cuiabá, no Mato Grosso, havia apenas cerca de 1,4 mil escravizados, porém, 5,5 mil de pardos e pretos livres: juntos representavam 63% de toda a população. A população negra (consideramos livres e escravizados, africanos, pardos e pretos livres assim classificados) se destaca, no século XIX, nas principais cidades negras. Além do Rio de Janeiro, essa população aparece com mais evidência na seguinte ordem de regiões: Salvador, Recife, São Luís e Porto Alegre. Em 1872, na freguesia da Sé, na Bahia, pardos e pretos constituíam 68% da população, enquanto escravizados somavam 20%. Para todo o município de Salvador (com dezoito freguesias), cativos alcançavam quase 13%. Para as freguesias urbanas da Madre de Deus e Nossa Senhora das Dores, no município de Porto Alegre, contava-se quase quatro mil escravizados. A população negra livre ultrapassava os cinco mil, representando mais de 1/4 do total de livres. No conjunto, os negros – livres e escravizados – atingiam aproximadamente 38% nessas freguesias. Também podemos acompanhar a evolução populacional no Recife, particularmente nas freguesias de Santo Antônio e Boa Vista. Em 1827, os escravizados eram cerca de 30%. Já em 1855, esse percentual diminuiu pela metade. Em 1872, com onze freguesias, cativos representavam 13% em Recife. Porém, somados aos pardos e pretos livres, atingiam 57% de toda a população. Em São Luís, escravizados eram 22%, sendo que a população negra estava concentrada nas duas principais freguesias urbanas, Nossa Senhora da Vitória e Nossa Senhora da Conceição, com 64%, e os africanos atingindo 75% (entre livres e escravizados). No geral, pardos e pretos constituíam 52% de toda a população livre de São Luís.

Faces dessas cidades negras, entre o final do século XVIII e ao longo do século XIX, eram africanas e atlânticas. E não se trata apenas de números. Produziram identidades próprias, reinventadas cotidianamente. Africanos e seus descendentes crioulos não se constituíam em multidão ou massa escrava sem forma nos centros urbanos. Os recém-chegados produziam identidades diversas, articulando as denominações do tráfico, aquelas senhoriais e a sua própria reinvenção em determinados cenários. A partir de registros de óbitos de africanos nas freguesias urbanas centrais do Rio de Janeiro da primeira metade do século XVIII, verifica-se, por exemplo, forte presença de africanos tanto de procedência de Angola como da Costa da Mina. Porém, para o século XIX, o número de africanos ocidentais diminuiu bastante e há maior destaque para africanos angola, benguela, cabinda e congo, além de cassange, monjolo, rebolo, cabundá, ganguela e ambaca, entre outros, com cerca de 80%. Os africanos orientais, com moçambiques, quilimanes, inhambanes e senas, aparecem com 18%. Em São Luís, no período de 1814 a 1821, entre os batizados na freguesia de Nossa Senhora da Vitória se destacam os de procedência mandingas, cachéu, balanta, gabão e bigájo, partes da Alta Guiné, África Ocidental. Dos perfis de Salvador, Bahia, para africanos ocidentais, se destacam nagôs, jejês e hausás. Na primeira metade do século XIX, 67% dos cativos ali eram africanos, mais de 70% nagôs, com considerável população de libertos africanos.

Cenários rurais e urbanos da escravidão no Brasil foram adensados no século XIX, destacando-se a crescente introdução demográfica de africanos (mais de 1,5 milhões desembarcados) até praticamente o início da segunda metade do século XIX (denúncias e rumores de tráfico ilegal até 1859 a 1861), fazendo florescer a cultura cafeeira com base em mais tecnologias, capitais e formas de controle e domínio escravista.

▪ ▪

Como se vê, a escravidão ocupa papel de destaque na historiografia brasileira. Suas temáticas, incluindo aquelas que discutem as relações raciais, tiveram espaço na literatura das ciências sociais e sobre o pensamento social no Brasil. Vários e grandes intelectuais – em diversos contextos – se dedicaram ao assunto. De Nina Rodrigues, no final do século XIX, passando por Gilberto Freyre, nos anos 1930, até Florestan Fernandes nos anos 1950. É possível conectar mudanças de perspectivas e enfoques da historiografia sobre a escravidão e os contextos da sua produção. Para lançar mão da comparação, vale mencionar os EUA e alguns países da América Latina onde os estudos sobre o negro e o índio respectivamente ganharam fôlego, redirecionamento e principalmente visibilidade com os movimentos pelos Direitos Civis e as lutas das populações indígenas. A preocupação com as chamadas "minorias" vinculou-se também a um movimento intelectual internacional de historiar mulheres, negros, indígenas entre outros. A inclusão no discurso histórico e historiográfico foi também um movimento da história desses grupos sociais e pessoas.

Contudo, a literatura (historiográfica e antropológica) cristalizou determinadas visões sobre escravidão e africanos. Até os anos 1960 se falava de escravidão tão somente enquanto imagens históricas homogêneas. O palco privilegiado foi a casa-grande e a *plantation*. O tema cedeu a vez às análises sobre o escravismo nos anos 1960 e 70, quando o mais necessário era abordar o sistema escravista. Tanto na ideia de escravidão generalizante como naquela de escravismo, poucos espaços havia para os sujeitos históricos, fundamentalmente os escravizados. Essa foi a principal contribuição da historiografia nos anos 90 do século XX. A escravidão genérica e o escravismo estrutural foram acompanhados de pesquisas, abordagens e inversões teórico-metodológicas que procuraram também localizar histórias dos escravizados e universos da experiência negra no Brasil. Houve implicações nas perspectivas da memória histórica e dos usos do passado. Recortes historiográficos foram e são também produtos históricos com personagens e escolhas de eventos, de não eventos, de classificação e de hierarquização de pesquisas. Nas últimas décadas, a bibliografia a respeito da escravidão e pós-abolição foi ampliada substantivamente. Não só temas proliferaram em livros autorais, coletâneas, capítulos de livros, artigos, dissertações e teses. Sobretudo houve uma ampliação e reformulação de agendas a partir do protagonismo de novas gerações de intelectuais negras e negros no âmbito das universidades brasileiras.

O alcance dessa viragem acadêmica ainda não foi dimensionado, mas certamente será um capítulo da história intelectual do pensamento social brasileiro a ser destacado entre a última década do século XX e o alvorecer do XXI.

Referências

ALENCASTRO, Luis Felipe de. *O Trato dos Viventes: A Formação do Brasil no Atlântico Sul*. São Paulo: Companhia. das Letras, 2000.

GOMES, Flávio; SCHWARCZ, Lilia (orgs.). *Dicionário da Escravidão e Liberdade: 50 Textos Críticos*. São Paulo: Companhia das Letras, 2018

GOMES, Flavio dos Santos; FARIAS, Juliana Barreto; SOARES, Carlos Eugênio Líbano; ARAÚJO, Carlos Eduardo Moreira. *Cidades Negras: Africanos, Crioulos e Espaços Urbanos no Brasil Escravista do Século XIX*. São Paulo: Alameda, 2006.

SCHWARTZ, Stuart B. *Segredos Internos: Engenhos e Escravos na Sociedade Colonial – 1550-1835*. São Paulo: Companhia das Letras, 1988.

SILVA, Alberto da Costa e. *A Manilha e o Libambo: A África e a Escravidão de 1500 a 1700*. Rio de Janeiro: Nova Fronteira/Fundação Biblioteca Nacional, 2002.

ETNICIDADE

Mauricio Acuña

Etnicidade é um dos termos mais importantes e "escorregadios" nos debates atuais sobre identidades individuais e coletivas no Brasil e no mundo. Ao abrirmos jornais ou *sites* de notícias, podemos encontrar a palavra associada às políticas de ações afirmativas para afrodescendentes e indígenas, às consequências da recente Guerra na Ucrânia sobre a imigração e os conflitos étnicos na Europa, aos efeitos desiguais das mudanças climáticas no planeta segundo etnicidade ou, ainda, à distribuição em escolas do recente livro vencedor do prêmio Jabuti, a obra *Torto Arado*, como uma literatura sobre as relações étnico-raciais.

Por outro lado, uma busca rápida por imagens na internet relacionadas à palavra mostrará facilmente grupos de pessoas com características físicas diversas ou portando vestimentas e objetos que fazem referência a regiões dispersas num mesmo país ou no mundo. Assim, numa primeira aproximação, etnicidade nos alcança pelas notícias, pela literatura, pelas imagens e poderia ser ampliada para muitos outros domínios da vida social. Portanto, não há dúvidas de que a etnicidade é bastante popular e se multiplica com cada vez mais intensidade diante da demanda por explicações dos fenômenos relacionados à identificação e ao pertencimento.

Não por acaso, a etnicidade como conceito explicativo para as relações sociais nos dias de hoje se vincula intrinsecamente à globalização, isto é, a processos que colocam cada vez mais pessoas e objetos em circulação por distintas partes do planeta. Seja entre bairros, cidades, estados, países ou regiões, o contínuo e vigoroso fluxo de pessoas, famílias ou comunidades inteiras por outros territórios realça a etnicidade como explicação para as interações socioculturais. Tais interações podem envolver, por exemplo, as demandas por reconhecimento territorial e formas culturais distintas das predominantes em sociedades nacionais, como no caso de populações indígenas no Brasil e em outros países da América Latina ou a reformulação de conteúdos didáticos em escolas para o ensino de história e culturas indígenas, africanas e afro-brasileiras. Em situações mais extremas, envolvem a guerra, a escravização ou o extermínio de populações inteiras com base em diferenças postuladas por grupos dominantes, como foram os casos dos processos de expansão colonial de impérios europeus, das "limpezas étnicas" em Ruanda ou em Kosovo ou do comércio de africanos escravizados no Atlântico.

No entanto, como pode ter chamado a atenção (ao/à) leitor(a), usada em sentido amplo, etnicidade se confunde com outra forma de classificação, a de raça, o que traz de volta o sentido escorregadio da palavra, conforme mencionamos no início. Nesse ponto, antes de entrar nas distintas definições de etnicidade, vejamos brevemente a origem e as transformações da palavra.

Uma definição de dicionário informa que a etnicidade se refere: a "uma condição ou sentimento de pertença ou de identificação com um grupo étnico"; ao "grau que, estabelecido pelos membros de uma coletividade (povoação, sociedade, nação etc.), indica a aceitação aos modelos dessa coletividade"; e, for fim, ao "fenômeno social e contínuo de transmissão cultural, resultante da exposição, contato e prática com a etnia em que se está imerso"[1]. Encontramos, respectivamente, uma visão da pessoa, do grupo e de transmissão cultural ao longo do tempo, mas que devemos entender igualmente nas próprias transformações da expressão. Esses três usos do termo, no entanto, se popularizam após a Segunda Guerra Mundial, sendo antes mais comum a expressão "etnia".

Em sua raiz grega, "etnia" era usada para descrever todas as pessoas que estavam fora dos limites das cidades e, portanto, da ordem política, social e moral dos seus habitantes, chamados de cidadãos. Essa primeira forma de diferenciar um "nós" (cidadãos) dos "outros" (etnias), ganha sentidos mais próximos aos atuais quando, na Europa do século XIX, "etnia" passa a descrever distintas coletividades em contraste com as noções de raça e de nação. Assim, a nação seria baseada na crença da vida em comum associada a um poder político, ao passo que a raça conformaria grupos distintos segundo o fenótipo e traços biológicos como o sangue – esta última, uma ideia desmontada pela ciência posteriormente, como explicado no verbete "raça". Por sua vez, a etnia viria a caracterizar aquelas coletividades que não fossem entendidas sob as noções de nação e raça, ganhando, no começo do século XX, um sentido mais claro de grupos que fomentam uma crença subjetiva em uma comunidade de origem fundada nas semelhanças de aparência externa ou dos costumes, ou dos dois, ou nas lembranças da colonização e imigração, sem que para isso tenha que haver uma comunidade de sangue necessariamente (Weber, 2000: 268-273). Vamos partir dessa delimitação de etnia como crença subjetiva em uma comunidade de origem, para explorar cinco definições de etnicidade elaboradas ao longo do século XX e como elas podem nos auxiliar a entender situações no Brasil e em outras regiões.

A passagem do uso de etnia para etnicidade ao longo do século XX se deve em grande parte aos intensos processos de mudança social provocados pelo fim dos impérios coloniais europeus, pela fundação de novas nações na África e por várias ondas de imigração. Assim, a variedade de abordagens sobre etnicidade reflete tais situações e devemos levá-las em conta para compreendermos os sentidos do conceito e seus usos.

Um primeiro conjunto de perspectivas, conhecidas como "primordialistas", "sociobiológicas" ou "geneticistas", compreende a etnicidade como uma característica natural, irredutível e universal dos comportamentos humanos. Embora com importantes diferenças entre os/as teóricos/as que constituem essa visão, a etnicidade aqui é vista como uma qualidade que está ou deve estar no grupo, à semelhança das famílias definidas por laços biológicos. Nesse sentido, a participação da pessoa no grupo étnico independe de sua vontade, sendo valorizada por si mesma e, por fim, tem no parentesco as suas raízes. Tal perspectiva tem sido bastante criticada, especialmente pelas grandes dificuldades em dar conta das particularidades dos laços étnicos, assim como por desconsiderar os efeitos dos aspectos econômicos e políticos sobre a etnicidade.

Uma boa parte dessas críticas integra um segundo conjunto de perspectivas, conhecidas como "instrumentalistas" ou "mobilizacionistas", que consideram a etnicidade como um instrumento ou modo de mobilização cultural para a conquista de bens econômicos e/ou poder político. Existem outras maneiras de organizar essas teorias e, para as finalidades deste verbete, vou discriminá-las em três tipos de abordagens: grupos de interesse, colonialismo interno e neomarxistas.

No primeiro caso, a abordagem acentua as escolhas individuais e recusa a internalização inconsciente dos valores do grupo étnico, tal como defendido pelos "primordialistas". Nesse sentido, as teorias dos grupos de interesse determinam que a etnicidade existe para exercer influência nos processos sociais e econômicos. Portanto, os grupos étnicos se formam como uma reação aos desejos de alcançar bens ou posições de poder que não se realizam seguindo estratégias individuais. Por sua vez, as teorias instrumentalistas baseadas no colonialismo interno colocam a atenção sobre as desigualdades da divisão cultural do trabalho em sociedades industriais, isto é, na distribuição das pessoas em certos tipos de empregos conforme traços culturais, e que tende a criar centros e periferias no interior das nações. Um dos exemplos seria a situação desigual da distribuição dos empregos entre brancos e negros nos Estados Unidos, que teria levado estes últimos a promover o reconhecimento da afrodescendência como estratégia para denunciar a discriminação no mercado de trabalho, ou seja, lançando mão da etnicidade como instrumento para as mobilizações coletivas. Por fim, as posições daqueles comprometidos com as abordagens neomarxistas destacam a centralidade das relações entre etnicidade e classe para uma crítica global da exploração capitalista do trabalho. Nesse caso, etnia e raça tendem a confundir-se, uma vez que ambas são formas de divisão social que cumprem funções no sistema capitalista, como, por exemplo, a criação de vastos grupos de força de trabalho de baixa remuneração ou dos exércitos de reserva, que contribuem para manter baixos os salários daqueles empregados. No contexto brasileiro, podemos pensar as relações entre etnicidade e classe nos efeitos laborais da expulsão de grupos indígenas de seus territórios originários pela expansão do agronegócio, ou na incorporação laboral precária de imigrantes bolivianos, haitianos ou angolanos nos centros urbanos brasileiros. Em suma, vale reter que o comum aos três tipos de abordagens da etnicidade na chave instrumentalista é a percepção de que formas de identificação tão arbitrárias como religião, origem, língua, costumes, entre outras, se transformam em centros de associação para alcançar objetivos políticos e econômicos reais.

Um terceiro conjunto de autores(as), os chamados "neoculturalistas", enfatiza a cultura como fundamental para a etnicidade. Alternativamente àqueles que veem na etnicidade um dado natural e aos que a entendem como meio (os instrumentalistas), ela deve ser considerada um idioma que permite comunicar as diferenças segundo níveis de compartilhamento de traços culturais. Dado que o contexto de significação é fundamental para as interações entre as pessoas de um grupo étnico, podemos pensar no exemplo das numerosas comunidades de imigrantes no Brasil e em outras regiões do mundo, que articulam traços culturais como idioma, certos hábitos, vestimentas, mitos de origem, entre outros, para reafirmar quem deve ou não participar de certas ocasiões festivas, integrar as famílias, trabalhar em determinadas atividades ou lugares etc.

A quarta perspectiva é a "interacionista" e pode ser considerada até hoje uma das mais atuantes sobre a etnicidade, desde quando surgiu no final da década de 1960. Diferente das concepções anteriores, que investigam os conteúdos de cada grupo étnico (ou grupos), as teorias interacionistas enfocam as fronteiras étnicas entre os grupos como mecanismo de produção das etnicidades. Tudo se passa como se, mais importante que o estudo em si dos traços culturais que definem certa comunidade étnica, o fundamental fosse a afirmação dos elementos que diferenciam uma comunidade de outra e vice e versa. Assim, a etnicidade passa a ser vista como um processo contínuo de diferenciação entre aqueles que estão dentro e fora, e que deve ser confirmado nas interações sociais. Tomando por exemplo as comunidades quilombolas no Brasil, o Conselho Nacional de Educação reconhece o direito ao uso de pedagogias próprias e formação docente específica. Na perspectiva "interacionista", podemos pensar que tal demanda ocorreria menos por uma característica natural do grupo do que para marcar certas fronteiras que distinguem tais comunidades quilombolas de outras, especialmente da sociedade nacional, que tende a organizar o currículo em pedagogias e conteúdo com ênfase na matriz europeia.

Por fim, acentuando a noção de etnicidade como uma das múltiplas formas de identidade, encontramos as chamadas abordagens "desconstrucionistas". Como nas definições anteriores, não existe apenas um(a) autor(a) ou corrente, devendo essa visão ser compreendida como parte das discussões atuais a respeito das identidades como um fenômeno altamente fluido e instável. Nessa concepção, a etnicidade deixa definitivamente de definir um estado para descrever processos. Menos do que explicar o que seria a etnicidade, esses(as) autores(as) questionam todas as definições identitárias, afirmando que o pertencimento étnico (assim como o pertencimento de classe, de gênero etc.) é um fenômeno discursivo, aberto e sujeito a conflitos, reinterpretações e formas de controle. No limite, não existem pessoas ou grupos que sejam representantes legítimos do grupo étnico, uma vez que as identidades são sempre parciais e incompletas.

Para concluir, e baseado na perspectiva histórica apresentada e nas cinco concepções gerais sobre o conceito, podemos dizer que a etnicidade constitui formas de imaginar comunidades que sempre combinam a afirmação de pertencimento coletivo com um tempo e/ou lugar singular. Igualmente, etnicidade deve ser vista como uma forma de ação que permite diferenciar as pessoas que fazem parte de um grupo daquelas que estão fora. Seja no sentido grego de "etnia", para descrever os que não eram cidadãos da pólis, seja nos sentidos que ganha globalmente desde o século XIX para caracterizar as distintas comunidades em um Estado-nação, a etnicidade constitui uma das mais valiosas formas de explicação para a identidade e a diferença num mundo contemporâneo cada vez mais marcado pelo encontro conflituoso e original entre coletividades com seus irredutíveis mundos simbólicos e afetivos.

Nota

1 Ver *Dicio: Dicionário Online de Português.*

Referências

BRUBAKER, Rogers. *Ethnicity Without Groups.* Cambridge: Harvard University Press, 2004.

CUNHA, Manuela Carneiro da. *Cultura com Aspas.* São Paulo: Cosac Naify, 2009.

ETNICIDADE. *Dicio: Dicionário Online de Português.* Disponível em: <https://www.dicio.com.br/etnicidade/>.

HUTCHINSON, John; SMITH, Anthony D. *Ethnicity.* Oxford/New York: Oxford University Press, 1996.

POUTIGNAT, Philippe; STREIFF-FENART, Jocelyne. *Teorias da Etnicidade, Seguido de Grupos Étnicos e Suas Fronteiras de Fredrik Barth.* São Paulo: Editora Unesp, 2011.

SANSONE, Lívio. *Negritude Sem Etnicidade: O Local e o Global nas Relações Raciais e na Produção Cultural Negra do Brasil.* Salvador/Rio de Janeiro: Edufba/Pallas, 2004.

WADE, Peter. *Raza y Etnicidad en Latinoamérica.* Quito: Abya-Yala, 2000.

WEBER, Max. Nascimento da Ideia de Coletividade Étnica: Comunidade Linguística e de Culto. *Economia e Sociedade: Fundamentos da Sociologia Compreensiva, v. 1.* Brasília: Editora UnB, 2000.

EUGENIA

Lilia Moritz Schwarcz

DA TEORIA À PRÁTICA DE INTERVENÇÃO

O termo "eugenia" tem uma raiz etimológica grega – *eugêneia* –, que significa "gerar o melhor": eu- (bom, melhor), -genia (gerar e geração). Indica também uma política com implicações no cotidiano da população. Veremos como o conceito evoluiu de uma teoria de laboratório para uma política pública voltada ao "melhoramento da sociedade", com o Estado e a ciência agindo juntos na saúde das populações. A eugenia tomou força no início do século XIX na Europa para chegar ao século XXI como uma biotecnologia humana.

TEORIAS DAS RAÇAS

O discurso sobre as raças aparece pela primeira vez em 1684 na obra de François Bernier, intitulada *Nouvelle division de la terre par les différents espèces ou races qui l'habitent* (Nova Divisão da Terra Pelas Diferentes Espécies ou Raças Que a Habitam). Bernier não oferecia, porém, delimitações biológicas rígidas a demarcar os diferentes grupos; eram os costumes que ordenavam tais divisões. Mas foi sobretudo no século XIX que o conceito ganhou uma carga mais determinista, passando a vincular aspectos externos e fenotípicos – cor de pele, formato de olhos, lábios e de nariz, tamanho de crânios, tipos de cabelos – a características internas: morais e intelectuais. Vários intelectuais dedicaram-se, então, a estudar "as raças humanas" e sua presença desigual em diferentes partes do mundo. Dentre eles destacam-se os naturalistas Johann Friedrich Blumenbach e Georges Cuvier, que ficou conhecido como o pai do conceito. O suposto era que certas características ontológicas determinariam a existência de diferenças entre os homens tão estáveis como aquelas encontradas entre diferentes espécies do mundo animal.

Essas teorias das raças partiam de cinco pressupostos. O primeiro determinava a realidade das raças. O segundo estabelecia uma continuidade entre características físicas e morais, enquanto o terceiro destacava a relevância do grupo racio-cultural no comportamento do indivíduo. O quarto confirmava a existência não só de diferenças estruturais como também de hierarquias humanas únicas, cujo vértice máximo estaria na Europa e a base nas populações nativas dos países coloniais. Já o quinto determinava a urgência de uma política em harmonia com essas conclusões: a Eugenia.

A partir dos anos 1870, vários Estados nacionais passaram a adotar práticas que visavam "racializar" as relações sociais. Diante da certeza determinista sobre as variações entre as raças, aplicaram-se políticas que, pautadas na eugenia, propunham a intervenção e o controle populacional. Utilizando uma concepção alargada de doença – na qual estariam contemplados não apenas doentes físicos como também mentais e morais–, os médicos higienistas insistiam na primazia de sua atividade para os desígnios da coletividade.

Segundo Michel Foucault, se desenvolve nesse contexto uma tecnologia das ciências da vida ou biociências. Tendo como base a teoria da degenerescência e o princípio da hereditariedade, passou-se a implementar políticas de eliminação da transmissão de linhagens que apresentassem problemas físicos, mentais ou estéticos.

A noção de eugenia não era nova. Já em Esparta, adotavam-se medidas em prol do controle rigoroso dos nascimentos, estimulando-se que mulheres robustas gerassem filhos sadios, ao mesmo tempo que crianças nascidas com imperfeições seriam desprezadas. Essa diferenciação de condutas já sinalizava a existência de duas práticas: a eugenia positiva e a negativa.

Mas foi apenas em 1883 que Francis Galton teorizou essa preocupação em torno do "bom nascimento", e deu a ela o nome eugenia. Utilizando-se dos modelos de Malthus, Lamarck, Darwin e das ideias circulantes na Inglaterra, o cientista definiu eugenia como o "estudo dos fatores físicos e mentais socialmente controláveis, que poderiam alterar para pior ou para melhor as qualidades racionais, visando o bem-estar da espécie". A busca pela melhor compleição física e mental culminou na esperança de "melhorar e aperfeiçoar a espécie humana" através do controle reprodutivo. A ideia da eugenia teria sido adaptada de técnicas da agricultura e da pecuária. Na agricultura, desde o século XVIII, selecionavam-se as melhores cepas nas plantações de maçã e milho, enquanto na pecuária se priorizava o cruzamento das melhores estirpes. No oitocentos, também se desenvolvem pesquisas sobre traços morfológicos humanos considerados normais e anormais, e acerca dos fenômenos de hibridação humana. Foi, porém, no século XIX que esse tipo de prática se voltou para o "aperfeiçoamento" da espécie humana e para a "valorização da pureza das linhagens".

A noção de hereditariedade se desenvolveria muito em 1838, com os estudos de embriologia promovidos por Von Baer. Porém, é em 1883, como vimos, que Galton vinculou o termo eugenia à capacidade científica de aprimorar a espécie humana através de uniões desejadas, transformando a prática numa espécie de ideologia científica a serviço do Estado.

De um lado, a eugenia positiva passou a priorizar a união entre iguais – de corpo e mentalidade. O objetivo era propiciar a seleção eugênica na orientação aos matrimônios e estimular a procriação dos casais considerados aptos. A seleção matrimonial levaria a boas linhagens hereditárias e à realização do "tipo eugênico": uma "síntese feliz" de qualidades superiores, de temperamento e de inteligência. Não por acaso, considerava-se que esses indivíduos eugênicos se concentravam nas altas camadas dirigentes e nas classes superiores – uma pequena minoria que estaria mais capacitada a representar as qualidades de uma nação do que a maioria da população concentrada nas classes populares. O estímulo à procriação desses setores sociais era realizado a partir de exames pré-nupciais e estudos genéticos dos nubentes. Entre as medidas saneadoras que potencializavam o nascimento de "crianças saudáveis" estavam o saneamento básico, os cuidados com a nutrição, as atividades físicas, a assistência pré-natal, o controle e tratamento de doenças.

De outro lado, a "eugenia negativa" delimitava a segregação e eliminação dos incapazes, dos defeituosos, dos miseráveis, além dos negros e estrangeiros. Ela preconizava o segundo aspecto do ideal eugênico; isto é, diminuir o número dos seres não eugênicos por meio da limitação ao casamento e à procriação dessas pessoas. Defendia-se também o aborto eugênico, o controle das fontes de degeneração – como alcoolismo, tuberculose e doenças venéreas –, incluindo-se limitações nas políticas imigratórias. Orientava-se, ainda, a segregação e esterilização de doentes mentais e dos "indivíduos degenerados" – as classes mais desfavorecidas compostas de negros e mestiços, sendo que, nesses casos, previam-se medidas anticoncepcionais e de esterilização.

Assim, em nome da ciência e da biologia, avaliava-se de forma negativa condições de vida produzidas pela própria sociedade – como a pobreza e falta de educação formal, agora entendidas como resultado de fatores hereditários. Assim, a eugenia lidava com o meio ambiente e com questões econômicas e sociais, além de influenciar na educação, nos costumes, e na imigração.

E não por acaso, o primeiro grande centro da eugenia foi a Inglaterra vitoriana, cujas condições chamaram a atenção de Galton como um exemplo de decadência racial. Galton era primo de Charles Darwin e, após ler *A Origem das Espécies*, ficou especialmente interessado em como "o estoque humano poderia ser melhorado" por meio dos cruzamentos seletivos, a exemplo do que ocorria com espécies de plantas e animais domésticos. Seguindo essa mesma linha de interesse, adaptou o conceito de seleção natural. Conforme o autor, seriam hereditárias as características físicas – como cor de pele e dos olhos – e não físicas – como a preguiça, a inteligência, a criminalidade e a loucura.

Já nos Estados Unidos, a eugenia se enraíza junto com o crescimento das cidades. Seus apoiadores eram em geral indivíduos de classe média, brancos, e que se sentiam lesados com a chegada de camponeses, pobres e operários. Era voz corrente nesses setores que a entrada desses novos agentes sociais abriria espaços para a criminalidade, a prostituição e o alcoolismo. Os imigrantes vindos do sul e do leste da Europa também eram considerados inferiores hereditariamente. E para lidar com eles, criaram-se associações e instituições onde a eugenia negativa proliferou. Em 1910, inaugurou-se um laboratório perto da cidade de Nova York – o "Escritório de Registros de Eugenia" – onde se coletavam informações que iam desde a cor dos cabelos e dos olhos até a constatação de epilepsia. A eugenia se converteu, então, em um termo corriqueiro nos Estados Unidos, aparecendo nos jornais, nas rádios, nos filmes. Em feiras agrícolas, concursos de famílias submetiam-se a provas médicas, psicológicas e de inteligência, para ganhar medalhas com a seguinte frase, "Tenho uma bela herança", inspirada em *Salmos* 16,6. Até meados de 1920, surdos, cegos, epiléticos e até pobres foram esterilizados em alguns estados estadunidenses, calculando-se que o número de pessoas atingidas por esse procedimento tenha chegado a cerca de setenta mil indivíduos.

VIRANDO VOGA NO BRASIL

Por aqui, a assim chamada ciência da eugenia e os movimentos eugênicos começaram a tomar força a partir da década de 1910, primeiramente nas universidades – em especial as de medicina e sobretudo na faculdade de medicina do Rio de Janeiro. O Brasil sofria com as consequências do final do longo regime da escravidão e a desigualdade dele consequente. Além do mais, a força da recepção do darwinismo racial nos circuitos acadêmicos, científicos e literários fez com que essas teorias fossem entendidas como um diagnóstico e a eugenia como solução.

Diante da ameaça que significava a igualdade jurídica – anunciada pela abolição da escravatura e a promulgação da República –, a eugenia dava conta de estabelecer uma desigualdade biológica, com um discurso supostamente universal. Servia sobretudo para "naturalizar" o predomínio de determinadas posições sociais e silenciar outras.

A voga das teorias raciais, que surge no Brasil já nos anos 1870 muito ligada à antropologia criminal e à frenologia, também auxiliou na absorção de princípios eugênicos. O suposto da primeira escola era que determinadas características físicas e morais – os estigmas – poderiam levar à descoberta do criminoso antes mesmo que ele imaginasse praticar tal ato. Acreditava-se, ainda, que muito pior do que as raças puras – que carregavam diferenças ontológicas – eram as mestiçadas, as quais herdariam os defeitos da mistura das duas raças. Nina Rodrigues, criador da Escola Tropical de Medicina da Bahia, ajuizava caber ao profissional de saúde legislar sobre o Código Penal de 1890, já que o criminoso não passava de um doente regredido. Data de 1894 a publicação de *As Raças Humanas e a Responsabilidade Penal*, livro onde o médico, partindo do suposto da desigualdade entre as raças e da degeneração dos mestiços, advogava que deveriam existir dois códigos adaptados às capacidades variantes dos cidadãos. Já o segundo modelo, a Frenologia, supunha que a mensuração do formato e tamanho dos crânios poderia levar a conclusões determinísticas acerca do estado de desenvolvimento das populações.

Cabe destacar que, mesmo não sendo sinônimos, esses modelos apostavam que era possível, a partir da biologia, avaliar os potenciais das raças e da humanidade. Inimigos do livre-arbítrio e das noções de igualdade e cidadania, esses teóricos propunham a intervenção pública, a coerção e o impedimento das liberdades individuais. O indivíduo pouco valia; interessava mais o grupo a que pertencia, o qual determinava potencialidades e limites.

E foi assim que a eugenia encontrou no país um terreno fértil. Nas primeiras décadas do século XX, a maior preocupação centrava-se no controle da população formada por ex-escravizados e imigrantes recém-chegados, muitos em processo de proletarização. Vários intelectuais, referências em suas universidades, estimavam que a miscigenação era um mal e que o Brasil não tinha futuro. Nesse sentido, os discursos eugênicos se apresentaram como formas de sanear a nação.

Em 1911, João Batista Lacerda, diretor do Museu Nacional, participa, como representante do Brasil, do Congresso Universal das Raças realizado em Londres. Leva com ele a tese *Sur le métis* onde ajuizava que, no espaço de três gerações, por efeito da "seleção natural e dos mais fortes", e por conta da entrada de imigrantes europeus, o Brasil seria branco – grego até. A mesma tese já havia sido explorada por Silvio Romero, em *História da Literatura Brasileira* (1888), que conclamava para que os "brancos" reunidos no Sul do país se misturassem para imprimir sua supremacia. Todavia, por aqui, o maior defensor da eugenia foi Renato Khel, da escola de medicina do Rio de Janeiro. Além de tecer elogios ao modelo do apartheid da África do Sul, ele advogava medidas como a esterilização dos "degenerados", o controle matrimonial, a seleção de imigrantes e outras políticas de "purificação racial". Entre 1917 e 1940, assumiu a propaganda eugênica como sua missão política e intelectual, o que lhe rendeu o título de "pai da eugenia no Brasil".

Outro líder do movimento eugênico brasileiro foi Edgard Roquette-Pinto, que nos anos 1930, quando era diretor do Museu Nacional, sustentou a tese de que seria preciso regenerar a população nacional que considerava biologicamente degenerada. O antropólogo lançou vários livros a respeito, assim como presidiu o 1º Congresso Brasileiro de Eugenia, realizado no Rio de Janeiro em 1929.

Se por aqui a eugenia faria sucesso no início do século XX, já na Europa ela ganharia força durante a Segunda Guerra Mundial, formando a base do Holocausto. Cientistas alemães também foram pioneiros nos estudos de genética de populações, visando estabelecer a superioridade ariana.

Mas os alemães não foram os únicos a usar a eugenia negativa. Se com o tempo ela deixou de ser entendida como ciência, continuou a ser adotada enquanto prática política, com governos de ultradireita, incluindo o brasileiro, defendendo pautas xenófobas e opondo-se às minorias em nome de uma suposta raça histórica.

Mais recentemente tem tomado força uma nova eugenia, que discute a preservação da espécie humana ou, então, o receio de seu desaparecimento. Estamos diante de uma nova biotecnologia que tem buscado ampliar a longevidade e prometido uma espécie de imortalidade. É certo que a eugenia é hoje tratada como pseudociência, mas não deixa de fazer parte da poderosa teoria do senso comum, que insiste em assombrar a humanidade.

Referências

ALMEIDA, Maria Eneida de. A Permanente Relação Entre Biologia, Poder e Guerra: O Uso Dual do Desenvolvimento Biotecnológico. *Ciência & Saúde Coletiva*, Rio de Janeiro, v. 20, n. 7, 2015.

ARENDT, Hanna. *Origens do Totalitarismo*. São Paulo: Companhia das Letras, 2002.

CANGUILHEM, Georges. *Ideologia e Racionalidade nas Ciências da Vida*. Lisboa: Edições 70, 1977.

CADERNOS Pagu, n. 23, 2004. Cara, Cor, Corpo. Organização de Mariza Correa.

FOUCAULT, Michel. *Microfísica do Poder*. 4. ed. Rio de Janeiro: Paz e Terra, 2016.

_____. *Em Defesa da Sociedade*. São Paulo: Martins Fontes, 1999.

HOBSBAWM, Eric. *A Era dos Impérios: 1875-1914*. Rio de Janeiro: Paz e Terra, 1996.

KEVLES, Daniel J. *In the Name of Eugenics: Genetics and the Use of Human Hereditary*. New York: Knopf, 1995.

ROSEN, George. *Uma História da Saúde Pública*. São Paulo/Rio de Janeiro: Hucitec/Abrasco, 1994.

SANTOS, L.G. Invenção, Descoberta e Dignidade Humana. In: CARNEIRO, Fernanda; EMERICK, Maria Celeste (orgs.). *Limite: A Ética e o Debate Jurídico Sobre Acesso e Uso do Genoma Humano*. Rio de Janeiro: Fiocruz, 2000.

SCHWARCZ, Lilia Moritz. *Espetáculo das Raças*. São Paulo, Companhia das Letras, 1998.

STEPAN, Nanci. *The Hour of Eugenics. Race, Gender, and Nation in Latin America*. Cornell: Cornell University Press, 2015.

FEMINISMOS NEGROS

Angela Figueiredo

"Nossos passos vêm de longe!", expressa a continuidade de luta histórica entre o passado e o presente, desde o período em que as mulheres negras foram trazidas da África para serem escravizadas, tendo a destruição de suas famílias, a separação dos filhos e a violência sexual como parte de seu cotidiano até o presente. O que definimos mais recentemente como feminismo negro é de fato uma experiência que se inicia muito antes da formulação do conceito. Trata-se de um conjunto de experiências trazidas pelas mulheres africanas que mobilizam um repertório cultural, religioso, linguístico, político e social para fazer frente às injustiças e à lógica escravista colonial, que considera africanos e africanas como não humanos.

A recuperação das experiências das centenárias irmandades religiosas negras, embora não tenham sido definidas como tais, revela práticas coletivas semelhantes às do feminismo negro dos dias atuais, através dos mecanismos de ajuda mútua, compra de alforria e contribuição para a formação profissional de homens e mulheres negras, isto é, trata-se de organizações religiosas que lutam até hoje pela emancipação da comunidade negra, e não apenas por conquistas das mulheres negras, característica que marca a atuação dos feminismos negros na atualidade. A Carta das Mulheres Negras Contra o Racismo, a Violência e Pelo Bem Viver, publicada antes da Marcha das Mulheres Negras, realizada em Brasília (2015), é um exemplo significativo.

Nesse debate, é preciso recuperar a contribuição crítica do discurso de Sojourner Truth, em 1851, que indaga sobre as características definidoras da identidade das mulheres em oposição à dos homens. Efetivamente, o que Truth faz é perguntar: de que mulheres vocês estão falando?

> Arei a terra, plantei, enchi os celeiros, e nenhum homem podia se igualar a mim! Não sou eu uma mulher? Eu podia trabalhar tanto e comer tanto quanto um homem – quando eu conseguia comida – e aguentava o chicote da mesma forma! Não sou eu uma mulher? Dei à luz a treze crianças e vi a maioria ser vendida como escrava e, quando chorei em meu sofrimento de mãe, ninguém, exceto Jesus, me ouviu! Não sou eu uma mulher? (Sojourner Truth apud Davis, 2016: 72).

O questionamento e o inconformismo de Sojourner Truth representa uma reação histórica ao fato de as mulheres negras não se enquadrarem nos padrões comportamentais estabelecidos para as mulheres, tais como: fragilidade, docilidade, subjugação e proteção. Angela Davis, em *Mulher, Raça e Classe*, analisa as experiências das mulheres negras nas plantações e conclui que elas trabalhavam tanto quanto os homens, e ainda eram violentadas pelos seus senhores. Na Bahia, Ruth Landes (2002) mostra que, no final da década de 1930, as mulheres negras não se enquadravam nos padrões de feminilidade e, mais do que isso, viviam um matriarcado no candomblé em oposição ao patriarcado vigente na sociedade.

Num período mais recente, Matilde Ribeiro (1995) considera que as organizações de mulheres emergiram a partir da realização do I Encontro Nacional de Mulheres Negras – ENMN, em Valença-RJ (1988), sendo o resultado das decisões e reflexões de encontros anteriores realizados a partir de 1985, com destaque para o I Seminário Nacional das Mulheres Negras, em Atibaia-SP (1994), com o propósito de refletir sobre as desigualdades de gênero e raça e outros temas, tais como: o direito à terra e à habitação e as políticas públicas de saúde; e o Encontro Nacional de Mulheres Negras 30 Anos: Contra o Racismo e a Violência e Pelo Bem Viver – Mulheres Negras Movem o Brasil, realizado em dezembro de 2018, em Goiânia, GO.

Uma definição consensual do feminismo negro se encontra no artigo "Nossos Feminismos Revisitados", de Luiza Bairros, responsável pela tradução e introdução no Brasil da contribuição do livro de Patricia Hill Collins, *Teoria Feminista Negra*. Bairros apresenta alguns aspectos fundamentais do feminismo negro:

> Tal tradição constituiu-se em torno de cinco temas fundamentais que caracterizariam o ponto de vista feminista negro: 1. o legado de uma história de luta; 2. a natureza interligada de raça, gênero e classe; 3. o combate aos estereótipos ou imagens de controle; 4. a atuação como mães, professoras e líderes comunitárias; e 5. a política sexual. (Bairros, 1995: 462)

Muitas mulheres negras se recusavam e ainda rejeitam serem identificadas como feministas, pois consideram que o feminismo reflete a experiência de mulheres brancas de classe média, que muitas vezes exercem opressão sobre as mulheres negras, principalmente sobre as trabalhadoras domésticas (Pons, 2012; Figueiredo & Gomes, 2016). Além do mais, o entendimento de que o patriarcado é responsável pela opressão feminina levou as feministas brancas a elaborarem a teoria sobre a opressão de gênero como universal. Contudo, algumas autoras apontam que em algumas sociedades africanas e indígenas não há uma superioridade masculina em todas as instâncias e que o poder pode ser exercido pelos homens em algumas esferas da sociedade e pelas mulheres em outras.

Angela Figueiredo e Patrícia Godinho Gomes, no texto "Para Além dos Feminismos", destacam que em diversas sociedades africanas a geração é fundamental para entender as diferenças e hierarquias sociais. Por sua vez, Oyèrónkẹ́ Oyěwùmí (2017) rejeita a relevância do conceito de gênero para entender a sociedade iorubana, pois o considera demasiadamente centrado no sexo biológico. Além disso, o paradigma do patriarcado com base no entendimento de que a opressão feminina é resultante do poder masculino, estruturado a partir de uma lógica hierárquica que considera o homem como superior em todas as dimensões do poder – religioso, econômico, sexual, político, familiar etc. –, é também questionado por muitas mulheres negras, que reconhecem que os homens negros são subjugados racialmente pelos homens brancos.

Concordo com Collins, quando chama a atenção para o uso do termo "feminismo negro", que

> destaca as contradições subjacentes à brancura presumida do feminismo e serve para lembrar às mulheres brancas que elas não são nem as únicas nem a norma "feminista". O termo "feminismo negro" também faz com que muitas mulheres afro-americanas se sintam desconfortáveis porque desafia as mulheres negras a confrontar os seus próprios pontos de vista sobre o sexismo e a opressão das mulheres (Collins, 2017: s/p.).

Angela Davis (2018) considera que o feminismo negro vai além da análise interseccional das categorias de gênero, raça e classe, pois

> Ele deve envolver uma consciência em relação ao capitalismo, ao racismo, ao colonialismo, às pós-colonialidades, às capacidades físicas, a mais gêneros do que jamais imaginamos, a mais sexualidades do que pensamos poder nomear. O feminismo não nos ajudou apenas a reconhecer uma série de conexões entre discursos, instituições, identidades e ideologias que tendemos a examinar separadamente. Ele também nos ajudou a desenvolver estratégias epistemológicas e de organização que nos levam além das categorias "mulher" e "gênero". (DAVIS, 2018: 99)

Desse modo, adicionamos o adjetivo *negro* ao feminismo não como um marcador de identidade, mas enquanto categoria política. A abordagem feminista negra considera a interseccionalidade de várias categorias de opressão, e de maneira criativa e comprometida busca entender como os sujeitos políticos subalternos incorporam práticas e buscam saídas para o enfrentamento de situações de opressão, através da subversão da ordem estabelecida pelo capitalismo global, racializado e generificado vigente nas sociedades.

Atualmente, há uma pluralidade de experiências feministas negras, tais como: feministas negras decoloniais, feministas negras periféricas, feministas negras lésbicas, feministas negras interseccionais, mulheristas, dentre outras autodefinições, que têm usado blogs e plataformas digitais, tais como Facebook, Instagram e Youtube para divulgar suas ideias. Esse movimento tem sido definido por algumas autoras como a quarta onda feminista, caracterizada principalmente pelo ativismo digital.

Na narrativa hegemônica sobre as três ondas que caracterizam o feminismo, não há inclusão da contribuição crítica realizada pelas mulheres negras, por isso Sueli Carneiro (2003) destacou a necessidade de enegrecer o feminismo. Desse modo, a inclusão dos feminismos negros na quarta onda, exatamente no momento em que se considera prioritário o ativismo digital, parece problemático, na medida em que rejeita realizar uma revisão crítica da própria história e da narrativa hegemônica do feminismo, incluindo e reconhecendo a contribuição feminista negra e de outras mulheres racializadas em suas diferentes fases. Isso contribui para apagar a história de luta das mulheres negras por justiça, além de silenciar ações concretas de muitas mulheres negras, que nem sequer têm acesso às redes. Em um processo de autodefinição, algumas mulheres negras preferem nomear esse momento como *maré feminista negra*. É da maré que muitas mulheres negras marisqueiras retiram seu sustento, mas a Maré é também o lugar de nascimento de Marielle Franco, vítima de feminicídio político em 14 de março de 2018, e que se tornou um símbolo de luta das mulheres negras.

Até agora o feminismo negro foi abordado no singular, exatamente para retratar suas origens, bem como a resistência de algumas mulheres negras para se definirem como feministas. Contudo, no parágrafo acima foi observada a pluralidade de feminismos negros, por isso, faz-se necessário tratarmos de feminismos negros, no plural, pois são parte das dinâmicas sociais contemporâneas. A manutenção do termo no singular reduz a sua complexidade e negligencia as diferenças e a diversidade de experiências que caracterizam as mulheres negras. Para o nosso entendimento, o feminismo negro é um projeto político amplo e dinâmico, resultante de um esforço político, prático e teórico que considera a realidade vivida pelas mulheres negras cis e trans e a interseccionalidade das categorias de opressão de raça, gênero, classe e sexualidade como um ponto de vista determinante para a reflexão, intervenção e atuação em diferentes áreas sociais, estando presente na cultura, nas artes, na política, na produção do conhecimento dentro e fora da academia, na saúde e em outros campos de luta, ou seja, trata-se da incorporação dos princípios fundamentais do feminismo negro de maneira criativa e comprometida com a luta por justiça social. É exatamente o entendimento dessa diversidade e da intersecção de diferentes categorias de opressão que faz as práticas feministas negras plurais.

A agenda dos feminismos negros é composta por necessidades e urgências para a maioria da população que vive em condições de exploração do capitalismo globalizado e racializado, constituída majoritariamente pelos trabalhadores subalternizados, desempregados e sem-teto, e por uma imensa população encarcerada. Os feminismos negros são, fundamentalmente, coletivos e comunitários.

Por fim, gostaria de enfatizar que, em suas ações cotidianas, os feminismos negros têm construído uma narrativa contra-hegemônica sobre as mulheres negras e tem apresentado um novo projeto de sociedade, "um novo pacto civilizatório", em que caibam todes. Nesse sentido, cabe destacar a emergência de um novo vocabulário que questiona as regras gramaticais, em que o sujeito neutro é masculino, e que adota o neologismo como uma prática cotidiana de resistência e ressignificação da experiência. Desse modo é que as *sujeitas* mulheres negras emergem no contexto atual, subvertendo regras, pois "a língua, por mais poética que possa ser, tem também uma dimensão política de criar, fixar e perpetuar relações de poder e de violência [...]" (Kilomba, 2019: 14).

Referências

BAIRROS, Luiza. Nossos Feminismos Revisitados. *Estudos Feministas*, a. 3, 2º sem. 1995.

CARNEIRO,Sueli. Enegrecer o Feminismo: A Situação da Mulher Negra na América Latina a Partir de uma Perspectiva de Gênero. In: ASHOKA Empreendimentos Sociais & Takano Cidadania (orgs.). *Racismos Contemporâneos*. Rio de Janeiro: Takano, 2003.

COLLINS, Patricia Hill. O Que É um Nome? Mulherismo, Feminismo Negro e Além Disso. *Cadernos Pagu*, n. 51, 2017.

DAVIS, Angela. *Mulher, Raça e Classe*. São Paulo: Boitempo, 2016.

____. *A Liberdade É uma Luta Constante*. São Paulo: Boitempo, 2018.

FIGUEIREDO, Angela; GOMES, Patrícia Godinho. Para Além dos Feminismos: Uma Experiência Comparada Entre Guiné-Bissau e Brasil. *Revista Estudos Feministas*, v. 24, n. 3, 2016.

KILOMBA, Grada. *1968 – Memórias da Plantação: Episódios de Racismo Cotidiano*. Rio de Janeiro: Cobogó, 2019.

LANDES, Ruth. *A Cidade das Mulheres*. Rio de Janeiro: Editora da UFRJ, 2002.

OYĚWÙMÍ, Oyeronké. *La Invención de las Mujeres: Una Perspectiva Africana Sobre los Discursos Occidentales de Género*. Bogotá: Editorial en la Frontera, 2017.

PONS, Claudia. *Outras Falas: Feminismos na Perspectiva de Mulheres Negras Brasileiras*. Tese (Doutorado no Programa de Pós-Graduação em Estudos de Gênero, Mulher e Feminismo). Salvador: UFBA, 2012.

RIBEIRO, Matilde. Mulheres Negras: De Bertioga a Beijing. *Estudos Feministas*, Florianópolis, n. 2, 1995.

FILOSOFIA AFRODIASPÓRICA

Fernando de Sá Moreira

Filosofia afrodiaspórica é um termo popularizado a partir do último quarto do século XX. Trata-se de um conceito abrangente, que tem a pretensão de designar diversos conjuntos de saberes e práticas de caráter filosófico, desenvolvidos por indivíduos ou grupos ligados a uma ancestralidade africana e, de modo geral, pertencentes ao que se pode chamar de diáspora africana. Portanto, de forma semelhante a conceitos como filosofia indígena, filosofia oriental, filosofia ocidental ou filosofia continental, o conceito de filosofia afrodiaspórica não representa um campo de conhecimento único e internamente coeso, mas variadas formas de expressão filosófica reunidas por partilharem algumas características em comum e que podem, além de aproximações e semelhanças, facilmente possuir contradições e antagonismos entre si. Exatamente por isso, não é raro encontrar o uso da forma plural "filosofias afrodiaspóricas", quando se pretende destacar a multiplicidade que o conceito representa.

FILOSOFIA AFRICANA E FILOSOFIA AFRODIASPÓRICA

Considerando que a filosofia afrodiaspórica está intimamente ligada a perspectivas e experiências dos africanos e seus descendentes, ela é com frequência considerada inseparável e, eventualmente, até mesmo indistinguível da própria filosofia africana. Em outras palavras, filósofos que não são estritamente africanos do ponto de vista de seu local de nascimento ou pertencimento nacional, são amiúde pensados como "filósofos africanos", caso pertençam à comunidade da diáspora africana e, principalmente, caso desenvolvam reflexões sobre temas estreitamente conectados com os africanos e seus descendentes. Pela mesma razão, mesmo quem diferencia o pensamento filosófico produzido de forma estritamente ligada ao continente africano do pensamento produzido na diáspora, costuma ressaltar a inexistência de fronteiras rígidas entre as duas filosofias por meio do emprego frequente da expressão conjunta "filosofia africana e afrodiaspórica".

Vale notar que a expressão "filosofia afrodiaspórica", embora seja bem difundida entre pesquisadores de língua portuguesa, nem sempre encontra o mesmo acolhimento em outras tradições linguísticas. Em inglês, por exemplo, emprega-se mais comumente os conceitos de *African Philosophy* e *Africana Philosophy*. É preciso observar aqui que não se trata apenas de palavras diferentes para os mesmos conceitos. Enquanto *African Philosophy* poderia ser traduzido sem maiores dificuldades por "filosofia africana", seria um erro pensar que a expressão *Africana Philosophy* equivaleria a "filosofia afrodiaspórica". Na verdade, o conceito de *Africana Philosophy* normalmente designa simultaneamente tanto a filosofia africana quanto a filosofia afrodiaspórica.

De fato, há muitos casos em que é difícil, talvez mesmo impossível, separá-las. O exemplo de Anton Wilhelm Amo é ilustrativo nesse caso. Ele foi um filósofo dos primórdios do século XVIII nascido em Axim, cidade da África Ocidental. Foi levado ainda criança ao território da atual Alemanha, onde estudou filosofia e se tornou professor nas universidades de Halle, Wittenberg e Jena. Viveu cerca de quarenta anos na Europa antes de retornar à África, onde permaneceu até o fim da vida. Atualmente, a vida e o pensamento de Amo se tornaram influentes nas filosofias africana e afrodiaspórica. Em razão de seus inúmeros deslocamentos e pertencimentos, não é possível defini-lo inequívoca e exclusivamente como africano ou diaspórico.

Outro caso interessante pode ser observado no papel desempenhado pelo intelectual Frantz Fanon, teórico do racismo e do colonialismo da metade do século XX. Nascido na diáspora africana caribenha, mais especificamente no departamento ultramarino francês da Martinica, foi particularmente ativo no contexto das lutas pela independência da Argélia e de outras colônias africanas no pós-Segunda Guerra. Fanon tornou-se um marco intelectual tanto para pensadores africanos quanto afrodiaspóricos.

Em ambos os casos, encontramos elementos e reflexões, pontos de vista e problemas conectados à África Continental e seus habitantes e, de modo simultâneo, à diáspora africana. Isso vale tanto para se pensar a origem de suas trajetórias biográficas e intelectuais como para se pensar suas influências posteriores.

Apesar disso, cabe observar, em muitos contextos, a filosofia africana e a filosofia afrodiaspórica como coisas distintas. Isso porque frequentemente os pensadores afrodiaspóricos se dedicam a problemas, pontos de vista, questões regionais e nacionais, percursos formativos e referências intelectuais que estão diretamente relacionados à sua condição diaspórica. Entre outros casos, essa diferença pode ser notada, por exemplo, na reflexão afrodiaspórica sobre temas como colonização ou colonialidade, independências e identidade nacional, racismo, liberdade, escravidão etc.

Essa pode ser uma chave de leitura, por exemplo, da produção filosófica de Lélia Gonzalez no Brasil e de Angela Davis nos Estados Unidos. A vivência e a produção intelectual de ambas estão estreitamente conectadas à diáspora negro-africana no continente americano. Gonzalez estudou profundamente a condição diaspórica brasileira e latino-americana ao desenvolver conceitos como amefricanidade e pretuguês, assim como refletiu e participou intensamente de movimentos sociais, culturais e políticos no Brasil ao longo do século XX. Davis, por sua vez, tem entre seus principais materiais de reflexão a condição social negra estadunidense. Ambas desenvolvem filosofias intensamente preocupadas com os entrecruzamentos das condições sociais, de gênero e de raça em suas sociedades, que são intensamente marcadas por uma presença africana em diáspora e por cenários socioeconômicos e culturais que não coincidem completamente com as experiências africanas.

Isso não quer dizer que as experiências e pontos de vista africanos e afrodiaspóricos se contradigam necessariamente. Tampouco seria o caso de julgar que eles não se comunicam ou se complementam com frequência. Contudo, cabe notar que os paradigmas africanos e afrodiaspóricos muitas vezes não são coincidentes, apesar de todas as afinidades já mencionadas.

HISTÓRIA DA FILOSOFIA AFRODIASPÓRICA

Por se tratar de um conceito abrangente, cuja função é congregar um enorme conjunto de concepções de mundo que não precisam ter conexões lineares entre si, torna-se muito difícil estabelecer o que poderia ser uma história da filosofia afrodiaspórica. Mais uma vez somos aqui forçados a pensar de forma plural em histórias das filosofias afrodiaspóricas. Ainda assim, é interessante observar uma característica da temporalidade afrodiaspórica. Se, por um lado, é fato que desde o início da existência humana houve inúmeras diásporas africanas; por outro, é difícil deixar de perceber que o conceito mais usual de afrodiáspora está mais intimamente ligado a períodos mais recentes, em especial aos últimos cinco séculos. Em outras palavras, um marco fundamental da história da filosofia afrodiaspórica costuma ser identificado com a formação de grandes comunidades de africanos na Europa e na América em decorrência dos violentos processos de colonização, tráfico atlântico de escravizados e racialização das populações negro-africanas a partir do século XV.

Cabe considerar também, em vistas de uma história da filosofia afrodiaspórica, que conhecimentos sobre as comunidades da diáspora africana, seus saberes e práticas amiúde foram produzidos por indivíduos não pertencentes a essas comunidades. Em contextos nacionais como o brasileiro, por exemplo, isso vale sobretudo para a produção de conhecimento acadêmico, uma vez que, historicamente falando, as condições de acesso à universidade com frequência mantiveram a população negra e afrodescendente mais afastada dos postos de produção do saber academicamente considerado do que outros grupos. Essa é uma situação que se encontra em processo de mudança no Brasil, com o aumento da presença negra no ensino superior ao longo das primeiras décadas do século XXI. Porém, a baixa representação negra nos mais altos postos de pesquisa das universidades brasileiras é ainda uma realidade.

Repetidas vezes, a população negra não foi considerada como produtora de conhecimento acadêmico, mas isso não significa que não tenham sido produzidos conhecimentos filosóficos sobre ela por indivíduos que não pertencem a esse grupo. O valor dessas produções exógenas para a filosofia afrodiaspórica é dúbio. Em muitos casos, elas estão cercadas de equívocos e preconceitos. Porém, há casos em que desempenham um papel na história da filosofia afrodiaspórica seja por fornecer dados ou perspectivas que são posteriormente aproveitadas pelos pensadores afrodiaspóricos, seja porque fornecem material para a crítica filosófica. Em outras palavras, ainda que não se possa considerar a contribuição exógena como pertencente à filosofia afrodiaspórica *stricto sensu*, não é de se desconsiderar que ela pode ocupar um lugar em uma história da filosofia afrodiaspórica *lato sensu*.

FILOSOFIA AFRODIASPÓRICA FRENTE A OUTROS CAMPOS DE SABER

Para se pensar o conceito de filosofia afrodiaspórica é preciso evitar quatro erros fundamentais. Em primeiro lugar, é necessário desvincular o reconhecimento de um filósofo afrodiaspórico da obtenção de títulos acadêmicos na área de filosofia. Na verdade, a filosofia afrodiaspórica em nada difere das demais nesse aspecto. A obtenção de um título acadêmico na área jamais foi condição absoluta para o reconhecimento de um indivíduo como filósofo e, portanto, o mesmo deve valer para o caso dos filósofos afrodiaspóricos. No caso brasileiro, soma-se a isso o fato de que, falando historicamente e em termos gerais, os cursos de graduação e pós-graduação em filosofia do país mostram-se bastante resistentes ao debate da filosofia africana e afrodiaspórica.

Em segundo lugar, é preciso notar que, para que seja reconhecida como tal, uma filosofia afrodiaspórica não precisa ser absolutamente alheia a outras filosofias, por exemplo, à filosofia ocidental. Sendo assim, um filósofo afrodiaspórico não se torna menos legítimo se, além de diálogos intensos com a filosofia africana, também dialogue com filósofos ocidentais. A exigência de que filósofos afrodiaspóricos não tenham qualquer interação com filósofos ocidentais apenas transpõe para a diáspora a equivocada imagem de uma África fechada em si mesma, sem o desejo ou sem a capacidade de manter interações com outros continentes, saberes e culturas.

Em terceiro lugar, é preciso atentar para o fato de que é muito comum e esperado que as filosofias afrodiaspóricas se apresentem sem a determinação clara de fronteiras entre o que nela é filosofia e o que pertence à arte, religiosidade ou outros campos de saber acadêmicos ou não acadêmicos. Em outras palavras, filosofias afrodiaspóricas quase sempre não se limitam àquilo que é academicamente reconhecido como *exclusivamente* filosófico. De fato, para além das experiências de pensamento filosófico desenvolvidos por indivíduos específicos, também são consideradas filosofias afrodiaspóricas as perspectivas filosóficas desenvolvidas de forma coletiva em contextos como os movimentos sociais, culturais, educacionais e/ou artísticos, em espaços de práticas religiosas de matriz africana ou com intensa presença negra etc.

Por fim, quanto aos interesses temáticos, é possível notar que um traço muitas vezes presente na filosofia afrodiaspórica é o pensamento engajado e a reflexão sobre as condições sociais e humanas das comunidades negras e/ou de afrodescendentes. Porém, é errado considerar que as filosofias afrodiaspóricas são apenas e exclusivamente uma reflexão "de negros, sobre negros, para negros na diáspora", de modo que suas contribuições seriam supostamente apenas interessantes para um grupo particular e restrito de pessoas. As investigações de filósofos afrodiaspóricos são tão ricas e tão diversas quanto, por exemplo, as de filósofos ocidentais. No mesmo sentido, a filosofia afrodiaspórica é imprescindível para uma formação filosófica geral, assim como para a discussão de temas e problemas relevantes à humanidade como um todo.

Referências

APPIAH, Kwame Anthony. *Na Casa de Meu Pai: A África na Filosofia da Cultura*. Rio de Janeiro: Contraponto, 1997.

BUTLER, Kim; DOMINGUES, Petrônio. *Diásporas Imaginadas: Atlântico Negro e Histórias Afro-Brasileiras*. São Paulo: Perspectiva, 2020.

HALL, Stuart. *Da Diáspora: Identidades e Mediações*. Belo Horizonte: Editora UFMG, 2002.

KAJIBANGA, Victor; MANCE, Euclides André; OLIVEIRA, Reinaldo João. *O Que É Filosofia Africana?* Lisboa: Escolar, 2015.

WIREDU, Kwasi (ed.). *A Companion to African Philosophy*. Oxford: Blackwell Publishing, 2004.

FILOSOFIAS AFRICANAS

Adilbênia Freire Machado
Renato Noguera
Wanderson Flor do Nascimento

EUROCENTRISMO E O PROBLEMA DA EXISTÊNCIA DE UMA FILOSOFIA AFRICANA

Poucas vezes uma experiência entendida como universalmente humana, como a filosofia, teve sua existência questionada de modo tão radical, em função da prática do racismo, como no caso da(s) *filosofia(s) africana(s)*. O eurocentrismo envolvido na produção do cânone ocidental da filosofia estabelece uma contradição ao afirmá-la como uma tarefa humana de exercício de um pensamento sofisticado, que interroga a existência, a ação e o próprio conhecimento e, por outro lado, imagina que as pessoas africanas não seriam capazes da produção de uma filosofia, impedindo, portanto, a existência de uma *filosofia africana*, o que tornaria a própria expressão um oxímoro. A ideia de que o nome da prática tenha sido divulgado, cultural e academicamente, a partir de um termo grego – *philo-sophia* (amizade pela sabedoria) –, fez parecer que apenas as pessoas herdeiras das tradições culturais gregas – leia-se, o Ocidente – seriam capazes de praticar a filosofia.

As falaciosas justificativas que levam à problematização da existência de *filosofias africanas* normalmente se vinculam a dois eixos de mobilização, que resultam na explicitação do caráter racista da tentativa de justificação: de um lado, o caráter escrito da prática filosófica, incompatível com a suposta agrafia das tradições orais africanas; e, de outro lado, a inexistência de uma geografia do pensamento. Se a filosofia é uma prática humana, não haveria sentido em falar de uma filosofia radicada em um lugar.

Relativamente a esse primeiro ponto, há que se assinalar o caráter caricatural tanto da prática filosófica – que não se dá apenas na escrita, que é, em grande parte das vezes, apenas o registro da reflexão anterior – como, também, da tradição oral africana. Oralidade não significa desconhecimento da escrita (agrafia), mas uma relação particular de primazia com a palavra falada, mesmo diante da existência de um texto escrito. Nesse contexto, convém lembrar que muito tempo antes dos textos escritos pelos filósofos chamados de pré-socráticos – que nos chegaram na forma de fragmentos –, há registros escritos e textos completos e sofisticados que registram reflexões sobre a existência, a ação (moral, arte, política) e o próprio conhecimento elaborados no continente africano. Os mais famosos registros escritos (embora nem sejam os únicos e nem os mais antigos) são textos do Antigo Egito (especificamente da região Nilótica, mais conhecida na antiguidade como Kemet), que nos legaram textos com datação anterior a dois mil anos antes da era comum e subsidiaram tradições que formaram, inclusive, parte dos chamados filósofos gregos da Antiguidade. Portanto, esse argumento da agrafia depõe mais sobre o ocultamento e apagamentos de parte das culturas africanas do que a ausência de uma capacidade dessa reflexão que o Ocidente nomeou como filosófica.

Por outro lado, a justificativa da suposta universalidade da prática filosófica – impedindo uma leitura geográfica – somente é utilizada para impedir que terras não localizadas em regiões euro-estadunidenses reivindiquem abordagens e existências da prática filosófica em regiões não ocidentais. Não causa estranheza a existência apenas de uma Filosofia Ocidental e de tradições e escolas como a filosofia francesa, inglesa ou alemã, enquanto uma Filosofia Africana, iorubá ou cabinda é percebida com desconfiança pelo *mainstream* da área. Essa suposta justificativa aponta mais para um etnocentrismo racista das classificações das filosofias do que para a dificuldade em perceber regionalidades na produção filosófica. Suplantadas tais dificuldades colocadas pelas tentativas frustradas de negar a existência de *filosofias africanas* resta, portanto, caracterizá-las.

A PERGUNTA METAFILOSÓFICA: A FILOSOFIA E A ÁFRICA EM QUESTÃO

A expressão *filosofias africanas* coloca em questão a definição eurocêntrica de filosofia, que supõe ser filosófica apenas aquela prática crítico-reflexiva-conceitual que é produzida seguindo as heranças culturais do Ocidente. A noção de *filosofia* se reposiciona, objetivando trazer para a dimensão conceitual do pensamento a problematização de toda a experiência vivida, realizada por qualquer ser humano, em qualquer lugar do mundo, independentemente de sua origem geográfica, de suas características fenotípicas, de sua posição geopolítica.

Por outro lado, a noção de *África*, que informa o adjetivo "africanas", tampouco está relacionada à África colonial, colonizada na modernidade. Trata-se de uma África ancestral, comprometida com a história e destinos de todas as pessoas que descendem das tradições culturais não moldadas pela colonização moderna. Trata-se, portanto, de uma África vivida no presente, com as orientações ancestrais de um passado não colonial, e com um compromisso de um futuro lúcido em relação às amarras das subjugações políticas, econômicas e cognitivas que o mundo moderno trouxe para a experiência africana. Assim, trata-se de uma África que se projeta em tempos distintos e, também, em espacialidades diversas pois, além de englobar o continente, engloba a chamada diáspora negra no mundo, herdeira dessas tradições culturais africanas não coloniais. Isso significa uma África – cujos vínculos se fazem em seus trajetos históricos e no enfrentamento à colonização – múltipla, diversa, que tem histórias, línguas, culturas, sentidos e percepções da realidade que nem sempre convergem em todos os elementos.

Ao termos essas duas palavras da expressão redefinidas pelo seu encontro na expressão *filosofias africanas*, nos deparamos com um caminho interessante – mas não único – de definir o que seriam essas filosofias: aquelas que se inserem na reflexão filosófica a partir dos diversos e vinculados contextos culturais africanos. E como os solos culturais africanos se projetaram, ao menos em parte, na diáspora, essas *filosofias africanas* são, por isso, aquelas produzidas *em* África, mas também *desde* África, naquilo que dela vive nas ambiências culturais. E há, nessa percepção das *filosofias africanas*, não apenas conteúdos conceituais diferentes daqueles produzidos pelo ocidente, mas também uma epistemologia outra, que, quando pensada desde a diáspora, oferece maneiras de reposicionar não apenas conteúdos do que se conhece, mas os próprios modos de conhecer, mobilizando o corpo, a imaginação, o compromisso e a ancestralidade como balizadores epistemológicos das lógicas e práticas de conhecimento africanas.

Essas filosofias estão comprometidas com a retomada da humanidade das pessoas africanas, que a colonização tentou extirpar ao fundar raças hierarquicamente distintas em relação não apenas à governança política e econômica, mas também em relação às capacidades cognitivas. Assim, sustentar hoje a existência das *filosofias africanas* é um dos caminhos para desconstruir a desumanização colonial das pessoas negras, promovida pelo racismo.

HISTÓRICOS DIVERSOS DAS FILOSOFIAS AFRICANAS

Muitas são as maneiras pelas quais as tradições historiográficas das *filosofias africanas* reconstroem seu histórico. Algumas adotam a abordagem ocidental e pensam a filosofia produzida a partir dos contatos coloniais e, em especial, das teorizações nas universidades ocidentais ou ocidentalizadas, produzindo classificações e periodizações distintas. Outras resgatam a historicidade não colonial do continente africano, remontando aos primeiros registros da produção de conhecimento e de reflexões que se têm notícia no continente. Essa abordagem também gerou diversas periodizações e classificações das práticas filosóficas africanas.

No contexto dos estudos das *filosofias africanas* promovidos na diáspora, sobretudo das lutas antirracistas, não basta a adoção das classificações ocidentalizadas das práticas filosóficas do Velho Continente Negro. Na procura pelas raízes africanas das pessoas negras da diáspora, o interesse por outras classificações reforçou a busca por conhecer produções filosóficas anteriores ao empreendimento colonial.

Tais investigações sobre as origens do pensamento filosófico no Velho Continente encontram ao menos duas grandes interpretações. Uma é aquela iniciada pelo polímata senegalês Cheikh Anta Diop, que sustenta o Kemet como berço da civilização mundial e também da ciência e da filosofia. Com isso, ele renega o Egito embranquecido pelos processos coloniais, e realça o valor do Kemet, o *Egito da Negritude*, cujas populações eram negras e se nomeavam em função dessa característica.

A outra, sustentada pelo filósofo guineense Eugénio Nkogo Ondó, percebe, na esteira de Diop, o Kemet da Antiguidade como um palco para o desenvolvimento das ciências, das instituições com laços sofisticados de organização social e das filosofias e religiões. Entretanto, para ele o Antigo Egito seria a culminância do acúmulo das ciências e das filosofias que existiam anteriormente em outras regiões do continente, em especial aquelas ocupadas pelos ishango, antigos povos do centro sul do velho continente negro, habitantes das margens do atual Lago Eduardo, a quem Ondó atribui as origens da filosofia, do sistema métrico decimal e da astronomia. Esses povos deixaram registros de sua prática de reflexão e de conhecimento datadas de cerca de vinte mil anos antes da era comum.

As duas interpretações resumidas acima não são necessariamente concorrentes. Elas sustentam em comum a anterioridade africana dos registros dessas práticas de conhecimento e reflexão filosófica, no sentido de recusar a origem exclusivamente ocidental do pensamento sofisticado, crítico, criativo, conceitual, metódico, o qual nos habituamos chamar filosofia. A partir dessa recusa de exclusividade, as histórias das filosofias africanas apontam para o fato de que as historiografias hegemônicas, além de insistirem no início grego da filosofia, também apagaram a origem africana de pensadoras e pensadores que foram incorporados ao cânone eurocêntrico como se fossem europeus. Assim se invisibilizou, por exemplo, o fato de que Hipátia e Plotino eram egípcios, de que Santo Agostinho nascera em Tagaste, região hoje localizada na Argélia, apenas para mencionar alguns exemplos conhecidos. Nesse rastreio histórico, não apenas encontramos filosofias produzidas na Antiguidade, mas também em todos os períodos como, por exemplo, Orígenes, egípcio do século II, Ibn Yunus, egípcio do século X, Zera Yacob, etíope do século XVII, Anton Wilhelm Amo, ganense do século XVIII, Nana Asma'u, nigeriana dos séculos XVIII e XIX, para citar apenas alguns nomes que antecederam o século XX, que viu eclodir debates a respeito da existência da filosofia africana e, ao mesmo tempo, da difusão de centenas de autoras e autores dos mais diversos países africanos, com as mais variadas abordagens filosóficas.

Além de tudo, é preciso ressaltar ainda a existência de grandes bibliotecas africanas, em Alexandria, no Egito da Antiguidade e em Timbuktu, no Mali do século X em diante, que hospedaram livros e centros de pesquisa de sofisticação sem igual para suas épocas. O debate entre as tradições negras da África Subsaariana e as tradições árabes e islâmicas que chegaram ao continente africano, a partir do século VII, movimentaram muitas reflexões, o que manteve o velho continente negro como um centro vivo de pensamento e produção de saberes, ciências, artes e filosofias. Desse modo, podemos afirmar que o continente africano sempre hospedou o pensamento filosófico, não precisando esperar pela colonização para que o pensamento sofisticado chegasse a ele, ao contrário do que uma certa abordagem racista da história do pensamento divulga.

FILOSOFIAS AFRICANAS NOS PERÍODOS PÓS-COLONIAIS

Embora, como notamos até aqui, tenhamos a possibilidade de encontrar com facilidade reflexões filosóficas em todos os períodos históricos do velho continente negro, o século XX hospedou uma profusão de debates sobre pensadoras e pensadores negras e negros que problematizaram a matriz racista da percepção da história da filosofia e das histórias dos povos africanos.

Desde a publicação do livro *A Filosofia Bantu* (1945) do padre belga Placide Tempels – que afirmara que os povos de línguas bantas, com os quais ele convivera por décadas no então Congo Belga, tinham em sua estrutura linguística e cultural uma metafísica e uma ética implícitas, que apenas não estavam sistematizadas –, uma série de discussões sobre a possibilidade da prática da filosofia no continente africano, sobretudo aquela presente desde o século XIX nas universidades ocidentais, se estabeleceu. Diversos intelectuais europeus, fascinados pelo exotismo da produção de Tempels, apostaram na África como um lugar de uma filosofia ainda virgem, que precisaria ser incentivada com a construção de universidades.

Ao mesmo tempo, surge um esforço historiográfico em perceber a profusão de abordagens filosóficas que aparecem ou são percebidas na África Subsaariana. A mais conhecida dessas classificações foi estabelecida pelo filósofo queniano Henri Odera Oruka, dividindo as abordagens em Etnofilosofia, Filosofia da Sagacidade, Filosofia Ideológica Nacionalista e Filosofia Profissional. A finalidade dessa classificação proposta por Oruka era de dar conta das filosofias produzidas pela análise de elementos culturais das sociedades (como feita por Tempels), traduzir a fala das pessoas sábias dos povos tradicionais, dar conta dos movimentos de pensamento emergido nos processos de descolonização do século XX, sobretudo aqueles que resultam na formação dos socialismos africanos e, por fim, nomear a prática das reflexões das e dos filósofos nas universidades recém-criadas nos países africanos.

A classificação de Oruka foi problematizada muitas vezes, sobretudo em função do modo como a ideia de etnofilosofia (ou filosofia encontrada de maneira coletiva no tecido cultural) e outras abordagens foram inseridas na classificação construída por ele. Independentemente da abordagem historiográfica que se adote, entretanto, nota-se nelas um esforço não apenas de mapear como também de afirmar a existência de uma multiplicidade de fazeres e pensares filosóficos no continente. Tais classificações foram e são indispensáveis para entender a diáspora africana, que, na busca de suas raízes no continente negro, intenta, também, compreender como essa multiplicidade nos atravessou do outro lado do Atlântico.

NOSSAS FILOSOFIAS AFRICANAS

O Brasil é o maior país negro fora do continente africano e há quem pense que é o maior país africano da diáspora. Saberes, valores, práticas e sentidos africanos que aqui chegaram com as pessoas sequestradas pelo tráfico foram preservados e recriados em experiências de resistência e criação como os terreiros de religiões de matrizes africanas e os quilombos. Por isso, encontramos epistemologias, éticas, teorias políticas e estéticas que habitam esses terreiros e quilombos, como apontados em estudos acadêmicos e reflexões de intelectuais presentes nesses espaços de manutenção dos saberes e filosofares ancestrais.

Entretanto, é com o advento da reformulação da Lei de Diretrizes e Bases da Educação Nacional, em 2003, pela Lei Federal 10.639, que se mobiliza uma ampliação das investigações filosóficas sobre as *filosofias africanas* e os modos como elas nos influenciam e estão presentes entre nós.

Perspectivas como a Filosofia da Ancestralidade, mobilizada por Eduardo David de Oliveira, a abordagem Afroperspectivista, articulada por Renato Noguera ou a Pretagogia trabalhada por Sandra Petit apontam para essas possibilidades de não apenas reconhecer nossas heranças africanas nos modos de filosofar produzidos por aqui, mas também se mostram como ferramentas de enfrentamento aos racismos epistêmicos que insistem em apagar ou reduzir o papel dos elementos africanos e ameríndios no pensamento social brasileiro.

COSMOPOLITISMO NAS *FILOSOFIAS AFRICANAS*

O movimento que tem mais se fortalecido atualmente em torno das filosofias africanas no Brasil e no mundo ajuíza que o pensamento africano além de oferecer elementos de fortalecimento para povos negros do velho continente, mãe da diáspora, apresenta potentes e criativas ferramentas teóricas para compreender o mundo moderno em suas profundas crises, através da retomada dos pontos ancestrais do pensamento. Nesse sentido, o pensamento filosófico africano seria cosmopolita, preocupado em pensar o todo do mundo e não apenas aquelas dimensões do mundo que dizem respeito mais diretamente às populações negras. Esse fenômeno, junto com conjunturas políticas e econômicas, espalhou intelectuais do continente por vários lugares do mundo, que buscam oferecer respostas a questões globais desde essa "África Mundo", como mobilizada pelo camaronês Achille Mbembe e pelo senegalês Felwine Sarr.

É nesse contexto que as produções de autoras e autores como as do anglo-ganês Kwame Anthony Appiah, do congolês Valentim Y. Mudimbe, do moçambicano Severino Elias Ngoenha, das marfinenses Séverine Kodjo-Grandvaux e Tanella Boni e das nigerianas Oyèrónkẹ́ Oyěwùmí e Sophie Bọ́sẹ̀dé Olúwọlé, dos senegaleses Souleymane Bachir Diagne e Felwine Sarr, do sul-africano Mogobe Ramose e dos camaroneses Achille Mbembe e Jean-Godefroy Bidima, para citar alguns nomes, têm ocupado lugares de destaque no debate internacional. Com isso, vemos que não apenas a África tem ocupado mais lugares de interesse no mundo como também tem mostrado, como sempre, interesse em cuidar e pensar sobre esse mundo em comum que todas as pessoas habitam.

Referências

BYOGO, Grégoire. *Histoire de la philosophie africaine*. Paris: L'Harmattan, 2006. 4 v.

NOGUERA, Renato. *O Ensino de Filosofia e a Lei 10.639*. Rio de Janeiro: Pallas/Biblioteca Nacional, 2014.

ONDÓ, Eugenio Nkogo. *Síntesis Sistemática de la Filosofía Africana*. Barcelona: Carena, 2006.

OLIVEIRA, Eduardo David de. *Filosofia da Ancestralidade*. Curitiba: Popular, 2007.

PETIT, Sandra Haydée. *Pretagogia: Pertencimento, Corpo-Dança Afroancestral e Tradição Oral Africana na Formação de Professoras e Professores: Contribuições do Legado Africano Para a Implementação da Lei n. 10639/2003*. Fortaleza: Editora UECE, 2015.

GENOCÍDIO

João H. Costa Vargas

Raphael Lemkin, jurista polonês de ascendência judia, que emigrou para os Estados Unidos em 1939, desenvolveu a acepção moderna do termo "genocídio". Em 1944, o termo aparece pela primeira vez publicado em *Axis Rule in Occupied Europe* (Regras do Eixo na Europa Ocupada). Nesse livro, o genocídio inclui dimensões ideológicas, físicas, e psicológicas, e abrange ataques a instituições políticas, culturais e econômicas. Apesar de a palavra advir do grego *genos* (família, clã, tribo, raça) e do latim *cidium* (matar), o conceito não requer assassinatos em massa para ser aplicável, tampouco que todo o grupo em questão seja inteiramente dizimado. Ações sistemáticas que cerceiam a liberdade, a dignidade e a segurança física de um grupo são suficientes para constituírem genocídio. Essa definição multifacetada, plástica e ampla do genocídio é inicialmente adotada pela Organização das Nações Unidas (ONU), seguindo a sua Assembleia Geral de 1946.

No entanto, o conceito mais restrito de genocídio, finalmente adotado em 1948 pela ONU e que permanece até os dias de hoje, é resultado de uma série de objeções por parte de países poderosos do pós-guerra como Grã-Bretanha, União Soviética, Estados Unidos e França. Esses e outros países consideravam uma definição ampla de genocídio um empecilho político e jurídico às suas empreitadas colonialistas tanto no exterior quanto internamente. Tamanha era a resistência contra a adoção do conceito de genocídio pela ONU que os Estados Unidos, por exemplo, só ratificaram a já diluída definição de 1948, a qual veremos abaixo, quarenta anos depois, mesmo assim com várias ressalvas (Churchill, 1997: 408).

Em 9 de dezembro de 1948, a Resolução 260A (III) do Conselho Geral das Nações Unidas torna efetiva, em janeiro de 1951, a definição de genocídio da Convenção sobre a Prevenção e a Repressão do Crime de Genocídio. De acordo com o Artigo II da Convenção, o genocídio é definido segundo os

> atos abaixo indicados, cometidos com a intenção de destruir, no todo ou em parte, um grupo nacional, étnico, racial ou religioso, tais como:
>
> a. Assassinato de membros do grupo.
> b. Atentado grave à integridade física e mental de membros do grupo.
> c. Submissão deliberada do grupo a condições de existência que acarretarão a sua destruição física, total ou parcial.

d. Medidas destinadas a impedir os nascimentos no seio do grupo.

e. Transferência forçada das crianças do grupo para outro grupo.

Contudo, essa definição corrente não revela que o genocídio, como processo e ideologia, é um instrumento e produto da empreitada colonial. Ou seja, segundo os argumentos de Aimé Césaire (1950) e Frantz Fanon (1967) vemos que o nazismo, enquanto exemplo de projeto genocida, adotou na Europa protocolos de confinamento e extermínio desenvolvidos e utilizados contra povos submetidos a colonização nos continentes das Américas, Ásia e África.

A escravização de pessoas africanas e seus processos correlatos de violência e desumanização ligada à colonização das Améfricas a partir do século XVI, portanto, apresenta-se como um momento genocida fundante da modernidade, do mundo que habitamos.

Movimentos negros na diáspora têm utilizado, adaptado e oferecido alternativas à definição das Nações Unidas. Em 1951, William Patterson, advogado, ativista negro e Secretário Executivo Nacional do Congresso dos Direitos Civis, liderou uma delegação a Paris e formalizou, perante o secretário-geral das Nações Unidas, a acusação de genocídio dos afro-americanos contra os Estados Unidos (Horne, 2013; Patterson, 1971). Os argumentos da delegação foram meticulosamente compilados em uma publicação do mesmo ano intitulada *We Charge Genocide: The Historic Petition to the United Nations for Relief from a Crime of the United States Government Against the Negro People* (Acusamos de Genocídio: A Petição Histórica às Nações Unidas para Solução de um Crime do Governo dos Estados Unidos contra o Povo Negro). Nesse documento, o genocídio, além de se referir ao homicídio sistemático de indivíduos negros por linchamento e abuso policial, inclui os efeitos da segregação residencial, baixos salários, desemprego e outros meios legais e extralegais de opressão que resultam em mortes prematuras e evitáveis. O genocídio assim está intimamente ligado tanto às ideologias excludentes, como o fascismo, quanto às versões da democracia que aturam e de fato multiplicam suas manifestações. Ademais, o genocídio constitui uma matriz ideológica, institucional e cotidiana que, quando ampliada por poderes econômicos e militares, se projeta internacionalmente: "a supremacia branca interna conduz ao massacre dos povos de cor no exterior" (Patterson, 1951: 7). Essa proposição confirma a perspectiva de Césaire e Fanon, e indica as raízes do genocídio na civilização euro-estadunidense e seu cerne colonial.

A definição de Patterson enfatiza a multidimensionalidade do genocídio, recuperando assim a acepção inicial mais abrangente de Lemkin. Em *We Charge Genocide*, há um argumento contundente acerca dos valores sociais dominantes que impactam negativamente as pessoas negras, restringem o seu acesso a recursos e bens sociais, direitos e vida, e assim as excluem não só da cidadania, mas também da família humana. Patterson sinaliza que esses valores compartilhados, longe de serem ruído e meros defeitos marginais da democracia dos Estados Unidos, estão escancarados e, portanto, por estarem enraizados na arquitetura democrática, são rotineiros e dominantes tanto em conversas cotidianas quanto nas sessões do senado e da câmara, onde representantes, principal mas não exclusivamente do sul do país, pregavam a violência contra pessoas negras para afastá-las das urnas, bairros, escolas, áreas de lazer e locais de trabalho brancos. Tais valores dominantes perpassam e informam desde as interações microfísicas cotidianas até o funcionamento histórico e contemporâneo de instituições da democracia como a polícia, as escolas e os hospitais. A definição de Patterson sugere que o genocídio é tanto multifacetado – se manifesta das maneiras as mais variadas – quanto é parte de um contínuo – constitui um fio condutor de significado sociocultural e simbólico que vincula representações individuais, coletivas e institucionais.

O genocídio das pessoas negras, portanto, longe de ser uma aberração, é condição e parte constitutiva do inconsciente coletivo, como diria Fanon em sua obra já citada, e, como tal, informa ações individuais, sociais e institucionais, e define expectativas coletivas. O genocídio, como fato social fundamental, torna a morte das pessoas negras algo cotidiano, aceitável e previsível.

Há uma tradição radical negra diaspórica (Robinson, 2000), viva, em transformação e transformadora, produtora de estudos do genocídio antes e depois de 1951. Esforços ativistas como os afiliados ao Movimento Negro Unificado (desde 1978); Reaja ou Será Morto/Reaja ou Será Morta (desde 2005); Uneafro (desde 2009); e trabalhos de Abdias do Nascimento e Ana Luiza Pinheiro Flauzina, entre muitos outros, são exemplos dessa tradição diaspórica negra vital, em constante transfiguração, ampla, politicamente diversa e em expansão, que estuda, define, demonstra, opõe e denuncia o genocídio antinegro nas suas dimensões mais variadas e inevitavelmente interligadas. Essa tradição, em reinvenção constante, tem como um de seus desafios incluir e aprofundar, dentro do entendimento do genocídio, a análise do terror sexual na crítica do estado-império (Jung, 2015) compreendido como estado de emergência permanente para pessoas negras. Um dos obstáculos principais para a expansão e aprimoramento do entendimento do genocídio é o masculinismo que privilegia a experiência de homens negros cisheteronormativos. A fronteira analítica que ainda falta explorar sistemática e adequadamente nos estudos do genocídio antinegro é o terror sexual que incide sobre pessoas negras, e, mais especificamente, o estupro da mulher e das pessoas transexuais negras (Flauzina & Pires 2020; Vargas, 2021).

We Charge Genocide faz parte de uma tradição de estudos sofisticados voltados à experiência das pessoas negras – estudos da negritude –, que constroem os seus próprios bancos de dados a partir de estatísticas oficiais, da imprensa, de trabalho etnográfico e de leituras críticas das mais variadas disciplinas acadêmicas. As análises da jornalista e ativista Ida B. Wells são um marco nessa tradição negra de pesquisa ativista. Em *Southern Horrors: Lynch Law in all its Phases* (Horrores do Sul: Todas as Fases da Lei do Linchamento), Wells demonstrou de modo contundente como a prática generalizada de linchamentos nos Estados Unidos dos séculos XIX e XX constituía um ato de barbaridade de homens brancos que "ateavam fogo em homens negros inocentes pelo 'crime' de terem relações sexuais consensuais com mulheres brancas, enquanto eles mesmos brutalmente e sem qualquer hesitação estupravam mulheres negras" (Bederman, 2008: 61). Cabe frisar: histórica e contemporaneamente o estupro de mulheres negras como fundamento do terror sexual e genocídio continua sendo uma lacuna gritante nas análises críticas e nas ações coletivas e institucionais.

A emergência dos feminismos negros (James, 1999) faz das experiências de mulheres negras (Collins, 1990) elementos centrais nas análises críticas, radicais e revolucionárias. Há autoras que identificam elementos dos feminismos negros entre as mulheres negras escravizadas e as abolicionistas do século XIX (Guy Sheftall, 2011). *All the Women are White, All the Blacks are Men* (Todas as Mulheres São Brancas, Todos os Negros São Homens), antologia publicada em 1982, editada por Akasha Gloria Hull, Patricia Bell-Scott e Barbara Smith, representa a confluência de várias correntes teóricas, analíticas e políticas de feministas negras, muitas delas lésbicas, previamente separadas pelo tempo histórico e pelo espaço geográfico. Essa publicação é representativa de coletivos de mulheres negras cujas experiências e projetos políticos não eram contemplados nem nos espaços onde a raça e a negritude eram os eixos das abordagens críticas (porque raça e negritude eram concebidas quase que exclusivamente através do prisma dos homens negros cisheteronormativos), nem nos espaços feministas (porque o gênero era analisado quase que exclusivamente através do prisma de mulheres brancas cisheteronormativas.)

Lélia Gonzalez, também em 1982, publicou um ensaio intitulado "A Mulher Negra na Sociedade Brasileira", no qual aponta algumas das consequências analíticas e políticas das limitações dos espaços nacionalistas cisheteronormativosmasculinistas negros e proto feministas:

> Para finalizar, gostaríamos de chamar a atenção para a maneira como a mulher negra é praticamente excluída dos textos e do discurso do movimento feminino [e portanto não feminista] em nosso país. A maioria dos textos, apesar de tratarem das relações de dominação sexual, social e econômica a que a mulher está submetida, assim como da situação das mulheres de camadas mais pobres etc. etc., não atentam para o fato da opressão racial. As categorias utilizadas são exatamente aquelas que neutralizam o problema da discriminação racial e, consequentemente, o do confinamento a que a comunidade negra está reduzida. (Gonzalez, 1982: 100)

Assim como aponta Jurema Werneck, no texto "De Ialodês e Feministas", não se pode entender a ancestralidade negra e suas ramificações metafísicas, teóricas e práticas contemporâneas sem um reconhecimento do papel central das mulheres negras. É a partir da influência de tais perspectivas de mulheres negras – que não se resumem aos feminismos negros – que os arquivos históricos e contemporâneos da antinegritude e do genocídio têm de ser revistos e corrigidos. É assim que entendo estudos, teorias e iniciativas de organização social que vêm emergindo com um foco mais preciso no estupro de mulheres negras. "Se entendemos o papel do estupro e da violência sexual na vida cotidiana de afro-americanos e na luta pela liberdade", escreve uma historiadora contemporânea, "temos de reinterpretar, senão reescrever, a história do movimento por direitos civis." (McGuire, 2010: xx)

É precisamente essa a convocatória de Ana Luiza Pinheiro Flauzina e Thula Pires (2020): repensar, reescrever, e calibrar ações coletivas de acordo com o entendimento do estupro da mulher negra como dado fundante e central da diáspora negra. Já temos lentes analíticas, dados qualitativos e quantitativos suficientes para tanto. O desafio é tornar tais lentes e dados elementos centrais da análise, e não, como até hoje ocorre, apresentá-los como epifenômenos de perspectivas masculinistas e cisheteronormativas. O estupro da mulher negra, como evento histórico e contemporâneo fundamental, perpassa, define e requer uma reavaliação dos fenômenos sociais centrais da diáspora negra atual como a violência policial, o encarceramento em massa, a segregação residencial, o sistemas educacional e de saúde e a esfera do trabalho.

Abdias Nascimento e Lélia Gonzalez já apontavam a centralidade do estupro da mulher negra na formação social do Brasil. Estabelecendo uma ponte analítica explícita entre o genocídio de pessoas negras e o terror sexual e o estupro, Nascimento afirmou que "a mulher negra [...] continua vítima fácil, vulnerável a qualquer agressão sexual do branco. Este fato foi corajosa e publicamente denunciado no Manifesto das Mulheres Negras, apresentado no Congresso das Mulheres Brasileiras realizado na Associação Brasileira de Imprensa, no Rio de Janeiro, em 2 de Julho de 1975" (Nascimento, 1978: 61). De acordo com o Manifesto, "as mulheres negras brasileiras receberam uma herança cruel: ser objeto de prazer dos colonizadores" (Nascimento, 1978: 61). No imaginário coletivo e na formação social genocida correspondente, ser objeto de prazer compulsório significa habitar um contexto de terror sexual no qual a regra é "o estupro sistemático e permanente da mulher africana e de suas descendentes no Brasil" (Nascimento, 1978: 63).

A crítica de Nascimento desmonta o mito da democracia racial, o qual sugere, dentro de um universo masculinistacisheteropatriacal, que as relações sexuais entre o colonizador e as mulheres colonizadas e escravizadas, supostamente ao contrário do padrão de colonização dos Estados Unidos por exemplo, são regidas pelo reconhecimento e consenso. Consequentemente, as proposições de Gilberto Freyre, Pierre Verger e tantas outras negações contemporâneas do terror antinegro fundante, que argumentam por um padrão civilizatório regido pela harmonia racial e de gênero, pelo "intercasamento" principalmente entre homens brancos e mulheres negras – nada disso faz sentido algum. A crítica de Nascimento, tanto quanto a de Gonzalez, que veremos abaixo, localiza o terror sexual e o estupro da mulher negra no âmago do projeto de nação. E dado que esse projeto de nação é marcado fundamentalmente pelo genocídio, temos então que o terror sexual constitui um alicerce primordial do genocídio antinegro.

Expandindo os escritos de Nascimento, Lélia Gonzalez refutou o mito da democracia racial no Brasil, e desenvolveu elementos de uma perspectiva crítica do estupro da mulher negra. "Na verdade", escreveu Gonzalez, "o grande contingente de brasileiros mestiços resultou de estupro, de violentação, de manipulação sexual da escrava. Por isso existem os preconceitos e os mitos relativos à mulher negra: de que ela é 'mulher fácil', de que é 'boa de cama' etc." (2018: 110

apud Maeda, 2020) Embora "o estupro e a exploração sexual da mulher negra sempre tenha ocorrido" (Gonzalez, 1988: 72), eles continuam sendo encobertos seja pelo mito ainda poderoso da harmonia racial, seja pelas perspectivas masculinistas cis-heteronormativas incapazes de captar a ubiquidade e profundeza do terror sexual contra mulheres e pessoas não binárias e transgênero negras. O mito absurdo da democracia racial é, portanto, apenas mais um mito masculinista cis-heteronormativo que simultaneamente encobre o impulso genocida.

Dos escritos de Lélia Gonzalez emerge o conceito de "amefricanidade", segundo o qual:

> a centralidade dos efeitos da violência sexual como premissa fundacional de uma sociedade com herança colonial escravista como a brasileira, repousa nas mulheres que foram violentadas. Não há espaço, por exemplo, para pensar no estupro como algo que foi realizado para violentar a honra do suposto parceiro dessas mulheres ou para macular o processo de sucessão patrimonial da linhagem a que essa mulher integra. Talvez esses motivos possam ter influenciado os violadores, mas se a centralidade está na resistência dessas mulheres, são os efeitos sobre elas que devem orientar nossas conversas e nossas intervenções públicas em matéria de violência sexual (Flauzina & Pires, 2020: 69).

As análises de Nascimento e Gonzalez, bem como a de feministas negras radicais e revolucionárias no Brasil e em outros lugares, demandam o reconhecimento de uma diáspora negra fundada no terror sexual e no estupro da mulher negra. Falar de genocídio, portanto, significa desenvolver uma gramática crítica em pretuguês, como os escritos de Lélia Gonzalez implicam e convidam. Essa gramática crítica insiste na centralidade das experiências de mulheres negras, tanto na formatação do estado de terror e suas tecnologias de controle que definem o estado-império contemporâneo, quanto na formulação de críticas das dimensões múltiplas do genocídio e da antinegritude fundante. A figura da escrava (Vargas, 2020) talvez nos ajude a refletir sobre os desafios epistemológicos e políticos de uma perspectiva que, ao reconhecer a violabilidade inalterável da mulher negra, e, portanto, a sua condição de não estuprável (Wilderson, 2017; Hartman, 1997), não espera nem acredita na redenção do projeto moderno de civilização multirracial. Pois esse projeto, cujo algoritmo é a antinegritude, é um projeto masculinista, homossocial e cisheteropatriacal (Alexander, 2005), que requer e permanentemente reproduz o terror sexual e a morte social e física das pessoas negras. Centrar o estupro como estrutural e estruturante, como o querem Flauzina e Pires em obra já citada aqui, significa, no limite da análise, ponderar formas alternativas de ontologia e de organização social que necessariamente extrapolam o que hoje nos define ontológica e socialmente: o genocídio antinegro.

Referências

ALEXANDER, Jacqui M. *Pedagogies of Crossing: Meditations on Feminism, Sexual Politics, Memory, and the Sacred*. Durham: Duke University Press, 2005.

BEDERMAN, Gail. *Manliness and Civilization: A Cultural History of Gender and Race in the United States, 1880-1917*. Chicago: University of Chicago Press, 2008.

CERQUEIRA, Daniel; BUENO, Samira (coords.). *Atlas da Violência 2020*. Brasília: Ipea, 2020.

CÉSAIRE, Aimé. [1950]. *Discourse on Colonialism*. New York: Monthly Review Press, 2000.

CHURCHILL, Ward. *A Little Matter of Genocide: Holocaust and Denial in the Americas, 1492 to the Present*. San Francisco: City Lights Books, 1997.

COLLINS, Patricia Hill. *Black Feminist Thought: Knowledge, Consciousness, and the Politics of Empowerment*. New York: Routledge, 1990.

FANON, Frantz. *Black Skin, White Masks*. Translated by Charles Lam Markman. New York: Grove Press, 1967.

FLAUZINA, Ana Luiza Pinheiro; PIRES, Thula. Uma Conversa de Pretas Sobre Violência Sexual. In: PIMENTEL, Silvia; ARAÚJO, Siméia de Mello; PRUDENTE, Eunice Aparecida de Jesus (orgs.). *Raça e Gênero: Discriminações, Interseccionalidades e Resistências*. São Paulo: Educ, 2020.

GONZALEZ, Lélia. *Primavera Para Rosas Negras: Lélia Gonzalez em Primeira Pessoa...* São Paulo: Diáspora Africana/Filhos da África, 2018.

____. A Categoria Político-Cultural de Amefricanidade. *Tempo Brasileiro*, Rio de Janeiro, v. 92, n. 93, jan.-jun. 1988.

____. A Mulher Negra na Sociedade Brasileira. In: LUZ, Madel T. (org.). *O Lugar da Mulher*. Rio de Janeiro: Graal,1982.

GUY SHEFTALL, Beverly. *Words of Fire: An Anthology of African American Feminist Thought*. New York: The New Press, 2011.

HARTMAN, Saidiya. *Scenes of Subjection: Terror, Slavery, and Self-Making in Nineteenth-Century America*. New York: Oxford University Press, 1997.

HORNE, Gerald. *Black Revolutionary: William Patterson and the Globalization of the African American Freedom Struggle*. Urbana: University of Illinois Press, 2013.

HULL, Gloria; SCOTT, Patricia Bell; SMITH, Barbara. *All the Women are White, All the Blacks Are Men, But Some of us Are Brave*. Old Wesbury: Feminist Press, 1982.

JAMES, Joy. *Shadowboxing: Representations of Black Feminist Politics*. New York: Palgrave, 1999.

JUNG, Moon-Kie. *Beneath the Surface of White Supremacy: Denaturalizing U.S. Racisms Past and Present*. Stanford: Stanford University Press, 2015.

LEMKIN, Raphael. *Axis Rule in Occupied Europe*. Washington: Carnegie Endowment for International Peace, 1944.

MAEDA, Patrícia. O Racismo Brasileiro na Obra de Lélia Gonzalez. *Carta Capital*, 17 jul 2020. Disponível em: <https://www.cartacapital.com.br/blogs/sororidade-em-pauta/o-racismo-brasileiro-na-obra-de-lelia-gonzalez/>. Acesso em: 3 fev 2023.

MCGUIRE, Danielle. *At the Dark End of the Street: Black Women, Rape, and Resistance – A New History of the Civil Rights Movement from Rosa Parks to the Rise of Black Power*. New York: Vintage, 2010.

NASCIMENTO, Abdias. *O Genocídio do Negro Brasileiro: Processo de um Racismo Mascarado*. 2. ed. São Paulo: Perspectiva, 2017.

PATTERSON, William. *The Man Who Cried Genocide: An Autobiography*. New York: International Publisher, 1971.

____. *We Charge Genocide: The Historic Petition to the United Nations for Relief for a Crime of the United States Government Against the Negro People*. New York: Civil Rights Congress, 1951.

ROBINSON, Cedric. *Black Marxism: The Making of the Black Radical Tradition*. Chapel Hill: The University of North Carolina Press, 2000. (Trad. bras.: São Paulo: Perspectiva, 2023.)

VARGAS, João H. Costa. Terror Sexual É Genocídio: O Estupro da Mulher Negra Como Elemento Estrutural e Estruturante da Diáspora – Por uma Análise Quilombista da Antinegritude. *Revista Latino-Americana de Criminologia*, v. 2, n.1, 2021.

____. O Cyborg e a Escrava: Geografias da Morte e Imaginação Política na Diáspora Negra. *Revista da ABPN*, v. 12, n. 34, 2020.

WERNECK, Jurema. De Ialodês e Feministas. *Mulheres Rebeldes*. 17 out.2008. Disponível em: <http://mulheresrebeldes.blogspot.com/2008/10/de-ialods-e-feministas.html>. Acesso em: 22 jan. 2016.

WILDERSON, Frank. Biko e a Problemática da Presença. In: FLAUZINA, Ana Luiza Pinheiro; VARGAS, João H. Costa (orgs.). *Motim: Horizontes do Genocídio Antinegro na Diáspora*. Brasília: Brado Negro, 2017.

GENTRIFICAÇÃO

Ana Cláudia Castilho Barone

Gentrificação é um processo de mudança na composição da população em áreas urbanas centrais, causando a expulsão de camadas populares originalmente residentes em um determinado espaço que passa a ser ocupado pelo influxo de grupos de classe média. O termo foi empregado pela primeira vez em 1964 pela socióloga britânica Ruth Glass para designar a instalação de boêmios da classe média no centro de Londres, provocando o aumento do valor dos aluguéis e expulsando as classes trabalhadoras. Desde sua origem, o conceito indicou processos de substituição de grupos de renda inferior pelos de renda superior no usufruto do espaço urbano, em uma perspectiva de classes sociais que não incluía o aspecto étnico-racial. Apenas no século XXI, os vínculos entre gentrificação e segregação racial começaram a ser analisados, sobretudo a partir da experiência dos Estados Unidos da América.

No final dos anos 1970, o conceito ganhou notoriedade com o debate travado entre os geógrafos Neil Smith e David Ley. Enquanto Smith acreditava que a desvalorização dos bairros centrais despertava o interesse dos investidores em ganhos futuros maiores que os custos de melhoria dos imóveis, Ley defendia que fatores de acomodação levavam grupos de maior renda a desejarem ocupar essas áreas, acelerando os processos de transformação do padrão residencial no centro. Para Ley, as transformações culturais na era pós-industrial influenciavam os modos de vida. Interessados na melhoria da sua "qualidade de vida" por meio da redução dos seus deslocamentos na metrópole, profissionais de altos cargos de gerência, os "colarinhos brancos", passavam a prestigiar a ocupação de bairros em áreas centrais, exercendo pressão por transformações estruturais nessas áreas, em um movimento de "volta para as cidades". Já a hipótese de Smith concentrava-se na noção de expansão da fronteira do capital implicada nos processos de renovação urbana. Sua argumentação baseava-se no conceito de diferencial de renda entre as partes da cidade. Na primeira etapa do desenvolvimento urbano, o capital estaria orientado pelo investimento em frentes de expansão em torno do aglomerado central. À medida que se afastavam do centro, tais investimentos passariam a ter valor cada vez mais alto, ao passo que os imóveis localizados na área central perderiam o valor. Em um dado momento, o retorno de investimentos no antigo centro passaria a ser maior que nas regiões mais distantes, e o centro passaria a atrair novos capitais, engendrando a substituição dos moradores nessas localizações.

A socióloga Sharon Zukin deu uma nova dimensão ao conceito, ao perceber a articulação entre os processos de desenvolvimento urbano em centros históricos e a dimensão simbólica da cultura e da memória, com perversa expulsão da população originariamente residente. Com isso, as pesquisas sobre os processos de gentrificação passaram a englobar outros focos de atenção: o papel dos governos locais no aporte de investimentos públicos em processos de revitalização urbana e a implantação de equipamentos culturais em edifícios de interesse histórico, com forte impacto sobre a população local. Ao mesmo tempo, pesquisadores preocupados com o deslocamento das camadas populares para fora dos setores visados pelo capital imobiliário procuram avaliar políticas públicas de contenção ou ainda para compensar os efeitos da gentrificação, como investimentos em projetos de habitação nas áreas atingidas.

No Brasil, o caso mais antigo e emblemático é o do Pelourinho. Desde que foi abandonado pelo grupo mais rico, o centro histórico de Salvador passou a ser predominantemente ocupado por uma população negra e pobre. Classificado como Patrimônio da Humanidade em 1985, o Pelourinho tem sido desde então objeto de uma série de políticas de financiamento e intervenção com o objetivo de reverter um pretenso quadro de "deterioração" urbana. Nesse contexto, uma série de edifícios históricos em torno do Terreiro de Jesus foram recuperados para receber equipamentos culturais e turísticos como cinemas, museus, teatros, restaurantes e cafés. Tais projetos estavam associados a uma preocupação com a manutenção do uso residencial popular no local, notadamente na Ladeira da Misericórdia. No entanto, o impacto das obras de restauro dos edifícios e espaços públicos levou a um estímulo crescente do turismo, atraindo o setor hoteleiro e expulsando antigos moradores. A partir da década de 1990, o poder público formulou o Programa de Recuperação do Centro Histórico, dividido em sucessivas etapas correspondendo a diferentes áreas de intervenção, que se estendem até hoje, radicalizando os seus efeitos gentrificadores. A perspectiva era de dobrar o número de visitações turísticas em Salvador até o ano 2000, incrementando a receita do Estado da Bahia. Das centenas de unidades de habitação e unidades comerciais previstas pelo programa para atender à demanda de permanência da população pobre no centro de Salvador, pouquíssimas foram construídas, atendendo menos de cinquenta famílias. Entre os imóveis preservados destinados à habitação, os localizados nas áreas mais nobres não foram incluídos no projeto de interesse social. Todas as habitações de interesse social demarcadas no programa se localizam na porção mais estigmatizada daquele território. Ao mesmo tempo, grupos de jovens negros frequentadores do espaço público são vigiados e controlados pela polícia, que passou a circular permanentemente pelas ruas do centro histórico.

Seguindo a mesma tendência, durante a década de 1980, em São Paulo, um projeto de intervenção sobre o patrimônio histórico do bairro da Luz, a oeste do núcleo histórico original, visava implementar atividades culturais que se tornassem polos de atração turística e de revitalização. Por meio de sucessivos investimentos de diversas naturezas, orquestrou-se a implementação de vários projetos de restauro em edifícios de interesse histórico com vistas à implementação de equipamentos culturais como a Sala São Paulo, sede da Orquestra Sinfônica do Estado, o Museu da Língua Portuguesa e a própria Pinacoteca do Estado. Ao mesmo tempo, uma série de programas públicos de financiamento foram lançados com vistas a promover a reurbanização do bairro, envolvendo a retirada das camadas mais pobres da população. Representativa desse processo foi a região apelidada de Cracolândia, um quadrilátero próximo à Estação Júlio Prestes, com alta concentração de usuários de drogas, tráfico e prostituição. A região foi praticamente evacuada por meio de ação policial, com internações, apreensões e prisões, combinada a incentivos fiscais aos proprietários que reformassem fachadas e à demolição da antiga rodoviária onde os usuários se reuniam. Por outro lado, os perímetros reservados para habitação social articulados ao projeto de renovação urbana não atenderam à demanda projetada.

No centro da cidade de Recife, também se operou, a partir dos anos 1990, um projeto de revitalização que redundou em gentrificação. O bairro central do Recife Antigo inaugurou uma política de preservação do patrimônio baseada em parcerias entre o poder público e a iniciativa privada com vistas a transformar o centro histórico degradado em área de fruição cultural, entretenimento e turismo. O núcleo central da intervenção foi a rua do Bom Jesus, cujas edificações foram restauradas para darem lugar a bares e restaurantes, com acesso restrito a pedestres, transformando o espaço público em um bulevar artificial. A pracinha onde ficava o Marco Zero da cidade foi substituída por um largo para espetáculos. A Favela do Rato e seus moradores não estavam incluídos no plano de melhorias. Travestis e prostitutas, que antes ocupavam os espaços públicos, passaram a ser afastadas pelas viaturas policiais que chegavam no horário noturno para a "proteção" da área.

Merece igual destaque o caso mais recente da zona portuária do Rio de Janeiro. A região veio sofrendo queda de investimentos públicos ao longo de todo o século XX e foi ocupada por estratos de baixa renda. Assim, passou a ser associada a uma imagem de degradação que justificou a orientação de políticas para sua proteção legal e projetos de requalificação urbana nos anos 1980 e 1990. Em 2009, foi criada a Operação Porto Maravilha, instituindo uma parceria entre o poder público municipal e grandes empreiteiras. Desde então, foram privatizados inúmeros terrenos públicos de propriedade da União, abrindo espaço para novos empreendimentos imobiliários. Ao mesmo tempo, centenas de famílias foram removidas das ocupações existentes no interior do perímetro. O plano de habitação previsto para a região jamais foi implantado. A área inclui os espaços onde foram criados o Museu do Amanhã e o Museu de Arte do Rio, na Praça Mauá, e o cais do Valongo, onde foram descobertos vestígios do antigo ancoradouro de navios. Trata-se do principal porto de chegada de africanos escravizados no Brasil no século XIX, situado numa região conhecida como Pequena África. O cais do Valongo mereceu destaque ao ser convertido em Patrimônio Mundial pela Unesco. Entretanto, foi interpretado pelo projeto do Porto

Maravilha como "herança africana no território brasileiro", ao passo que os próprios moradores das ocupações Machado de Assis, Zumbi dos Palmares, Carlos Marighela, Casarão Azul e outras, das favelas da Providência, Pedra Lisa, ou dos cortiços da região foram forçosamente removidos por meio de repressão policial, fazendo lembrar a vinda forçosa dos próprios africanos que chegaram ao Valongo. Assim, o tratamento dado à Pequena África no contexto do Porto Maravilha pretende deformar a herança africana no Brasil ao identificá-la com os horrores da escravidão, ao mesmo tempo que fez calar as vozes e expulsar a presença negra do local.

O conceito de gentrificação é permeado por questionamentos e limites teóricos que merecem ser apontados. Os casos aqui reportados revelam que os planos que envolvem gentrificação se caracterizam por uma enorme onda de homogeneização do território, não apenas em relação às classes sociais para quem são destinados, mas também de caráter étnico-racial, de gênero e em relação aos tipos sociais, implicando um afastamento de pessoas em situação de rua, travestis, prostitutas, usuários de drogas etc., com particularidades que merecem ser observadas em seus próprios termos. Tais processos articulam operações imobiliárias vultosas com altos investimentos públicos e permanente ação policial.

Além disso, ainda que sua formulação seja relativamente recente, é inevitável perceber que os processos urbanos que o conceito de gentrificação descreve estão presentes nas cidades capitalistas desde o início do seu desenvolvimento. Os processos de higienização social marcaram as origens do urbanismo moderno, envolvendo projetos de embelezamento e melhorias em determinadas circunscrições da cidade que operam até hoje a eliminação de grupos sociais indesejados, sejam eles formados por moradores ou mesmo por usuários do espaço público. Ancorados em um discurso de limpeza social vigoroso na segunda metade do século XIX, os projetos urbanísticos higienistas foram promovidos por intelectuais, cientistas, médicos, engenheiros sanitaristas e urbanistas, orquestrados pelo Estado, empresas de serviços urbanos e proprietários de terras, e foram amplamente difundidos pelos meios de comunicação.

Fruto de um projeto estratégico de intervenção urbana, a terminologia gentrificação pode ser compreendida mais recentemente como uma maneira de dar um nome novo a um processo bastante antigo. No limite do seu esgarçamento teórico, o conceito vem sendo utilizado de forma coloquial e pouco rigorosa para atribuir valor positivo a processos de renovação urbana e valorização imobiliária, em que a população indesejada desaparece do território visado por grupos ascendentes. Nesse contexto, não raro o termo vem sendo apropriado e utilizado pela mídia e pelo discurso institucional para designar um fenômeno desejável, um objetivo a ser atingido como meta de um desenvolvimento urbano próspero, em uma evidente distorção do sentido crítico para o qual ele foi formulado. Assim, a terminologia criada para escrutinar novas formas de operacionalização do afastamento e da expulsão de grupos sociais estigmatizados descreve, ao mesmo tempo, um processo cuja longevidade histórica é marcante, sendo mesmo característico do processo de urbanização da cidade capitalista.

Referências

ARANTES, Antônio Augusto. A Guerra dos Lugares: Fronteiras Simbólicas e Liminaridade no Espaço Urbano de São Paulo. *Revista do IPHAN*, n. 23, 1994.

BIDOU-ZACHARIAZEN, Catherine (org.). *De Volta à Cidade: Dos Processos de Gentrificação às Políticas de "Revitalização" dos Centros Urbanos*. São Paulo: Annablume, 2007.

FREEMAN, Lance. Neighbourhood Diversity, Metropolitan Segregation and Gentrification: What Are the Links in the US? *Urban Studies*, v. 46, n. 10, Sept. 2009.

KARA-JOSÉ, Beatriz. *Políticas Culturais e Negócios Urbanos: A Instrumentalização da Cultura na Revalorização do Centro de São Paulo (1975-2000)*. São Paulo: Anablumme, 2007.

LEITE, Rogério Proença. Localizando o Espaço Público: Gentrification e Cultura Urbana. *Revista Crítica de Ciências Sociais*, n. 83, dez. 2008.

LEY, David. Alternative Explanations for Inner-City Gentrification: A Canadian Assessment. *Annals of the Association of American Geographers*, v. 76, n. 4, 1986.

SANTOS JUNIOR, Orlando; WERNECK, Mariana; RAMOS NOVAES, Patricia. Contradições do Experimento Neoliberal do Porto Maravilha no Rio de Janeiro. *Revista de Urbanismo*, n. 42, 2020.

SMITH, Neil. *The New Urban Frontier: Gentrification and the Revanchist City*. New York: Routledge, 1996.

ZUKIN, Sharon. *The Culture of Cities*. Cambridge: Blackwell, 1995.

HOLOCAUSTO

Michel Gherman
Gabriel Mizrahi

O termo "Holocausto" é amplamente conhecido no debate público. Objetivamente, é usado para descrever, para além do assassinato em escala industrial de minorias étnicas e inimigos políticos pelo regime nazista alemão que se estabeleceu na Alemanha entre os anos de 1932 e 1945, a destruição por esse regime da população judaica da Europa e de alguns países do norte da África. Historiadores e demógrafos calculam que o Holocausto foi sem precedentes em termos de número de vítimas e de dinâmica de destruição.

Os judeus foram vitimizados em várias estruturas da "máquina de guerra" nazista. Entre campos de concentração, extermínio, marchas de morte e guetos, foram assassinados aproximadamente seis milhões de judeus durante a Segunda Guerra Mundial. Esse conhecido número dá a dimensão da escala industrial do extermínio adotado pelo nazismo, a "solução final" para a questão judaica. A tal máquina de guerra foi utilizada de forma específica e inédita com o intuito de destruir deliberadamente uma população civil, espalhada em países distintos do continente europeu. O Holocausto foi considerado por historiadores como uma "guerra dentro da guerra", uma guerra contra os judeus e outros grupos étnicos e políticos na Europa (Friedlander, 2012).

Desde então, o nazismo e a figura de Hitler passaram a ser algumas das representações mais significativas do mal absoluto, inumano e destruidor. Elementos e símbolos nazistas entraram na cultura pop, no cinema e nas artes. Os horrores do nazismo, da Segunda Guerra Mundial e as memórias e testemunhos do Holocausto acabaram por povoar o imaginário político no Ocidente, o que acabou por despertar horror e certo fascínio.

Nesse sentido, acaba por haver uma certa contradição quanto a esse lugar que o nazismo e o Holocausto ocupam na cultura ocidental. Se, de um lado, as culturas cinematográfica, televisiva e escolar disseminaram seus dados e símbolos, por outro lado ele é imaginado como um processo a-histórico, atemporal, quase alienígena. Essas referências acabam fortalecendo perspectivas de incomparabilidade e ultraespecificidade do Holocausto (Bauer, 1978), nas quais conexões ontológicas entre vítima e algoz tendem a substituir perspectivas históricas e construídas entre os dois grupos.

A própria brutalidade e violência do Holocausto dão dimensões quase "sagradas" ao evento, como uma espécie de mal absoluto.

O problema dessa percepção é que ela é despolitizadora. Pois, ao tratarmos o Holocausto como um fenômeno quase metafísico, não o entendemos como produto das contradições da modernidade europeia (Baumann, 1998), e nem mesmo o podemos comparar com outros genocídios e eventos de extrema violência durante o século XX. O papel do historiador é, portanto, dessacralizar o Holocausto. Retirar os holofotes da pilha de seis milhões de judeus mortos e das câmaras de gás, e entender os aspectos políticos, sociais e econômicos que tornaram possível tamanha violência.

"Holocausto" não foi a primeira palavra usada para descrever o fenômeno. O termo "genocídio" foi cunhado em 1944 por Raphael Lemkin, um advogado judeu polonês, e adotado pela recém-criada ONU. Em Israel, país construído por judeus logo após a Segunda Guerra, ele ganha já na declaração de independência do país o nome de *Schoá*, que em hebraico significa algo como "calamidade" ou "catástrofe". A partir de 1951, o *Iom ha-Schoá*, o dia em homenagem às vítimas do genocídio, entra no calendário oficial do país. A data escolhida foi 27 de *nissan*, pois no calendário hebraico esse dia marca o Levante do Gueto de Varsóvia, em abril de 1943. As referências e a expressão *Iom ha-Schoá*, portanto, são totalmente seculares.

Holocausto vem do grego, *holokauston*, tradução do vocábulo bíblico *schoah* (*I samuel* 7, 9), utilizado em referência ao ato de imolar ou seja, sacrificar, animais para alguma divindade. A palavra já era utilizada para descrever episódios de aniquilação de populações inteiras, assassinatos em massa, como foi o caso com os súditos armênios do Império Turco Otomano. Entretanto, apenas a partir da série de televisão norte-americana *Holocausto*[1], exibida em 1978, o nome passou a ser usado especificamente para descrever o massacre dos judeus pelos nazistas durante a Segunda Guerra Mundial.

O FASCISMO E O HOLOCAUSTO

Para entender como o Holocausto tornou-se viável, é necessário primeiramente entender o fascismo como fenômeno político de massa. Robert Paxton explica que fascismo, que começa na Itália por volta dos anos 1910, pré-Primeira Guerra, reunia sindicalistas a favor da guerra, veteranos do exército e alguns intelectuais futuristas. O que unia esses grupos era um ufanismo nacionalista, um certo fetiche pelo militarismo e ressentimentos pela modernidade, o que poderia se traduzir em discursos anticapitalista, anticomunista ou anti-intelectual, dependendo do contexto (Paxton, 2007).

O fascismo, por isso, não seria uma ideologia, se entendermos ideologia como movimentos políticos coerentes moldados nas discussões ponderadas próprias da modernidade, como são o comunismo, o liberalismo ou o conservadorismo. Seria, pois, uma expressão de diferentes ressentimentos daqueles que ficaram para trás na modernidade e que, portanto, queriam criar uma espécie de modernidade alternativa[2].

Não sendo uma ideologia, o fascismo tinha programas informais e fluidos, e não grandes embasamentos teóricos. Os diversos fascismos que pipocavam na Europa nas primeiras décadas do século XX tinham discursos muito diferentes, dependendo do país. As contradições entre os discursos fascistas nascentes e as práticas políticas quando fascistas tomavam o poder eram muito grandes. Desse modo, é muito difícil estabelecer um "mínimo fascista", ou o mínimo que um governante precisaria ter para ser considerado fascista.

A revolução fascista, portanto, não seria social ou econômica, mas uma "revolução de alma". A ponderação daria lugar à experiência, ao pertencer a algo maior, à purificação e à glória. Assim, os conceitos de cidadania ou o multiculturalismo seriam preocupações mesquinhas, obstáculos na busca pela união mística entre o povo, o líder e a nação. A modernidade representaria a degeneração cultural daquele povo, assim como qualquer direito ou vontade individual. Por isso, o radicalismo político é da natureza do fascismo (Paxton, 2007). Walter Benjamin entendia o fascismo, já em 1937, como "uma experiência sensorial e estética", não como uma ideologia propriamente dita. E que o ápice dessa experiência estética seria a guerra (Benjamin, 2015).

Assim sendo, o Holocausto é a representação máxima do radicalismo fascista. Cabe perceber que o antissemitismo, valor tão caro ao nazismo, não é claramente observável em outros fascismos – como na própria Itália. O extermínio em massa dos judeus foi possível graças não apenas ao ódio pessoal de Hitler contra eles, mas também ao ódio de boa parte daqueles que compunham a burocracia e as fileiras do partido nazista, que passaram a ocupar os mais altos cargos da burocracia estatal.

Como qualquer governo fascista, a Alemanha Nazista não era fiel à nenhuma doutrina econômica específica, e não seguia planos pragmáticos de crescimento no longo prazo. O crescimento econômico se deu pelas demandas na preparação do país para a guerra. Por isso, o Holocausto, como um produto dessa administração, também possui características únicas enquanto prática genocidária.

A primeira é que, ao mesmo tempo que há uma profunda concentração de poder simbólico nas mãos de Hitler, os governadores dos territórios conquistados pela Alemanha nazista gozavam de certa autonomia na tomada de decisão, de maneira descentralizada. Principalmente no Leste Europeu, onde as tropas de Hitler conquistaram rapidamente enormes porções territoriais com milhões de judeus ainda nos primeiros anos da Guerra, há relatos de populações judias expulsas diversas vezes de territórios pelos governadores nazistas para outros locais dentro do próprio território, sem muita organização por parte de Berlim. Não se sabia o que fazer com os judeus, e cada localidade tomava decisões por conta própria, sempre na intenção de agradar ao *Führer*.

Se não havia uma coordenação territorial muito bem planejada, também não havia um plano muito bem delimitado desde o início. Foram muitas as possíveis soluções para a questão judaica que foram levantadas desde os anos 1930 até a queda de Hitler. A primeira fase foi a de segregação. Dentre as diversas formas adotadas de segregação, as Leis de Nuremberg de 1935 foram um marco, proibindo casamentos mistos e cassando a cidadania de judeus.

A partir de 1941 na Polônia ocupada, e depois na própria Alemanha, os judeus passaram a ter que usar uma estrela amarela no peito identificando-os, além das próprias expulsões de suas casas. A principal política era a da segregação espacial dentro do perímetro urbano, nos guetos. Contudo, eles consumiam recursos demais em épocas de guerra e eram vetores de doenças – um horror para as noções de pureza nazistas.

O assassinato esporádico de judeus começou já nesse primeiro momento da guerra, quando a Alemanha ocupou toda a parte oriental da Polônia e incorporou mais alguns milhões de judeus ao território. Contudo, de início, apenas alguns homens adultos judeus foram mortos por supostamente representarem perigo à segurança do regime e do resto da população (Paxton, 2007).

A SOLUÇÃO FINAL

A partir de 1941, a política já havia mudado e em muitas localidades estava em curso o extermínio de populações judaicas inteiras, incluindo mulheres e crianças. O assassinato deliberado de toda a população judaica era chamado de "solução final" para a questão judaica. De início, as iniciativas eram tomadas debaixo para cima, de maneira descentralizada, mas sempre com o aval e o apoio de Hitler, e o método adotado foi o do fuzilamento – caro, anti-higiênico e que causava traumas nos soldados perpetradores.

Depois vieram os *Gaswagen*, caminhões transformados em câmaras de gás móveis, que utilizavam o monóxido de carbono para assassinar suas vítimas, em outubro de 1941. No ano seguinte, uma linha de produção da morte, mais rápida e eficiente, foi instalada na Polônia: os campos de extermínio. Esses campos utilizavam ainda o monóxido de carbono para matar centenas de pessoas de uma só vez. Alguns deles, principalmente Auschwitz, utilizaram o Zyklon-B, gás muito efetivo e de fácil manuseio. Cerca de 60% dos judeus mortos na guerra o foram em campos de concentração (Paxton, 2007).

Se o modo de governar fascista era pouco pragmático e a economia era menos relevante que questões ideológicas e políticas, se a experiência e a estética ocupavam um lugar central na experiência nazista, a própria condução do Holocausto mostra isso. No meio de um enorme esforço de guerra e em tempos de escassez, os nazistas dispenderam muitos recursos, tempo e mão de obra apenas para criar essas fábricas de morte, ao invés de investir em infraestrutura logística e bélica. Em campos meramente de extermínio, sequer aproveitaram a maioria da mão de obra judaica como trabalho escravo no esforço de guerra. Não havia nenhuma explicação pragmática – por mais cruel que pudesse ter sido esse pragmatismo –, econômica ou estratégica, para o extermínio dos judeus. A experiência sensorial de limpeza e de purificação social se sobrepunha a dimensões racionais (Bauman, 1998). O Holocausto utilizou tecnologia de ponta em escala industrial para produzir apenas morte, em uma proporção jamais vista.

O ÓDIO E A BANALIDADE DO MAL

Se o próprio fascismo é difícil de entender e definir, o mesmo acontece com seu produto mais bem-acabado. Não é verdade que a maioria dos alemães apoiasse o genocídio de grandes contingentes populacionais, mas essas práticas não eram desconhecidas da população e, ainda assim, não houve grande reação com respeito à violência dos nazistas mais radicalizados – que, por serem mais radicalizados, estavam ocupando cargos de destaque no governo.

O medo de sofrer retaliações do regime, sem dúvida, é grande inibidor de protestos. Mas não só isso. A sociedade alemã foi sendo gradualmente preparada para a "solução final", com diversos ensaios. A Noite dos Cristais, em 1938, uma onda de violência perpetrada pelos nazistas contra estabelecimentos e a população judaica, foi um deles. A eutanásia de doentes mentais e pacientes terminais como forma de eliminação de "bocas inúteis" no esforço de guerra, foi outro. Quando a guerra começa a afetar gravemente a vida da população alemã, o medo sobe, a qualidade de vida despenca e os judeus são vistos como um fardo que precisa ser descartado.

Além disso, para se entender a complexidade do Holocausto enquanto um produto de uma sociedade complexa, e não apenas "bem contra o mal", é necessário se pensar para além desse binarismo. Um dos trabalhos de maior notoriedade nesse sentido é o livro *Eichmann em Jerusalém*, de Hannah Arendt, que mostra o julgamento de Adolf Eichmann, funcionário de alto escalão nazista, em 1963 em Israel. Onde se esperava um vilão, genial e demoníaco, foi apresentado um funcionário público comum, um burocrata medíocre e cumpridor de ordens, que sequer nutria grande ódio pelos judeus. Arendt cunhou a expressão a "banalidade do mal", afirmando que o mal que ele praticava não era demoníaco, mas constante, e estava tão presente em sua rotina que ele apenas seguia as leis e o que lhe fora designado (Arendt, 1999).

Outro conceito relevante para entender o Holocausto é o de "zona cinzenta", do judeu italiano e sobrevivente do Holocausto Primo Levi. Levi retrata sua vida no campo de Auschwitz e argumenta que o complexo sistema de governança do campo coagia os prisioneiros a serem também carrascos em troca de mínimas recompensas, e que por isso a solidariedade entre eles era muito rara. A zona cinzenta acontece, justamente, pela relação vítima e algoz ser muito mais complexa do que pode parecer. E isso não exime parcialmente os nazistas de culpa, antes o contrário: expõe o comportamento humano quando não há mais humanidade, quando surge o nosso mais grotesco e vergonhoso lado (Levi, 2022).

A expressão "banalidade do mal" e o conceito de zona cinzenta, são úteis para descrever a realidade no mais absurdo e criminoso cenário possível. Criado, em última instância, por humanos. Entretanto, talvez esses conceitos ajudem a entender a relação da população alemã com o próprio regime nazista: refém, vítima, levada à ruína ao final da Segunda Guerra Mundial. E criminosamente cúmplice.

Portanto, o Holocausto é fruto, por um lado, do profundo antissemitismo presente nas fileiras do Partido Nazista e de Hitler. Por outro, do trabalho pragmático e burocrático de pessoas comuns. Constituído de ressentimentos e raivas profundas com a modernidade, ao mesmo tempo constitui uma moderna organização industrial racional em larga escala. Produzido entre a paixão de membros radicalizados do partido nazista e uma massa de funcionários públicos apáticos cumpridores de ordens. Zonas cinzentas entre o algoz e a vítima, entre o mal absoluto e a rotina. Essa dicotomia é o que transforma o Holocausto em um fenômeno tão singular na história do século XX.

Notas

1 *Holocaust* foi exibida em abril de 1978 nos EUA e contava, em quatro episódios, a história ficcional de duas famílias alemãs na época da Segunda Guerra

Mundial. Uma família cristã, que se tornou nazista por necessidades financeiras, e uma judia, vítima da primeira. A série escrita por Gerald Green e dirigida por Marvin Chomsky arrematou diversos prêmios e foi sucesso de público e motivo de controvérsia nos EUA e na Alemanha.

2 O que o romancista alemão Thomas Mann chamou, em 1933, de a "ralé comum tomando o poder", ou uma "revolução sem ideias que a embasassem". Ver o texto já clássico de Walter Benjamin, "Das Kunstwerk im Zeitalter seiner technischen Reproduzierbarkeit" (A Obra de Arte na Era de Sua Reprodutibilidade Técnica, 1935).

Referências

ARENDT, Hannah. *Eichmann em Jerusalém: Um Relato Sobre a Banalidade do Mal*. São Paulo: Companhia das Letras, 1999.

BAUER, Yehuda. *The Holocaust in Historical Perspective*. Canberra: Australian National University Press, 1978.

BAUMAN, Zygmunt. *Modernidade e Holocausto*. Rio de Janeiro: Zahar, 1998

BENJAMIN, Walter [1935]. *A Obra de Arte na Era de Sua Reprodutibilidade Técnica*. Organização Márcio Seligmann-Silva. Trad. Gabriel V. da Silva. Porto Alegre: L&PM, 2015.

DEUTSCHE WELLE. *O Significado de "Holocausto"*. Disponível em: <https://www.dw.com/pt-br/o-significado-de-holocausto/a-1874158>. Acesso em: 26 dez. 2022.

FRIEDLANDER, Saul. *A Alemanha Nazista e os Judeus: Os Anos de Extermínio, 1939-1945*. São Paulo: Perspectiva, 2012.

LEVI, Primo. *É Isto um Homem?* Rio de Janeiro: Rocco, 2022.

MCGUINNESS, Damien. Holocaust: How a US TV series Changed Germany. *BBC*, 30 jan. 2019.

PAXTON, Robert. *A Anatomia do Fascismo*. São Paulo: Paz e Terra, 2007.

IDENTIDADE

Vera Rodrigues
Marco Antonio Lima do Bonfim

Em nosso cotidiano de pessoas comuns, estudantes, professores(as) e/ou usuários(as) de redes sociais, nos deparamos muitas vezes com termos e expressões que nos levam a pensar sobre o significado de vários conceitos. Um desses termos é "identidade". Quando chegam até nós expressões como "Nós por nós", "Eu sou porque nós somos" ou "Tudo que temos somos nós", verificamos que todas elas nos remetem à ideia de coletividade, de pertença a um grupo social, a uma comunidade. Esse é o primeiro aspecto que devemos perceber: identidade diz respeito a algo relacional e processual, pois é fruto da *relação* com outros sujeitos e emerge de um *processo*, ou seja, do desenvolvimento gradual de experiências subjetivas e objetivas interconectadas. O uso do conceito ocorre em nosso cotidiano quando, por exemplo, dizemos quem nós somos em termos de identidade nacional, aquela que nos identifica em relação ao nosso país de origem. Costumeiramente dizemos: sou brasileira(o), guineense, colombiano(a), ou estadunidense. Também podemos fazer o mesmo quando nos identificamos quanto a nossa identidade de gênero. Podemos dizer que sou uma mulher transgênero ou cisgênero, conforme nossa percepção *relacional* e *corpórea*. O processo de constituição de uma identidade, além de ser fruto das relações sociais tecidas com outros sujeitos, também se ampara em uma noção de *trajetória coletiva de vida*. O que podemos dizer sobre isso? Ora, podemos argumentar que as experiências vivenciadas, por exemplo, o racismo, podem nos conduzir a um elo comum entre sujeitos que vivenciam essa experiência de opressão e guardam entre si sentimentos e percepções, como no enfrentamento ao racismo, que constituem trajetórias permeadas por um mesmo fenômeno social. É claro que não queremos encapsular ou engessar as experiências humanas em uma homogeneidade, mas pretendemos chamar atenção para o fato de que há fenômenos sociais estruturais que nos atingem em diferentes contextos e temporalidades por sermos quem somos. Tudo isso se interliga na *experiência do vivido*, que encontra espaço de reflexão e produção de conhecimento naquilo que chamamos de teorias. É assim que encontramos interpretações advindas do campo dos estudos culturais, ciências sociais, estudos da linguagem e gênero, apenas para citarmos algumas possibilidades de entendimento de um conceito complexo, pois envolve uma gama de elementos sociais que não se esgotam em uma única possibilidade de compreensão.

A complexidade do conceito se faz presente também na sua ligação com a percepção da diferença, que leva a questões do tipo: o que faz com que sejamos quem somos? O que nos difere de outros sujeitos e grupos sociais? Vale ressaltar que identidade, em termos de um conceito analítico, não é uma positividade, no sentido de uma essência, algo (ou alguém) que já é. Falar de identidade é também procurar entender o papel da linguagem na produção de nossos posicionamentos discursivos, isto é, de nossas identidades sociais. Portanto, identidade tem a ver sempre, de nossa perspectiva, com a negatividade, com a falta de algo (a diferença) para que se constitua uma pretensa mesmidade. A frase "sou brasileiro(a) porque *não* sou estadunidense" traz em seu interior uma falta que é constitutiva dos nossos processos identitários.

É assim que dialogamos a respeito das diversas expressões religiosas e/ou linguísticas quando no âmbito das discussões sobre diversidade cultural. Na base disso tudo está a ideia de *diferença* que, para o filósofo Achille Mbembe, não é nada mais do que um fato presente na humanidade, uma realidade que só se tornou um problema quando foi hierarquizada a partir de fenômenos históricos como o colonialismo e o racismo, que legitimaram pseudoteorias de superioridade e inferioridade, moldando visões de mundo acerca de povos inteiros, especialmente africanos e indígenas. É nesse ponto que não podemos deixar de entender que quem nós somos está imerso em *relações de poder* historicamente construídas. Nesse escopo é que se insere a premissa de identidade negra.

Para melhor entendimento dessa premissa, vamos partir da contribuição de intelectuais negros(as) para o tema em foco. No cenário brasileiro dos anos 1980 – em pleno processo de redemocratização do país, em que o movimento negro, dentre outros movimentos sociais, retoma amplamente a sua visibilidade e protagonismo –, destacamos os nomes da antropóloga Lélia Gonzalez e da psicanalista Neusa Santos Souza. A presença do racismo e do colonialismo (que, diga-se de passagem, tem se atualizado cada vez mais entre nós) tem encontrado sustentação principalmente nas práticas de significação e representação dos sujeitos no decorrer da história. Por exemplo, a representação estereotipada da mulher negra como "a figura boa da ama negra", "da mulata" ou "doméstica", como denunciado por Lélia Gonzalez em "Racismo e Sexismo na Cultura Brasileira", ainda circula entre nós por meio de filmes, novelas, quadros de humor, redes sociais etc. No entanto, principalmente a juventude negra, por meio da cultura hip-hop, do funk, do empoderamento crespo, das batalhas de rima (*slam*), saraus em praças públicas nos bairros periféricos das cidades brasileiras, entre outras ações, vem produzindo diversas formas de se representar e nomear.

Ainda no que se refere à identidade negra no contexto brasileiro, é fundamental compreender que, por conta da força da falácia da democracia racial e da política do branqueamento[1] que impulsionou o projeto de uma identidade nacional unificada em torno da branquitude, circulam afirmações do tipo: "é difícil saber quem é negro em um país miscigenado". E é exatamente no intuito de desconstruir tais afirmações que assumimos a posição de que a *identidade negra* se ancora na trajetória individual e coletiva de uma pessoa enquanto alguém que vive (por conta do conjunto de seus marcadores raciais como cor da pele e tipo de cabelo), em seu cotidiano, a experiência do *racismo*.

Dialogamos com a psicanalista Neuza Santos Souza quanto ela nos diz que ser negra(o) "é viver a experiência de ter sido massacrada em sua identidade, confundida em suas expectativas, submetida a exigências, compelida a expectativas alienadas. Mas é também, e sobretudo, *a experiência de comprometer-se a resgatar sua história e recriar-se em sua potencialidade*" (Souza, 1983: 18).

Nos anos 1990, em que, mais do que celebrar os trezentos anos de Zumbi dos Palmares, o movimento negro buscava inserir na pauta governamental as demandas da população negra por políticas de promoção da igualdade racial, esse movimento pode ser conferido no livro *Negro, uma Identidade em Construção*, de autoria da psicóloga Conceição Corrêa das Chagas, que herda a discussão de Neuza Santos Souza acerca do processo identitário negro. A autora nos aporta uma visão a respeito da identidade negra em que a retomada da autoestima afetada pelos estereótipos racistas e a formação de uma consciência crítica sobre como opera o racismo em nosso país podem conduzir a identidade a desempenhar a elaboração de um "vir a ser", de um "tornar-se negro" que se constrói na coletividade "comprometida com a construção da cidadania do povo negro e pobre".

Essa conexão com a ideia de cidadania e outros temas decorrentes ou em diálogo, tais como justiça social e democracia, serão terreno fértil para o que veremos entre o final dos anos 1990 e início dos anos 2000 em relação à demarcação daquilo que Kabengele Munanga evidencia como intensificação no campo de estudos sobre relações raciais dos processos de (re)construção da identidade do negro. Isso é algo que vem emergindo desde os anos 1980, segundo o autor, mas que podemos ver já no período em foco, onde há uma conjunção entre esses estudos e o início da adoção de ações afirmativas no Brasil. Ressaltamos o contexto de cada período por entender que este não está descolado da leitura social que se faz do país e o tema da identidade negra. Por exemplo, é nesse momento, em face da adoção das ações afirmativas, que eclodem grandes questionamentos pautados por políticos, intelectuais, militantes e por todos nós: Quem é negro no Brasil? Quem são os quilombolas?

Essas questões estão na pauta das demandas por ações afirmativas pois, pela primeira vez, teremos políticas públicas pautadas pelo pertencimento racial. As ações afirmativas propõem a construção de políticas públicas de combate ao racismo antinegro e à desigualdade racial, e para que essas ações fossem executadas foi necessário que se passasse a compreender quem era o sujeito que necessitava (necessita) dessa política pública como forma de reparação social. Daí a mobilização por parte do movimento negro brasileiro em torno da luta política para que pretos(as) e pardos(as) (segundo a classificação do IBGE) fossem aglutinados(as) em uma única categoria – negros(as).

Essa política de identidade, nos termos de Stuart Hall (2006), utilizada não só pelo movimento negro, mas por vários outros movimentos sociais que passaram a se organizar em torno de suas identidades ou das identidades subalternizadas, passou a ser rotulada – por pessoas que não compreendem as relações entre identidade, diferença e equidade – de "identitarismo". Os críticos do que se tem denominado de "políticas identitárias" argumentam que elas estariam servindo como um mecanismo de cooptação capitalista, uma vez que essas lutas em torno das identidades estariam sendo transformadas em mercado, o mercado da diversidade, por exemplo.

Em nosso entendimento, há uma confusão acerca do que vem a ser as lutas sociopolíticas em torno das opressões raciais, de gênero/sexualidade ou de religião. Tal distorção se explica a partir do momento em que o debate sobre as formas de combate às desigualdades sociais passou a se dar no campo das políticas de inclusão, da diversidade, das diferenças e, principalmente, quando começou a ser pautado também pelas grandes empresas e corporações que passaram a utilizar a bandeira da igualdade como forma não de combater, mas de reproduzir o *status quo* dominante.

No âmbito do combate às desigualdades raciais, o termo igualdade é muito usado para se referir às lutas do(a) sujeito negro(a). No entanto, igualdade não pressupõe equidade, isto é, reparação/redistribuição social, justiça racial. É aqui que as ações afirmativas atuam como mecanismos que promovem a equidade social em um país marcado pela injustiça racial. E nesse sentido, a luta de negros(as) ao redor (e pela) identidade negra a fim de obter equidade social não se efetiva fora das estruturas, das engrenagens capitalistas, uma vez que o racismo antinegro é estrutural.

Diante desse cenário social, queremos reforçar que a luta antirracista não pode ser confundida com uma pseudoideia de "racismo reverso", ou seja, racismo de negros contra brancos. Estamos falando de estruturas de poder e de quem as detém em seu favor em um processo histórico de opressão. Essa contextualização é necessária para que entendamos que a identidade significa um fenômeno social que abarca nossas subjetividades, as quais são frutos de processos históricos e relacionais que nos posicionam enquanto sujeitos na sociedade em que vivemos. Para aprofundar esse debate, sugerimos uma leitura atenta e reflexiva, como devem ser os bons encontros afetivos, teóricos e políticos com as autoras e autores disponíveis nas referências abaixo.

Nota

1 Falácia da democracia racial pode ser compreendida como uma narrativa ideológica que se difundiu no pensamento social brasileiro, na literatura, no cinema, na música, enfim, em vários discursos raciais que nega a desigualdade racial entre brancos(as) e negros(as) no Brasil como resultado do racismo antinegro, defendendo que existe entre esses dois grupos raciais uma situação de igualdade de oportunidade. Por sua vez, a ideologia do branqueamento diz respeito a uma *política de embranquecimento* da população negra brasileira como um projeto de construção de uma identidade branca ou morena (vide os efeitos presentes na ideia do ser "moreno[a]", "moreno[a] claro[a]" ou "mulato[a]") com vistas à constituição de uma nação embranquecida, com valores "superiores" e "civilizados". A política de embranquecimento da população negra está de mãos dadas, ou melhor, é uma das principais formas de manifestação do mito da democracia racial no Brasil.

Referências

CHAGAS, Conceição Corrêa das. *Negro, uma Identidade em Construção: Dificuldades e Possibilidades*. Petrópolis: Vozes, 1997.

GOMES, Nilma Lino. Alguns Termos e Conceitos Presentes no Debate Sobre Relações Raciais no Brasil: Uma Breve Discussão. In: SECRETARIA de Educação Continuada,

Alfabetização e Diversidade. *Educação Anti-Racista: Caminhos Abertos Pela Lei 10.639*. Brasília: Ministério da Educação, 2005. (Coleção Para Todos.)

GONZALEZ, Lélia. Racismo e Sexismo na Cultura Brasileira. In: SILVA, Luiz Antônio Machado et al. *Movimentos Sociais Urbanos, Minorias e Outros Estudos*. Brasília: Anpocs, 1983. (Ciências Sociais Hoje, 2.)

HALL, Stuart. *Da Diáspora: Identidades e Mediações Culturais*. Organização Liv Sovik. Tradução Adelaine La Guardia Resende et al. Belo Horizonte: Editora UFMG, 2009.

____. A Identidade em Questão. *A Identidade Cultural na Pós-Modernidade*. 11. ed. Trad. Tomaz Tadeu da Silva e Guacira Lopes Louro. Rio de Janeiro: DP & A, 2006.

JESUS, Rodrigo. *Quem Quer (Pode) Ser Negro no Brasil?* Belo Horizonte: Autêntica, 2021. (Coleção Cultura Negra e Identidades.)

MUNANGA, Kabengele. *Rediscutindo a Mestiçagem no Brasil: Identidade Nacional Versus Identidade Negra*. 5. ed. rev. amp., 2. reimp. Belo Horizonte: Autêntica, 2020. (Coleção Cultura Negra e Identidades.)

SOUZA, Neusa Santos. *Tornar-se Negro ou As Vicissitudes de Identidade no Negro Brasileiro em Ascensão Social*. Rio de Janeiro: Graal, 1983.

INTELECTUAIS NEGROS

Matheus Gato

Quando uma noção ou conceito pretende abarcar uma gama de experiências sociais diversas e em constante transformação histórica, é prudente, antes que se arrisque uma definição, enfrentar os limites de sua aplicação heurística bem como deslindar seus usos sociais e políticos correntes no mundo social. Em sociedades racializadas, historicamente marcadas pela escravidão e colonialismo, nas quais a circulação de capitais econômicos e simbólicos forja a existência e a hierarquia entre grupos de cor, as práticas sociais descritas como intelectuais e as formas de distinção social que as mesmas constituem também são valoradas em relação à ordem racial[1].

No caso brasileiro, a própria ideia de branco não se restringe apenas à cor da pele, mas se estende às chamadas boas maneiras, ao porte dito civilizado, à elegância dos gestos, às formas de bem falar e bem escrever seguindo a norma culta da língua, isto é, a todo um conjunto de práticas tradicionalmente associado à figura do intelectual. Daí que o processo que os cientistas sociais chamam de *embranquecimento* para descrever, em casos bem específicos, o significado da ascensão social de pessoas negras, não implica apenas a mobilidade econômica, mas a adoção de comportamentos e valores que exibem as marcas da alta escolarização e do treinamento intelectual realizado através do ingresso numa socialização de elite. Noutra direção, também é reveladora a velha imagem do negro ou do mulato pernóstico, aquele que pretende demonstrar um conhecimento e exibir um refinamento que em verdade não possui; estereótipo frequente no teatro de revista do começo do século XX e uma acusação contumaz contra jornalistas, escritores e professores negros na imprensa e no meio acadêmico brasileiro[2]. Humilhação em que raça é mobilizada para desclassificar aspirações negras por ocupar o espaço do intelectual, um lugar imaginado como branco.

Por outro lado, paradoxalmente, muito do fascínio que a figura do intelectual tem exercido, para o recrutamento de pessoas negras, consiste no fato de conter, como horizonte social e simbólico, a promessa da "desracialização"tanto no sentido da fuga do "lugar de negro" pela ascensão social rumo a ocupações que exigem alto grau de instrução como pela possibilidade de firmar-se como uma autoridade cultural, cujos discursos podem reivindicar atenção e poder sem estarem necessariamente confinados à origem racial.

É precisamente nessa promessa que o poeta Cruz e Souza acusou uma grande ilusão: "Não! Não! Não! Não transporás os pórticos milenários da vasta edificação do Mundo, porque atrás de ti e adiante de ti não sei quantas gerações foram acumulando, acumulando pedra sobre pedra, pedra sobre pedra, que para aí estás agora o verdadeiro emparedado de uma raça." (Cruz e Souza, 1995: 673) Palavras com que o poeta se vê enclausurado na luta entre a tentativa de galgar uma voz pública não mensurável pela percepção social do corpo e as variadas barreiras antepostas a esse desejo de expressão política e estética.

Nesse sentido, uma das principais dificuldades para o uso analítico da noção de "intelectual negro" é que as práticas nominadas como "intelectuais" possuem, de partida, uma inscrição racial, conferindo-lhe um enorme significado político. Essa é uma das razões que elucidam o enorme investimento dos movimentos sociais negros na legitimação de parte de seus quadros, não apenas como ativistas em prol dos direitos humanos e da causa antirracista, mas também como intelectuais. Outra forma de enfrentar a racialização do espaço do intelectual tem consistido em estendê-lo, como distinção honorífica, a personalidades de variados campos de atuação como lideranças religiosas de cultos afro-brasileiros, mestres da cultura popular, capoeiras históricos, sambistas, rappers e toda uma gama de práticas diferentes daquelas hodiernamente designadas como intelectuais. Malgrado o relevante efeito político de reconhecimento e de consagração conquistados por meio dessa operação simbólica, a sua justificativa analítica precisa observar a adversativa de Antonio Gramsci para quem "todos os homens são intelectuais – pode-se dizer, mas nem todos os homens têm na sociedade a função de intelectuais" (Gramsci, 1982: 7); isto é, dependem profissional e institucionalmente de atividades que exigem práticas de criação cultural.

Não sem razão, portanto, que é a essa camada mais profissionalizada que se dirigem os estudos sobre os intelectuais. Em primeiro lugar, porque os critérios sociais e políticos que organizam o seu recrutamento coincidem frequentemente com aqueles que selecionam e distinguem as elites de um determinado período histórico, tornando possível descrever mecanismos de poder e explicitar a linguagem cultural que avaliza a desigualdade social. Em segundo lugar, devido ao papel institucional que estes desempenham na legitimação ideológica das formas de dominação bem com para a sua contestação crítica. Assim, para uma análise interessada em compreender a constituição de intelectuais negros, a exigência metodológica é discernir, para cada caso particular, os constrangimentos e os privilégios implicados no exercício da "função de intelectuais", como diria o pensador italiano, e, entre estes, a relevância ou não da raça.

Nesse ponto, um problema frequente no caso brasileiro, especialmente na análise de contextos recuados no tempo, consiste nas diferentes classificações raciais atribuídas a uma pessoa ao longo de sua trajetória e os significados sociais e culturais que estas adquirem em distintos momentos da vida e o modo como a *cor* passa a constituir as disputas políticas sobre a recepção, a interpretação e o legado de uma vida e obra[3].

O exemplo de Machado de Assis é bastante instrutivo a esse respeito. A certidão de batismo de seu pai, Francisco José de Assis, o classifica "pardo forro", "filho legítimo de Francisco de Assis, pardo, forro, natural desta Cidade e de Ignacia Maria Roza, parda, forra, natural desta Cidade". A nomenclatura de cor, usada no documento, "pardo", enfatiza a conquista da liberdade nesse ramo familiar em contraposição a outras como "preto" e "negro", frequentemente utilizadas para designar gente escravizada. Mas se o escritor nasceu numa família de "pardos forros", com as restrições de direitos que tal *status* implicava na sociedade imperial, terminou por morrer "branco" segundo o oficial do registro civil que registrou o "óbito de Joaquim Maria Machado de Assis: idade 69 anos, viúvo, natural d'esta capital, funcionário público, cor branca, falecido de artério-esclerose, às 3 e 20 horas da manhã do dia 29 de setembro de 1908". A morte branca do escritor filho de pardos forros é a morte do autor consagrado, do fundador da Academia de Letras, do homem que galgou lugar nos círculos da elite social de seu tempo. Poucos dias depois, num famoso necrológio, o escritor José Veríssimo o elogiou afirmando que, sendo "mulato, foi de fato um grego da melhor época, pelo seu profundo senso de beleza, pela harmonia de sua vida, pela eurritmia da sua obra", frase que casou arrepios em Joaquim Nabuco, que lhe respondeu numa carta: "Eu não teria chamado o Machado de mulato e penso que nada lhe doeria mais do que essa síntese. [...] A palavra não é literária e é pejorativa, basta ver-lhe a etimologia. O Machado para mim era um branco, e creio que por tal se tomava; quando houvesse sangue estranho, isso em nada afetava a sua perfeita caracterização caucásica."

Exemplos dessa natureza fizeram com que alguns analistas recusassem a noção de intelectual negro como excessivamente simplista, senão essencialista, para dar conta da peculiaridade e complexidade dos usos das classificações raciais no Brasil que, em alguns casos, podem se alterar conforme o contexto de interação. Uma perspectiva que, contraditoriamente, pretende ancorar a validade explicativa da noção de intelectual negro na capacidade das categorias de cor de realizarem plenamente as exigências do racismo – de que sejam "transparentes", "estáveis", "fixas" –, concretizando a fantasia da raça: a correspondência perfeita entre a classificação dos corpos, a posição social e as formas de imaginação e interpretação do mundo. No caso de Machado de Assis, ao contrário, são os apagamentos, sinalizações e referências ao "sangue estranho" que nos indicam que as ideias sobre cor e raça marcaram seu percurso social e intelectual e conformam as disputas para estabelecer a sua autoridade cultural.

Nesse sentido, vale a pena descrever a trajetória de um indivíduo como "intelectual negro" quando a constituição de sua autoridade simbólica é marcada pelas coerções e constrangimentos sociais implicadas nos significados de cor e raça em um determinado contexto histórico. Tais coerções e constrangimentos, que não apenas se transformam historicamente como são capazes de variar nos diferentes momentos de uma mesma trajetória considerada, podem ser verificados pelo menos de três maneiras: 1. ao analisar as formas como esses indivíduos constituem interlocutores, tecem parcerias e rivalidades, formam associações e corporações, tomando posição frente a outros no mundo da cultura; 2. pela observação de como suas obras realizam a transposição de suas experiências sociais e raciais e a sua recepção pelos contemporâneos; 3. ao verificar a relação entre a legitimação intelectual e as formas de engajamento político nos meios negros.

O estudo de polêmicas literárias, bem como as disputas de poder no meio jornalístico e artístico, é um campo de investigação que oferece farta documentação empírica para a análise das formas de constituição de interlocutores e tomadas de posição intelectual que acionam a raça. Um caso notável a esse respeito é o conjunto de artigos enfeixados em livro pelo escritor e jornalista maranhense Nascimento Moraes (1882-1958) na obra *Puxos e Repuxos* (1910) contra agressões racistas publicadas contra ele na imprensa de São Luís. O prefácio do livro afirmava que a organização da antologia era obra de "amigos e admiradores, que *o belo intelectual negro* os conta as centenas, [...] em resposta as agressões anônimas de não sabemos quantas meias dúzias de homens de letras, passados e repassados, Galliza inclusive, no banho lustral do batismo das consagrações literárias e não literárias, profanas e não profanas" (Moraes, 1910).

Chama atenção a opção pelo "belo intelectual negro" como lugar distintivo para tomada de posição frente àqueles que herdaram suas credenciais no meio literário e jornalístico pelo "banho lustral do batismo", pela cor, pela linhagem nobre, pelo monopólio, capitais econômicos e políticos, e o arbítrio da violência simbólica que organiza os critérios de consagração cultural. Em tom provocativo, o prefácio se encerra com a afirmação de que "é a vitória de um negro contra muitos brancos que vamos assinalar com a publicação dessa obra" (Moraes, 1910). Trata-se de um caso em que a linguagem conflituosa, própria da polêmica, dá a ver a constituição simbólica do intelectual negro como uma posição social construída em relação a outras no campo da cultura.

Outro exemplo, nessa direção, consta no clássico ensaio de Lélia Gonzalez intitulado "Racismo e Sexismo na Cultura Brasileira" apresentado no Grupo de Trabalho Temas e Problemas da População Negra no IV Encontro Anual da Associação Brasileira de Pós-Graduação e Pesquisa em Ciências Sociais em 1980. Nas palavras da autora: "nós negros estamos na lata de lixo da sociedade brasileira [...] neste trabalho assumimos nossa própria fala. Ou seja, o lixo vai falar, e numa boa" (Gonzalez, 2020: 77-78). Nesses termos, assumir a própria fala significa se constituir como um sujeito do pensamento científico, deslocando-se do lugar de objeto de estudo num mundo acadêmico tradicionalmente branco e questionando as implicações da subordinação interseccionada de raça e gênero para formação de conceitos e interpretações sobre a realidade social.

A investigação dessas tomadas de posição que constituem intelectuais negros frente a um conjunto de interlocutores e contentores também costuma destacar as experiências associativas e corporativas. Experiências como formação de coletivos de jovens universitários como o Grupo de Trabalho André Rebouças, fundado na Universidade Federal Fluminense (1975), a organização do grupo literário Quilombhoje em São Paulo (1980), a Associação Brasileira de Pesquisadores Negros (2000), para lançar mão de três exemplos expressivos, revelam como a raça constitui as relações de poder num campo intelectual de um determinado contexto histórico.

Além disso, ajudam a compreender as lutas para estabelecer novas agendas de pesquisa na universidade, em prol da diversificação do mercado editorial e contestação dos padrões de canonização literária, disputas por editais e fundos públicos e privados de subsídio à pesquisa, o trabalho de mediação entre os movimentos sociais e o estado, a construção de novos espaços de socialização entre cientistas e pesquisadores dentre outras ações que conferem sentido objetivo e subjetivo à posição de intelectuais negros.

A análise de obras é um outro caminho através do qual podem ser flagrados os constrangimentos e coerções raciais ao longo de uma trajetória intelectual. A dificuldade nesses casos é que a interpretação da transposição artística e literária das experiências sociais precisa levar em conta os códigos e convenções que lhes retraduzem numa determinada forma estética. Daí que sejam muito variadas as maneiras com que a experiência da racialização pode integrar a trama de uma obra – e o silêncio é uma delas –, uma vez que a sua transposição simbólica não remete à mera existência da desigualdade racial, mas à sua percepção pelo indivíduo e aos recursos artísticos e literários disponíveis para lhe conferir expressividade num dado contexto. Sérgio Buarque de Holanda, numa comparação entre Lima Barreto e Machado de Assis, afirmou: "o mesmo tema [a questão racial] que para o primeiro representa obsessivo tormento e tormento que não pode calar, este o dissimula por todos os meios ao seu alcance" (Holanda, 1982: 5). Observação que, não sendo isenta de polêmicas entre os estudiosos, chama atenção para a heterogeneidade que pode assumir a experiência social de intelectuais negros quando traduzida nas notações específicas da arte.

Questão que recebeu soluções das mais criativas por Roger Bastide no clássico "A Poesia Afro-Brasileira", cujo objeto é a "raça na trama da obra escrita" (Bastide, 1973: 7). Trama que configurava a codificação da raça conforme o contexto histórico, as correntes literárias e as experiências familiares e pessoais dos poetas analisados. Traduções que não correspondiam necessariamente a um discurso sobre a cor, mas podiam estar imersas no nativismo dos árcades mestiços, na entrega ao impulso igualitário do romantismo, no tema do amor como energia transcendental às diferenças de origem social, na sátira de Luiz Gama, na opção pelo simbolismo em Cruz e Souza. A presença da raça na trama da obra escrita aparece não apenas por meio de temas afro-brasileiros, mas também pela relação particular dos autores com as ideias estéticas correntes e o ambiente intelectual no qual estavam situados. Embora a historiografia literária contemporânea obrigue a revisar e sofisticar algumas das hipóteses e interpretações contidas em "A Poesia Afro-Brasileira", a enorme contribuição de sua abordagem e os *insights* ali desenvolvidos ainda não foram devidamente aquilatados e explorados pela sociologia cultural e pelos especialistas interessados na análise de obras produzidas por intelectuais negros.

Outro aspecto, talvez o mais relevante, para compreender como a subordinação racial conforma a produção de autoridades culturais é a relação entre a legitimação intelectual e as diferentes modalidades de engajamento político nos meios negros. O estudo dos movimentos sociais traz farta documentação sobre o tema uma vez que a mobilização política tende a construir uma infraestrutura alternativa de vocalização pública como seminários, congressos, jornais, fóruns, sites, livros, revistas, saraus, exposições, redes sociais virtuais, dentre outros, que possibilitam a emergência de intelectuais e seu reconhecimento. O caso da chamada imprensa negra ao longo do século XX é um dos mais expressivos. Correntes de pensamento como a negritude francesa, o pan-africanismo, o nacionalismo negro, a consciência negra, e nomes como Aimé Césaire, Leopold Senghor, Leon G. Damas, W.E.B. Du Bois, James Weldon Jhonson, Countee Cullen, José Correia Leite, Abdias Nascimento, Hamilton Cardoso, seriam impensáveis sem empreendimentos como *L'Étudiant noir*, *Légitime Défense*, *The Crisis*, *Clarim da Alvorada*, *Quilombo,* para mencionar alguns exemplos significativos.

No Brasil, a centralidade do engajamento político em movimentos sociais e seus circuitos políticos e culturais para a constituição de intelectuais negros também se devem à imponência das barreiras raciais nas esferas tradicionais de legitimação cultural como as academias de artes e letras, o mercado editorial e as universidades. Um dos efeitos simbólicos desse processo é que, malgrado a existência de *scholars* negros de grande expressão pública, como Milton Santos, Neusa Santos, Muniz Sodré, ou a grande projeção de escritores como Carolina de Jesus, Paulo Lins, Ana Maria Gonçalves pelo mercado editorial, a representação do intelectual negro brasileiro contemporâneo foi construída em torno do militante da causa antirracista, quadro de entidades e organizações da sociedade civil.

Uma consequência inesperada da relevância desses espaços alternativos é a força da atuação intelectual das mulheres negras, pois as clivagens de gênero aí presentes estão mais expostas à contestação e à crítica. Sobre o impacto da organização das mulheres dentro do movimento negro no Rio de Janeiro no fim dos anos 1970, afirmou Lélia Gonzalez: "é claro que pintou machismo e paternalismo, mas também solidariedade e entendimento. [...] De um modo geral, esses machões eram de uma geração mais velha, porque os mais jovens cresceram junto com suas irmãs de luta" (Gonzalez, 2022: 44-45). Eis uma das razões que nos ajudam a entender o recrutamento de lideranças femininas, muitas delas intelectuais, nos mais variados campos da mobilização política negra – direitos humanos, saúde, educação, ecologia, mercado trabalho, ações afirmativas – bem como a proeminência contemporânea do feminismo negro. Com efeito, a compreensão das tomadas de posição que constituem objetiva e subjetivamente intelectuais negros nos últimos quarentas anos deve ser investigada nas trajetórias de vida, intervenções, artigos, ensaios e livros de pessoas como Mundinha Araújo (Centro de Cultura Negra do Maranhão), Luiza Bairros (Movimento Negro Unificado), Jurema Werneck (Crioula), Sueli Carneiro (Geledés – Instituto da Mulher Negra), Cida Bento (Centro de Estudos das Relações de Trabalho e Desigualdades – CEERT), dentre outras cuja legitimação intelectual emerge a partir da militância em organizações do movimento negro.

Nas duas primeiras décadas do século XXI, as políticas de ação afirmativa nas universidades, a atuação das redes sociais digitais, as iniciativas em prol da diversidade no campo jornalístico e no mercado editorial têm apontado, ainda que de forma tímida, para a ampliação dos espaços que possibilitam a emergência dos intelectuais negros brasileiros. O influente modelo do pensador militante, engajado numa instituição do movimento negro, tende a conviver com outros estilos de expressão intelectual originários da atuação, cada vez mais intensa, em diferentes nichos do campo da cultura. O escritor negro *celebrity*, sucesso de vendas, prestigiado por grandes casas editoriais, é uma das novidades de nossa época. Essa diferenciação do perfil social dos intelectuais negros ao mesmo tempo que amplia os espaços de vocalização pública e política tornam cada mais vez mais problemática, menos imediata, e, por vezes, dissociada, a relação entre trabalho intelectual e projeto coletivo que tanto caracterizou a dicção das autoridades culturais forjadas pela militância. Esse impasse constitui o dilema do intelectual negro no Brasil contemporâneo.

Notas

1 Num ensaio célebre, bell hooks narra como a segregação racial no sul dos Estados Unidos conformava as atitudes e valores da atividade intelectual na comunidade em que cresceu: "Criada numa comunidade segregada sulista pobre e operária onde a educação era valorizada como um meio de mobilidade de classe, a vida intelectual sempre esteve ligada à carreira do ensino. [...] Criada num mundo assim, era mais que evidente que havia uma diferença socialmente aceita entre a qualificação acadêmica e tornar-se um intelectual. Qualquer um podia ensinar, mas nem todos seriam intelectuais. E embora a profissão de professor nos rendesse *status* e muito respeito, ser demasiado erudito e intelectual fazia com que corrêssemos o risco de ser encarados como esquisitos, estranhos e talvez mesmo loucos." (bell hooks, Intelectuais Negras, *Revista Estudos Feministas*, v. 3, n. 2, 1995.)

2 É famosa a menção de Guerreiro Ramos ao modo como foi descrito pela comissão de inquérito que levou a sua cassação como deputado pela ditadura militar (1964-1985): "Alberto Guerreiro Ramos: mulato, metido a sociólogo." (Oliveira, 1995: 162.)

3 A polêmica em torno da ascendência negra de Mario de Andrade, que apareceu nos jornais em 2007, é um caso interessante. A Secretaria de Cultura do Estado de São Paulo realizou uma campanha na qual divulgava pela cidade imagens com escritores e escritoras negras do Brasil. A presença de Mario Andrade, retratado como um intelectual negro, chocou a cidade e a crítica especializada para quem o autor modernista, símbolo da universalidade da literatura brasileira, apareceu reduzido ao "particular", a especulações sobre a cor e a sua identidade racial. O escritor negro Oswaldo de Camargo, que esteve no centro dessa polêmica, afirmou: "Eu acho que é a questão da afrodescendência do Mario que estava em jogo. Valendo-se de uma foto que podia ser falsa, eles dançaram em cima. [...] A tendência da sociedade branca é embranquecer os pensadores... Houve, portanto, uma certa irritação de nós pegarmos um ícone da cultura, em todos aspectos – no romance, na poesia, em tudo – e tentarmos, mediante uma foto que podia ser falsa, trazê-lo para o nosso lado." (Camargo, 2016: 440)

Referências

BASTIDE, Roger. A Poesia Afro-Brasileira. *Estudos Afro-Brasileiros*. São Paulo: Perspectiva, 1973.

CAMARGO, Oswaldo de. Quem é Oswaldo de Camargo? A Polêmica Sobre Mario de Andrade e os Impasses da Legitimidade Intelectual Negra. Entrevista concedida a Ana Flavia M. Pinto e Mário A.M. da Silva. *Cruza das Almas*. Belo Horizonte: EDUFRB/Fino Traço, 2016.

CRUZ E SOUZA, João da. Emparedado. *Cruz e Souza: Obra Completa*. Organização de Andrade Murici e atualização de Alexei Bueno. Rio de Janeiro: Nova Aguilar, 1995.

GONZALEZ, Lélia. O Movimento Negro na Última Década. In: GONZALEZ, Lélia; HASENBALG, Carlos. *Lugar de Negro*. Rio de Janeiro, Zahar, 2022.

_____. Racismo e Sexismo na Cultura Brasileira. *Por um Feminismo Latino-Americano: Ensaios, Intervenções e Diálogos*. Organização Flavia Rios e Marcia Lima. Rio de Janeiro: Zahar, 2020.

GRAMSCI, Antonio. *Os Intelectuais e a Organização da Cultura*. Rio de Janeiro: Civilização Brasileira, 1982.

HOLANDA, Sergio Buarque. Prefácio In: BARRETO, Lima. *Clara dos Anjos*. São Paulo: Brasiliense, 1982.

MORAES, Nascimento. *Puxos e Repuxos*. São Luís: tipografia do jornal dos artistas, 1910.

OLIVEIRA, Lucia Lippi. *A Sociologia do Guerreiro*. Rio de Janeiro: Editora UFRJ, 1995.

INTERSECCIONALIDADE

Mara Viveros Vigoya
Osmundo Pinho

GENEALOGIAS DA INTERSECCIONALIDADE

A interseccionalidade tornou-se, nos últimos anos, a expressão para designar a perspectiva teórica e metodológica que busca dar conta da percepção interseccional ou sobreposta das relações de poder. Essa abordagem não é nova dentro do feminismo e de fato existe atualmente um consenso para apontar: 1. que as teorias feministas abordaram o problema antes de dar-lhe um nome; e 2. que o problema das exclusões criadas pelo uso de referenciais teóricos que ignoram a imbricação das relações de poder circulou por muito tempo em diversos contextos históricos e geopolíticos.

Essa ignorância foi contestada pelas mulheres negras nos Estados Unidos por meio de organizações que lutaram pela abolição da escravidão, pelo direito de votar para os negros e contra o linchamento de homens negros e a segregação racial. No último quarto do século XX, surgiram propostas como as do Combahee River Collective (1977), grupo autor de uma formulação extraordinária do problema da interseccionalidade presente no documento *Declaração Feminista Negra*. Nesse escrito, o coletivo define suas ações políticas em torno de um compromisso ativo de luta "contra a opressão racial, sexual, heterossexual e de classe" e o "desenvolvimento de análise e prática integradas baseadas no fato de que os principais sistemas de opressão estão interligados" (Coletivo Combahee River, 2019: 197). Essa noção de sistemas "entrelaçados" de opressão claramente prenuncia a interseccionalidade.

Nesse contexto de mudança, vale destacar o nome de algumas pensadoras como Angela Davis, Audre Lorde, bell hooks e June Jordan, que se manifestaram contra a hegemonia do feminismo "branco" na academia estadunidense, demonstrando que a categoria "mulher" e a representação política proposta por muitas teorias feministas havia se constituído a partir da experiência de mulheres privilegiadas por razões de classe, raça e sexualidade, ignorando a realidade de mulheres cuja situação social era diferente por esses mesmos motivos.

Enquanto isso acontecia na América do Norte, no Brasil, os problemas das mulheres negras como objeto de debate político eram levantados dentro do Partido Comunista Brasileiro desde os anos 1960 (Barroso & Costa, 1983). Posteriormente, na década de 1980, consolidou-se um movimento de mulheres negras que afirmava a intersecção de raça e gênero como centro de seu programa político. Várias ativistas e intelectuais (Thereza Santos, Lélia Gonzalez, Maria Beatriz do Nascimento, Luiza Bairros, Jurema Werneck e Sueli Carneiro, entre outras) promoveram a teoria da tríade de opressões "raça-classe-gênero" para articular as diferenças entre as mulheres brasileiras que o discurso feminista dominante procurou ignorar. Essas autoras foram pioneiras em apontar que, se o feminismo deseja emancipar todas as mulheres, deve enfrentar todas as formas de opressão e não apenas aquelas baseadas no gênero. Vale a pena sublinhar isso porque sua contribuição para a genealogia da interseccionalidade quase nunca é reconhecida.

Foram elas que, junto com as mulheres negras feministas uruguaias e caribenhas conseguiram levantar, a partir do Segundo Encontro Feminista da América Latina e do Caribe, realizado em 1983 na cidade de Lima (Curiel, 2007), a necessidade de incluir a questão do racismo na agenda feminista e estabelecer um mecanismo de coordenação regional entre elas (Álvarez, 1997). Finalmente, em 19 de julho de 1992, 350 mulheres negras de 32 países se reuniram na República Dominicana, país com longa tradição de feminismo, para realizar o I Encontro de Mulheres Negras Latino-Americanas e Caribenhas e discutir a agenda da IV Conferência Mundial sobre Mulheres que aconteceria em Pequim em 1995. Esse encontro permitiu gerar uma agenda própria que destacasse as desigualdades étnico-raciais que caracterizavam a região e a desvalorização das contribuições das mulheres negras para a conformação das sociedades latino-americanas (Galván, 1995).

A descrição dessas contribuições permite afirmar que, embora esta reflexão não seja nova, o que há de novo em relação à interseccionalidade é a forma como ela tem circulado nos últimos tempos, em diferentes contextos acadêmicos e políticos como uma das abordagens-chave para as discussões e lutas contemporâneas em torno da diferença, diversidade e pluralidade, com múltiplos efeitos, como veremos a seguir.

O CAMINHO DA INTERSECCIONALIDADE, DA MARGEM AO CENTRO

O conceito de interseccionalidade como tal foi cunhado pela jurista estadunidense Kimberlé Crenshaw, em 1989, como uma ferramenta destinada a superar a invisibilidade jurídica das múltiplas dimensões da opressão, no quadro da discussão de um caso jurídico específico na empresa estadunidense General Motors. Com essa noção, Crenshaw esperava destacar o fato de que nos Estados Unidos as mulheres negras estavam expostas à violência e à discriminação por motivos de raça e gênero e, acima de tudo, buscou criar categorias jurídicas concretas para enfrentar a discriminação em múltiplos e variados níveis. Em inúmeras ocasiões, Kimberlé Crenshaw esclareceu que sua aplicação da interseccionalidade foi e continua a ser contextual e prática, e que sua intenção nunca foi criar uma teoria da opressão geral, mas sim um conceito de uso prático para analisar omissões legais específicas e desigualdades.

Uma década depois de cunhar o termo, Kimberlé Crenshaw participou da preparação da Conferência Mundial contra o Racismo, Discriminação Racial, Xenofobia e Intolerâncias Correlatas em Durban. Essa conferência, como as outras da ONU, também foi precedida por uma série de preparativos em diferentes regiões do mundo. O objetivo era mapear as diferentes formas de racismo bem como propor ações aos Estados membros e aos órgãos das Nações Unidas responsáveis pelos tratados internacionais. Essa conferência constituiu uma viragem na forma de compreender o funcionamento histórico do racismo no mundo e foi caracterizada pela notável atuação das mulheres e, em particular, pelo crescente protagonismo das mulheres negras na luta contra o racismo e a discriminação internacionalmente. Dentre as diferentes iniciativas desenvolvidas, destaca-se a Articulação Pró-Durban das Organizações de Mulheres Negras Brasileiras (Bairros, 2002). Os debates propostos pelas mulheres negras sobre suas especificidades nos sistemas de produção e reprodução, em grande medida contribuíram para tornar visíveis os problemas das mulheres discriminadas racialmente.

A partir de então, a perspectiva interseccional, seja sob o nome de interseccionalidade ou outros termos equivalentes, passou a prevalecer e se expandir globalmente (Dell'Aquila, 2021). Assim, o trabalho desenvolvido por Crenshaw influenciou a elaboração da cláusula de igualdade da Constituição da África do Sul e a institucionalização da interseccionalidade na diplomacia internacional e na academia (Crenshaw, 2002). O conceito de interseccionalidade, nascido de um contexto marginal e rebelde, tornou-se, dessa forma, amplamente utilizado nessas diferentes áreas. Na verdade, em contextos acadêmicos anglófonos, a interseccionalidade parece ter se tornado o tropo feminista mais difundido para falar sobre identidades ou múltiplas desigualdades interdependentes (Brah & Phoenix, 2004; Bilge, 2010-2012). Também vale a pena notar o uso que as Nações Unidas têm feito dessa abordagem para se referir aos direitos das mulheres como direitos humanos e à diversidade das mulheres em contextos geográficos, sociais e culturais muito heterogêneos, como os da América Latina e/ou Caribe.

No entanto, cabe observar, a interseccionalidade sofreu o mesmo que a abordagem de gênero durante os anos 1990, década das grandes conferências internacionais do século XX. Por um lado, trouxe um reconhecimento inegável da interseccionalidade no mundo universitário e um maior comprometimento dos órgãos governamentais no combate à discriminação múltipla. Por outro lado, paradoxalmente, a institucionalização do conceito resultou em um esvaziamento e neutralização da categoria e em um uso retórico dela, como referência acadêmica padrão, descontextualizada e separada de sua marca política original. Por isso, se ao incluir uma perspectiva interseccional o discurso feminista permanece intacto, se o argumento, a análise e a abordagem interseccional consistem unicamente em aplicar verdades feministas "superiores" à compreensão do mundo, apontando que nesse caso as desigualdades se agravam, desde uma lógica aditiva, é porque se deu esse processo de institucionalização do conceito em seu âmbito analítico e emancipatório (Espinosa, 2020). A interseccionalidade, ao contrário, nos sugere uma nova forma de interpretação que abandona o ponto de vista feminista centrado no gênero para outro mais abrangente e relacional.

INTERSECCIONANDO MASCULINIDADES

A dimensão relacional da perspectiva interseccional é certamente central, e se refere à produção social das identidades e subjetividades racializadas e de gênero, assim como à consequente produção de vulnerabilidades e contradições. Nesse sentido, categorias de gênero operam concretamente em contextos estruturados e históricos em conjunção a outras categorias discerníveis. A incorporação de uma abordagem mais abrangente implica, dessa forma, em relativizar os limites de identidades e categorias, que paradoxalmente parecem fixas, estáveis ou ontologizadas, justamente sob a lógica combinatória que termina por substancializar a interseccionalidade, ao invés de ressaltar sua dimensão como metodologia crítica. Os estudos contemporâneos sobre masculinidades racializadas, no Brasil, na Colômbia e em outros contextos latino-americanos, dão testemunho vibrante da abertura crítica que abordagens interseccionais podem proporcionar.

Levando-se em conta os processos de formação dos Estados-nação como formações raciais (Omi & Winant, 1994), vemos como projetos de nação dependem de determinada articulação entre raça e masculinidade, usualmente vista como apanágio do Homem Branco. Tal como nas narrativas de fundação nacional, como no México e no Brasil, em que uma gramática "mestiça" implica na presunção heterossexual como elemento de articulação da natureza e da cultura na fundação da nação, como nos mitos da "malinche" mexicana ou de Catarina Paraguaçu no Brasil (Santos, 2013). O sociólogo brasileiro Gilberto Freyre, por sua vez, insistia em uma estrutura de parentesco patriarcal, a família colonial senhorial, como fundação da nação (Freyre, 1995; Pinho, 2004). De outro ponto de vista, Richard Miskolci, em *O Desejo da Nação*, revela inequivocamente como na transição do século XIX para o século XX, o projeto de nação moderna e civilizada no Brasil dependia da construção de um ideal de masculinidade branca, europeia e viril, que se opunha à ambiguidade sexual e racial de uma população, descendente de indígenas e africanos escravizados, vista sob a óptica do racismo científico e do positivismo vigente à época como primitiva ou degenerada.

Assim, as masculinidades populares e negras careciam de coerência e até mesmo eram sexualmente ambíguas. Como se uma vez cruzada com variáveis raciais e de classe, a masculinidade perdesse sua coerência e estabilidade definidas pela correlação entre gênero, sexualidade e prerrogativas de poder, supostamente incorporadas pelo Homem Branco, como uma posição de poder e materialização dos valores de "respeitabilidade e honra considerados próprios dos grupos considerados brancos" (Viveros Vigoya, 2018: 137). Nesse sentido, a equação modernidade/civilização/raça é experimentada na produção de ideais subjetivos de gênero encarnados na masculinidade branca, que produzem uma dupla negação: da negritude e da feminilidade (que, obviamente, nem sempre é reproduzida em um corpo cisgênero). Desse ponto de vista, poderíamos falar de uma colonialidade da masculinidade, que está em contradição ou antagonismo com outras modalidades, eventualmente amefricanas, de gênero, sexualidade e parentesco.

O que buscamos visualizar, nesse sentido, é a interseccionalidade das categorias, não apenas da opressão, mas da construção do mundo colonial antinegro, reconhecendo sua historicidade e concretude, interpelada precisamente através de uma metodologia interseccional. Vale destacar que estudos clássicos como os de Florestan Fernandes, ou mais recentes como os desenvolvidos por Michel Agier e Antonio Sergio Guimarães na Bahia, documentam essa mesma interseccionalidade, mesmo que não tenham utilizado esse conceito ou perspectiva. Em ambos os casos, é evidente que a formação das identidades de classe dos trabalhadores negros também implica sua identificação com valores patriarcais, como o de provedor, ou sua não adesão a tais valores (Fernandes, 1978; Agier& Guimarães, 1995).

Por último, é fundamental mencionar a problemática da violência, que define, em sua gratuidade, a condição negra em um mundo antinegro. Inúmeras estatísticas amplamente disponíveis no Brasil apontam para a super-representação de jovens negros em indicadores de violência. Essa correlação entre gênero e raça na produção de homicídios por arma de fogo, e na chamada dimensão interseccional do genocídio negro, é talvez a consequência mais perversa que a metodologia crítica interseccional revela. Isso não significa ignorar ou desconsiderar as consequências dessa articulação para as mulheres, como infelizmente revelam os dados sobre encarceramento feminino e feminicídio (Cerqueira et al., 2021), mas procura destacar os efeitos dramáticos da conexão entre masculinidade, raça e violência para a política racial na modernidade (Pinho, 2016).

A INTERSECCIONALIDADE DAS LUTAS

Como pode acontecer com as "teorias itinerantes" (Saïd, 2015: 43), o deslocamento da interseccionalidade do local a partir de onde sua formulação original foi desenvolvida pode estar redefinindo-a e repolitizando-a, como parece estar acontecendo. Essa teoria assumiu novos significados e, em certa medida, foi até reinventada, fora do perímetro das universidades, nas ruas e nas lutas dos movimentos sociais. Na Argentina e no Brasil, a noção de interseccionalidade tem sido usada para articular e conectar movimentos de mulheres indígenas e negras, comunidades rurais e metropolitanas, minorias sexuais e bairros marginalizados, sem perder de vista sua especificidade (Mezzadra, 2021). Além disso, em Amefrica Ladina, o pensamento e a ação política interseccional se relacionam com o pensamento e a ação política descolonial. Isso significa que não se limita a verificar e abordar a multiplicidade e complexidade das discriminações que caracterizam a experiência das mulheres ladino-africanas, mas também procura compreender as raízes históricas e combater o que as gerou.

Essa apropriação e esses usos da interseccionalidade levaram a uma repolitização da noção, onde o que está em jogo, para citar Angela Davis, "não é tanto a interseccionalidade das identidades quanto a interseccionalidade das lutas" (Davis, 2016: 144). Algumas pesquisas, como "Interseccionalidade nas Mobilizações do Brasil Contemporâneo", de Flavia Rios, Olívia Perez e Arlene Ricoldi, apontam para o surgimento de uma nova geração de ativismo brasileiro, que adotou a interseccionalidade como categoria de identidade política coletiva de quem faz a política de rua e das redes sociais, e que vai além da compreensão da interseccionalidade como ferramenta de interpretação social e política. A reinvenção da interseccionalidade como "interseccionalidade de lutas" parece prenunciar uma nova política de solidariedade, não em torno do sexo ou da cor, como características inerentes ou naturais, mas nas formas de pensar raça, classe e gênero.

O retorno à margem do pensamento e da ação política interseccional é, parafraseando bell hooks, uma marginalidade escolhida como lugar de resistência, como lugar de abertura radical e como possibilidade de lutas (hooks, 1989: 23).

Referências

AGIER, Michel; GUIMARÃES, Antonio Sérgio Alfredo. Técnicos e Peões: A Identidade Ambígua. In: GUIMARÃES, Antonio Sérgio Alfredo; AGIER, Michel; CASTRO, Nadya Araujo (orgs.). *Imagens e Identidades do Trabalho*. São Paulo: Hucitec / Orstom, 1995.

ÁLVAREZ, Sonia. Articulación y Transnacionalización de los Feminismos Latinoamericanos. *Debates Feministas*, v. 15, abr. 1997.

BAIRROS, Luiza. III Conferência Mundial Contra o Racismo: Dossiê III Conferência Mundial Contra o Racismo. *Revista Estudos Feministas*, v. 10, n. 1, jan. 2002.

BARROSO, Carmen; COSTA, Albertina Oliveira. *Mulher: Mulheres*. São Paulo: Cortez / Fundação Carlos Chagas, 1983.

BILGE, Sirma. De l'analogie à l'articulation: théoriser la différentiation sociale et l'inégalité complexe. *L'Homme et lasociété*, n. 176-177, 2010-2012.

BRAH, Avtar; PHOENIX Ann. Ain't I a Woman? Revisiting Intersectionality. *Journal of International Women's Studies*, v. 5, n. 3, 2004.

CERQUEIRA, Daniel et al. *Atlas da Violência 2021*. São Paulo: FBSP, 2021.

COLETIVO COMBAHEE RIVER. Manifesto do Coletivo Combahee River. *PLURAL: Revista do Programa de Pós-Graduação em Sociologia da USP*, São Paulo, v. 26, n. 1, 2019. Traduzido por Stefania Pereira e Letícia Simões Gomes.

CRENSHAW, Kimberlé. Documento Para o Encontro de Especialistas em Aspectos da Discriminação Racial Relativos ao Gênero. *Revista Estudos Feministas*, v. 10, n. 1, 2002. Disponível em: <http://educa.fcc.org.br/scielo.php?script=sci_arttext&pid=S0104-026X2002000100011&lng=en&nrm=iso>.

CURIEL, Ochy. Los Aportes de las Afrodescendientes a la Teoría y la Práctica Feminista: Desuniversalizando el Sujeto "Mujeres". *Perfiles del Feminismo Iberoamericano*, v. 3, 2007.

DAVIS, Angela. *Freedom is a Constant Struggle: Ferguson, Palestine, and the Foundations of a Movement*. Chicago: Haymarket Books, 2016.

DELL'AQUILA, Marta. *Du centre aux marges: Perspectives contre-hégémoniques autour de l'agency*. Tese. (Doutorado em Filosofia). Paris 1, na cadeira de Filosofia, em parceria com ISJPS: Institut des Sciences Juridiques et Philosophiques de la Sorbonne, 2021.

ESPINOSA, Yuderkys. Interseccionalidad y Feminismo Descolonial: Volviendo Sobre el Tema. *Pikara Magazine* (online), 16 dez. 2020. Disponível em: <https://www.pikaramagazine.com/2020/12/interseccionalidad-y-feminismo-descolonial-volviendo-sobre-el-tema/>. Acesso em: 12 jan. 2021.

FERNANDES, Florestan. *A Integração do Negro na Sociedade de Classes*. 2 v. São Paulo: Ática, 1978.

FREYRE, Gilberto. [1933]. *Casa-Grande & Senzala: Introdução à História da Sociedade Patriarcal no Brasil*. 30. ed. Rio de Janeiro: Record, 1995.

GALVÁN, Sergia. El Mundo Étnico-Racial Dentro del Feminismo Latinoamericano. *Fempress*, Santo Domingo, 1995. (Número especial.)

HOOKS, Bell. Choosing the Margin as a Space of Radical Openness. *Framework: The Journal of Cinema and Media*, n. 36, 1989.

MEZZADRA, Sandro. Intersectionality, Identity, and the Riddle of Class. *Papeles del CEIC*, heredada 3, 2021. Disponível em: <http://doi.org/10.1387/pceic.22759>.

MISKOLCI, Richard. *O Desejo da Nação: Masculinidade e Branquitude no Brasil de Fins do XIX*. São Paulo: Annablume, 2012.

OMI, Michael; WINANT, Howard. *Racial Formation in the United States: From the 1960s to the 1990s*. New York. Routledge. 1994.

PINHO, Osmundo de Araújo. O Efeito do Sexo: Políticas de Raça, Gênero e Miscigenação. *Cadernos Pagu*, n. 23, jul.-dez. 2004.

PINHO, Osmundo. Tiroteio: Subjetificação e Violência no Pagode Iano. In: PINHO, Osmundo; VARGAS, Joao H.C. (orgs.). *Antinegritude: O Impossível Sujeito*

Negro na Formação Social Brasileira. Belo Horizonte / Cruz das Almas: Fino Traço / Editora UFRB / Uniafro, 2016.

RIOS, Flavia; PEREZ, Olívia; RICOLDI, Arlene. Interseccionalidade nas Mobilizações do Brasil Contemporâneo. *Lutas Sociais*, v. 22, n. 40, 2018.

SAÏD, Edward. Teoría Viajera Reconsiderada. *Cuadernos de Teoría y Crítica #1, Teorías Viajeras*. Viña del Mar, abr. 2015.

SANTOS, Jocelio Teles dos. Caramuru e Catarina Paraguaçu: Mito Fundante, Dilema Nacional e Onde o Negro Está Ausente. *Ensaios Sobre Raça, Gênero e Sexualidades no Brasil: Séculos XVIII-XX*. Salvador: Edufba, 2013.

VIVEROS VIGOYA, Mara. *As Cores da Masculinidade: Experiências Interseccionais e Práticas de Poder na Nossa América*. Rio de Janeiro: Papéis Selvagens, 2018.

INTOLERÂNCIA E RACISMO RELIGIOSO

Vagner Gonçalves da Silva

A história das religiões afro-brasileiras ou de matrizes africanas é marcada por um duplo esforço. Formadas inicialmente a partir dos diversos grupos africanos trazidos ao Brasil e posteriormente abertas à população afrodescendente e aos outros grupos étnico-raciais, o primeiro esforço foi o de se organizarem internamente sem discriminação de sexo, gênero, raça etc. Não é à toa que nessas religiões acolhem-se mulheres, homens, pessoas não binárias, negros, brancos, pessoas com deficiência, de diferentes orientações sexuais, ricos, pobres etc. O segundo esforço foi, a despeito dessa diversidade e tolerância internas, lutar contra a violência externa da sociedade envolvente marcada por estruturas sociais e práticas cotidianas de preconceito, discriminação, racismo, intolerância e desqualificação da cultura ou cosmovisão negro-africana.

Assim, se a sociedade brasileira ficou conhecida por sua composição populacional e cultural heterogênea, não devemos esquecer que a história de sua formação registra um contínuo processo de violência, resistência e negociações.

Em relação às religiosidades afro-brasileiras, essa história é prenhe de registros de intolerância, uma faceta muito conhecida do racismo estrutural contra negros no Brasil, formulado inicialmente pelo sistema escravagista, mas que se manteve sob outros aspectos no regime do trabalho livre da república brasileira.

Do século XVI ao XVIII, os praticantes das afro-religiosidades eram obrigados à conversão ao catolicismo – religião oficial do estado português e imposta por ele – sob a pena de serem presos por heresia e até condenados à morte pelo Tribunal da Santa Inquisição da Igreja Católica que, em suas visitações ao Brasil (1591-1595, 1618-1621 e 1763-1769), procurou garantir, por meio da repressão, a manutenção de seu poder religioso.

No Brasil Império, a constituição manteve o catolicismo como religião oficial e outras religiões ficaram restritas ao espaço das casas domésticas ou edifícios sem aparência externa de templo, o que, ao menos formalmente, garantiu a existência discreta das comunidades religiosas afro-brasileiras. Datam dessa época as primeiras notícias em jornais que falavam de terreiros instalados em espaços urbanos.

Com a Proclamação da República, em 1889, a Constituição Federal (1891) instituiu a separação entre Estado e Igreja e oficializou a liberdade de culto, criando marcos legais que melhoraram as condições de organização dos terreiros. A repressão deslocou-se, porém, para outras esferas repressivas do Estado. O código penal de 1890 instituiu o crime de espiritismo, magia e seus sortilégios (art. 157), e de curandeirismo (art. 158), pelos quais muitos praticantes das religiões afro-brasileiras foram acusados e julgados. A repressão ficou à cargo da polícia que fechava terreiros, apreendia elementos litúrgicos (assentamentos, colares, insígnias etc.) e encarcerava adeptos, alegando os crimes de charlatanismo e prática ilegal da medicina (curandeirismo).

A suposta ameaça dos terreiros à ordem moral, sanitária e política, ou o "medo do feitiço" nutrido pelas elites brancas nas primeiras décadas da jovem república, gerou um dos mais violentos episódios de repressão, conhecido como "Quebra de Xangô", no qual ocorreu a invasão e destruição dos principais terreiros de Maceió e vizinhanças, acusados de serem aliados do governador deposto Euclides Malta.

Na primeira metade do século XX, o governo ditatorial de Getúlio Vargas (1930-1945) manteve o funcionamento dos terreiros sob severa vigilância das Secretarias da Segurança Pública e dos Serviços de Higiene Mental. E o código penal, revisto em 1940, não suprimiu os delitos de charlatanismo (art. 283) e curandeirismo (art. 284) pelos quais praticantes das religiões afro-brasileiras continuaram sendo acusados.

Apesar dessa repressão, os terreiros abertos em fins do século XIX e começo do século XX resistiram e muitos deles existem até hoje, como a Casa das Minas e a Casa de Nagô (São Luís, MA), o Sítio do Pai Adão (Recife, PE), a Casa Branca do Engenho Velho (Salvador, BA), entre tantos outros. E ao redor de muitas casas de culto organizaram-se inúmeras manifestações culturais como afoxés, maracatus, cordões, escolas de samba, jongo, capoeira etc. O terreiro foi o epicentro de uma renascença cultural afro-brasileira ocorrida nas primeiras décadas da República e, com a modernização do Brasil, iniciada em meados do século XX, essas manifestações culturais associadas aos terreiros consolidaram-se como elementos imprescindíveis para compreender a formação da identidade e da cultura nacional.

Nas décadas de 1970 e 1980, essas religiosidades alcançaram o seu ápice em termos de visibilidade, assim como as populações que resistiram com base em suas cosmovisões. Exemplos disso foram os processos patrocinados pelo Instituto do Patrimônio Histórico e Artístico Nacional (Iphan) de tombamentos de bens afro-brasileiros, no âmbito dos quais os terreiros foram reconhecidos como espaços de manutenção de tradições culturais ancestrais a serem registradas e preservadas. E, no mundo das artes, obras com temas atrelados a essas vivências religiosas consagraram artistas como Pixinguinha, Jorge Amado, Carybé, Rubem Valentim, Maria Auxiliadora, Mestre Didi, Abdias do Nascimento, Conceição Evaristo, entre tantos outros.

Esse processo de visibilidade foi reforçado pela Constituição de 1988, na qual algumas demandas dos movimentos sociais negros foram contempladas. Conforme prescreve o artigo 215, § 1o "O Estado protegerá as manifestações das culturas populares, indígenas e afro-brasileiras, e das de outros grupos participantes do processo civilizatório nacional." Nesse sentido, foi criada a Fundação Cultural

Palmares vinculada ao Ministério da Cultura, cujo nome homenageia um dos mais notáveis movimentos de resistência negra no Brasil: o Quilombo de Palmares.

Após esse período de "ventos favoráveis", as religiosidades afro-brasileiras voltaram a ser fortemente estigmatizadas e perseguidas, dessa vez por igrejas neopentecostais que se se autoimpõem a missão de combater a presença do mal na terra, identificando esse mal preferencialmente nas comunidades religiosas de terreiro. Desnecessário dizer que, sendo o terreiro formado inicialmente pelos grupos negros e um dos principais baluartes na manutenção das heranças culturais africanas no Brasil (língua, indumentária, culinária, cosmologia, musicalidade etc.), mais uma vez vemos discriminação e preconceito em ação, agora sob a forma de um racismo religioso.

Digna de nota na história desses ataques, foi a publicação do livro *Mãe de Santo* (1968), de autoria de um missionário canadense fundador da Igreja Pentecostal de Nova Vida no Rio de Janeiro. Nesse livro o missionário descreve como converteu uma mãe de santo à sua fé libertando-a, segundo ele, da "influência dos demônios". A identificação do demônio com as divindades afro-brasileiras e os rituais de "expulsão", "libertação", faziam parte de sua estratégia de conversão.

No final da década de 1970, frequentadores dessa Igreja tornaram-se pastores e fundaram suas próprias, como a Igreja Universal do Reino de Deus e Igreja Internacional da Graça de Deus, e nelas adotaram essa prática de ataque e conversão, divulgando-a agora em larga escala à medida que essas igrejas foram se expandindo nos grandes centros urbanos do sudeste. Assim, os ataques que começaram no âmbito restrito dos púlpitos das igrejas neopentecostais ganharam os espaços públicos (em seus meios de divulgação como jornais, livretos, programas televisivos ou radiofônicos), tornando-se progressivamente mais intensos e sistemáticos.

Na virada do século XX para o XXI, esse processo de intolerância atingiu seu ápice com episódios de terreiros depredados ou incendiados na maioria dos estados do Brasil. No Rio de Janeiro, "traficantes evangélicos" têm obrigado, utilizando armas de fogo, os sacerdotes a destruírem seus objetos litúrgicos de culto. Adeptos afro-brasileiros são hostilizados, agredidos física e verbalmente ao portarem símbolos religiosos (como turbantes, roupas brancas ou fios de contas) na rua, em lojas, no trabalho, na escola e nos meios de transporte público. Em um caso de grande repercussão, uma menina foi apedrejada ao sair de seu terreiro. Cerimônias realizadas em locais públicos, como as festividades a Iemanjá, também são perturbadas pelo uso de autofalantes e carros de som. Estátuas de orixás em praças, à beira do mar, rios e diques têm sido destruídas ou vandalizadas. E, por extensão, qualquer manifestação das heranças africanas que tenham alguma relação com as religiões afro-brasileiras podem sofrer ataques ou boicotes, como as escolas de capoeira, grupos de percussão ou de dança afro.

Por fim, políticos evangélicos comprometidos com essas ideologias religiosas intolerantes e racistas tentam implementar projetos de leis ou outras medidas que dificultem a existência dos templos afro-brasileiros e a realização de suas práticas litúrgicas, como a tentativa de proibir legalmente o sacrifício ritual, alegando maus-tratos aos animais. Em relação a essa prática litúrgica, realizada, aliás, por outras denominações religiosas, como o judaísmo e islamismo, foi preciso que o Superior Tribunal Federal julgasse um processo que visava criminalizá-la e se manifestasse favorável ao seu exercício em consonância com a Constituição Federal, que reafirma a liberdade de expressão religiosa e considera crime a tentativa de seu cerceamento.

As reações (políticas e judiciais) dos adeptos das religiões afro-brasileiras têm sido fundamentais para combater movimentos de intolerância e racismo religioso. Entretanto, além de exigir o cumprimento da lei que garante a liberdade religiosa, é preciso ainda incrementar políticas públicas e educacionais eficazes no ensino dos significados da diversidade (religiosa e de todos os tipos) e que enfatizem o respeito às singularidades culturais como condição necessária para o desenvolvimento da vida numa sociedade democrática, igualitária e antirracista.

Referências

ANJOS, Jose Carlos. A Filosofia Política da Religiosidade Afro-Brasileira Como Patrimônio Cultural Africano. *Debates do Ner*, Porto Alegre, a. 9, n. 13, jan.-jun. 2008. Disponível em: <http://seer.ufrgs.br/index.php/debatesdoner/article/view/5248/2983>.

FLOR DO NASCIMENTO, Wanderson. O Fenômeno do Racismo Religioso: Desafios Para os Povos Tradicionais de Matrizes Africanas. *Revista Eixo*, Brasília, v.6. n. 2, 2017. (Especial.)

MCALISTER, Robert. [1968]. *Mãe de Santo*. 4. ed. Rio de Janeiro: Carisma, 1983.

NOGUEIRA, Sidnei. *Intolerância Religiosa*. São Paulo: Pólen, 2020.

RAFAEL, Ulisses Neves. *Xangô Rezado Baixo: Religião e Política na Primeira República*. São Cristóvão / Maceió: Editora UFS / Edufal, 2012.

REINHARDT, Bruno. *Espelho Ante Espelho: A Troca e a Guerra Entre o Neopentecostalismo e os Cultos Afro-Brasileiros em Salvador*. São Paulo: Attar, 2017.

SILVA NETO, José Pedro da. Povos e Comunidades Tradicionais de Matriz Africana: Visgo Para Combater o Racismo. *Revista Perseu*, São Paulo, a. 13,n. 12, mai. 2019. Disponível em: <https://revistaperseu.fpabramo.org.br/index.php/revista-perseu/article/view/300>.

SILVA, Vagner Gonçalves da. *Intolerância Religiosa: Impactos do Neopentecostalismo no Campo Religioso Afro-Brasileiro*. São Paulo: Edusp, 2007.

ISLAMOFOBIA

Francirosy Campos Barbosa
Felipe Freitas de Souza

O termo "islamofobia" pode ser definido como "medo do islã" que acarreta um sentimento de ódio e/ou repúdio em relação aos muçulmanos e à religião islâmica. O advento do islã no século VII e a migração do profeta Muhammad de Meca para Medina já demarca um período de cisma entre os muçulmanos e a população mequense, formada por crentes de diferentes orientações. Esses conflitos também são percebidos fortemente na Idade Média nos enfrentamentos com cristãos: muçulmanos foram vistos ora como praticantes de uma heresia cristã, ora como pessoas sem religião por não professarem o cristianismo. Em sendo assim, qualquer grupo que não se espelhasse no modelo europeu, cristão e branco era considerado não civilizado, devendo ser dominado. A gênese da islamofobia ocidental, portanto, é uma reação ao domínio político e religioso que muçulmanos passaram a exercer após a expansão dos governos de inspiração islâmica. Desse modo, a intolerância ao islã e aos muçulmanos não é recente.

Já o termo "islamofobia" (*islamophobie*) só será cunhado em 1920, na França, e se configurará com as disputas e diferenças dentro do islã. Porém a palavra ganhará força, por fim, na década de 1970, quando será utilizada para definir o repúdio aos muçulmanos e à religião islâmica (Dussel, 1994; Allen, 2010; Lorente, 2012; Arjana, 2015; Green, 2015). Também é digno de nota o papel do relatório *Islamophobia: A Challenge For Us All* (Islamofobia: Um Desafio Para Todos Nós), de 1997, produzido pela organização britânica Runnymede Trust, que propiciou a popularização do uso da palavra "islamofobia" na descrição da experiência de muçulmanos diante da discriminação sofrida.

A disseminação do termo volta a ganhar força após os atentados de 11 de setembro de 2001 nos Estados Unidos. O Cair – Council on American-Islamic Relations (Conselho de Relações Americano-Islâmicas) já investigava, antes dessa data, as comunidades muçulmanas e, por meio da sua metodologia de trabalho, conseguiu sinalizar as mudanças da comunidade e definir a "islamofobia como um preconceito mental ou o ódio contra o islã e os muçulmanos. Um islamofóbico é um indivíduo que mantém uma visão fechada do islã e promove o preconceito ou o ódio contra os muçulmanos" (Souza, 2017: 28).

Após o 11 de setembro de 2001, a intolerância com muçulmanos ganha proporções bem maiores. No entanto, é perceptível o crescimento de conversões (chamadas de reversões em contexto islâmico) à religião, principalmente por mulheres brasileiras, fazendo um contraponto ao discurso de ódio, realidade esta presente em outros continentes.

Conceituar islamofobia não é algo simples, pois, a depender da área de conhecimento, o tratamento pode ser diferenciado. Em antropologia, temos por critério considerar islamofobia aquilo que um dos *interlocutores* de uma simples conversa enuncia alimentando termos pejorativos ou reforçando estereótipos como, por exemplo, uma piadinha sobre "mulher bomba", uma acusação jocosa de que alguém é "terrorista" pelo simples fato de carregar uma mochila sem que saibamos o conteúdo – tais casos são indicados como frases islamofóbicas.

Atitudes ou emoções negativas indiscriminadas dirigidas ao islã ou aos muçulmanos são comportamentos que, se indicados pelos sujeitos que sofrem essas agressões, tornam-se indiscutivelmente islamofobia. As bases islamofóbicas estão: 1. na xenofobia, ou seja, o medo do outro, do diferente, que é um medo atribuído ao fato imaginado de que os muçulmanos poderiam mudar a cultura do país onde escolhem viver, de que seriam capazes de fazer prevalecer, nesses países, hábitos da cultura islã levados por eles que seriam, por fim, assimilados e, desta feita, passariam a dominar os espaços públicos de maneira temerária, promovendo um colonialismo reverso de povos que por séculos foram colonizadores agora a um passo de serem "colonizados", em um processo indicado como islamização (Green, 2015); 2. na intolerância religiosa, devido ao fato de o islã não ser uma fé predominante nos países onde há incidência de islamofobia – neste caso, essa intolerância vem de agentes sociais ligados ao espectro político da extrema direita (Lean, 2012); e 3. no racismo, uma vez que se empreende um processo de racialização direcionado aos praticantes do islã, sendo os sinais diacríticos islâmicos mobilizados em estratégias de preconceito contra a população muçulmana (Beydoun, 2018).

Por fim, mais um viés de islamofobia tem relação com a ideia falsa e absurda de que todo e qualquer muçulmano tem ligações com terroristas. Tal crença infundada acaba incidindo em misoginia, pois proibir vestimentas que cobrem o rosto é, para alguns governos, uma forma de coibir o crescimento do "terror", afetando mulheres muçulmanas que culturalmente usam véu.

ISLAMOFOBIA É UM PROBLEMA DE CLASSE, RAÇA E GÊNERO

Os discursos racistas culturais pós-Segunda Guerra Mundial têm a religião islâmica como foco de pessoas bárbaras, selvagens, terroristas, inferiores (Todorov, 2010). Isso recaiu nos últimos anos fortemente nas mulheres muçulmanas, sempre consideradas "coitadinhas", submissas e oprimidas. O racismo e a islamofobia estão sobrepostos e revelam o medo ou ódio aos muçulmanos associados aos racismos antiárabes, antiasiáticos e antinegros, mas também antiturcos, quando se trata da Alemanha, por exemplo (Grosfoguel, 2011).

Quanto a configurar os ataques às comunidades muçulmanas em contextos não islâmicos, temos a premissa de que os olhares são em sua maioria voltados para mulheres e homens pobres – o que leva a uma islamofobia de austeridade, associando o medo de muçulmanos à xenofobia contra imigrantes

(Ali & Whitham, 2021). A islamofobia não se apresenta em grupos no qual o dinheiro e o poder estão inseridos – vide, por exemplo, o relacionamento do governo Bolsonaro com países do Golfo e os discursos expressos em sua campanha para a presidência. Isso é um dado muito evidente na pesquisa realizada pelo grupo Gracias - Grupo de Antropologia em Contextos Islâmicos e Árabes, coordenado por Francirosy Campos Barbosa.

Mulheres muçulmanas revertidas (que retornaram ao islã), por sua vez, passam a ser racializadas no momento em que optam por usar o lenço. A racialização dessas mulheres é expressa em dizeres como "Você é de lá!" O "de lá!"vem sempre acompanhado de comentários pejorativos, geralmente de cunho orientalista. A vestimenta feminina (como o *hijab*, a *burca*, o *niqab* e outras) é objeto que destaca ainda mais a intolerância religiosa em relação ao islã e às mulheres. Aspectos de "muçulmanidades", como são as vestimentas, são sinais diacríticos que levam a reações de violência. Já na base da islamofobia em relação aos homens, o que se evidencia é o preconceito em relação ao sobrenome árabe, à vestimenta tradicional "árabe", à barba e aos aspectos visíveis, corporificados, de muçulmanidade.

As narrativas islamofóbicas, como se sabe, também estão presentes em discursos de políticos; vide a fala de Laura Bush, no período do 11 de setembro de 2001, quando se referiu às mulheres afegãs que usam burca. Os muçulmanos são vistos com desconfiança nos Estados Unidos da América e na Europa, gerando várias reações islamofóbicas, demonstrando o quanto o Ocidente é intolerante e racista quando se trata de pessoas muçulmanas. A visão orientalista sobre povos islâmicos acarreta sempre um olhar preconceituoso e rechaço de suas formas de pertença. O próprio presidente estadunidense George W. Bush declarou "Guerra ao Terror" à época do 11 de setembro, o que foi compreendido por muitos como guerra ao islã (Lean, 2012; Green, 2015).

Além dos casos citados, surgem leis que ferem o direito de ir e vir de mulheres muçulmanas em espaço público na França, por exemplo, o que demonstra a institucionalização da islamofobia por vias legais (Beydoun, 2018). O suposto risco nacional especulado por países islamofóbicos estaria na vestimenta islâmica sustentada pelas mulheres e homens, no ensinamento dos preceitos religiosos e, chegando ao cúmulo desse fenômeno, até mesmo na mera existência de muçulmanos. O descontentamento de governos franceses com relação a práticas islâmicas, proibindo, desde 1989, o uso de lenço nas escolas e fortalecendo políticas excludentes a partir de 2010, é um dos fatores mais explícitos dessa criminalização da vida islâmica. Polêmicas com roupas de banho de mulheres muçulmanas, como burquini, e roupas de ginásticas, também foram pautas nos últimos tempos de repressão e proibição em lojas de departamento (Barbosa, 2021).

A islamofobia se configura também pelo racismo epistêmico (Grosfoguel, 2006), consubstanciado no que foi chamado de fundamentalismo eurocêntrico derivado da teoria social que se manifesta em discussões sobre direitos humanos e democracia hoje. Para ocidentais, sociedades islâmicas não são democráticas, não têm conhecimento reconhecido, não respeitam direitos humanos, de modo que combater tais sociedades seria algo aceitável.

ISLAMOFOBIA NO BRASIL

No Brasil, a islamofobia é um tema recorrente nos discursos de comunidades muçulmanas, mas ainda pouco estudado na academia. No entanto, a pesquisa quantitativa realizada pelo Gracias já apresenta dados que consubstanciam as ideias apresentadas de racialização, islamofobia e orientalismo. Para os brasileiros, de modo geral, o islã é a religião das "arábias", do deserto, relacionada ao terrorismo, ao diferente ou outro exótico. Não há no Brasil grande divulgação de que a entrada do islã no país tem outra origem além daquela que é mais conhecida com a vinda de árabes; o islã também aparece no Brasil com a chegada de muçulmanos negros malês escravizados. Mas são os árabes que sofrem preconceito também expresso na pesquisa do sobrenome e demais elementos de muçulmanidade. O aspecto de classe social aparece em evidência: as pessoas atacadas em espaço público são mulheres revertidas, de classe social subalternizada à maioria e isso se agrava quando fazem uso da vestimenta islâmica – o *hijab*.

As redes sociais são espaços destacados no que diz respeito aos ataques islamofóbicos, principalmente advindos de grupos religiosos cristãos ou de pessoas ligadas à direita conservadora, com um vasto repertório de intolerância e preconceito aos muçulmanos. As violências encontradas são reflexos de "eventos-gatilhos" (o 11 de Setembro, o Massacre ao periódico Charlie Hebdo, o atentado à boate Pulse, entre outros), que provocam uma "liberação" de ataques contra instituições islâmicas e pessoas muçulmanas. Tais ataques surgem principalmente nas redes sociais, provocando reações, contando com o endosso de outros agentes dessas redes, reforçando a intolerância contra praticantes do islã.

A mídia convencional também é espaço de propagação de discursos islamofóbicos, tratando muçulmanos em geral como cidadãos de segunda classe, ou como violadores de direitos. No caso da imigração, é comum o pânico moral sob o argumento de que a cultura local será alterada, de que "nossos" hábitos serão transformados. As várias menções às sociedades islâmicas são geralmente construídas sob pautas pejorativas e não sob pautas que reforçam os valores propriamente religiosos do islã. A família do revertido é também um espaço que se caracteriza como outro expoente de violências. Uma simples matéria televisiva é capaz de, por exemplo, desencadear entre os membros da família ataques à mulher muçulmana que abraçou o islã.

Para além das múltiplas acepções possíveis e dos diferentes enfoques que a questão da islamofobia propicia, o fato é que muçulmanas e muçulmanos apontam que situações de violência, física e/ou simbólica, se fazem presentes em suas experiências cotidianas. Tais experiências levam a relatos que indicam que, além de tratar-se de um fenômeno existente, há a articulação das dimensões sociológica, antropológica e econômica de pautas locais, nacionais, internacionais e globais que remetem à impossibilidade de ler as relações entre muçulmanos e nãomuçulmanos como algo estável, perene, mas sim como algo que se transforma historicamente e que revela aspectos do tempo histórico em que tais relações são observadas – questão apontada por Lean (2019).

Referências

AGAMBEN, Giorgio. *Homo Sacer*. Belo Horizonte: Editora UFMG, 1995.

ALI, Nadya; WHITHAM, Ben. Racial Capitalism, Islamophobia, and Austerity. *International Political Sociology*, v. 15, n. 2, 2021. Disponível em: <https://academic.oup.com/ips/article -abstract/15/2/190/5941765?redirectedFrom=fulltext>. Acesso em: 29 jan. 2022.

ALLEN, Chris. *Islamophobia*. London / New York: Routledge, 2010.

ARJANA, Sophie R. *Muslims in the Western Imagination*. New York: Oxford. University Press, 2015.

BARBOSA, Franciros y Campos. Notas Sobre Islam e Islam(fobia). In: BORRASCHICHEAITO, Karime Ahmad (org.). *Ahlanwa Sahlan: Uma Introdução aos Mundos Árabes*. Araraquara: Lutas Anticapital, 2021.

BEYDOUN. Khaled. *American Islamophobia: Understanding the Roots and Rise of Fear*. Berkeley: University of California Press, 2018.

DUSSEL, Enrique. *1492: El Encubrimiento del Outro Hacia el Origen del "Mito de La Modernidad"*. La Paz: Plural Editores / Faculdade de Humanidades y Ciencias de La Educación - UMSA, 1994.

GREEN, Todd H. *The Fear of Islam: Na Introduction to Islamophobia in the West*. Minneapolis: Fortress Press, 2015.

GROSFOGUEL, Ramón. La Descolonización de la Economía-Política y los Estudios Poscoloniales: Transmodernidad, Pensamiento Fronterizo y Colonialidad Global. *Tábula Rasa*, Bogotá, n. 4, 2006. Disponível em: <http://www.scielo.org.co/pdf/tara/ n4/n4a02.pdf>.

_____. Racismo Epistémico, Islamofobia Epistémica y Ciencias Sociales Coloniales. *Tabula Rasa*, Bogotá, v. 1, n. 14, 2011. Disponível em: <http://www.revistatabularasa.org/numero-14/15grosfoguel.pdf>. Acesso em: 29 jan. 2022.

LEAN, Nathan C. The Debate Over the Utility and Precision of the Term "Islamophobia". In: ZEMPI, Irene; AWAN, Imran (eds.). *The Routledge International Handbook of Islamophobia*. Routledge: London/NewYork, 2019.

_____. *The Islamophobia Industry: How the Right Manufactures Fear of Muslims*. London: Pluto Press, 2012.

LORENTE, Javier Rosón. Discrepancias en Torno al Uso del Término Islamofobia. In: GROSFOGUEL, Ramón; MUÑOZ, Gema Martín (eds.). *La Islamofobia a Debate: La Genealogia del Miedo al Islam y la Construcción de los Discursos Antiislámicos*. Madrid: Casa Árabe-Ieam, 2012.

RUNNYMEDE TRUST. *Islamophobia: A Challenge For Us All*. Sussex: The Runnymede Trust, 1997. Disponível em: <https://mcislamofobia.org/wpcontent/uploads/2016/02/Islamophobia-a-challenge--for-us-all-without-cartoons-1.pdf>. Acesso em: 29 jan. 2022.

SOUZA, Felipe F. Os Relatórios do Councilon American-IslamicRelations, Islamofobia Profissional e Indústria da Islamofobia nos EUA. *Diversidade Religiosa*, João Pessoa, v. 7, n. 2, 2017. Disponível em: <https://periodicos.ufpb.br/index.php/dr/article/view/35913>. Acesso em: 29 jan. 2022.

TODOROV, Tzvetan. *O Medo dos Bárbaros: Para Além do Choque das Civilizações*. Petrópolis: Vozes, 2010.

JUSTIÇA RACIAL

Lívia Sant'Anna Vaz

A concepção de justiça racial refere-se a medidas de reparação voltadas à (re)distribuição de direitos, *status*, bens, recursos e poder, no sentido de eliminar as hierarquias raciais existentes nas sociedades contemporâneas, estabelecendo o equilíbrio nas relações raciais.

A noção de *justiça* é frequentemente associada à de *igualdade*, sendo que, muitas vezes, os termos são empregados como equivalentes. Entretanto, a justiça consiste, na realidade, numa determinada aplicação da igualdade. Nesse sentido, falar em justiça racial implica reconhecer a existência e centralidade do racismo como fator determinante de desigualdades, e a consequente necessidade de promoção da igualdade em termos raciais, suprimindo as barreiras que impedem que membros de grupos racializados acessem, individual e coletivamente, direitos e espaços de poder e decisão.

A proclamação da igualdade em seu sentido formal – marco das declarações de direitos do século XVIII – configura-se como mero ponto de partida de caráter abstrato que se mostra insuficiente para transpor as desigualdades concretas, sobretudo aquelas decorrentes do *racismo antinegro*. Ela se concentra na concessão de igual tratamento a todas as pessoas, ignorando o contexto de exclusão histórica e os diferenciais de poder entre brancos e outros grupos racializados.

A partir do século XX – notadamente após a Segunda Guerra Mundial –, o princípio da igualdade passou a ser juridicamente consagrado numa dimensão também material, com a gradativa adoção de medidas especiais voltadas para a proteção de certos grupos, tendo por base suas especificidades e as vulnerações que lhes são impostas social, política, histórica e economicamente.

Desse modo, enquanto a igualdade formal – cujo sentido costuma ser traduzido pela máxima "todos são iguais perante a lei" – estabelece tratamento indiscriminado e até mesmo homogeneizante para todas as pessoas, a igualdade material ou equidade usa estratégias que se voltam para a obtenção de resultados mais justos. A equidade é, portanto, uma medida de justiça pautada pelo reconhecimento das diferenças, correção das desigualdades e valorização da diversidade. Esta diz respeito à medida quantitativa de representação de diferentes grupos nas distintas esferas das relações sociais. A inclusão, por sua vez, é uma medida qualitativa de representação e participação. Diz-se qualitativa porque aqui não tem relevância apenas a quantidade da representação, mas o modo como se dá, devendo envolver acesso igualitário, representação autêntica e participação que fomente o empoderamento individual e coletivo.

Na busca por justiça racial, para além da convivência entre os diferentes grupos, é preciso que a diversidade esteja intrinsecamente associada à efetiva equidade e inclusão. De fato, é possível que, apesar da existência de diversidade étnico-racial, as pessoas e grupos continuem sendo hierarquizados conforme a raça/cor da pele. No Brasil, é comum que, em ambientes institucionais – públicos e privados –, haja quantidade considerável de pessoas negras – até porque estas compõem 56% da população brasileira – que, no entanto, muito raramente ocupam os cargos de maior prestígio e remuneração, permanecendo *condenadas*, quase que exclusivamente, aos cargos iniciais das carreiras e a funções como serviços gerais, limpeza, segurança etc. Assim, é possível haver diversidade sem inclusão, por exemplo, nas hipóteses de tokenismo[1], assimilação. No entanto, não há que se falar em inclusão sem diversidade, razão pela qual o foco na inclusão nos permite a adoção de medidas mais profundas em busca de justiça racial.

Numa perspectiva jurídico-política, é a partir da contemporaneidade que se dá o expressivo reconhecimento das diferenças entre as pessoas e de seus impactos para a concretização de direitos. Enquanto no mundo moderno o indivíduo tinha suas identidades pessoais desprezadas, no mundo contemporâneo, as diferenças – e as desigualdades delas decorrentes – passam a ser consideradas. Desse fenômeno de particularização do sujeito decorrem significativas consequências de ordem social, política e jurídica. O Estado, que tradicionalmente executava seus programas de maneira indistinta, passa a observar fatores identitários – como sexo, raça, etnia, origem e, mais recentemente, orientação sexual e identidade de gênero – no desenvolvimento de políticas públicas.

Na esfera das relações étnico-raciais, a antes tão festejada neutralidade do Estado liberal, a partir da teoria crítica da raça (Delgado & Stefancic, 2021), converte-se em omissão, em indiferença estatal ou, dito de outra maneira, em atuação ratificadora do *status quo* de hierarquização racial da sociedade.

Em âmbito internacional, há uma mitigação do universalismo abstrato nos instrumentos de proteção dos direitos humanos, com a correspondente intensificação da proteção especial conferida a determinados grupos. As constituições contemporâneas também não permaneceram alheias a esse processo de *especificação do sujeito de direito*, havendo nítida preocupação, ao menos formal, em proteger os direitos de grupos socialmente vulnerabilizados, como crianças, idosos, mulheres, grupos étnico-raciais e pessoas com deficiência, dentre outros.

No Brasil, é com a Constituição Federal de 1988 e como resultado da participação dos movimentos negros na Assembleia Constituinte, que – para além da criminalização de atos decorrentes de discriminação/preconceito racial – começa a se delinear uma nova fase na concretização de justiça racial, abrindo-se caminhos para medidas especiais de promoção da igualdade racial. Depois de longo período de disseminação do mito da democracia racial – ou seja, democracia jamais vivenciada no Brasil –, a admissão da existência do racismo e das desigualdades raciais como problemas sistêmicos na sociedade brasileira revela uma decisão político-constitucional paradigmática. Com efeito, a vigente Constituição funda um microssistema antirracista, consagrando o *repúdio ao racismo* (artigo 4º, inciso VIII, CF) e criminalizando sua prática na condição de crime imprescritível e inafiançável (art. 5º, inciso XLII, CF, regulamentado pela Lei n. 7.716/89).

Quanto às ações afirmativas – que já figuravam como mandamento constitucional implícito, tendo em vista a instituição do princípio da igualdade material pela primeira vez numa constituição brasileira –, passaram, recentemente, à condição de normas constitucionais de caráter explícito. É que a Convenção Interamericana contra o Racismo, a Discriminação Racial e Formas Correlatas de Intolerância, de 2013, foi ratificada pelo Brasil e promulgada através do Decreto n. 10.932, de 10 de janeiro de 2022. Por ter sido votada em dois turnos, com aprovação de pelo menos 3/5 dos integrantes da Câmara dos Deputados e do Senado Federal, a Convenção – que prevê explicitamente medidas especiais para promoção da igualdade racial – adquiriu *status* de emenda constitucional, nos termos do art. 5º, § 3º, da Constituição Federal. Desse modo, as ações afirmativas de cunho racial agora possuem força normativa constitucional.

As ações afirmativas devem ser compreendidas como medidas de reparação histórica. Nesse sentido, elas são expressão da – e não exceção à – equidade e, portanto, mecanismos essenciais à construção de justiça racial. Decerto que, do ponto de vista do grupo racial hegemônico – beneficiário de privilégios preservados historicamente –, os custos de medidas positivas de equilíbrio e igualização dos grupos raciais subalternizados serão altos demais, porque representam perda de hegemonia e redistribuição de bens e posições sociais antes tidas como exclusivas.

Das modalidades de ações afirmativas – tais como as metas, os programas de conscientização e as medidas de incentivo, inclusive fiscais –, o sistema de cotas é a que tem apresentado maior efetividade prática, mas também mais controvérsias em meio à doutrina, à jurisprudência e à opinião pública. Configura-se como mecanismo de reserva de vagas para membros de determinados grupos sociais, tendo em vista sua marginalização e consequente escassez de oportunidades. Sua aplicação se dá em situações pontuais – sobretudo envolvendo disputa por bens escassos – associadas à concreta sub-representação do grupo destinatário da medida, com o objetivo de atenuar os persistentes efeitos de discriminações institucional e estruturalmente disseminadas na sociedade.

A Conferência Mundial Contra o Racismo, Discriminação Racial, Xenofobia e Intolerância Correlata, ocorrida em Durban, África do Sul, em 2001, foi um marco na assunção de um compromisso antirracista pelo Estado brasileiro, por meio da gradativa adoção de ações afirmativas como instrumento de redução das desigualdades raciais. Pela primeira vez, o Governo admitiu, internacionalmente, a existência de desigualdades raciais no país, comprometendo-se com o seu enfrentamento.

Foi também no início do século XXI que começaram a surgir os primeiros editais com programas de ações afirmativas raciais nas universidades públicas brasileiras. Nesse contexto, a Universidade do Estado da Bahia

(Uneb), por meio da Resolução n. 196, de 2002, estabeleceu cota mínima de 40% das vagas para a população afrodescendente nos seus cursos de graduação e pós-graduação. Em 2003, a Universidade do Estado do Rio de Janeiro (Uerj) também adotou o sistema de cotas, com reserva de vagas para candidatos oriundos da rede pública de ensino e/ou autodeclarados pretos ou pardos. A Universidade de Brasília (UnB), por sua vez, foi a primeira universidade federal a implementar, em 2004, o sistema de cotas, reservando 20% de suas vagas para estudantes negros. Desde então, apesar de inúmeros questionamentos perante o Poder Judiciário, diversas universidades estaduais e federais adotaram cotas raciais.

Em 2010 – após dez anos de tramitação no Congresso Nacional e com relevantes alterações no projeto original –, entrou em vigor o Estatuto da Igualdade Racial, por meio da Lei n. 12.288. Não obstante a exclusão dos dispositivos do projeto que previam as cotas raciais e o fundo voltado para políticas públicas de igualdade racial, não se pode negar o Estatuto como marco legislativo em busca de justiça racial no Brasil. De fato, a Lei estabelece diretrizes voltadas para a inclusão social da população negra, envolvendo desde o acesso à saúde, educação, terra, moradia, cultura e lazer, até sua inserção no mercado de trabalho e nos meios de comunicação.

Em 2012, o Supremo Tribunal Federal julgou a Ação de Descumprimento de Preceito Fundamental (ADPF) n. 186-2, decidindo, por unanimidade, pela constitucionalidade do sistema de cotas raciais nas universidades brasileiras. A decisão da Corte abriu espaço para a consolidação das medidas afirmativas raciais na legislação federal que, desde aprovação do Estatuto da Igualdade Racial, em 2010, era refratária à temática.

Assim, em 29 de agosto de 2012, a Lei n. 12.711 introduziu nas instituições federais de ensino superior e técnico, mantidas pelo Ministério da Educação, reserva de, no mínimo, 50% das vagas para alunos que tenham cursado o ensino médio/fundamental integralmente em escolas públicas (cotas sociais), a serem preenchidas, por turno e curso, por autodeclarados pretos, pardos e indígenas (cota racial) e por pessoas com deficiência. A Lei fixou o prazo de dez anos para revisão do programa (artigo 7º), ou seja, até 29 de agosto de 2022, o que – sobretudo no atual contexto político de conservadorismo liberal – tem levantado debates sobre a renovação das cotas raciais para o acesso ao ensino superior no Brasil, até mesmo com projetos de lei em sentido contrário.

Em 9 de junho de 2014, a Lei n. 12.990 reservou aos "negros 20% das vagas oferecidas nos concursos públicos para provimento de cargos efetivos e empregos públicos no âmbito da administração pública federal, incluindo autarquias, empresas públicas e sociedades de economia mista controladas pela União". A Lei – que, em 2017, foi declarada constitucional pelo Supremo Tribunal Federal, por meio da Ação Declaratória de Constitucionalidade (ADC) n. 41 – tem prazo de vigência preestabelecido de dez anos, nos termos do seu artigo 6º. Isso quer dizer que, em 9 de junho de 2024, se não for aprovada nova lei com o mesmo intento, as cotas raciais para concursos públicos estarão revogadas, diferentemente do que ocorre com as cotas para ingresso no ensino superior, cuja lei, como visto, estabelece a *revisão do programa* em dez anos, mas não a sua *revogação automática*.

Apesar da inegável evolução jurídico-legislativa, é preciso refletir por que, mesmo 134 anos após a declaração da abolição da escravatura, ainda não alcançamos justiça racial no Brasil. Não há justiça racial – ou, melhor dizendo, há verdadeiro apartheid, ainda que não declarado – quando é possível identificar onde pessoas negras (de um lado) e pessoas brancas (de outro) podem ser encontradas prioritária ou exclusivamente, como ocorre, de modo histórico e persistente, no nosso país.

Último do Ocidente a declarar abolida a escravidão, o Estado brasileiro engendrou, no pós-abolição, uma política de embranquecimento fundada no racismo científico eugenista. Para se ter uma ideia, no I Congresso Internacional das Raças, realizado em Londres, entre os dias 26 e 29 de julho de 1911, o representante do Brasil, João Baptista de Lacerda, médico e então diretor do Museu Nacional do Rio de Janeiro, apresentou uma tese segundo a qual a miscigenação seria a solução para a sociedade brasileira, pois, em um século, possibilitaria o branqueamento da população com o desaparecimento dos negros e mestiços. A essa política associou-se o estímulo à vinda de imigrantes europeus que, ao contrário dos recém libertos, tiveram acesso facilitado a postos de trabalho e à terra. Some-se a isso, ainda, a inegável criminalização do povo negro pela ordem jurídica, cujo sistema penal foi construído para o controle dos corpos negros indesejáveis.

Assim como nas demais sociedades marcadas por um passado (ainda tão presente) colonial, no Brasil, as pessoas negras ainda amargam efeitos deletérios: a coisificação de seus corpos; o extermínio de suas culturas; o apagamento de suas origens; a perseguição de suas religiões; a supressão de suas oportunidades; a usurpação e desvalorização de suas potencialidades. São manifestações de uma necropolítica antinegra que transcende a morte física e é sofisticadamente executada por meio das diversas formas – inclusive simbólicas – de matar e deixar morrer.

Pesquisas revelam que crianças negras são as mais atingidas pela mortalidade infantil. Por sua vez, jovens negros ocupam o topo dos índices como vítimas de homicídios, de violência policial letal e de encarceramento em massa, ações legalizadas pela dita guerra (racista) às drogas. A partir de uma análise interseccional, revela-se que mulheres negras são alvo, com mais intensidade, de praticamente todos os tipos de violência contra as mulheres. Quanto à expectativa de vida, segundo dados do Instituto Brasileiro de Geografia e Estatística (IBGE), em todas as unidades da federação, pessoas negras vivem menos que pessoas brancas. No campo do acesso ao trabalho, à educação, à moradia e ao poder político, o fator raça segue sendo obstáculo para o gozo de direitos fundamentais por pessoas negras. Em poucas palavras, a raça, no Brasil, define nossas vidas do nascimento até a morte. Nós não nos libertamos dos grilhões da escravidão.

Como bem nos recorda Achille Mbembe, “qualquer relato histórico do surgimento do terror moderno precisa tratar da escravidão, que pode ser considerada uma das primeiras manifestações da experimentação biopolítica” (Mbembe, 2018: 27).

Na lógica moderna, a liberdade, tão aclamada pelos iluministas como valor universal, convivia com sua exata antítese: a escravidão. Colonialismo e escravismo são faces da mesma moeda que cunha o atual capitalismo racista.

Com efeito, o colonialismo da modernidade fundou um padrão de poder alicerçado na divisão racial dos povos em europeus (brancos, superiores, civilizados, humanos) e não europeus (negros, inferiores, selvagens, sub-humanos), tendo como elemento central a supremacia branca sobre as demais raças que, incapazes de se autogovernarem, precisavam ser dominadas e, então, civilizadas.

As diferenças de humanidade entre as raças – elemento fundacional do colonialismo moderno – serviram de argumento, ora de cunho religioso, ora de cunho científico, para afirmar o homem branco europeu como o ápice evolutivo no caminho linear e unidirecional para o aperfeiçoamento racional da espécie humana. Daí se afirmar que a supremacia branca constitui o sistema político que deu origem ao mundo moderno tal qual ele é atualmente (Mills, 1997: 1): um mundo divido entre *nós* e os *outros*, no qual a outrificação genocida de corpos negros segue garantindo a tutela e a hegemonia dos corpos brancos.

Nesse contexto, o pacto narcísico da branquitude (Bento, 2002) opera de modo a perpetuar o sistema de opressão racial que, embora estrutural, é também dinâmico; se reorganiza e se metamorfoseia, reelaborando novas formas de execução das mesmas opressões racistas, gerando entraves à promoção de justiça racial. Trata-se de um pacto entre iguais (brancos) – que se desdobra em outros tantos pactos, de mediocridade, de hipocrisia, de isenção de responsabilidades e de manipulação de sentidos (Vaz & Ramos, 2021: 264) – voltado para a manutenção do poder e dos privilégios acumulados historicamente. Esse pacto – que também impera no sistema de justiça brasileiro – impõe silêncios e silenciamentos sobre o racismo, produz visões parciais (ou unilaterais) e racializadas de justiça, de igualdade e de liberdade, convertendo o Direito, em grande medida, em instrumento de manutenção do *status quo* e não de efetiva emancipação de todas as pessoas.

Nessa perspectiva, sem adentrar no debate sobre um genocídio negro em curso (e em continuidade histórica) no Brasil e, ainda, sem explorar a polêmica sobre indenizações reparatórias ao povo negro (e também indígena), é preciso dizer que nossas políticas públicas de promoção de justiça racial estão longe de equacionar a conta da dívida histórica.

O negacionismo cínico ainda impera entre os Estados que enriqueceram às custas do sangue e suor negros e insistem em negociar vidas negras que, para eles, não têm valor e nunca tiveram. Aqui ou acolá, corpos negros continuam pagando a conta desse contrato racial unilateralmente assinado (Mills, 1997), enquanto as elites brancas seguem mamando nas fartas tetas do capitalismo racista, cujo leite derramado com gosto de fel – do vil metal e do sangue negro – adoça apenas a boca da branquitude.

Não irão nos *conceder* justiça racial! Ninguém irá nos devolver nossa história roubada. Não há dinheiro que pague cada vida negra (ainda e todos os dias) ceifada! Entretanto, mesmo diante da pactuada (in)justiça racial, é preciso esperançar pelo tempo feliz da nossa liberdade. É preciso nos resgatarmos enquanto povo para, coletivamente, reconstruirmos Palmares, firmando um novo pacto que, guiado pelas nossas raízes fincadas na cabaça-útero da humanidade parida negra, seja capaz de edificar nosso afrofuturo ancestral. Só assim nosso brado ecoará com o vigor necessário para deixar em ruínas os pilares racistas do mundo, para anular o contrato racial e erguer as bases para uma justiça racial plurívoca, de fato e de direito.

Nota

1 No seu sentido social, o tokenismo consiste em práticas apenas superficialmente inclusivas de grupos subalternizados, com o objetivo de gerar uma aparência de igualdade (racial, religiosa, de gênero etc.), por meio de concessões mínimas a membros desses grupos. Ocorre, por exemplo, quando uma empresa agrega apenas uma pessoa negra à sua equipe para criar a impressão de que respeita a diversidade e, assim, evitar acusações de racismo institucional.

Referências

BENTO, Maria Aparecida Silva. *Pactos Narcísicos no Racismo: Branquitude e Poder nas Organizações Empresariais e no Poder Público*. Tese (Doutorado em Psicologia), Instituto de Psicologia da Universidade de São Paulo, São Paulo, 2002.

DELGADO, Richard; STEFANCIC, Jean. *Teoria Crítica da Raça: Uma Introdução*. Tradução de Diógenes Moura Breda. São Paulo: Contracorrente, 2021.

MBEMBE, Achille. *Necropolítica*. São Paulo: N-1 Edições, 2018.

MILLS, Charles. *The Racial Contract*. Ithaca/London: Cornel University Press, 1997.

VAZ, Lívia; RAMOS, Chiara. *A Justiça É uma Mulher Negra*. Belo Horizonte: Letramento, 2021.

LITERATURA NEGRA

Fernanda Felisberto
Fernanda Miranda

O século XXI marca no cenário brasileiro uma das maiores fissuras no campo da produção de conhecimento envolvendo as relações raciais no país, quando nos detemos a observar a literatura. Hoje possuímos uma cadeia consolidada em torno do que se conhece popularmente por "literatura negra": a emergência de uma autoria comprometida com a experiência de ser negro e negra no Brasil e toda a sua subjetividade e enfrentamento ao racismo; a constituição de uma comunidade interpretativa que agrega leitores antirracistas e a formação de um público leitor negro, já forjado para esse pacto autoral, na expectativa dessa representatividade em seu momento de escolha da obra; a presença obrigatória no âmbito escolar, amparada por uma lei (10.639/2003); a formação de uma rede de editoras e livrarias especializadas nesse tema; uma geração de pesquisadoras e pesquisadores debruçados em torno dessa especificidade autoral/textual; e o consequente avanço do campo crítico nos programas de pós-graduação e departamentos de letras das universidades brasileiras.

A produção literária de autoria negra é histórica, esteticamente multifacetada, diversa em termos de temática e manifesta-se em todos os gêneros: no romance, na dramaturgia, no ensaio, no cordel, na poesia, na crônica, no conto, na autobiografia, no provérbio, na charada etc. Sem contar os rastros do período da escravização que, através da mediação da escrita ou da oralitura, também se fizeram presentes.

Atualmente considera-se como autor(a) negro(a) o sujeito empírico negro, inscrito na liberdade de criação, isto é, seu universo de representação é tão aberto quanto sua imaginação criadora. O negro autor brasileiro é hoje constituído por uma diversidade de corpos: é mulher, homem, jovem, velho, está em todas as regiões do país, é urbano, rural, litorâneo, periférico e central, é heterossexual, LGBTQIA+, possui graus variados de formação escolar e expressa múltiplos pertencimentos culturais. Em suma, a autoria negra corresponde à diversidade do negro brasileiro.

A discursividade é igualmente marcada pela heterogeneidade. Autores negros têm abordagens distintas para a experiência de ser negro: alguns pautam o racismo, a violência e a desigualdade racial de forma direta, outros constroem suas textualidades a partir de referências africanas e afroplanetárias, outros inscrevem no texto a vivência afetivo-amorosa e a narrativa do cotidiano, ultrapassando as fronteiras obsoletas do local/universal. O discurso irônico, o erótico, o humor e a ficção imaginativa, por exemplo, são tão representativos do texto autoral negro quanto o protesto e a denúncia social. A literatura negra brasileira é múltipla e diversa, como a sua autoria.

PANORAMA CONCEITUAL

Inicialmente, as pesquisas que abordaram a relação do negro com a escrita foram desenvolvidas por brasilianistas, não por brasileiros, da área das ciências sociais, e não das letras, revelando de antemão um lugar pouco palatável e de nulo interesse para esse debate entre os nossos acadêmicos. O primeiro desses estudos aponta para Roger Bastide e seu "A Poesia Afro-brasileira", escrito por volta de 1944 e publicado em 1973 na obra *Estudos Afro-brasileiros*. Nesse trabalho, o material literário é lido de forma sociológica, isto é, como porta de entrada à compreensão da cultura brasileira mais ampla, e o autor conclui que "não existe uma poesia negra, mas poesias feitas por negros dentro dos moldes e padrões do mundo branco". Após Bastide, Raymond Sayers, em *O Negro na Literatura Brasileira* (1958), Gregory Rabassa, em *O Negro na Ficção Brasileira* (1965), e David Brokshaw, em *Raça e Cor na Literatura Brasileira* (1983), fecham a tríade de estudos de brasilianistas dedicados ao tema.

Na década de 1980, Zilá Bernd introduz o debate no âmbito acadêmico brasileiro com seu estudo *Introdução à Literatura Negra* (1988), no qual define alguns critérios fixos para qualificar tal produção, sendo um dos mais conhecidos a presença do "eu que se quer negro", baseado na poética de Luiz Gama. Embora o trabalho de Bernd esteja situado na poesia, sua circulação foi crucial para a assunção do campo crítico voltado à produção literária de negros e negras.

Eduardo de Assis Duarte utiliza o termo "literatura afrodescendente" e a concebe através da presença de alguns pontos. Em primeiro lugar, a temática: o negro deve ser o tema principal da literatura negra. Em segundo lugar, a autoria, que é complementada pelo terceiro ponto, o ponto de vista. Para Duarte, não basta ser negro e tratar da temática racial: é também necessário assumir uma perspectiva negra. Em quarto lugar, a linguagem, que deve ser "fundada na constituição de uma discursividade específica" (Duarte, 2011). E, por fim, um quinto ponto se refere à formação de um público leitor afrodescendente. A reunião desses cinco componentes consolida a literatura afrodescendente.

Outro conceito central nessa construção bibliográfica é de autoria do poeta e pesquisador Cuti, que denomina "literatura negro-brasileira" o fazer literário de autoria negra, entendendo que ele é uma vertente da literatura brasileira. Opondo essa terminologia àquelas que assumem o prefixo afro (como em literatura afro-brasileira ou afrodescendente), Cuti defende a necessidade de marcação da presença autoral e textual negra na historiografia literária brasileira e em sua semântica valorativa. O uso do afro, para ele, "induz a um discreto retorno à África, afastamento silencioso do âmbito da literatura brasileira para fazer de sua vertente negra um mero apêndice da literatura africana" (Silva, 2010: 28). A formulação "literatura negro-brasileira" chama atenção para as singularidades subjetivas e políticas da experiência de ser negro e negra no Brasil, que é diferente da de africanos e africanas em solo nacional, em todas as suas implicações.

Além dessas proposições, há um conjunto de críticos que trabalha com o operador teórico "literatura afro-brasileira", marcação também comum em usos fora do âmbito acadêmico, ou mais especializado. Trata-se de uma terminologia fortemente utilizada em universos de comunicação mais amplos, como o midiático e o escolar. Reunindo um *corpus* literário de obras produzido por autoras e autores negros, onde o "sentimento positivo da etnicidade atravessa a textualidade, a valorização da pele e das heranças culturais africanas" (Evaristo, 2009: 19), o termo possui afinidades para além do campo da criação literária e da luta política de afirmação da identidade negra nas letras. A empatia também atravessa uma estética, muitas vezes o mesmo pertencimento religioso, além de certo ativismo em distintos grupos artísticos ou políticos. A ideia de uma literatura afro-brasileira internacionaliza e aproxima a nossa literatura às experiências afro-diásporicas, pois o "afro" aponta para uma comunicabilidade e um sistema de significações que atravessa a escrita, a estética, a cultura, as formas sociais, como uma comunidade plasmada em um signo, ao qual a literatura também pertence e no qual se desloca.

A esse acúmulo de pressupostos teóricos é preciso registrar que já circula há praticamente duas décadas o conceito de "escrevivência", cunhado pela ensaísta, romancista, contista e poeta Conceição Evaristo. Esse termo gerador nasce inicialmente do deslocamento da oralidade para a escrita: no passado, mulheres negras tinham pouca autonomia para escrever; sua capacidade criativa era quase exclusivamente convertida na criação de narrativas orais. Conceição Evaristo provoca essa identidade fixa da mulher negra como ágrafa no imaginário nacional e ainda constrói um marcador teórico indissociável de sua prática diária. Escrevivência formaliza um tripé entre o sujeito (negro), a experiência e a escrita, e produz novos parâmetros para a leitura, pesquisa e escrita literária. Hoje o conceito de escrevivência, cunhado por uma mulher negra, e no âmbito literário, já extrapolou seus limites de uso, porém é necessário registrar seu percurso histórico, para não acontecer um esvaziamento de suas origens.

A produção literária negra contemporânea é fortemente interseccional e releva, entre suas principais linhas de força, a escrita de mulheres. A escritora Miriam Alves trouxe ao debate a tópica da literatura afro-feminina, representativa hoje de uma forte presença tanto autoral quanto no âmbito dos estudos acadêmicos. A escrita de mulheres negras subverte estereotipias históricas e "imagens de controle", nas palavras de Patrícia Hill Collins, que subscrevem a representação feminina negra na literatura canônica e cria outras linhas no imaginário produzido pela via literária. A presença das mulheres negras em todas as esferas do campo literário se constitui numa insubmissão legitimada primeiramente pelo movimento de mulheres negras, para depois alcançar leitoras, leitores, o espaço acadêmico e os grandes conglomerados editoriais.

Por um lado, essa produção literária produz sua própria espiral e tradição independentemente dos critérios estabelecidos pelos estudiosos para definir a autoria negra; e, por outro, estabelece uma dialética fundamental com a ideia de literatura brasileira e com o funcionamento do cânone.

A partir da inscrição e enunciação da literatura negra, torna-se manifesto algo que no Brasil sempre esteve oculto sob o véu da norma: o fato de que a literatura dita brasileira é majoritariamente branca, seja em sua constituição epistêmica, seja nas heranças e pertencimentos que assume, seja no seu corpo autoral. Esse fato formaliza o jogo de forças que mimetiza a série literária na série social, dado que o Brasil foi o último país do mundo a abolir a escravidão negra e, após fazê-lo, investiu no embranquecimento social, cultural e no âmbito da memória. O país permanece sendo atravessado pelo racismo institucional e sistêmico, e isso produz realidades na esfera de suas produções artísticas, literárias e filosóficas. O significado da existência e afirmação da literatura negra, nesse cenário, é vital para um entendimento crítico mais profundo acerca da literatura brasileira e de suas instituições correlatas, bem como para a fratura de uma identidade nacional una e coesa.

O cenário da crítica literária hegemônica possui uma imbricada relação com nossos teóricos e teóricas, tendo em vista as novas latitudes autorais que se forjam no âmbito da teoria literária brasileira. As rupturas em curso levam em consideração as demandas sociais, mas sobretudo as questões identitárias, representativas de 54% da população negra desse país. Para tanto, um *corpus* conceitual há quase duas décadas circula amplamente no país, com fundamentação teórica e permitindo rizomaticamente outros percursos e construções de fundamentos.

É inegável que o estabelecimento dessa literatura, e de um campo crítico que a tome como núcleo, aponta também para novos postulados para interpretações do Brasil, que se constitui pelo direito ao passado, ao presente e aponta para futuros possíveis.

O teórico uruguaio Hugo Achugar, em seu livro *Planetas Sem Boca: Escritos Efêmeros Sobre Arte, Cultura e Literatura* (2006), defende que a negociação ao direito à memória e ao esquecimento deveria ser um patrimônio inerente a todos os atores sociais, reconhecidos como iguais e com direitos. A literatura negra brasileira vem trazer à cena pontos de vista que abalam a própria ideia de nacional, já que também problematiza a própria ideia de nós, oferecendo a nós leitoras e leitores um passado não constituído na submissão e no silêncio, mas reconfigurando todas as ferramentas possíveis, assim como as diferentes experiências de africanos e africanas escravizados nas Américas.

Com tudo isso, a experiência de publicar e se inserir no sistema de circulação literária, com todas as adversidades inerentes à dinâmica de silenciamentos do Brasil, também marca a história de precariedade material de autores e autoras: a literatura negra brasileira ainda é um espaço de escritores sem rosto – ainda sem presença no imaginário de seus leitores.

As publicações coletivas têm sido uma realidade no horizonte de muitos autoras e autores, e a experiência referência desse formato de publicação, além de ser a mais longeva, são os *Cadernos Negros*, que desde 1978, a partir do grupo Quilombhoje Literatura, publica diversos autores em prosa e verso. Com o advento da tecnologia, outro suporte primordial para consulta da literatura negra no país é o portal Literafro, sediado na UFMG desde o início dos anos 2000 e armazenando um arquivo vivo que permite o conhecimento e circulação de grande número de representantes da autoria negra. Não obstante todas as questões econômicas e sociais presentes na atualidade, a autoria negra tem encontrado espaço para publicar. Os formatos de publicação, tiragem e modelos editoriais mudaram, o que vem possibilitando cada vez mais o acesso ao objeto livro.

Os canais para se estreitar a relação leitor e autoria negra estão bem mais acessíveis na atualidade, além de possibilitar pesquisas sensíveis em diversos momentos da historiografia literária brasileira. Para além dos lugares sempre rasurados, hoje já não se pode mais negar a autoria pioneira no romance de Maria Firmina dos Reis (*Úrsula*, 1859), anterior ao romance considerado de fundação da literatura nacional. Da mesma forma, não é possível mais se contestar que o primeiro editor brasileiro, também poeta e tradutor, era negro, Francisco de Paula Brito. Ou que o maior romancista da literatura brasileira, apesar de todos os esforços de branqueamento, é um homem negro: Machado de Assis. Ou que Cruz e Souza é o maior poeta simbolista do país. Ou que Lima Barreto é mais modernista que a historiografia literária brasileira admitiu. Ou que Carolina Maria de Jesus é o grande marco da história editorial nacional. Ou que Ana Maria Gonçalves, Conceição Evaristo, Tatiana Nascimento, Ricardo Aleixo, Lívia Natália, Eliana Alves Cruz, Cidinha da Silva, Edimilson de Almeida Pereira, Jarid Arraes, Jeferson Tenório, Miriam Alves, Nelson Maca, Esmeralda Ribeiro, Márcio Barbosa, Allan da Rosa, Elizandra Souza, Cuti, Itamar Vieira Junior, entre outras e outros, têm sublevado a autoria negra no que se entende hoje como literatura brasileira contemporânea. Desde os Saraus e Slams até os coletivos literários e selos editoriais são muitos os encontros que a palavra possibilita. Entre autores, leitores e projetos literários diversos, a literatura negra vem inventando novas formas de resistência e ampliando o direito a significar, construindo formas insubmissas de existência e pensamento, conectando o futuro e a ancestralidade às lutas do presente.

Referências

ACHUGAR, Hugo. *Planetas Sem Boca: Escritos Efêmeros Sobre Arte, Cultura e Literatura*. Belo Horizonte: Editora UFMG, 2006.

ALVES, Mirian. *Brasil Afro Autorrevelado: Literatura Brasileira Contemporânea*. Belo Horizonte: Nandyala, 2010.

DUARTE, Eduardo de Assis. Literatura Afro-Brasileira: Um Conceito em Construção. *Estudos de Literatura Brasileira Contemporânea*, n. 31, 2011.

DUARTE, Eduardo de Assis; FONSECA, Maria Nazareth Soares (orgs.). *Literatura e Afrodescendência no Brasil: Antologia Crítica*. Belo Horizonte: Editora UFMG, 2011.

EVARISTO, Conceição. Literatura Negra: Uma Poética de Nossa Afro-Brasilidade. *Scripta*, v. 13, n. 25, 2009. Disponível em: <http://periodicos.pucminas.br/index.php/scripta/article/view/4365>.

FONSECA, Maria Nazareth Soares. Literatura Negra, Literatura Afro-brasileira: Como Responder à Polêmica? In: SOUZA, Forentina; LIMA, Maria Nazaré (orgs.). *Literatura Afro-brasileira*. Salvador/Brasília: Centro de Estudos Afro-Orientais/Fundação Cultural Palmares, 2006.

FREITAS, Henrique. *O Arco e a Arkhé: Ensaios Sobre Literatura e Cultura*. Salvador: Ogum's Toques Negros, 2016.

LOPES, Nei. *Dicionário Literário Afro-brasileiro*. Rio de Janeiro: Pallas, 2007.

MARTINS, Leda Maria. *Afrografias da Memória: O Reinado do Rosário no Jatobá*. São Paulo/Belo Horizonte: Perspectiva/Mazza, 1997.

PEREIRA, Edimilson de Almeida (org). *Um Tigre na Floresta de Signos: Estudos Sobre Poesia e Demandas Sociais no Brasil*. Belo Horizonte: Mazza, 2010.

SILVA, Luiz (Cuti). *Literatura Negro-Brasileira*. São Paulo: Selo Negro, 2010.

SOUZA, Florentina da Silva. *Afro-descendência em Cadernos Negros e Jornal do MNU*. Belo Horizonte: Autêntica, 2005.

MASCULINIDADE NEGRA

Henrique Restier da Costa Souza
Rolf Malungo de Souza

O que é masculinidade negra? Como podemos defini-la de uma maneira razoavelmente clara e efetiva para que possamos compreender certos aspectos basilares de fenômenos sociais, para além das sociabilidades masculinas, mas também as relações raciais, o machismo, o próprio capitalismo, além de tantos outros *ismos*? Esse é o desafio de nossa tarefa.

Um primeiro movimento nesse sentido é compreendermos que o próprio conceito "masculinidade negra" se compõe de duas partes intercambiáveis, que podem se traduzir na *generificação* da raça ou na *racialização* do gênero. Portanto, é preciso explicá-los separadamente e, em seguida, estabelecermos as bases em que se dá suas conexões.

Em uma interpretação ampla, a masculinidade pode ser concebida como uma construção sócio-histórica informada por uma série de valores, princípios, normas, linguagens, comportamentos, sistemas de representação e experiências históricas que definiriam certos elementos identificados socialmente para que um sujeito seja reconhecido como *homem*. Esse conjunto normativo forneceria, em grande parte, os subsídios para a construção dos sujeitos, suas percepções sobre a realidade e, por conseguinte, sua conduta nas relações sociais, ou seja, esse conjunto de normas estrutura as relações sociais de uma sociedade.

Essa dinâmica não só é relacional (envolvendo homens/homens e homens/mulheres), mas varia, também, de acordo com o contexto sócio-histórico e os marcadores sociais de diferença (raça, classe, etnia, território, crenças, sexualidade etc.) que compõem o indivíduo e os grupos. A tendência é que os homens busquem legitimidade e reconhecimento, sobretudo entre seus pares, almejando atender, transgredir ou manusear as prerrogativas masculinas de uma determinada sociedade que, em geral, envolveriam: prestígio, poder, influência, obrigações e respeito.

É claro que a noção de masculinidade não se circunscreve apenas aos homens; mulheres podem "performá-la", assim como os homens podem fazer o mesmo com a feminilidade (Halberstam, 2008). As fronteiras entre as percepções e usos da masculinidade e da feminilidade são pouco afeitas a limites definitivos. Ademais, os movimentos transgêneros (homens transnegros) vêm tornando essas fronteiras cada vez mais complexas (Santana; Peçanha & Conceição, 2021). De todo modo, é um conceito que tanto do ponto de vista teórico como do senso comum tem sido usado com maior expressão sobre os corpos estabelecidos como de homens (machos) e de mulheres (fêmeas), e é dessa maneira que serão tratados aqui.

Do ponto de vista histórico, os estudos sobre homens e masculinidades são frutos de demandas trazidas nas décadas de 1960 e 1970 pelos movimentos de mulheres, gays e negros contra as discriminações que sofriam, questionando o poder masculino, branco e heterossexual. Esses movimentos sociais fizeram com que a categoria gênero passasse a ser tão necessária quanto as categorias classe e raça. Nesse contexto de efervescência e contestações políticas sobre poder, identidade e gênero surgem as primeiras indagações acadêmicas acerca da masculinidade. Assim, temos as primeiras publicações que trouxeram novas discussões a respeito dessa temática, fazendo com que homens fossem vistos, pela primeira vez no Ocidente, como portadores de um gênero socialmente construído.

A masculinidade torna-se, então, objeto de pesquisa e de preocupações políticas, consolidando-se, no início dos anos 1990 (Connel, 2003; Bourdieu, 2016), dentro de uma reflexão crítica acerca dos papéis sexuais, desnaturalização do gênero masculino, discussões sobre os privilégios dos homens, dentre outros assuntos. Ou seja, politicamente trata-se de um campo que tem o centro das discussões na construção do "ser homem" e seus desdobramentos sobre outros grupos, principalmente mulheres e população LGBTQIA+.

Por outro lado, o viés racial do conceito, na figura da palavra "negra", pode ser interpretado, assim como a masculinidade, como outra construção sócio-histórica que tem seus significados basilares estabelecidos durante a expansão marítima europeia e o processo colonial. Ao longo dos séculos, imprimiu-se um conjunto de estereótipos que degradava a humanidade dos povos negros africanos e seus descendentes fenotipicamente parecidos com eles. É notório que esses significados vão se alterando ao longo do tempo, fruto de disputas e negociações das mais diversas entre pessoas negras e brancas (e dentro dos próprios grupos). Assim, a palavra "negra" abarca uma variedade de representações que irão incidir de forma diferenciada nos indivíduos e grupos, de acordo com os marcadores e contexto social, novamente, da mesma forma que a masculinidade.

Em síntese, estamos caminhando na intersecção entre dois campos do conhecimento, a saber, de homens e masculinidades e de relações raciais, tendo como fio condutor, entre esses dois campos, o conceito de masculinidade negra, que aqui se trata fundamentalmente da masculinidade dos homens negros. Nesse sentido, esse tema de pesquisa ainda possui um lugar discreto nesses campos.

Malgrado os estudos de masculinidades *generificarem* os homens, outros marcadores, como o racial, ainda precisam de desenvolvimento teórico e empírico. Por outro lado, também não é comum, nos estudos sobre relações raciais, o homem negro como categoria de análise central; via de regra, ele aparece diluído na categoria negro, ou pessoas negras, logo, não generificado. Ao contrário, as mulheres negras já possuem um vasto e consistente campo de reflexão conectado a vários campos do saber e das experiências dos povos negros na diáspora. Destarte, a intenção aqui é trazer o homem negro, racializado e generificado, apresentando sugestões e referências para um maior entendimento de determinados aspectos e questões que o atravessam.

Surge a pergunta: o que emerge quando a masculinidade, geralmente vinculada ao poder e dominação, se acopla ao negro frequentemente associado ao déficit intelectual, à degenerescência moral e à sexualidade descontrolada? Postulamos que a primeira coisa a ser feita para encarar essa questão é *dessencializar* o conceito desses sentidos mais convencionais da literatura especializada. Tal operação procura fornecer maior dinamismo e nuançar a aparente contradição dos termos. Isto é, os aspectos mais trabalhados na literatura de masculinidades tendem a abordar os privilégios que as masculinidades proporcionariam para seus detentores mesmo que com custos, sobretudo aquelas masculinidades que estão em sintonia com os modelos hegemônicos. Além disso, há de se levar em consideração os efeitos nefastos do machismo nas relações de gênero.

Por outro lado, a bibliografia de relações raciais inclina-se a enfatizar a crítica, a denúncia do preconceito, da discriminação racial, o baixo *status* social da população negra e suas consequências. Com efeito, há nesses campos sofisticadas abordagens que conjugam denúncia, agenciamentos, experiências sociais complexas e proposições calcadas em sólidos dados empíricos pouco afeitas a generalizações e essencialismos. Essa é uma chave interpretativa interessante para a constituição do conceito de masculinidade negra.

A essa altura podemos apresentar três estratégias fundamentais que, via de regra, os homens e/ou grupos de homens procuram utilizar visando a manutenção ou a busca de prestígio: a *emasculação*, a *hipermasculinização* e a *masculinização*[1]. Sobre as duas primeiras, a despeito de cada uma delas possuírem suas particularidades e, até mesmo em um primeiro momento, suscitarem dinâmicas totalmente diferentes, suas ações são complementares porque, de maneira geral, visam à desqualificação. Em outras palavras, enquanto a primeira tem por objetivo subtrair certos valores masculinos socialmente reconhecidos e admirados em um determinado contexto social por mulheres e homens, a segunda inverte essa lógica impondo uma série de atributos masculinos hiperbólicos e desmedidos usualmente vinculados ao corpo, mas também ao caráter. Já a masculinização teria em seu cerne a valorização, ao atribuir ao indivíduo características estimadas pelo grupo e época ao qual pertence.

É aqui que os estereótipos em relação aos homens negros se revelam com mais intensidade, pois esses estratagemas acomodam disputas de sentidos em que são acionados tanto os lugares-comuns em torno dos homens negros como sua pretensa superação. Enquanto um homem negro emasculado remeteria aos significados de apatia, fraqueza e sujeição (o negro servil, corporificado na representação do *Pai João*), e o hipermasculinizado à perversão, brutalidade e ignorância (o negro degenerado, consubstanciado no *Negão*), já o masculinizado seria o racional, o corajoso e honrado, praticamente sem representação idealizada em larga escala, embora seja possível da perspectiva espiritual e localizada citarmos os orixás masculinos que sintetizam em muitas dimensões uma masculinidade máscula, sensível e sábia. Ou seja, as investigações acerca da masculinidade negra abarcam tanto o racismo quanto o patrimônio civilizacional negro-brasileiro.

A sinergia entre esses dois movimentos tem o potencial de fornecer ao conceito uma maior plasticidade, alterando e endossando, de diferentes maneiras, os sentidos originais de suas partes separadas. Na clássica tipologia de Robert Connell (2003), entre outras características, as masculinidades subalternizadas são racializadas, correspondendo assim à categorização de tipos marginais, o que de fato encontra respaldo na realidade, principalmente quando nos debruçamos em indicadores sociais como: informalidade no trabalho, representação política, acesso à saúde, renda, comorbidades, população de rua, suicídio, mortes violentas, expectativa de vida etc. O uso do repertório sociocultural e epistemológico negro-brasileiro proclama novas perspectivas de entendimento de temas já consagrados pela bibliografia desses campos. Nesse sentido, capoeira, artes, música, religiões de matriz africana, trabalho, sociedade de livre mercado (capitalismo), subjetividades, paternidades, políticas públicas, dentre outros, ganham novas matizes com a inserção das masculinidades negras, trazendo as especificidades dos homens negros na construção de tais temáticas com seus saberes/práticas ancestrais e contemporâneas.

Notas

1 Essas estratégias também podem ser aplicadas à virilidade (desvirilização, hipervirilização e virilização). Ademais, os próprios significados conferidos por essas estratégias, em especial a emasculação e a hipermasculinização, podem ser manuseados por seus "alvos" de forma a atribuir-lhes sentidos afirmativos e proveitosos contextualmente, mesmo que do ponto de vista macro, ainda insuficientes para sobrepujá-los. Além disso, a emasculação muitas das vezes é encarada como *feminização*, o que na sociabilidade masculina, particularmente heterossexual, não é algo bem-visto, imprimindo uma maior dificuldade para a sua manipulação positiva.

Referências

BOURDIEU, Pierre. *A Dominação Masculina*. 3. ed. Trad. Maria Helena Kuhner. Rio de Janeiro: Bertrand Brasil, 2016.

CONNELL, Robert Willian. *Masculinidades*. Trad. Irene Maria Artigas. México: Universidad Nacional Autónoma de México, 2003.

HALBERSTAM, Judith. *Masculinidad Femenina*. Trad. Javier Sáez. Barcelona: Egales, 2008.

SANTANA, Bruno; PEÇANHA, Leonardo; CONCEIÇÃO, Vércio Gonçalves (orgs.). *Transmasculinidades Negras: Narrativas Plurais em Primeira Pessoa*. São Paulo: Ciclo Contínuo, 2021.

MESTIÇAGEM

Luis Hirano
Tatiana Lotierzo

A noção de mestiçagem é antiga e, ao longo de séculos, passa por inúmeras transformações. No Brasil, esse termo tem sentidos e implicações particulares, sobretudo a partir do final do século XIX, culminando em noções como branqueamento e democracia racial, entre outras. Palavras como "sincretismo", "hibridismo" ou "hibridação" e "crioulização" também entram no escopo dos questionamentos abertos pela noção de mestiçagem.

"Mestiço" tem origem no latim *mixticius*, misturado. Há indícios da presença dessa palavra na Europa no século XIII (Paiva, 2015), mas seu uso passa a ser mais recorrente a partir do século XV e se amplia no XVI. Em língua espanhola, a primeira aparição da palavra *mestizo* registra-se em 1539, e o termo se refere aos filhos de espanhóis com indígenas (Stolcke, 2007). Fontes produzidas em português no mesmo período utilizam os termos "mestiço", "mameluco" e "bastardo"(Paiva, 2015)[1] como sinônimos. O sentido de mestiço, nesse momento, não está ligado a uma definição de raça como um conjunto de atributos biológicos intransponíveis. Raça queria dizer, até então, "origem" ou "geração", algo possível de ser transformado por uma série de fatores sociais e genealógicos (incluindo a formação moral, religiosa e econômica).

No mundo cristão europeu, as especulações sobre a variedade e variação na cor da pele e as misturas ditas raciais remontam, pelo menos, à Idade Média. Na chamada Idade Moderna, os debates a respeito da cor da pele ganham peso particular. Desde o início dessa era de expansão colonialista e de escravização de populações africanas e indígenas, multiplicam-se escritos sobre as causas da existência da pele negra e as condições de transformação epidérmica de negro a branco e vice-versa. Em meio a esses polos, encontra-se uma variedade de termos para indicar outras tonalidades – "mestiço" está entre eles.

Tais especulações são marcadas por uma releitura – inclusive anterior – das escrituras religiosas, com base na oposição entre negro e branco, respectivamente associados ao mal e ao bem, às trevas e à luz. Isso tem reflexos sobre a percepção de diferentes grupos humanos pelos europeus e produz uma maneira de determinar a moral e as capacidades das pessoas aferidas com base na cor de sua pele, com evidente interesse para justificar o colonialismo, a expansão do cristianismo e a escravização de não brancos[2].

Em mundos coloniais escravocratas, marcados pela variedade de tons de pele, o cromatismo passa a ser relacionado a aspectos referentes à posição social e econômica. Perguntava-se que tipo de trabalho, cargos e distinções uma pessoa poderia ocupar segundo a cor de sua pele, indicativa de um conjunto de "qualidades" (Paiva, 2015) adquiridas em razão do clima e da *genealogia*. Também se pergunta, a partir do século XV, em quantas gerações seria possível clarear ou escurecer a pele e se tal processo conduziria à brancura ou negritude completas. Derivam dessas indagações registros como, por exemplo, a pintura de castas produzida na América colonizada pelos espanhóis e as chamadas tabuadas das misturas, presentes em diferentes partes das Américas.

No final do século XVIII, com o esfacelamento de um mundo monárquico, assentado nos chamados estatutos de limpeza ou pureza de sangue[3] e a disseminação de ideais republicanos, passa-se a questionar a humanidade de seres com características físicas tão diversas e as possibilidades da igualdade entre eles. Emerge assim um tipo de pensamento assentado na ideia de raça como um conjunto de atributos fisiologicamente determinados. As diferenças de cor da pele passam a ser cada vez mais situadas em uma escala de raças, ou seja, grupos definidos por características físicas comuns. A palavra "raça" passa também a ser usada para escalonar pessoas em estágios diferentes de uma suposta evolução da espécie humana. Os brancos se colocavam assim no topo da escala evolutiva (Seyferth, 1985; Skidmore, 1989; Munanga, 1999; Schwarcz, 2011, 2005, 2004 e 1987; Corrêa, 1998; Hofbauer, 2006).

Tal processo ganha força no oitocentos, à luz de tendências como o darwinismo social e o evolucionismo social (Schwarcz, 2004). Institui-se, na segunda metade do século XIX, a crença numa diferença somática entre brancos e negros que, entre outras coisas, afastaria do horizonte europeu a defesa do embranquecimento completo, antes considerado possível. Em contrapartida, acirram-se os discursos que condenam as uniões inter-raciais e aqueles que associam o mestiço à degeneração. O principal termo utilizado por esses teóricos para se referir à mistura é "miscigenação" – com sentido de mescla entre raças. Termo similar em uso nesse momento é "hibridação"[4]. A palavra "mestiçagem" aparece em fontes brasileiras, como *História da Literatura Brasileira*, de Sylvio Romero (1888), com sentido similar ao de "miscigenação"[5].

No Brasil, onde a maior parte da população é negra e mestiça, parte dos expoentes do pensamento racista hesitam em descartar a possibilidade do embranquecimento. Destaca-se nessa linha o *paper* "Sur les Mêtis au Brésil" (Sobre os Mestiços no Brasil, 1911), de João Batista de Lacerda, diretor do Museu Nacional, para quem em três gerações ou um século, a população nacional seria branca (Lacerda, 2011). Segundo o médico, tal fato decorreria de um processo de "seleção sexual" (termo adaptado de Charles Darwin), conseguida pelo incentivo à imigração europeia e aos casamentos inter-raciais[6].

O Brasil desponta assim como um país peculiar, onde uma relativa defesa da mestiçagem voltada a um projeto de branqueamento é perpetuada nos trabalhos de expoentes do racismo científico. Falar sobre raça e caráter racial do povo brasileiro equivalia a falar do futuro da nação (Schwarcz, 2004), reconhecendo a mestiçagem como fato constitutivo. Em meio à intelectualidade nacional, isso fica mais evidenciado pelo alcance da ideia de que a nação brasileira foi formada pela união de três raças – a branca, a indígena e a negra.

AS TRÊS RAÇAS

A definição do Brasil como uma nação mestiça, formada na conjunção das raças branca, negra e indígena, remete a autores como o naturalista Karl Von Martius. Em 1844, ele vence um concurso proposto pelo Instituto Histórico e Geográfico do Brasil (IHGB) para escolher um projeto de como a história do Brasil deveria ser escrita. Von Martius propõe a metáfora de um "rio caudaloso" da herança portuguesa, que deveria absorver os pequenos afluentes indígenas e africanos. Posteriormente, os historiadores Adolfo de Varnhagen e Capistrano de Abreu produziram suas versões desse encontro das três raças: o primeiro, em *História Geral do Brazil* (1854), destaca o papel dos portugueses, exalta o colonizador branco e evidencia posição favorável à miscigenação como forma de branqueamento; o segundo, em *Capítulos de História Colonial* (1907), transforma o português em uma nova personagem, por meio da miscigenação com o indígena e com o africano. Nesse sentido, a miscigenação a que Capistrano se refere é cultural e não somente racial.

Diferentes autores, depois dos referidos no parágrafo acima, encampam, à sua maneira, a ideia de que o Brasil se forma a partir do encontro de três raças. No modernismo de 1922, destaca-se a discussão empreendida por Mário de Andrade, em *Ensaios Sobre Música Brasileira* (1928), acerca da possibilidade de criar música nacional a partir de uma realidade cultural em que a diversidade racial e étnica ainda não encontrara uma fusão satisfatória. Menos do que falar sobre mestiçagem, Mário de Andrade fala de uma raça ou entidade brasileira. A tese de uma fusão ou formação nacional ainda incipiente aparece no subtítulo da rapsódia *Macunaíma* (1929), "um herói sem nenhum caráter". Ainda que a obra do escritor tenha sido tomada como exaltação de uma cultura mestiça, ela apresenta a fusão racial, étnica e cultural do Brasil como um ideal na consolidação de um "caráter brasileiro", mais do que como uma realidade empírica.

Já nas mãos de Gilberto Freyre (*Casa-Grande & Senzala*, 1933), a mestiçagem transforma-se em uma realidade histórica que antecede a chegada dos europeus à América. Para o autor, a miscigenação biológica e cultural dos portugueses com mouros e africanos ocorrera desde tempos imemoriais e explicava o "sucesso" da colonização portuguesa. Miscigenação e mestiçagem surgem como sinônimos e designam uma mistura tanto biológica quanto cultural entre portugueses, africanos e indígenas. Essa mistura não eliminaria por completo as propriedades singulares de cada um desses povos (Araújo, 1994).

Apesar das diferenças entre Andrade e Freyre, ambos veem a mestiçagem como uma singularidade positiva da formação nacional, e não mais como característica deletéria, que explicaria o atraso cultural do país. Além disso, os dois buscam pensar a mestiçagem como um fim em si mesma e não só como uma etapa necessária ao branqueamento[7].

As teses de Andrade e Freyre ganham diferentes versões e materializações entre os anos 1930 e 1950. A conversão do samba carioca em música nacional, a partir de compositores como Ary Barroso, Pixinguinha, Noel Rosa, Wilson Batista, Ataulfo Alves e Lamartine Babo, entre outros, aborda a mestiçagem (Starling & Schwarcz, 2005-2006), mas também as diferenças entre brancos, negros e mestiços. Nas artes plásticas, são emblemáticas as telas *A Mulata* (1928), de Di Cavalcanti, e *Mestiço* (1934), de Candido Portinari. Nos teatros de revista, a personagem da "mulata" era presença obrigatória em todas as peças, interpretada por atrizes mestiças, como Déo Maia, ou brancas, como Aracy Cortez[8]. No cinema, ainda que a figura do mestiço não seja tão presente como na música e no teatro, a dupla cômica de maior sucesso era formada por um ator branco e outro negro: Oscarito e Grande Otelo, que performavam o que passou a ser chamado, nos anos 1940, de democracia racial.

A democracia racial pode ser vista como uma atualização do imaginário de Brasil mestiço. Com o fim da Segunda Guerra e a derrocada dos regimes nazifascistas e, no Brasil, do Estado Novo, o termo "democracia" ganha uso corrente na síntese de projetos nacionais. Nesse período, estudos sociológicos realizados por pesquisadores estadunidenses, como Charles Wagley, vão retratar o país como uma democracia racial ou, segundo Donald Pierson, como uma nação onde as relações raciais seriam harmoniosas, haja visto a ausência de uma linha de cor ou de leis antimiscigenatórias como nos Estados Unidos. A noção de democracia racial aparece também no jornal *Quilombo*, do Teatro Experimental do Negro – TEN, e é abordada por Abdias Nascimento, no I Congresso do Negro Brasileiro, em agosto de 1950 (Guimarães, 2001). Mas se, para Wagley, a democracia racial era uma realidade empírica, para o TEN e Abdias Nascimento, ela aparece como um ideal a ser almejado.

A partir da década de 1960, com os estudos de Roger Bastide e Florestan Fernandes, a democracia racial deixa de ser vista como um ideal e passa a ser entendida como um mito que ocultaria o racismo no Brasil. Nessa época, Abdias Nascimento aproxima-se das teses da *Négritude*, de Leopold Senghor, Aimé Césaire e Frantz Fanon. A democracia racial e também o ideário da mestiçagem passam a ser vistos como um falseamento da realidade, que busca esconder a origem negra e africana na constituição da nação brasileira. É nesse momento que Gilberto Freyre, aliado às ditaduras salazarista, em Portugal, e militar, no Brasil, passa a usar o termo "democracia racial" para elaborar sua tese, desde *Casa-Grande e Senzala*.

Em meados dos anos 1970, com a multiplicação de entidades negras catalisadas no Movimento Negro Unificado (MNU), a ideologia da democracia racial e de um país mestiço passa a ser cada vez mais questionada em sua dimensão pública. Nos anos 1980, no bojo da redemocratização, o que há de novo no cenário político e cultural é uma agenda pelo direito à diferença cultural por meio do "afrocentrismo" e do "quilombismo", em concomitância com os direitos sociais e civis das pessoas negras (Guimarães, 2001).

Por sua vez, antropólogos como Roberto DaMatta, Peter Fry, Yvone Maggie e Lilia Schwarcz, com uma perspectiva culturalista e antiessencialista, reabilitam a democracia racial e o mito das três raças, não tanto como realidade empírica, mas como representação que orienta a ação dos sujeitos – mitos, em um sentido antropológico. Na concepção desses antropólogos, o racismo e a desigualdade racial seriam estruturantes na sociedade brasileira, mas, ao nível das ideias e dos valores, o mito da democracia racial e da mestiçagem seria operante[9].

Em outro espectro da academia, Lélia Gonzales pontua o caráter deletério do mito da democracia racial: "Como todo mito, o da democracia racial oculta algo para além daquilo que mostra. Numa primeira aproximação, constatamos que exerce sua violência simbólica de maneira especial sobre a mulher negra." (1984: 228) Kabengele Munanga nota que "a mestiçagem, tanto biológica quanto cultural, teria entre outras consequências a destruição da identidade racial e étnica de grupos dominados, ou seja, o etnocídio" (1999: 110).

Após mais de vinte anos do início de adoção de políticas de ações afirmativas, com a publicação crescente de livros de intelectuais negros e negras, a noção de mestiçagem, seja como ideário ou realidade empírica, perdeu força. Tais políticas têm transformado a vida de muitas pessoas negras e também os modos de auto e heteroclassificação racial, em busca da construção de um país mais igualitário em termos raciais. Elas também têm sido um dos principais temas de estudos acadêmicos na atualidade, junto com o reconhecimento de uma intelectualidade negra, antes apagada na história do país.

Nesse panorama, críticas à ideia de mestiçagem e miscigenação se renovam, por exemplo, com José Carlos dos Anjos (2006), que propõe pensar as ideias de misturas conforme o panteão das religiões de matrizes africanas, em contraposição às visões dominantes de mestiçagem ou sincretismo. Aparece também a noção de contramestiçagem, proposta por Marcio Goldman (2015; 2017). Inspirado por dos Anjos, ele defende olhar para misturas que revelem a resistência afro-indígena frente ao poder colonial português e as políticas estatais das classes dominantes que visaram promover ideologias da mestiçagem.

CAMINHOS CRUZADOS E PARALELOS

Para finalizar, é necessário introduzir rumos tomados pela discussão sobre mestiçagem. Notadamente, o termo deriva noções correlatas que visam deslocar seus sentidos ou reforçar uma contraposição, com o intuito de encontrar respostas diferentes para um espectro de questões similar, particularmente envolvendo a agência de diferentes sujeitos em contextos coloniais e/ou a possibilidade de resistência ao colonizador branco, evitando noções como aculturação.

Serge Gruzinski (2001) propõe a noção de hibridação ou hibridismo para diferenciar o tipo de "mistura" que acontece em certos lugares na Europa ou mesmo nos Estados Unidos da mestiçagem que tem lugar na América Latina. Néstor García-Canclini (2006) retoma a ideia do híbrido para pensar as diferentes temporalidades operadas pela diáspora e pelo exílio na América Latina, e busca refletir a respeito da mescla e da impossibilidade de agir de forma monolítica.

Homi Bhabha (1998) recupera noção de hibridismo de Mikhail Bakhtin, buscando lidar com a possibilidade de que um único enunciado de um locutor possa ter mais de uma perspectiva semântica e sociológica – ser híbrida. Ele visa evitar as oposições binárias estanques (colonizador/colonizado, por exemplo) e se situar em um espaço intersticial, a fim de compreender as possibilidades de negociação cultural.

Fernando Santos-Granero (2009) adota a noção de "hibridismo" com sentido diferente para pensar a abertura ao outro como condição de possibilidade de existência para diversos povos indígenas (o que remete a Lévi-Strauss), e leva em consideração a ideia de que o *self* indígena só é possível como incorporação do Outro – o que encontra expressão em corporizagens híbridas (*hybrid bodyscapes*). Carlos Fausto (2009) questiona os limites dessa abertura, disposição ou capacidade de apropriação, propondo pensar como os diferentes outros afetam modos de transformação indígenas e as possibilidades de virar outro continuamente, sem se transformar por inteiro. Nesse sentido, o trabalho de José Antonio Kelly (2005) serve para fundamentar questões relativas à maneira com que os ameríndios sabem apresentar-se como não híbridos ou não mestiços, conforme o tipo de relacionamento em questão.

Os conceitos de "crioulidade" e "crioulização" também acompanham os debates sobre mestiçagem e hibridação. A noção de crioulidade é proposta pelos antilhanos Jean Bernabé, Raphaël Confiant e Patrick Chamoiseau (1993) com a intenção de afirmar uma identidade crioula – nem europeia, nem africana e nem asiática; longe de uma síntese, a crioulidade seria uma "unicidade aberta". Um autor-chave para essa discussão é Édouard Glissant. Inicialmente, Glissant (1997) faz uma análise negativa sobre a mestiçagem, vista como condenação, e sobre o mestiço, como uma existência marcada pelo escândalo e a vergonha. Ele propõe então a ideia de que o compósito, enquanto relação, precisa ser pensado e valorizado. Posteriormente, Glissant adota o termo "crioulização", a fim de se afastar do essencialismo do termo "crioulidade". A crioulização, diferentemente da mestiçagem, não prevê uma síntese; ela seria "a mestiçagem sem limites, cujos elementos são multiplicados [e] os resultados imprevisíveis" (Glissant, 1990: 46).

Com todas as suas transformações ao longo do tempo, o conceito de mestiçagem esteve e ainda está no centro de inúmeras disputas intelectuais e políticas. Com ele, múltiplas implicações vão marcando a vida das pessoas. Cabe notar o quanto sua definição e agência variam conforme as perspectivas dos sujeitos que a tomam como motivo de reflexão.

Notas

1 As fontes indicam que os termos com implicações cromáticas são maleáveis, adaptados a diferentes situações e sujeitos à agência de quem o utiliza, diferentemente do que ocorre com classificações racializadas. Sobre o século XIX, ver Castro, 2013 e Gato, 2020.

2 É marcante a releitura da passagem do *Gênesis* sobre a chamada "maldição de Cam": a personagem e/ou sua descendência passam a ser vistas como condenadas a serem negras, porém, passíveis de branqueamento via cristianização.

3 No mundo ibérico, a limpeza de sangue se refere a uma descendência considerada "pura", ou seja, sem antepassados mouros, judeus, hereges, ou condenados pela Inquisição. Ver Stolcke, 2007 e Figuerôa-Rêgo & Olival, 2011.

4 Sobretudo pela influência de um estudo de Paul Broca, que afirmava que o "hibridismo" produzia descendência infértil.

5 "A palavra mestiçagem aqui não exprime somente os produtos diretos do branco e do negro e do índio; expressa em sentido *lato* todas as fusões das raças humanas e em todos os graus no Brasil, compreendendo também as dos diversos ramos da raça branca entre si." (Romero, 1888, cap. VII).

6 E, a esse respeito, não havia consenso entre os intelectuais: Lacerda defende uma "miscigenação" branqueadora, enquanto Nina Rodrigues considera a "mestiçagem" degenerante e produtora de descendentes inférteis. Sylvio Romero afirma que, no futuro do Brasil, prevaleceria um tipo de "mestiço" *quase* indistinguível do branco. Pouco depois, Euclides da Cunha assume-se contrário à miscigenação, vê os "mestiços" como uma "não raça" e busca diferenciá-los entre fortes e fracos.

7 Em outros lugares e tempos da América Latina, aliás, intelectuais elaboraram teses em defesa do valor da mestiçagem (biológica e cultural) como parte de um caráter latino-americano, em contraposição à Europa e aos EUA. Ver, por exemplo, José Martí, com *Nuestra América* (1891) e José Vasconcelos, com *La Raza Cósmica* (1925). Outras noções correlatas merecem atenção, como é o caso de *transculturação*, proposta por Fernando Ortiz (1963) e Miguel Ángel Rama (1998).

8 A chamada mulata é foco de Mariza Corrêa (2010).

9 O argumento de que o ideário da mestiçagem e da democracia racial seriam a singularidade do Brasil respalda a posição inicial desses e de outros intelectuais contrários à adoção de políticas de ações afirmativas em Instituições de Ensino Superior, no Brasil dos anos 2000. Muitos mudaram depois sua posição, por exemplo, Lilia Schwarcz.

Referências

ABREU, João Capistrano de. *Capítulos de História Colonial (1500-1800)*. Rio de Janeiro: M. Orosco, 1907.

ANDRADE, Mário de. *Macunaíma: Um Herói Sem Nenhum Caráter*. São Paulo: Penguin Companhia, 2016.

_____. *Ensaios Sobre Música Brasileira*. São Paulo: Martins, 1972.

ANJOS, José Carlos Gomes dos. *Território da Linha Cruzada: A Cosmopolítica Afro-Brasileira*. Porto Alegre: Editora UFRGS, 2006.

ARAÚJO, Ricardo Benzaquen. *Guerra e Paz: Casa-Grande & Senzala e a Obra de Gilberto Freyre nos Anos 30*. São Paulo: Editora 34, 1994.

BHABHA, Homi K. *O Local da Cultura*. Belo Horizonte: Editora UFMG, 1998.

BERNABÉ, Jean; CONFIANT, Raphaël; CHAMOISEAU, Patrick. *Éloge de la créolité*. Paris: Gallimard, 1993.

CASTRO, Maria da Costa Mattos Gomes de. *Das Cores do Silêncio: Os Significados da Liberdade no Sudeste Escravista (Brasil, Século XIX)*. Campinas: Editora da Unicamp, 2013.

CONDÉ, Maryse. Le Métissage du texte. In: KANDÉ, Sylvie (dir). *Discours sur le métissage, identités métisses:en quête d'Ariel*. Paris: L'Harmattan, 1999.

CORRÊA, Mariza. Sobre a Invenção da Mulata. *Cadernos Pagu*, Campinas, n. 6-7, 2010.

_____. *As Ilusões da Liberdade: A Escola Nina Rodrigues e a Antropologia no Brasil*. Bragança Paulista: Edusf, 1998.

DAMATTA, Roberto. Digressão: A Fábula das Três Raças, ou o Problema do Racismo à Brasileira. *Relativizando*. Petrópolis: Vozes, 1981.

FAUSTO, Carlos. Coments to "Santos-Granero, Fernando. Hybrid bodyscapes. A visual History of Yanesha Patterns of Cultural Change". *Current Anthropology*, v. 50, n. 4, 2009.

FIGUERÔA-RÊGO, João de; OLIVAL, Fernanda. Cor da Pele, Distinções e Cargos: Portugal e Espaços Atlânticos Portugueses (Séculos XVI a XVIII). *Tempo*, Niterói, v. 16, n. 30, 2011.

FREYRE, Gilberto. *Casa-Grande & Senzala*. São Paulo: Global, 2003.

FRY, Peter. *A Persistência da Raça*. Rio de Janeiro: Civilização Brasileira, 2005.

GARCÍA-CANCLINI, Néstor. *Culturas Híbridas*. São Paulo: Edusp, 2006.

GATO, Matheus. *O Massacre dos Libertos: Sobre Raça e República no Brasil (1888-1889)*. São Paulo: Perspectiva, 2020.

GLISSANT, Édouard. [1969]. *L'Intention poétique*. Paris: Gallimard, 1997.

_____. *Poétique de la relation*. Paris: Seuil, 1990.

GOLDMAN, Marcio. Contradiscursos Afro-Indígenas Sobre Mistura, Sincretismo e Mestiçagem. *R@U*, v. 9, n. 2, jul.-dez. 2017.

_____. 500 Anos de Contato: Por uma Teoria Etnográfica da (Contra)mestiçagem. *Mana*, v. 21, n. 3, dez. 2015.

GONZALEZ, Lélia. Racismo e Sexismo na Cultura Brasileira. *Revista Ciências Sociais Hoje*, Brasília, n. 2, 1984.

GRUZINSKI, Serge. *O Pensamento Mestiço*. São Paulo: Companhia das Letras, 2001.

GUIMARÃES, Antonio Sérgio Alfredo. Democracia Racial: O Ideal, o Pacto e o Mito. *Revista Novos Estudos*, n. 61, nov. 2001.

HOFBAUER, Andreas. *Uma História do Branqueamento ou o Negro em Questão*. São Paulo: Editora Unesp, 2006.

KELLY, José Antonio. Notas Para uma Teoria do "Virar Branco". *Mana*, v. 11, n. 1, abr. 2005.

LACERDA, João Batista de. Sobre os Mestiços no Brasil. *História, Ciências, Saúde: Manguinhos*, Rio de Janeiro, v.18, n.1, jan.-mar. 2011. Tradução de "Sur le métis au Brésil" (*Premier Congrès Universel des Races: 26-29 juillet 1911*, Paris: Devouge, 1911).

MAGGIE, Yvonne; FRY, Peter; MAIO, Marcos Chor (orgs.). *Divisões Perigosas: Políticas Raciais no Brasil Contemporâneo*. Rio de Janeiro: Civilização Brasileira, 2007.

MARTÍ, José. *Nuestra América*. Buenos Aires: Nuestra América, 2005.

MUNANGA, Kabengele. *Rediscutindo a Mestiçagem no Brasil: Identidade Nacional Versus Identidade Negra*. Rio de Janeiro: Vozes, 1999.

ORTIZ, Fernando. *Contrapunteo Cubano del Tabaco y el Azúcar: (Advertencia de sus Contrastes Agrarios, Económicos, Históricos y Sociales, su Etnografia y su Transculturación)*. La Habana: Consejo Nacional de Cultura, 1963.

PAIVA, Eduardo França. *Dar Nome ao Novo: Uma História Lexical da Ibero-América Entre os Séculos XVI e XVIII (as Dinâmicas de Mestiçagens e o Mundo do Trabalho)*. Belo Horizonte: Autêntica, 2015.

RAMA, Ángel. Introducción. In: ARGUEDAS, José María. *Formación de una Cultura Nacional Indoamericana*. México: Siglo XXI, 1998.

ROMERO, Sylvio. *História da Literatura Brasileira*. Rio de Janeiro: Garnier, 1888.

SANTOS-GRANERO, Fernando. Hybrid Bodyscapes: A Visual History of Yanesha Patterns of Cultural Change. *Current Anthropology*, v. 50, n. 4, 2009.

SCHWARCZ, Lilia K. Moritz. Previsões São Sempre Traiçoeiras: João Baptista de Lacerda e Seu Brasil Branco. *História, Ciências, Saúde – Manguinhos*, Rio de Janeiro, v. 18, n. 1, jan.-mar. 2011.

____. Questões de Fronteira. *Novos Estudos*, São Paulo, n. 72, jul. 2005.

____. *O Espetáculo das Raças: Cientistas, Instituições e Questão Racial no Brasil, 1870-1930*. São Paulo: Companhia das Letras, 2004.

____. Questão Racial e Etnicidade. In: Miceli, Sergio (org.). *O Que Ler na Ciência Social Brasileira (1970-95), v. 2, Antropologia*. São Paulo: Sumaré/ Anpocs, 1999.

____. *Retrato em Negro e Branco: Jornais, Escravos e Cidadãos em São Paulo no Final do Século XIX*. São Paulo: Companhia das Letras, 1987.

SEYFERTH, Giralda. A Antropologia e a Tese do Branqueamento da Raça no Brasil: A Tese de João Baptista Lacerda. *Revista do Museu Paulista*, n. 30, 1985.

SKIDMORE, Thomas. E. *Preto no Branco: Raça e Nacionalidade no Pensamento Brasileiro (1870-1930)*. Rio de Janeiro: Paz e Terra, 1989.

STARLING, Heloisa; SCHWARCZ, Lilia Moritz. Lendo Canções e Arriscando um Refrão. *Revista Usp*, São Paulo, n. 68, dez.-fev. 2005-2006. Disponível em: < https://www.revistas.usp.br/revusp/article/view/13494/15312 >.

STOLCKE, Verena. Los Mestizos no Nacen Sino Que se Hacen. In: STOLCKE, Verena; ROSA, Alexandre Coello de la. (eds.). *Identidades Ambivalentes en América Latina (Siglos XVI-XXI)*. Barcelona: Bellaterra, 2007.

VARNHAGEN, Francisco Adolfo. *História Geral do Brazil*. Rio de Janeiro: E. e H. Laemmert, 1854.

VASCONCELOS, José. *Obra Selecta*. Caracas: Biblioteca Ayacucho, 1992.

MOVIMENTO DE MULHERES NEGRAS

Viviane Gonçalves Freitas

A história do movimento de mulheres negras no Brasil pode ser compreendida a partir de três momentos distintos, mas que se interconectam e se complementam. O primeiro momento se refere à autonomização do movimento de mulheres negras (1970-1980); no segundo, consideramos a "onguização" dos coletivos e a *advocacy* institucional (1990-2000); e, por último, são contempladas as mobilizações de rua, a maré feminista negra e o movimento "Ocupar a Política" (2010-2020).

Para que cada um dos momentos citados acima seja apresentado em suas especificidades, é preciso primeiro entender as mulheres negras como sujeitos políticos. Embora o termo "interseccionalidade" tenha sido cunhado pela jurista estadunidense Kimberlé Crenshaw apenas em 1989, bem antes disso a compreensão de que era impossível dissociar gênero, raça e classe – além de outros marcadores – para se analisar as interveniências sociais, principalmente que afetam as mulheres negras, já era algo que perpassava a atuação de diversos coletivos.

O desenvolvimento e a expansão dos movimentos sociais na segunda metade dos anos 1970 propiciaram a mobilização e a participação de vários setores da população brasileira, com dois objetivos em comum: a reivindicação de seus direitos e uma intervenção política mais direta. Essa abertura foi concretizada no movimento negro e no movimento de associação de moradores das favelas e dos bairros periféricos. Pelos escritos de Lélia Gonzalez, compreendemos que o movimento negro se desenvolveu, sobretudo, a partir de setores das classes médias, e o movimento de favelas se organizou via subproletariado urbano em associações de moradores.

Já os movimentos feministas traziam nas mobilizações e nos debates outras reivindicações que iam além do direito ao voto almejado pelas sufragistas, décadas antes, no início do século XX, na chamada primeira onda dos feminismos, que deixava a questão racial completamente alijada. O ato de universalizar um "perfil neutro" de mulher, como se assim fosse possível contemplar as diferentes necessidades e demandas, na prática ignorava e silenciava muitas outras realidades que existem além daquela da mulher branca e de classe média. Essa discussão abre novas possibilidades de interpretação e de reivindicação por direitos à medida que é desencadeada por diferentes grupos de mulheres em busca de posições igualitárias, reconhecendo no racismo uma característica estrutural também das relações entre mulheres brancas e não brancas.

Nesse sentido, Matilde Ribeiro destaca que as mulheres negras foram consideradas "sujeitos implícitos" tanto nos movimentos feministas quanto no movimento negro, ao ressurgirem em meados da década de 1970, tendo como instigação a luta pela democracia, a extinção das desigualdades sociais e a conquista pela cidadania. Essa suposta igualdade entre as mulheres, de um lado, e entre os negros, de outro, fez com que as mulheres negras buscassem desmascarar situações de conflito e exclusão.

Além de ativistas que transitavam entre o movimento negro, inserindo a agenda de gênero em suas discussões, o movimento feminista, destacando as desigualdades impostas pelo racismo entre as mulheres, com ênfase na participação também em círculos políticos antiditatura militar, naquele período teve uma expressiva construção intelectual de mulheres negras. Nomes como Lélia Gonzalez, Beatriz Nascimento, Sueli Carneiro, Thereza Santos, Edna Roland, Luiza Bairros, Matilde Ribeiro e Fátima Oliveira, que conjugavam a dupla militância, foram fundamentais para a construção do pensamento e da prática feminista negra no país.

Assim, o movimento de mulheres negras foi se afirmando como fruto de experiências de lutas sociais conduzidas por organizações institucionalizadas e independentes, que enfrentavam conflitos tanto dentro dos movimentos de esquerda quanto nas organizações negras, visto que as questões ressaltadas pelas mulheres, como a divisão de tarefas em que algumas destas seriam "naturalmente" de homens ou de mulheres e os debates sobre direitos reprodutivos, eram consideradas menores e divisionistas. Um marco dessa autonomização foi a leitura do "Manifesto das Mulheres Negras" durante a solenidade pelo Ano Internacional da Mulher instituído pela Organização das Nações Unidas - ONU, ocorrida em 1975 na Associação Brasileira de Imprensa – ABI. Quando Lélia Gonzalez e suas companheiras apresentaram o documento no qual caracterizavam a situação de opressão e exploração da mulher negra, explicitou-se que a universalização não contemplava a todas as mulheres. Esse foi o primeiro de uma série de posicionamentos formais de feministas negras contra o que denominavam de "feminismo branco hegemônico". Nos anos seguintes, houve a fundação de vários grupos de mulheres negras, entre eles: Aqualtune, em 1979 (Rio de Janeiro, RJ); Nzinga – Coletivo de Mulheres Negras, 1983 (Rio de Janeiro, RJ); Mãe Andresa, 1986 (São Luís, MA); Maria Mulher, 1987 (Porto Alegre, RS).

Outro fato que marca a proeminência e a pluralidade das mulheres negras organizadas coletivamente no Brasil, naquele momento, é o I Encontro Nacional de Mulheres Negras, realizado em Valença, RJ, em 1988, do qual participaram mais de quatrocentas mulheres oriundas de dezoito estados, de cinco regiões do país, sendo que nem todas as participantes vinham de organizações declaradamente feministas. Entre os temas debatidos estavam o controle de natalidade e da saúde reprodutiva, a inserção no mercado de trabalho, a ideologia do embranquecimento e o mito da democracia racial. Representantes de diversos coletivos que participaram do evento registraram suas impressões em depoimentos publicados no número 5 (março de 1989) do

Nzinga Informativo, jornal do Nzinga Coletivo de Mulheres Negras, que teve como uma de suas fundadoras Lélia Gonzalez.

Pensando agora sobre o segundo momento – o da "onguização" dos coletivos de mulheres negras e a *advocacy* institucional (1990-2000) –, houve um esforço coletivo, nos anos 1990, para potencializar a incidência política das mulheres negras, de forma institucional. Nessa época, multiplicaram-se as organizações não governamentais (ONGs) coordenadas por mulheres negras, como Geledés - Instituto da Mulher Negra (SP, sendo uma das fundadoras Sueli Carneiro), Fala Preta! (SP, Edna Roland como uma das fundadoras) e Criola (RJ, Jurema Werneck e Lucia Xavier como ativistas de destaque). O contexto no qual a onguização ocorre é também significativo, visto que se vivia um fechamento do Estado brasileiro para agendas progressistas, em âmbito estadual e federal, que começa a se abrir para o debate racial no governo de Fernando Henrique Cardoso (FHC), de 1995 a 2002. A aproximação das ONGs em relação a organizações internacionais que estavam voltadas para fomentos a temáticas das desigualdades, em especial gênero e raça, como a Fundação Ford, possibilita, inclusive, a profissionalização das ativistas e sua inserção em eventos e debates fora do país. Assim, essas discussões ganham evidência, principalmente impulsionadas pela sociedade civil.

A fundação da Rede de Mulheres Afro-latino-americanas e do Caribe, em 1992, é um exemplo dessas ações em âmbito internacional. A participação, nesse período, das mulheres negras brasileiras em conferências da ONU, como a 4ª Conferência Mundial sobre a Mulher (Pequim, 1995), também é fundamental para trazer e consolidar essa agenda política no Brasil, especialmente no tocante ao questionamento das mulheres como uma ideia homogênea e padronizada e à defesa de sua pluralidade e diversidade. A participação das mulheres negras nas conferências foi, inicialmente, de forma individual e desconcertada. Posteriormente ela se deu de maneira coletiva e articulada, por meio de um esforço voltado a gerar impacto institucional de longa duração e fazer alterações na política brasileira, sendo Edna Roland uma das figuras mais significativas desse movimento.

Outro marco desse momento foi a institucionalização dos conselhos da condição feminina, cujo primeiro foi implementado no estado de São Paulo e teve entre suas representantes Sueli Carneiro e Thereza Santos, na interface das ONGs feministas negras e o Estado. Mais tarde participaram também do Conselho Nacional dos Direitos da Mulher ativistas negras como Benedita da Silva, Lélia Gonzalez, Edna Roland e Sueli Carneiro. Cabe destacar que, no período dos anos 1990, o debate sobre temas como gênero e raça ainda estava muito atrelado à agenda de direitos humanos. Foi apenas mais adiante, nos anos 2000, que ocorreu uma desvinculação no sentido de delimitação de uma agenda específica dessas discussões.

A participação das mulheres negras nos debates de formatação de políticas públicas quanto a direitos reprodutivos pode ser representada pela realização do Seminário Nacional de Políticas e Direitos Reprodutivos, em 1993, na cidade de Itapecerica da Serra. Organizado pelo Geledés, o evento culminou na Declaração de Itapecerica da Serra, o primeiro documento oficial do movimento de mulheres negras como organização e com caráter propositivo de políticas públicas, voltado justamente para a saúde reprodutiva. Cabe lembrar que, nos anos de 1991 e 1992, a então deputada federal Benedita da Silva presidiu a Comissão Parlamentar Mista de Inquérito – CPMI, que objetivava examinar a incidência da esterilização em massa de mulheres no Brasil.

É durante o governo FHC que, pela primeira vez, o Estado brasileiro admite que há racismo no país. Assim, desde a Marcha Zumbi dos Palmares (1995), organizada pelo movimento negro a fim de instigar o debate e cobrar alterações políticas, foi implementada uma agenda de valorização da população negra em âmbito federal. As cotas para inserção no ensino superior, por exemplo, fazem parte desse processo desencadeado por ativistas negros e tendo a igualdade racial como agenda, durante o governo Lula (2003-2009), contemplando, principalmente, as áreas de saúde e educação.

A maioria das políticas adotadas pelo Poder Executivo durante a administração petista ocorreu por via da Secretaria de Políticas de Promoção da Igualdade Racial – Seppir, e em menor grau pela Secretaria de Políticas para as Mulheres – SPM. A Seppir foi chefiada, em três ocasiões, por mulheres – Matilde Ribeiro (2003-2008), Luiza Bairros (2011-2014) e Nilma Lino Gomes (2015-2016) – que estiveram envolvidas direta ou indiretamente na criação e consolidação de organizações de mulheres negras no país nos anos 1980 e 1990, ao passo que apenas mulheres brancas estiveram à frente da SPM no mesmo período.

A III Conferência Mundial contra o Racismo, a Discriminação Racial, a Xenofobia e Formas Correlatas de Intolerância (Durban, África do Sul, 2001) teve grande ressonância tanto na implementação de políticas públicas quanto no debate acadêmico. Segundo Ana Cláudia Pereira, a incorporação do termo "interseccionalidade" à literatura acadêmica brasileira ocorre a partir do debate feito em Durban: um dos principais periódicos feministas brasileiros, a Revista Estudos Feministas – REF, publica, em 2002, um dossiê organizado por Luiza Bairros com essa temática, tendo entre os textos um de autoria de Kimberlé Crenshaw.

Com isso, chegamos ao terceiro momento de proeminência e pluralidade das mulheres negras organizadas coletivamente no Brasil – as mobilizações de rua, a Maré Feminista Negra e o Movimento "Ocupar a Política" (2010-2020) – demarcado por um evento de grande impacto denominado Marcha das Mulheres Negras contra o Racismo, a Violência e pelo Bem Viver, ocorrido em Brasília, em 2015, com a participação de cerca de trinta mil pessoas. Entre seus múltiplos significados, estavam: a denúncia do racismo e do genocídio da população negra; a ruptura de estereótipos de não seguir o padrão de beleza branco e universalizante; a denúncia da exclusão, da pobreza, do feminicídio, da violência; e a ruptura das memórias da escravidão, ainda tão presentes, independentemente da posição social.

Algumas autoras feministas classificam as discussões e agendas da época atual como inseridas na quarta onda dos feminismos, justamente pela sua pluralidade de perspectivas, que se contrapõe à universalização de momentos anteriores. Expressões como "rolê feminista", de Íris do Carmo, "maré feminista negra", de Ângela

Figueiredo, e "corpos-bandeira", de Carla Gomes, são indispensáveis para pensar a atuação das feministas jovens e/ou LGBTQIAP+, que têm na internet uma grande aliada para a difusão de discursos. Elas também recusam o uso da categoria "movimento social" atrelado à sua ação política, visto que há uma descrença quanto à relação entre Estado e organizações da sociedade civil, seja devido à institucionalização dos movimentos sociais, seja devido à representação política. Também não se acredita na obtenção de direitos via diálogo com instâncias governamentais; há certa desconfiança quanto às instâncias estatais, fortalecendo entendimento do "faça você mesma" como uma pedagogia política, muito atrelada à cultura hip-hop das periferias.

No entanto, ao mesmo tempo ocorre o movimento "ocupar a política", com várias mulheres negras candidatando-se e chegando às casas legislativas no âmbito municipal, estadual e federal, inclusive via candidaturas coletivas, como: Muitas (Belo Horizonte), Bancada Ativista (São Paulo), Vamos (Salvador), Juntas (Recife). Entre as parlamentares, no Rio de Janeiro, há as "sementes de Marielle", Renata Souza, Dani Monteiro e Mônica Francisco. Áurea Carolina e Talíria Petrone foram eleitas deputadas federais em 2018. No mesmo ano, Erica Malunguinho, primeira deputada estadual transgênero negra de São Paulo, e Olivia Santana, primeira deputada estadual negra da Bahia, conseguem seus mandatos.

Segundo dados do Tribunal Superior Eleitoral (TSE), o número de mulheres autodeclaradas pretas dobrou nas Assembleias Legislativas nos últimos anos, passando de sete (2014) para quinze (2018). As autodeclaradas pardas saltaram de 29 (2014) para 36 (2018). No Congresso Nacional, o número de mulheres negras também aumentou, porém, menos significativamente: de dez para treze, na Câmara dos Deputados, e duas mulheres autodeclaradas pardas no Senado Federal.

Referências

FIGUEIREDO, Angela. Epistemologia Insubmissa Feminista Negra Decolonial. *Tempo e Argumento*, Florianópolis, v. 12, n. 29, 2020.

MOREIRA, Núbia Regina. *A Organização das Feministas Negras no Brasil*. 2. ed. Vitória da Conquista: Edições UESB, 2018.

RIOS, Flavia; MACIEL, Regimeire. Feminismo Negro em Três Tempos: Mulheres Negras, Negras Jovens Ativistas e Feministas Interseccionais. *Labrys: Estudos Feministas*, jul. 2017-jun. 2018.

RODRIGUES, Cristiano; FREITAS, Viviane Gonçalves. Ativismo Feminista Negro no Brasil: Do Movimento de Mulheres Negras ao Feminismo Interseccional. *Revista Brasileira de Ciência Política*, Brasília, n. 34, 2021.

SILVA, Joselina; PEREIRA, Amauri Mendes (orgs.). *O Movimento de Mulheres Negras: Escritos Sobre os Sentidos de Democracia e Justiça Social no Brasil*. Belo Horizonte: Nandyala, 2014.

MOVIMENTO NEGRO

Amauri Mendes Pereira
Amilcar Araujo Pereira

Um grupo de jovens negras e negros, nos anos 2000, realizou um evento num clube da Zona Oeste da cidade do Rio de Janeiro, com a participação de um bloco afro tocando música negra e uma estilista expondo seu trabalho com toda uma estética afro-brasileira, tudo isso com a presença e atuação de militantes e lideranças negras de outra geração, que falavam sobre "a importância dos tambores, de celebrarmos nossa consciência, e sobre o quanto isso foi difícil de se afirmar quando eles começaram, nos anos 1970". Uma mulher negra intervira num grande evento do período da "resistência democrática à ditadura militar", ainda em 1975, na Associação Brasileira de Imprensa, que, mesmo sem obter o reconhecimento da plateia, quase totalmente branca, seguia denunciando o racismo e recusando-se a ficar limitada às "tarefas femininas" nas lutas sociais, ao mesmo tempo que buscava contribuir para a organização das mulheres negras na luta antirracista naquele período. O processo de organização da Marcha Contra a Farsa da Abolição, realizada no dia 11 de março de 1988 na cidade do Rio de Janeiro, reuniu diversos setores da comunidade negra no estado e resultou num evento que mobilizou milhares de militantes e ganhou dimensão nacional, e até internacional, em função das repercussões na imprensa, com imagens das barricadas do Exército impedindo o avanço da marcha de pessoas negras na luta antirracista em pleno centenário da Abolição da escravatura, que bradavam: "Nada mudou; Vamos mudar!" Docentes negras e negros atuaram na universidade de maneira comprometida com a luta antirracista, produzindo pesquisas, orientando estudantes, organizando aulas e projetos de extensão com o objetivo de contribuir, de diferentes maneiras, para a transformação da realidade na sociedade brasileira, ainda profundamente marcada pelo racismo cotidianamente. Coletivos de estudantes negras e negros de cursos de ciências humanas, em 2018, numa universidade pública do Rio de Janeiro, realizaram manifestações em plenárias docentes reivindicando mudanças nos currículos universitários ainda eurocêntricos; jovens poetas negras e negros, em 2019, num espaço público de uma grande cidade brasileira protagonizando um *slam*, uma batalha de poesia falada, denunciando os impactos do racismo em suas vidas e em suas respectivas comunidades, numa demonstração de resistência criativa e potente, convocando a plateia a lutar contra o racismo... tudo isso é movimento negro!

Extraídos das memórias dos autores deste verbete, esses exemplos nos ajudam a explicar o que é o movimento negro: um movimento social que tem como particularidade a atuação pela valorização da cultura negra na sociedade e contra o preconceito, a discriminação e as desigualdades raciais. Sua formação é ampla e complexa e engloba o conjunto de entidades, organizações e indivíduos que protagonizam a luta antirracista por igualdade e por melhores condições de vida para a população negra, através de diversas estratégias políticas e culturais: como a organização de eventos culturais em clubes ou nas ruas, ou a intervenção combativa em eventos compreendidos por setores da militância negra como estritamente políticos, como nos exemplos acima, ou mesmo através de iniciativas educacionais levadas à cabo por docentes e/ou estudantes em escolas ou universidades, entre muitas outras possibilidades. A diversidade e a pluralidade são características do movimento social negro, no Brasil e em outras sociedades pelo mundo afora.

Entendemos que o termo "movimento social", como afirma o sociólogo Jeffrey Alexander, diz respeito "às lutas políticas, às organizações e discursos dos líderes e seguidores que se formaram com a finalidade de mudar, de modo frequentemente radical, a distribuição vigente das recompensas e sanções sociais, as formas de interação individual e os grandes ideais culturais" (Alexander, 1998: 1). Alexander diz ainda que os movimentos sociais seriam "respostas práticas e coerentes à distribuição desigual das privações sociais criada pela mudança institucional" (ibidem: 5). É exatamente neste contexto, de luta por igualdade na sociedade, contra o racismo e pela melhoria das condições de vida da população negra, ou de luta por mudança na "distribuição vigente das recompensas e sanções sociais" e nas "formas de interação individual e [nos] grandes ideais culturais" que se constitui historicamente o movimento social negro brasileiro.

Em cada momento da história do Brasil, de acordo com as diferentes conjunturas sócio-históricas e com as possibilidades de atuação política construídas, o movimento social negro se organizou trazendo consigo características as mais distintas. Desde a criação de irmandades de negros no século XIX, que se articulavam no âmbito religioso, entre outras coisas, para a compra de alforria de seus membros ainda escravizados; passando pela criação de clubes recreativos, escolas de samba e jornais por setores da comunidade negra, bem como pela fundação de organizações políticas e culturais como a Frente Negra Brasileira, em São Paulo nos anos 1930, os blocos afro pelo Brasil, a partir da criação do Ilê Aiyê na Bahia, em 1974, ou o Movimento Negro Unificado, em 1978, entre muitas outras organizações formadas em todo o território nacional ao longo do século XX; chegando até os coletivos de estudantes, de docentes e grupos de poetas e rappers negras e negros no século XXI, por exemplo, a população negra, construindo o movimento social de diferentes formas, organizando-se coletivamente ou mesmo atuando de maneira individual na luta antirracista, tem um papel de destaque na formação histórica da sociedade brasileira.

O historiador Joel Rufino dos Santos, ao analisar o movimento negro brasileiro nos anos 1980, afirmava que, naquele contexto histórico, poderíamos compreender o movimento negro a partir de dois conceitos: "movimento negro no sentido estrito" e "movimento negro no sentido amplo". O movimento negro no sentido estrito seria "o conjunto de entidades e militantes e ações dos últimos cinquenta anos, consagrados à luta explícita contra o racismo" (Santos, 1985: 287); e movimento negro no sentido amplo seria "todas as entidades de qualquer natureza e todas as ações de qualquer tempo (aí compreendidas aquelas que visavam a autodefesa física e cultural do negro), fundadas e promovidas por pretos e negros" (ibidem: 303). Entendemos que o conceito de movimento negro no sentido amplo é fundamental, porque nos permite visualizar, de maneira muito mais ampla, a dinâmica de uma luta social que não se restringe à enunciação e às ações vistas com um sentido exclusivo de política como disputa direta de poder. Pois, a partir dos ensinamentos do revolucionário e intelectual africano Amílcar Cabral, em função dos impactos do colonialismo e do racismo na vida em sociedade em todo o mundo, podemos entender que a população negra, seja na África seja na diáspora africana, está sempre na luta, utilizando as diversas estratégias possíveis. Como afirma Cabral, referindo-se ao colonialismo português em África: "Sempre houve resistência a essa força colonial. Se a força colonial age duma forma, sempre houve uma força nossa, que age contra, muitas vezes tem outras formas: resistência passiva, mentiras, tirar o chapéu, sim senhor, utilizar todas as artimanhas possíveis e imagináveis." (Cabral, 1974: 77)

Aprendemos com Amílcar Cabral, a partir de sua compreensão sobre a luta contra o colonialismo e o racismo na África dos anos 1960, que a luta política "é necessariamente um ato cultural, ato cultural que implica essa conclusão, demonstração clara de que temos uma história nossa na qual fomos retirados pelo colonialismo, e estamos decididos a continuar essa história" (ibidem: 115). Utilizando suas reflexões, diante de uma realidade profundamente marcada pelo racismo, entendemos que a luta política antirracista "é necessariamente um ato cultural" para as populações africanas e afrodescendentes. Mas, ainda segundo ele: "A luta pela libertação não é apenas um facto cultural, mas também um fator de cultura." (ibidem: 137). Assim, entendemos, a partir das reflexões de Amílcar Cabral, que a luta política antirracista no Brasil, um fato cultural, também produz cultura através das diferentes e múltiplas ações políticas e culturais do "movimento negro no sentido amplo", ao longo da história da formação da sociedade brasileira.

Não podemos perder de vista, entretanto, que a cultura produzida a partir do protagonismo do movimento negro na luta política antirracista circula sobretudo pela diáspora africana, potencializando diálogos e inspirando a continuidade e a transformação da luta antirracista pelo mundo. O que nos leva a pensar que o movimento negro no sentido amplo deve ser entendido como agente político e cultural transnacional. Suas ações, produções e formulações transcendem as barreiras nacionais. Assim como o movimento negro brasileiro aprendeu desde meados do século XX com as produções de Amílcar Cabral, Frantz Fanon e outros intelectuais e revolucionários africanos, bem como com as produções políticas e culturais ocorridas ao longo das lutas por direitos civis dos negros nos Estados Unidos, há evidências históricas de que o movimento negro brasileiro também contribuiu em diferentes momentos de sua história, especialmente durante a primeira metade do século XX, para a circulação de informações, ideias, estratégias e referenciais que têm alimentado e fortalecido a luta política antirracista pelo mundo.

Contudo, devemos ressaltar que, no Brasil, foram as entidades e grupos de negros surgidos na década de 1970 que tornaram comum o uso do termo "movimento negro" para designar o seu conjunto e as suas atividades. Documentos de entidades e declarações de militantes do passado já haviam utilizado antes essa expressão, mas não se chegou a fixá-la com o significado que aqui reificamos: grupos, entidades e militantes negras e negros que buscam a valorização da cultura negra, e se apresentam diretamente na luta antirracista, buscando a igualdade e o respeito da sociedade e a melhoria das condições de vida da população afro-brasileira. Há um universo abrangente de pessoas, concepções e práticas dos mais variados tipos, que se colocam, e quase sempre são assumidos, como parte do movimento negro: intelectuais negros de formação política ou acadêmica tradicional que incorporam em sua intervenção a temática das relações raciais e temas correlatos; personalidades negras de destaque que abraçam, a seu modo, a luta contra o racismo; negros atuantes, com sua consciência, nas manifestações culturais e religiosas afro-brasileiras e nos mais diversos tipos de instituições políticas, culturais, artísticas, educacionais, sindicais, assistenciais etc.

Mas, para finalizar, seria correto utilizarmos o termo "movimento negro" ou "movimentos negros"? Lélia Gonzalez, antropóloga e liderança do movimento negro e do movimento de mulheres, advogando a utilização do termo "movimento negro", afirmava que a gente fala no singular: "exatamente porque está apontando para aquilo que o diferencia de todos os outros movimentos; ou seja, a sua especificidade. Só que nesse movimento, cuja a especificidade é o significante 'negro', existem divergências, mais ou menos fundas, quanto ao modo de articulação dessa especificidade" (Gonzalez, 1982: 19).

Referências

ALEXANDER, Jeffrey C. Ação Coletiva, Cultura e Sociedade Civil. *Revista Brasileira de Ciências Sociais*, v. 13, n. 37, 1998.

CABRAL, Amilcar. *Guiné-Bissau, Nação Africana Forjada na Luta*. Lisboa: Nova Aurora, 1974.

GONZALEZ, Lélia. O Movimento Negro na Última Década. In: GONZALEZ, Lélia; HASENBALG, Carlos. *Lugar de Negro*. Rio de Janeiro: Marco Zero, 1982.

PEREIRA, Amauri M. *Do Movimento Negro à Cultura de Consciência Negra*. Belo Horizonte: Nandyala, 2018.

PEREIRA, Amilcar A. *O Mundo Negro: Relações Raciais e a Constituição do Movimento Negro Contemporâneo no Brasil*. Rio de Janeiro: Pallas/Faperj, 2013.

SANTOS, Joel Rufino dos. O Movimento Negro e a Crise Brasileira. *Política e Administração*, v. 2, jul.-set. 1985.

MOVIMENTO PELOS DIREITOS CIVIS

Flavio Thales Ribeiro Francisco

O Movimento pelos Direitos Civis foi a articulação de organizações negras que lutou pela igualdade de direitos nos Estados Unidos e, consequentemente, contra as políticas e práticas segregacionistas no país. Embora a escravidão tivesse sido abolida em 1863, como consequência da Guerra Civil (1861-1865), o pós-abolição foi marcado pela constituição de novas hierarquias raciais, apresentando diferentes padrões no território estadunidense.

O chamado período da Reconstrução (1865-1877) foi um momento no qual as populações negras, concentradas majoritariamente no Sul, criaram e participaram de iniciativas para a promoção de uma cidadania de primeira classe para os libertos. Além de desenvolver instituições de ensino básico, escolas técnicas e universidades, possibilitaram a ascensão de lideranças negras e de uma classe política que conseguiu aproveitar um momento breve de participação política nos estados sulistas. Entretanto, quando os ex-escravocratas retomaram o poder ao longo da década de 1870, a segregação racial apareceu como recurso para recriar novas relações de dominação racial.

No ano de 1896, as práticas segregacionistas foram respaldadas pela Suprema Corte estadunidense, que interpretou a constituição de modo a justificar as práticas de separação de negros e brancos alegando que a carta magna não as proibia. A doutrina "Separados, mas iguais" era fundamentada no argumento de que negros e brancos poderiam viver em espaços separados desde que contassem com as mesmas condições. Assim, as escolas do Sul poderiam ser segregadas se autoridades garantissem os mesmos recursos para cada uma delas. Na realidade, entretanto, os negros não foram somente segregados, mas também tiveram o acesso limitado a bens materiais e simbólicos, acentuando as desigualdades ao longo do século XX.

Desde o período da Reconstrução, as lideranças negras se mobilizaram para enfrentar a nova ordem racial que se instaurara no país, mas é a partir da década de 1920 que é possível identificar um processo de institucionalização do movimento negro nos Estados Unidos. Ainda que as narrativas tradicionais reforcem que o Movimento pelos Direitos Civis tenha se iniciado na década de 1960, alguns historiadores, como Jacquelyn Hall, Heath Carter e Clarence Lang, apontam para uma temporalidade muito mais longa que transcende a trajetória política de figuras como Martin Luther King Jr., Rosa Parks e Ella Baker.

Antes da ascensão dessa geração, a militância negra, nas primeiras décadas do século XX, já definia diferentes agendas para reagir e lutar contra o racismo. Nesse sentido, Marcus Garvey, jamaicano que militava na cidade de Nova York, insistia em denunciar os limites da democracia estadunidense que inviabilizavam a constituição de uma cidadania de primeira classe nos Estados Unidos. As suas propostas eram orientadas pelo princípio de autossuficiência negra, estimulando a formação de redes de cooperação econômica entre os afro-estadunidenses para a constituição de comunidades autônomas. O garveysmo fez parte de uma linhagem do ativismo orientado pelo nacionalismo negro, que questionava o pertencimento à nação e apontava para o destino comum das populações da diáspora negra.

No mesmo período, havia as lideranças negras que consideravam a via revolucionária a única possível para a superação das tensões raciais no país. A partir de leituras da obra marxiana e do engajamento na organização de sindicatos, intelectuais e trabalhadores negros vislumbraram a possibilidade da construção de uma aliança inter-racial que pudesse se transformar em uma força anticapitalista capaz de constituir uma nova ordem econômica e social sem hierarquias de classe e de raça. A ABB - African Blood Brotherhood (Irmandade de Sangue Africana), a partir de uma base de imigrantes caribenhos do bairro do Harlem, ao longo da década de 1920, mobilizou uma militância que articulava a ação revolucionária com uma perspectiva de emancipação das minorias raciais. Intelectuais associados à ABB, como Claude Mckay, circularam nas redes internacionais de organizações comunistas, pautando o debate sobre comunismo e colonialismo.

A NAACP - National Association for the Advancement of Colored People (Associação Nacional Para o progresso das Pessoas de Cor), criada em 1909, foi a instituição de maior destaque no período, representando a via integracionista no movimento negro afro-estadunidense, que orientaria as lutas pelos direitos civis nos Estados Unidos. A NAACP surgiu a partir de uma aliança antirracista entre judeus e negros, entretanto a organização, ao logo do tempo, passou a ter um quadro majoritariamente negro. O discurso de suas lideranças foi marcado pela denúncia da violência racial e das discriminações sistemáticas, fundamentando as ações jurídicas em favor dos cidadãos negros que reivindicavam a igualdade de direitos. Dentre as figuras pioneiras, Ida B. Wells e William Du Bois foram as lideranças que se notabilizaram no ativismo afro-estadunidense como articuladores políticos e intelectuais que contribuíram para a compreensão das dinâmicas raciais nos Estados Unidos.

As principais organizações do movimento foram criadas nos grandes centros urbanos dos estados do Norte, principalmente na cidade de Nova York. Entretanto, à medida que o ativismo afro-estadunidense se institucionalizava, as redes se estendiam nacionalmente, possibilitando a mobilização de núcleos em diferentes partes do território estadunidense. Essa progressão passou também por momentos turbulentos, que desafiaram o movimento negro a responder de diferentes maneiras os momentos de crise, como o período da Grande Depressão (1929-1939). A crise econômica nos Estados Unidos, além de revelar o colapso do sistema financeiro, após período breve de prosperidade na década de 1920, foi responsável pela instabilidade em vários setores produtivos, acarretando a alta repentina na taxa de desemprego. Cerca de 45 por cento dos trabalhadores afro-estadunidenses chegaram a ficar sem uma ocupação profissional, obrigando a militância a criar estratégias para contornar o desemprego e pautar a construção de programas de ajuda do governo federal.

O governo do presidente Franklin Roosevelt não criou nenhuma política específica para os negros, mas os programas de auxílio e promoção de emprego tiveram bastante impacto, mesmo com as assimetrias causadas pela discriminação racial no funcionalismo público. Os segmentos populares da população afro-estadunidense tinham a percepção de que, pela primeira vez, desde o período da Reconstrução, um conjunto de políticas governamentais foi eficiente para contemplar demandas dos negros empobrecidos. Na reeleição, o presidente democrata levou a maioria dos votos da população negra, que tradicionalmente votava no Partido Republicano. Esse contexto foi marcado pela quebra da lealdade dos afro-estadunidenses aos republicanos e pela transformação desses eleitores em um grupo estratégico nas eleições presidenciais.

Durante a Segunda Guerra Mundial, o ativismo negro fez pressão pela contratação de trabalhadores na indústria de guerra e, posteriormente, em 1948, o presidente Harry Truman assinou a Ordem Executiva que proibia a segregação racial nas forças armadas. Em meio a esse processo, portanto, a pressão das organizações negras conseguiu influenciar mudanças relevantes nas instituições estadunidenses. Por outro lado, havia a própria percepção de parte dos políticos que, em meio à Guerra Fria, em um momento em que o país se colocava como um arauto da democracia em termos globais, seria necessário promover o combate à violência racial, principalmente no Sul.

O ativismo afro-estadunidense do pós-guerra ganhou um novo impulso possibilitado pela ascensão de uma elite militante com formação nas principais universidades no país e com experiência como operadores e formuladores de programas sociais, sobretudo na era do New Deal. A geração de defensores, grande parte dela formada em direito na Universidade de Howard, foi protagonista no desafio do segregacionismo nos tribunais dos Estados Unidos. O caso Brown vs. Board of Education, de 1954, foi o mais marcante em meio a esse processo, pois representou o desdobramento de uma série de embates jurídicos em torno da constitucionalidade das políticas segregacionistas, envolvendo várias ações contra a segregação de escolas públicas. A decisão da Suprema Corte favorável aos cidadãos negros foi consequência da capacidade da militância negra para criar estratégias e atuar no judiciário estadunidense, mas também teve relação com mudanças no próprio tribunal, que passou a contar em seu quadro com juízes mais progressistas. O juiz Earl Warren cumpriu um destacado papel na articulação com os seus pares para a construção de uma decisão unânime em relação ao caso.

A decisão de 1954 – considerada o evento que marca o início do Movimento pelos Direitos Civis nas narrativas tradicionais – deu um novo fôlego ao ativismo afro-estadunidense, que, nesse período, ainda foi obrigado a resistir à cruzada anticomunista e conservadora no país, que desmobilizou várias iniciativas das organizações negras, mesmo quando não tinham qualquer conexão com o Partido Comunista dos Estados Unidos. A inconstitucionalidade do segregacionismo não viabilizou a integração racial, porém abriu diversos campos de disputas. Em várias cidades do Sul, a militância passou a articular as comunidades negras em torno de boicotes que ampliaram as redes do ativismo afro-estadunidense. Alguns estudiosos como Aldon Morris apontaram para mudanças nas áreas urbanas da região. A aplicação de tecnologias para a produção agrícola acelerou o êxodo rural e reconfigurou as comunidades negras das áreas urbanas. Essas mesmas comunidades também se complexificaram e se transformaram em espaços heterogêneos ocupados por classes operárias e profissionais liberais.

Já no final da década de 1950, começou a se proliferar pelo país, e principalmente nos centros urbanos do Sul, protestos populares contra a segregação. Nesse sentido, o engajamento transcendeu a militância associada às organizações históricas do movimento negro, produzindo novos núcleos antirracistas pelo território. Em 1955, iniciou-se um dos boicotes mais memoráveis para o Movimento pelos Direitos Civis. O acontecimento que o deflagrou foi a detenção da ativista Rosa Parks, em Montgomery, capital do Alabama, por se negar a se levantar do assento de um ônibus para que fosse ocupado por um cidadão branco, como regiam os códigos segregacionistas da época. A NAACP, que na época pensava a respeito da tática adequada a ser utilizada para questionar a segregação no transporte público, aproveitou a situação de Parks a fim de mobilizar a comunidade da cidade. A liderança, no entanto, foi assumida por pastores, um padrão que se reproduziu em vários protestos pelo Sul.

As lideranças religiosas assumiram a responsabilidade de conciliar um arco de atores, dentre eles a elite profissional do ativismo negro, para garantir a coesão das comunidades. O caso de Montgomery não foi o primeiro grande boicote organizado pelo movimento; na verdade, para essa ocorrência, utilizaram como referência as táticas aplicadas no boicote ao transporte público de Baton Rouge, na Louisiana. Uma estratégia comum foi a de indicar para o caso uma liderança forasteira sem laços familiares na cidade, o que possibilitou a ascensão do jovem Martin Luther King Jr. O reverendo, que finalizava o doutorado na Universidade de Boston, havia feito a opção pelo ministério em Montgomery para fugir da influência de seu pai, uma liderança religiosa de Atlanta. A oportunidade na cidade do Alabama possibilitou a incorporação ao seu ativismo dos ideais pacifistas e de desobediência civil, marcantes em suas leituras enquanto estudante. Ao lado de outras lideranças, Martin Luther King conseguiu manter o engajamento da população, que deixou de utilizar o transporte público por um ano, obrigando as autoridades a eliminar os códigos segregacionistas no espaço do ônibus.

A experiência de Montgomery impulsionou a militância do reverendo e ajudou a disseminar as táticas de desobediência civil. Nesse contexto, Ella Baker, ativista já experiente na formação de quadros do ativismo afro-estadunidense, cumpriu um papel decisivo na mobilização de jovens negros e na articulação da organização de Martin Luther

King para a Conferência da Liderança Cristã do Sul. Enquanto a elite do ativismo procurava organizar as demandas das comunidades negras por igualdade de direitos, figuras orgânicas ascendiam e contribuíam de maneira criativa para o repertório do ativismo negro de diferentes maneiras. Os "sit-ins", conhecidos como protestos sentados pacíficos, a partir de 1960 foram os casos mais marcantes de protagonismo de jovens militantes, que passaram a ocupar de maneira espontânea lanchonetes e restaurantes segregados na cidade de Greensboro, na Carolina do Norte. Já em 1960, os Viajantes da Liberdade retomaram uma ideia da década de 1940, organizada por Bayard Rustin, em que indivíduos negros e brancos viajavam em assentos lado a lado para protestar contra a segregação em viagens interestaduais.

Em 1963, os protestos das comunidades negras transformaram o movimento negro em um grupo de pressão. As imagens de embates entre supremacistas e ativistas pró-direitos civis e da brutalidade das forças policiais tiveram grande repercussão entre o público estadunidense, levando segmentos da população branca a apoiar o fim do segregacionismo. A Marcha a Washington, em 1963, não foi apenas um evento marcante em que Martin Luther King proferiu o discurso "Eu Tenho um Sonho", o mais emblemáticos de sua trajetória, mas foi também o auge do Movimento pelos Direitos Civis, em que o ativismo negro demonstrou a sua capacidade de articular uma diversidade de grupos que lutavam pela igualdade de direitos para ocupar a capital do país. O deslocamento de milhares de ativistas afro-estadunidenses demonstrou que a integração racial era um processo que não poderia ser evitado.

Em 1964 e 1965, o Congresso, diante das demandas sociais, aprovou uma legislação antirracista para o país. A Lei dos Direitos Civis, promulgada em 1964, proibiu a discriminação baseada na cor, na raça, na religião, no sexo e na nacionalidade, reforçando a igualdade nos requisitos de registro eleitoral, no acesso à escola, ao trabalho e aos serviços públicos. A Lei do Direito ao Voto, de 1965, foi aprovada para impor o direito ao voto garantido na Décima Quarta e Décima Quinta emendas da constituição, assegurando o acesso das minorias raciais em todo o território nacional ao processo eleitoral. Apesar da resistência dos supremacistas brancos, principalmente no Sul, a legislação conseguiu desmantelar as práticas segregacionistas nos espaços públicos, impulsionando um processo de integração racial em diferentes esferas sociais nos Estados Unidos.

O Movimento pelos Direitos Civis consolidou a igualdade de direitos como um princípio fundamental da democracia estadunidense. Contudo, a complexidade do racismo se revelava além dos códigos segregacionistas. A lideranças negras, na segunda metade da década de 1960, denunciaram o conjunto de práticas institucionais e culturais que continuaram a reproduzir as desigualdades raciais. Esse foi o momento em que as táticas pacifistas e de desobediência civil entraram em declínio, abrindo espaço para uma cultura política negra marcada por estratégias de confronto e organização da autossuficiência comunitária, associadas a figuras como Malcom x, assassinado em 1965. O integracionismo deixou de ser o único referencial para o ativismo afro-estadunidense em um contexto em que ideias de autodeterminação negra ganharam uma circulação maior, propiciando a ascensão do Black Power.

Martin Luther King, sem abrir mão do princípio de desobediência civil, remodelou a sua agenda, constituindo um discurso anticapitalista de perspectiva cristã e procurando ampliar a sua base. O reverendo abordou os problemas que transcendiam a segregação e combinavam as dinâmicas raciais e de classe. O plano de mobilizar uma aliança multirracial através da "marcha dos pobres", entretanto, foi interrompido com o seu assassinato em 1968. Embora a perspectiva histórica de longo prazo opere com um movimento pela igualdade de direitos que se estende até os dias atuais, a morte de Martin Luther King pelo atirador solitário James Ray pode ser considerada uma baliza temporal na qual se encerrou a atuação da geração de ativistas negros mais celebrados na história dos Estados Unidos.

O Movimento pelos Direitos Civis, além de influenciar os movimentos sociais nos Estados Unidos, que se apropriaram de parte do repertório dos ativistas negros para promover outras agendas naquele período, se transformou em referência de luta antirracista em países da América Latina. Na década de 1970, quando o ativismo negro se rearticulava no Brasil, as ações e os discursos de figuras como Malcom x e Martin Luther King já haviam se consolidado no imaginário da militância negra brasileira, que também acompanhou o processo de descolonização dos povos africanos na década de 1960. As lideranças se inspiraram no internacionalismo negro daquele período para elaborar suas próprias agendas de enfrentamento ao racismo de padrão brasileiro. O movimento também teve grande impacto sobre as artes negras no Brasil, que celebraram a figura de Martin Luther King, como em canção composta por Wilson Simonal, e décadas depois, com a montagem da peça de teatro *Topo da Montanha*, com os artistas Thaís Araújo e Lázaro Ramos.

Referências

HALL, Jacquelyn Dowd. The Long Civil Rights Movement and the Political Uses of the Past. *The Journal of American History*, v. 91, n. 4, March 2005.

JOSEPH, Penniel. *The Sword and the Shield: The Revolutionaries Lives of Malcom X and Martin Luther King Jr*. New York: Basic Books, 2020.

KLARMAN, Michael J. *Unfinished Business: Racial Equality in American History*. Oxford: Oxford Univesity Press, 2007.

MARABLE, Manning. *Race, Reform and Rebellion: The Second Reconstruction in Black America, 1945-1982*. London: Macmillan Press, 1984.

MORRIS, Aldon D. *The Origins of the Civil Rights Movement: Black Communities Organizing For Change*. New York: The Free Pres, 1984.

MULHERISMO AFRICANA

Aza Njeri

Mulheres africanas são portadoras da cultura e agentes da mudança social.

NAH DOVE, *Duafe*.

O QUE É MULHERISMO AFRICANA

Mulherismo africana (*womanist afrikana*) é um pensamento teórico-prático baseado nas experiências de resistência, permanência e continuidade de mulheres africanas, sobretudo as mulheres mães, frente aos mecanismos ocidentais de desumanização. Cunhado pela intelectual e professora afro-estadunidense Cleonora Hudson, em 1987, é desdobrado por Nah Dove e Ama Mazama.

O mulherismo africana, alinhado às teorias pan-africanistas, considera como africanas as pessoas nascidas no continente africano e também as nascidas nas múltiplas diásporas. Dessa forma, pessoas negras nas Américas são consideradas africanas em diásporas.

A terminologia "mulherismo" origina-se na localização de "mulheridade", afastando-se da semiótica da fêmea utilizada pela agenda ocidental; e "africana" coloca-se como identidade cultural a partir do termo em latim.

O mulherismo africana objetiva, segundo sua criadora Cleonora Hudson, criar e estabelecer critérios próprios para mulheres africanas avaliarem suas realidades tanto no pensamento quanto nas ações.

O mulherismo africana utiliza-se da abordagem da Afrocentricidade de Molefi Asante para compreender as agências e interesses da população negra de forma a colocá-los no centro da perspectiva mulherista.

Em termos de crítica às construções ocidentais, o mulherismo africana não se aplica como identidade e se coloca como uma perspectiva emancipatória da população negra frente ao racismo e ao estado de Maafa, isto é, ao estado de desumanização radical vivido pelas populações negras no mundo ocidental. A partir das experiências éticas africanas, que vão de Maat ao *ubuntu*, o mulherismo africana recupera o papel das mulheres africanas enquanto líderes na luta antissupremacia ocidental.

A principal abordagem do mulherismo africana é materno-centrada, considerando a liderança social que as mães africanas têm nas comunidades do continente e seus atravessamentos nas experiências das diásporas, em que a concepção materno-centrada ganha novas perspectivas, não estando somente ligada à gestação físico-uterina, expandido-se assim à matrigestão e ao aquilombamento.

Em *Duafe: Mães Afrikanas, Portadoras da Cultura, Desenvolvedoras da Mudança Social*, Nah Dove apresenta sua pesquisa sobre mães negras nos Estados Unidos e Reino Unido que decidem enviar seus filhos para escolas culturalmente afirmativas que apresentam uma alternativa afrorreferenciada de ensino. Na obra, a autora afirma que mulheres-mães possuem uma história de resistência na América, pois exibem forças fundamentais para a sobrevivência de seus filhos apesar da desumanização das sociedades racistas e sexistas. São essas mulheres negras que afrontam a hegemonia branca, recusando-se a aceitar o lugar limitante imposto pela sociedade.

MATRIARCADO AFRICANA

O matriarcado africana é um dos desdobramentos principais do mulherismo africana. Partindo de Cheikh Anta Diop e sua teoria dos dois berços, percebe-se o matriarcado enquanto pilar ontológico do berço africano (berço meridional). No encontro violento com o berço europeu, houve um silenciamento desse protagonismo matriarcal de negras, ao mesmo tempo que ocorreu uma inserção dessas mulheres num lugar de subalternidade.

Diop aponta que a xenofilia e o equilíbrio social entre mulheres e homens, característicos das sociedades agrárias africanas, compreende a mãe como centro organizador social, aquela que porta a Vida e a Cultura.

PRINCÍPIOS DO MULHERISMO AFRICANA

Anin Urasse (2022) aprofunda a discussão de Diop apresentando princípios suleadores do mulherismo africana, apontando ainda que tais princípios são práticas observáveis nas comunidades africanas continentais ou diaspóricas:

1. uso de terminologia própria;
2. autodefinição;
3. centralidade na família;
4. genuína irmandade no feminino;
5. fortaleza;
6. unidade;
7. autenticidade;
8. flexibilidade de papéis;
9. colaboração na luta de emancipação;
10. compatibilidade com o homem;
11. respeito;
12. reconhecimento pelo outro;
13. espiritualidade;
14. respeito aos mais velhos;
15. adaptabilidade;
16. ambição;
17. maternidade;
18. sustento dos filhos.

O PAPEL DOS HOMENS AFRICANOS

O mulherismo africana não concebe o homem negro como inimigo ou agente do sistema de desumanização patriarcal ocidental. Percebe-se que, por conta do seu desenraizamento e desagência, esses homens reproduzem o violento *modus operandi* patriarcal branco como forma de enquadramento ontológico.

Homens africanos, que copiam o lugar dominador dos homens brancos, calçados pela lógica de dominação patriarcal ocidental, oprimem, agridem, abandonam, negligenciam e rompem laços com seus filhos e as mulheres negras.

O mulherismo africana considera que os problemas oriundos do patriarcado e do modelo civilizatório ocidental em homens negros devem ser analisados à luz da centralidade masculina negra, considerando os seus pluriversos de agências e localizações, objetivando, assim, uma mudança paradigmática a partir das próprias experiências.

O mulherismo africana considera a autoconsciência sobre o poder de degradação ético e estético ocidental e do patriarcado, com seus desdobramentos racistas, machistas e homo/transfóbico, como essencial para a mudança de cenário.

MULHERISMO AFRICANA NÃO É FEMINISMO

O mulherismo africana não se considera uma proposição identitária e sim uma reflexão prática-teórica-crítica acerca das práxis da população negra, sobretudo das mulheres, diante da supremacia ocidental e a experiência da Maafa.

As hierarquias do patriarcado colocam a raça branca e o homem branco como centro e paradigma da humanidade em oposição à desumanização de todos os povos não brancos, mesmo que entre homens e mulheres brancos haja também a opressão de gênero.

O feminismo está na luta pela equiparação e igualdade das mulheres com o homem branco, senhor da máquina ocidental, focando nas opressões de gênero e seus atravessamentos de raça e classe.

Para o mulherismo africana, pensar o patriarcado enquanto centro dos problemas da população negra não é insuficiente para solucionar as questões de desumanização e opressão que assolam todo um *continuum* populacional negro (não apenas mulheres) inserido no mundo ocidental e ocidentalizado como o Brasil.

MULHERISMO AFRICANA E A QUESTÃO LGBTQIA+

O mulherismo africana considera que nenhuma humanidade deve ser negociada, e que as esferas da supremacia ocidental atravessam corpos e subjetividades que não se adequam à perspectiva de gênero imposta por esse modelo civilizatório.

Assim, independentemente da subjetividade e identidade de gênero, pessoas negras que se dispõem a matrigestar a potência do outro, por meio da localização, agência e centralidades afrocêntrica, são mulheristas, pois entendimento de nutrir potências relaciona-se à responsabilidade com o coletivo e conduta ética e não com identidade de gênero.

Pessoas negras LGBTQIA+ participam do mesmo processo de desumanização e Maafa que assola toda a população africana e diaspórica. E assim como os demais também possuem agência e devem praticá-la a fim de matrigestar a si e aos seus na subida da montanha de suas vidas.

MULHERISMO AFRICANA NO BRASIL: PANORAMA

Enquanto teoria e prática afrocêntrica, o mulherismo africana é afroperspectivado por todas as afrodiásporas que aplicam sobre a perspectiva suas localizações e agendas. No caso do Brasil, a perspectiva de Améfrica de Lélia Gonzalez é considerada, já que, em dimensões continentais, este país apresenta um pluriverso de possibilidades de viver diante da Maafa.

Em um breve panorama do mulherismo africana no Brasil, é necessário aplicar a localização e apontar a sua chegada nas rodas de debates a partir do eixo Rio-São Paulo, expandindo-se para Salvador/BA e assim por diante.

Em 2013, foi criado por Emaye Ama Mizani o Círculo do Ventre no Rio de Janeiro. Os encontros eram regulares e rotativos na casa de cada participante. A idealizadora trouxe dos Estados Unidos algumas obras de referência sobre o tema, dentre elas *A Mulher Sagrada*, de Queen Afua. Participavam dos ciclos a dra. Awo Yaa (Thatiane Santos), Iya Olujimi (Érica Xavier), Lua Maat (Luanda Nascimento), Folashewá (Daniele Saucedo) dentre muitas outras mulheres.

Em 2018 e 2019, ocorreram, também no Rio de Janeiro, o Ciclo Mulherisma Afreekana, idealizado pela dra. Aza Njeri, por Dandara Aziza e por Raissa Imani, com a colaboração da dra. Katiuscia Ribeiro, Morena Mariah, Maria Luiza Oliveira entre muitas outras mulheres. No primeiro ano, os encontros ocorriam no Instituto Palmares de Desenvolvimento Humano – IPDH/RJ; e, no segundo, a sede passou a ser a Sala Abdias do Nascimento, na Universidade Estadual do Rio de Janeiro (UERJ), sede do Coletivo Denegrir. O objetivo era discutir os caminhos matriarcais de autodefesa a partir de leituras e debates de textos, além de práticas de autocuidado coletivo e transmissão de saberes ancestrais. Discutiram-se textos de diferentes autoras como Katherine Bankole, Vânia Maria da Silva Bonfim, Assata Shakur, bell hooks etc.

Sabe-se de outros ciclos mulheristas africana espalhados pelo Brasil entre 2015 e 2022, como os grupos de estudos Reaja ou Será Morto, Reaja ou Será Morta/BA, o grupo Malungas da Biblioteca Assata Shakur, o Grupo de Estudos Mulherismo Africana 20, organizado pela Afrocentricidade Internacional, os encontros sobre mulherismo africana do Instituto Hoju, o Gema - Grupo de Estudos Mulherismo Africana e o Ciclo Mulherismo Afrikana, em São Luís.

Ressalta-se o nome da sra. Adilbênia Freire como referência nordestina na discussão. Além dela, trazemos algumas outras referências ainda não citadas, mas deixando expresso que há muitas outras vozes cujos nomes não alcançamos: Marimba Ani, Ifi Amadiume, Mary Modupe, Iya Preta de Ogum (Daniele Cantanhede), Jacqueline Oba Negraline, Marianne (Mpenzi) Rocha, Kaka Portilho, Marina Miranda, dra. Andreia Beatriz Silva, Tati Nefertari, Jo Gomes, Roberta Ribeiro e dona Jacira Roque.

CONSIDERAÇÕES SULEADORAS

A mulher negra é a formuladora inicial da socialização das crianças negras, consequentemente, do povo negro. Primeira nutridora, é o estágio inicial de motivação inspiradora da vida de uma pessoa. E é ainda chave mestra para a regeneração coletiva em complementaridade a homens negros que também praticam a matrigestão.

A família é um princípio do mulherismo africana onde são considerados os viventes, os que virão a nascer e os ancestrais. Partindo da ética *ubuntu*, compreende-se o papel relevante de cada membro dessa teia ecossistêmica, independente de seus recortes. Ou seja, o respeito à unidade familiar e a todas as demais existentes, independente da configuração que ela tenha, é sagrado.

A teoria mulherista africana est á em constante construção, sendo impossível afirmar uma universalidade mulherista, portanto, não existe a possibilidade de haver o grande nome do mulherismo africana, pois entende-se que este é um pensamento prático-político-teórico-crítico dinâmico, não podendo ser resumido a apenas uma única pessoa que pode, inclusive, ser captada pelo próprio sistema ocidental que tanto se combate.

Referências

DOVE, Nah. *Duafe: Mães Afrikanas Portadoras da Cultura Desenvolvedoras da Mudança Social*. São Paulo: MeduNeter, 2020.

HUDSON-WEEMS, Cleonora. *Mulherismo Africana: Recuperando a Nós Mesmos*. São Paulo: Ananse, 2021.

NJERI, Aza; AZIZA, Dandara. Entre a Fumaça e as Cinzas: O Estado de Maafa Pela Perspectiva da Psicologia Africana e o Mulherismo Africana. *Revista Problemata*, v. 11, n. 2, João Pessoa, 2020. Disponível em: <https://periodicos.ufpb.br/index.php/problemata/article/view/53729>. Acesso em: 11 jun. 2022.

NJERI, Aza; RIBEIRO, Katiúscia. Mulherismo Africana: Práticas na Diáspora Brasileira. *Currículo Sem Fronteiras*, v. 19, n. 2, maio-ago. 2019.

URASSE, Anin. 18 Princípios do Mulherismo Africana. *Pensamentos Mulheristas*, Salvador, 2 jan. 2022. Disponível em: <https://pensamentosmulheristas.wordpress.com/>. Acesso em: 12 jun. 2022.

NEGACIONISMO

Michel Gherman
Gabriel Mizrahi

O negacionismo está longe de constituir-se em um mero não saber, ou ainda em um saber científico confuso. Negacionismo é o falseamento da realidade de maneira proposital, deliberada, com fins políticos, econômicos ou ideológicos específicos. Há, vários exemplos de práticas negacionistas, como a crença de que o tabaco não fazia mal à saúde ou de que o aquecimento global seria uma invenção. Nesse caso, há interesses políticos e econômicos da indústria de tabaco e de setores da economia altamente poluidores, respectivamente, para financiar a descrença da opinião pública em relação certos consensos científicos que atrapalhariam os negócios (Orsi & Pasternak, 2020). O negacionismo, nesse caso, é pragmático e facilmente visível e explicável.

Há, contudo, formas de negacionismo que sustentam ressentimentos, visões de mundo e ideologias. Se estabelecem assim a partir de perspectivas políticas pouco pragmáticas, violentas ou destrutivas. Nesse contexto, o negacionismo é um meio, deliberadamente concebido, de encontrar algozes e vítimas fáceis, criando narrativas de vilões e heróis a partir de falseamento histórico de realidades políticas específicas.

Embora o negacionismo não esteja apenas na extrema-direita, é um dos pilares dos discursos desse espectro político pois, em grande medida, é dependente do negacionismo para criar narrativas de pureza perdida, deterioração racial, medo do outro ou de um pretenso resgate moral.

Esse negacionismo não precisa ser completo, pode se dar por meio da relativização ou da negação parcial de certos fatos históricos, o que alguns autores chamam de "revisionismo". Aqui há um uso deliberado da ideia de revisão, típica da prática científica, para escamotear a ideia de "negacionismo", negação *a priori* da prática científica.

O nazismo original, ao colocar o antissemitismo como pilar central de suas políticas, é um projeto político forjado por um dos aspectos do negacionismo, o falseamento da realidade, no caso a ideia de que judeus de nacionalidades, culturas e ideologias diferentes, agindo nas sombras, no subterrâneo, tramavam juntos para dominar e prejudicar o povo alemão. Isso está explicitamente presente na obra de Adolf Hitler de 1925, *Mein Kampf* (Minha Luta), quando ele argumenta que banqueiros judeus estariam unidos com intelectuais judeus russos da Revolução de 1917 para atacar a nação alemã, no que ele chamava de "judeu-bolchevismo". Também havia a crença na veracidade do livro

Os Protocolo dos Sábios de Sião, que supostamente trazia informações sobre planos de dominação mundial.

Esse conspiracionismo atuou como uma espécie de negação psicológica ao reescrever a história alemã, culpando um grupo específico pelas mazelas do país, e consequentemente eximindo de responsabilidade suas lideranças e a maior parte da população. Tal reescritura da história não apenas trouxe consequências para os judeus, por meio do Holocausto como "solução final", mas fez o povo alemão adotar um novo olhar, falso, sobre sua história, seus problemas e seu passado.

Se o negacionismo da história alemã pelos nazistas é forjado pela ideia de conspiração judaica, a partir do fim da Segunda Guerra Mundial a negação do Holocausto se torna referência para a extrema-direita mundial. Após a derrota da Alemanha Nazista, muitos dos oficiais, combatentes e políticos nazistas negaram ter conhecimento do Holocausto para se livrar de condenações por crimes contra a humanidade. Contudo, a partir dos anos 1980, grupos neonazistas passaram a negar o próprio Holocausto, contestando sua existência, afirmando que o número de vítimas era fantasioso ou que os judeus apenas fugiram e teriam utilizado a narrativa do Holocausto para impor certas políticas ao mundo, ou para fazer com que o mundo se curvasse aos seus interesses. Assim, observamos como a deturpação dos fatos históricos é sempre atrelada a uma conspiração. Esse modelo de negacionismo de extrema-direita é replicado até os dias atuais.

Um dos mais notórios negacionistas do Holocausto foi o francês Robert Faurisson. Ele chegava a defender a tese de que as mortes dos judeus e outras vítimas do Holocausto foram produzidas por doenças, e não por assassinatos nas câmaras de gás. Além disso, dizia que *O Diário de Anne Frank* era uma mentira ou mesmo que as câmaras de gás eram para erradicar piolhos e evitar tifo. Pária na comunidade científica europeia, suas ideias encontraram ressonância nos grupos neonazistas e ele chegou a ser recebido e condecorado pelo ex-presidente iraniano Mahmoud Ahmadinejad em 2012 por sua obra. Faurisson foi grande precursor no movimento pseudoacadêmico de negacionistas, mas não o único.

Um caso emblemático para o debate sobre negacionismo histórico foi o julgamento da historiadora Deborah Lipstadt, processada na justiça inglesa por difamação pelo negacionista David Irving ao chamá-lo de "perigoso negacionista" do Holocausto no livro *Denying the Holocaust: The Growing Assault on Truth and Memory*, de 1993. Lipstadt ganhou a causa provando que Irving estava deliberadamente distorcendo registros históricos e ocultando ou adulterando informações. Faurisson e Irving disseminavam suas teses sabidamente falsas para passar a ideia do Holocausto como uma "invenção em prol de uma causa maior", em um viés conspiracionista muito típico do antissemitismo europeu desde o século XIX.

NEGACIONISMO E CONSPIRAÇÃO COMO MODELO: O CASO DA PANDEMIA

A ideia de negacionismo atrelada a uma conspiração, a uma sociedade que atua nas sombras, é muito cara, como dito acima, à extrema-direita. No caso da pandemia de

Covid-19, esse processo ficou particularmente claro, o que aproxima o *modus operandi* de políticos de extrema-direita em relação a esses dois temas.

Líderes de extrema-direita de todo o mundo negaram a gravidade ou mesmo a existência da pandemia. Donald Trump e Jair Bolsonaro são dois exemplos de chefes de Estado que esnobaram as recomendações de cientistas mesmo quando a tragédia já se anunciava iminente. Trump em dado momento foi obrigado a recuar parcialmente em seu negacionismo, por pressão da imprensa e da opinião pública. Bolsonaro, por sua vez, insistiu em minimizar a pandemia, não tomando as atitudes recomendadas pelos especialistas, chamando-a de "gripezinha" em rede nacional e até mesmo desdenhando das vítimas, ao imitar pessoas sufocando ou afirmar que "não era coveiro" para ficar contando os mortos.

O negacionismo da pandemia se aproxima do negacionismo do Holocausto não apenas porque ambos são mentiras contadas pela extrema-direita. Eles fazem parte de um mesmo processo de formação de identidade baseado na identificação de inimigo externo e da luta para combatê-lo. Nos Estados Unidos e no Brasil, a Covid-19 foi chamado de "vírus chinês". Surgiram várias teorias conspiratórias de que a doença seria um plano de comunistas e globalistas para acabar com os nacionalismos, destruir as economias livres e capitalistas, restringir a liberdade dos cidadãos e até instaurar um "governo mundial".

Há nesses negacionismos um processo muito parecido de construção narrativa de conspiração. Primeiramente, uma grande crise. No caso da Alemanha, o país em frangalhos econômicos por causa da Primeira Guerra Mundial, e atualmente a própria pandemia. Depois, a identificação de um "outro" a ser culpabilizado, acusado de estar conspirando e fabricando crises para dominar e destruir aquela sociedade. Na narrativa nazista, eram os judeus, e na extrema-direita internacional de hoje, esse papel pertence à China, aos globalistas, aos "comunistas" ou outros grupos – a depender da criatividade. Por último, o remédio, que seria personificado na figura heroica do líder, Hitler, Trump ou Bolsonaro (Di Cesare, 2022).

Essa figura heroica antissistema cabe muito bem nas características da pandemia do Covid-19. A pandemia tem uma característica de infecção muito rápida em grandes parcelas da população, e uma mortalidade baixa. Os casos graves e as mortes afetam mais aqueles que possuem alguma comorbidade, pessoas com doenças preexistentes, idosos e obesos. Se durante o período nazista, pessoas com doenças graves e deficiências eram segregadas, o discurso da extrema-direita contemporânea durante a pandemia era de que apenas pessoas com comorbidades ou idosas estariam morrendo, como se isso fosse um mal menor. Assim, aqueles que se sentem mais preparados, os fortes, que se aproximam da figura máscula do líder, os que possuíam "histórico de atleta", estariam imunes ao vírus. Porque a doença, afinal, estava destinada a matar os fracos.

Por isso a vacinação é um problema. Remédios sem eficácia comprovada salvariam a vidas daqueles que pegassem a doença e confiassem na liderança. A vacina, contudo, é um produto de um trabalho científico, de pesquisa, o que normalmente não está na gramática da extrema-direita. Mais do que isso: a vacinação ajudaria a salvar todos, inclusive aqueles que não precisariam ser salvos. A lógica da vacinação é de garantir uma proteção social contra o vírus pela população inteira, garantir a cidadania, poupando sacrifícios e dando prioridade aos mais vulneráveis.

Daí o repúdio a todas as medidas que os infectologistas recomendaram para conter o vírus: o distanciamento social, o uso de máscaras, a vacinação. Essas medidas sanitárias propostas para diminuir a velocidade do contágio são interpretadas pela extrema-direita como ataques diretos ao direito de ir e vir, à liberdade individual e até mesmo a cultura ocidental. Muitos discursos comparam essas medidas de proteção sanitária com as medidas tomadas pelos nazistas contra os judeus na Segunda Guerra. Não é uma comparação trivial.

OUTROS NEGACIONISMOS

Quando a extrema-direita assume algum discurso negacionista se alia às teorias de conspiração. Se a indústria do petróleo financia o negacionismo do aquecimento global por interesses econômicos, Trump já disse que o aquecimento global foi inventado pela China (de novo) para prejudicar os Estados Unidos (Veja, 2018), já uma extrema-direita ultraliberal diria que se trata de uma desculpa para aumentar o tamanho do Estado na economia (Deming, 2009).

No Brasil, Bolsonaro, para se colocar contra políticas de ações afirmativas, chegou a negar a escravidão, em uma tentativa de colocar o movimento negro como parte de uma conspiração globalista da esquerda mundial. Também negou que a ditadura militar brasileira fosse de fato uma ditadura, para pedir novamente os militares no poder, contra a suposta ameaça de uma conspiração comunista (Gherman, 2022).

O negacionismo é uma ferramenta poderosa de criação de novas epistemologias e subjetividades, sustentar grupos ideológicos ou religiosos, satisfazer interesses econômicos ou moldar políticas públicas. No caso do fascismo, onde a ponderação e o pragmatismo dão lugar à experiência e a uma certa ligação mítica entre o povo e o líder, o negacionismo é crucial para reescrever a história, inserindo-a em uma dimensão gloriosa da luta do bem contra o mal, e "apagar" problemas complexos que exigem soluções difíceis. Não por acaso, o negacionismo do Holocausto, evento lembrado como um horror quase metafísico, serve de baliza para todos os outros negacionismos de extrema-direita desde então.

Referências

EXAME. *No Roda Viva, Bolsonaro Questiona Escravidão e Cotas*. Disponível em: <https://exame.com/brasil/no-roda-viva-bolsonaro-questiona-escravidao-e-cotas/>. Acesso em: 28 dez. 2022.

LIPSTADT, Deborah. *Denying the Holocaust: The Growing Assault on Truth and Memory*. New York: Free Press, 1993.

DI CESARE, Donatella. Entrevista para Lucas Ferraz, The Intercept Brasil. *Entrevista: "Negação do Holocausto é Raiz do Negacionismo Pandêmico", Diz Filósofa Perseguida Por Neonazistas*. Disponível em: <https://theintercept.com/2022/03/07/entrevista-negacao-do-holocausto-e-raiz-do-negacionismo-pandemico/>. Acesso em: 28 dez. 2022.

ISTO É. *Em Brasília, Apoiadores de Bolsonaro Pedem Combate à "Ditadura Comunista"*. Disponível em: <https://istoe.com.br/em-brasilia-apoiadores-de-bolsonaro-pedem-combate-a-ditadura-comunista/>. Acesso em: 28 dez. 2022.

GHERMAN, Michel. *O Não Judeu Judeu: A Tentativa de Colonização do Judaísmo Pelo Bolsonarismo*. São Paulo: Fósforo, 2022.

DEMING, David. O Aquecimento Global É uma Fraude. *Mises Brasil*, 6 jul 2009. Disponível em: <https://www.mises.org.br/article/324/o-aquecimento-global-e-uma-fraude>. Acesso em: 28 dez. 2022.

ORSI, Carlos; PASTERNAK, Natalia. *Ciência no Cotidiano: Viva a Razão. Abaixo a Ignorância!* Editora São Paulo: Contexto, 2020.

UNITED STATES HOLOCAUST MEMORIAL MUSEUM. *Deborah Lipstadt*. Disponível em: <https://www.ushmm.org/antisemitism/podcast/voices-on-antisemitism/deborah-lipstadt-ptbr>. Acesso em: 28 dez. 2022.

UOL. *Historiador Robert Faurisson, Negacionista do Holocausto, Morre aos 89 anos*. Disponível em: <https://www.uol.com.br/tilt/ultimas-noticias/efe/2018/10/22/historiador-robert-faurisson-negacionista-do-holocausto-morre-aos-89-anos.htm>. Acesso em: 28 dez. 2022.

VEJA. Trump Diz Não Estar Certo de Que Mudança Climática Foi Causada Pelo Homem, 15 out. 2018. Disponível em: <https://veja.abril.com.br/mundo/trump-diz-nao-ter-certeza-sobre-causa-de-mudanca-climatica/>. Acesso em: 28 dez. 2022.

PAN-AFRICANISMO

Muryatan Barbosa

Há diversas definições de pan-africanismo. No geral, entretanto, elas tendem a recorrer a certas ideias comuns. E nesse sentido pode-se afirmar que existe um ideário pan-africanista, em torno de ideias como as de integração, libertação, solidariedade, personalidade, relação África-diásporas negras; entendendo por ideário um determinado conjunto ou sistema de ideias políticas, sociais, econômicas (Barbosa, 2020).

O historiador inglês Hakim Adi, especialista no assunto, traz as seguintes afirmações e definições recentes sobre o tema: "Conjunto de ideais e movimentos preocupados com a emancipação social, econômica, cultural e política dos povos da África e da diáspora africana." (Adi, 2018: 2-3) Geralmente, tais ideias e movimentos declaram a "crença na unidade, história comum e propósito comum da população da África e da diáspora africana" (ibidem), e deveriam ser vistos, historicamente, como contínuos esforços de resistir às sujeições do capitalismo global (a começar pelo tráfico escravista atlântico) e à "exploração e opressão de todos os que são de herança africana" (ibidem). Nesse sentido, rejeita-se o racismo antinegro e comemora-se as "realizações africanas, sua história e própria noção do ser africano" (ibidem).

Tal definição não é muito diferente daquela trazida por estudos clássicos sobre o assunto, como a do cientista político nigeriano Peter Esedebe: "Movimento político e cultural que considera a África, os africanos e os descendentes de africanos de além-fronteiras como um único conjunto, e cujo objetivo consiste em regenerar e unificar a África, assim como incentivar um sentimento de solidariedade entre as populações do mundo africano." (1994)

Todavia, o leitor deve ter notado a diferença do plural no primeiro autor (Adi) e do singular no segundo (Esedebe): movimentos ou movimento pan-africanista? Trata-se de uma questão recorrente desde a década de 1960, quando se iniciaram os estudos acadêmicos voltados ao assunto. Alguns preferem identificar o pan-africanismo como um movimento contemporâneo e mais coeso, ligado à práxis de certos ativistas, intelectuais e grupos políticos da África e da diáspora. Essa é a visão de Esedebe, com a qual o autor destas linhas compartilha. Mas para outros, como Adi, o pan-africanismo deveria ser visto desde um escopo mais amplo, incluindo todos os movimentos – do passado e do presente – que lutam pelo ideal de "emancipação" dos povos da

África e da diáspora africana. Nesse sentido, ir-se-ia para além das trajetórias dos ativistas, intelectuais e grupos políticos mais recentes, buscando um caráter mais popular e global do pan-africanismo. Assim se poderia, por exemplo, incluir as lutas quilombolas como parte desses movimentos. Tal distinção implica ênfases distintas, mas não necessariamente objetos de estudo diferentes – embora se possa colocar a questão nesses termos.

Seja qual for a tendência escolhida, não resta dúvida de que, para a maioria dos pesquisadores da temática, o pan-africanismo deve ser entendido como uma expressão de resistência ao desafio capitalista europeu, iniciado com o tráfico escravista atlântico, consolidado na era colonial e continuado com o neocolonialismo da era pós-colonial. Trata-se de uma visão de mundo que nasce em reposta à inserção subalterna da África e dos africanos e afrodescendentes no mundo capitalista, eurocentrado.

A partir dessa perspectiva comum, cabe falar das origens do pan-africanismo em meados do século XVIII, quando se pode observar o nascimento de uma consciência identitária africana e negra entre os africanos e seus descendentes nas Américas e na Europa Ocidental. Afinal, não existe pan-africanismo onde não há consciência de África, africano(a) ou negro(a). E é difícil encontrar essa percepção antes do período citado, embora isso possa ser legitimamente buscado. O certo é que, desde o século XVIII, havia pessoas que já se viam desde tais identidades, como negros e/ou africanos. O caso mais célebre é o de Oludah Equiano (1745-1797). Mas havia outros e outras pioneiras, como Phillis Wheatley, Quobna Ottobah Cugoano, Elizabeth Hart Thwaites, Anne Hart Gilbert e Mary Prince (M´Baye, 2009).

Entretanto, enquanto movimento de ideias mais coeso, não resta dúvida que o pan-africanismo teve seu período de consolidação na segunda metade do século XIX, a partir da ação e pensamento de uma geração de africanos e afrodescendentes de tradição europeia, sobretudo anglófona. Eles falavam e escreviam em línguas europeias, além de atuarem em instituições tipicamente modernas, como as Igrejas protestantes, universidades, campo literário, jornalismo. Estavam presentes, em particular, na nascente imprensa negra à época, na África Ocidental, na África do Sul e nas Américas, e, especialmente, no Caribe e nos Estados Unidos. Nesse ponto, costuma-se incluir afro-estadunidenses como Martin R. Delany, Frederick Douglass, Alexander Crummell; africanos como James "Africanus" B. Horton, John Mensah Sarbah, B. Attoh Ahuma, Bishop James "Holly" Johnson, Francis Z.C. Peregrino; e caribenhos como Edward Blyden e Henry Sylvester Williams.

Entre esses pioneiros, vale dizer que muitos se colocavam como nacionalistas africanos já em fins do século XIX, em oposição à expansão colonial que se consolidava. Fazia-se a defesa das instituições africanas como caminho próprio para o progresso, mesmo que auxiliadas pela ajuda externa. E, a esse propósito, para muitos deles, fazia sentido unir política e religião, buscando-se "africanizar" (com alcances e conteúdos diversos) o cristianismo. Daí a força do etiopismo no século XIX (Wilson, 1969).

Todavia, apesar dos esforços dessa geração pioneira, devido à repressão imposta pelo sistema colonial, o movimento pan-africanista foi se articulando, nas primeiras décadas do século XX, mais fora da África do que dentro dela, em particular nos EUA e na Europa. Nesse contexto, autores/ativistas/artistas da diáspora foram fundamentais.

Entre o final do século XIX e início do XX surgiram os primeiros congressos pan-africanos (Londres, 1900; Paris e Bruxelas, 1919; Londres e Lisboa, 1921; Nova York, 1927). O primeiro deles foi organizado pelo antilhano Sylvester Williams, e os demais pelo conhecido intelectual negro estadunidense W.E.B. Du Bois, um dos organizadores da NAACP – National Association for the Advancement of Colored People (Associação Nacional pelo Progresso das Pessoas de Cor) nos EUA. Concomitantemente, Marcus Mosiah Garvey e sua organização política Unia – Universal Negro Improvement Association (Associação Universal Para o Avanço Negro), tornaram a afirmação e o orgulho racial o cerne da luta política negra. Este foi um lema que repercutiu internacionalmente, inclusive no Brasil. Por isso, tanto Williams quanto Du Bois e Garvey são tidos como iniciadores do pan-africanismo como movimento político, além de movimento de ideias (Esedebe, 1994).

Para além desses clássicos, no entreguerras formou-se uma geração mais jovem de pan-africanistas, impactados pela invasão da Etiópia pela Itália, em 1935. Estes se uniram para combater a discriminação racial no mundo, defender mais veementemente a independência dos países africanos e buscar a valorização (e autovalorização) da população e das culturas negras. Vale lembrar de nomes como: Alain Locke, Paul Robeson, Claude McKay, Jean Price-Mars, Harold Moody, René Ménil, Langston Hughes, Richard Wright, Paulette Nardal, Jeanne Nardal, Suzanne Roussi Césaire, George Padmore, Aimé Césaire, Leopold S. Senghor, Leon Damas, Alioune Diop, Cheikh A. Diop, T.R. Makonnen, Amy Ashwood, Amy E. Jacques Garvey, Claudia Jones, Eric Williams, C.L.R. James, Frantz Fanon.

Dessa geração surgiu, por exemplo, um pan-africanismo estritamente político, nascido da atuação radical de ativistas antilhanos, estadunidenses e africanos que se formaram intelectual e institucionalmente no entreguerras, criando associações como o Comitê Sindical Internacional dos Trabalhadores Negros (em inglês: ITUCNW), União dos Estudantes da África Ocidental (em inglês: Wasu), Irmandade de Sangue Africano (em inglês: ABB), Liga dos Povos de Cor (em inglês: LCP), Agência Internacional dos Serviços Africanos (IASB) e a Federação Pan-africana (em inglês: PAF). Por vezes, essas entidades contavam com o apoio – direto e indireto – da Internacional Comunista.

No grupo londrino liderado por George Padmore, responsável pela IASB e pela PAF, um dos frutos dessa nova política foi a realização do V Congresso Pan-africano de Manchester, em 1945 (Mattos, 2018), que representou uma ruptura em relação aos demais. Em primeiro lugar, porque, até então, a maioria dos delegados presentes em tais congressos era de brancos liberais e negros estadunidenses e europeus. Enquanto isso, em Manchester, ao contrário, os africanos não eram apenas presença majoritária, mas também se tratava de figuras proeminentes do evento. Em segundo lugar e, em parte, como resultante desse fato, ali também se consagrou um pan-africanismo diretamente vinculado ao processo de descolonização na África, liderado por ativistas e intelectuais do continente, como Azikiwe Nandi, Jomo Kenyatta e Kwame N'Krumah (Kodjo & Chanaiwa, 2010).

A luta cultural também motivou a ação política dessa nova geração pan-africanista no entreguerras e no pós-guerra. O principal grupo nesse âmbito foi o da negritude francófona. Originada em Paris na década de 1930, com a participação decisiva das irmãs Nardal (Paulette e Jeanne), ela se tornou, na década de 1950, um fenômeno de amplitude internacional. Embora de forma heterogênea, os intelectuais da negritude buscaram demonstrar que havia uma contribuição cultural do africano e do negro à civilização universal (Munanga, 1986), e essa contribuição era exposta e aprofundada nas formas artísticas e literárias: poesia, ensaio, teatro, artes plásticas. Para dar visibilidade a esses trabalhos, reconstruíram ideias como as de "personalidade africana" e "subjetividade negra", que foram desenvolvidas diferentemente pelos seguidores do movimento. Seus principais nomes e organizadores no pós-guerra foram o martiniquense Aimé Césaire e os senegaleses Leopold Sédar Senghor e Alioune Diop.

Outra figura de destaque nesse debate à época foi o também senegalês Cheikh Anta Diop, que foi um dos primeiros pensadores a construir um paradigma pan-africano coerente para a história, baseado nas seguintes ideias centrais: 1. a África como berço da humanidade; 2. a existência de uma unidade afro-negra que estaria fundada numa relação histórico-cultural milenar cuja gênese estaria no Egito Antigo e na Núbia, tida por ele como as primeiras civilizações humanas.

No decorrer da década de 1950 e 1960, ganharam destaque mundial os líderes africanos que buscaram transformar o pan-africanismo em uma utopia concreta de descolonização e política regionalista. O caso clássico é o de Kwame Nkrumah, primeiro presidente de Gana (1957), cujo pensamento foi condensado em obras como *Neocolonialismo: Último Estágio do Imperialismo*. Ali, ele defendeu que, contra o neocolonialismo, dever-se-ia construir um campo político amplo em defesa da unidade e da integração africana, do ponto de vista territorial, econômico, cultural, energético e político. Isto, para ele, seria o pan-africanismo como ideologia concreta. Este seria o único caminho pelo qual os países africanos, especialmente os de pequeno porte territorial e econômico (como Gana, sua pátria), poderiam sobreviver diante das pressões neocoloniais.

Com o tempo, entretanto, conforme outros países africanos iam ganhando suas independências, as ideais e projetos de Nkrumah começaram a se tornar mais questionáveis na visão de outros líderes, em especial na chamada África francófona. Isso sem dúvida dificultou a ação conjunta de um pan-africanismo radical, como propunha o líder ganense. Sobretudo porque muitos líderes das novas nações africanas viam seu projeto como uma tentativa de colonialismo interno africano, em que os estados já independentes (como Gana) pretendiam anexar territorialmente os recém-independentes. Em suma, embora houvesse certo consenso quanto à necessidade da unidade africana, não havia concordância em como esse processo de integração deveria ser realizado. A polarização crescente do cenário político e diplomático no continente deu origem a duas vertentes do pan-africanismo na África no início dos anos 1960: o Grupo de Brazzaville (1960) – posteriormente Monróvia (1962) – e o Grupo de Casablanca (1961) (Kodjo & Chanaiwa, 2010).

Todavia, independentemente de suas diferenças político-ideológicas e programáticas, a pauta comum de uma agenda africana continuou sendo um desejo da maioria. O primeiro passo para tal unidade foi a realização da Conferência das Mulheres Africanas, em Dar Es Sallam (Tanzânia). O segundo foi a formação da Organização da Unidade Africana (OUA), no encontro de Addis Abeba (Etiópia), em 1963.

Durante a sua vigência, entre 1963-2001, a OUA foi indispensável para a luta anticolonialista mas, em verdade, fez pouco pela integração africana, na medida em que não tinha poderes supranacionais. Nesse contexto, o pan-africanismo tornou-se tangencial no campo político africano, pois sua realização como utopia concreta – a unidade africana – despareceu do horizonte político. Assim, o ideário pan-africanista acabou sendo apropriado por tendências mais "pan-negras" (Mofeli Asante, Kwesi Prah, Maulana Karenga, Naiwu Osahon) e outras mais marxistas (Walter Rodney, Issa Shivji, Sam Moyo). Essa divisão ficou notória no VI Congresso Pan-africano, na Tanzânia, em 1973 (Uzoigwe, 2014; Young, 2011).

Nesse período dos anos 1970, do ponto de vista intelectual e político, uma das poucas instituições relevantes a manter vivo o projeto pan-africanista original – visando à integração continental – foi a Comissão Econômica para a África (CEA), liderada pelo economista nigeriano Adebayo Adedeji. Em especial, do ponto de vista econômico, deu-se aí a formação da Cedeao (Comunidade Econômica dos Estados da África Ocidental) e do Plano de Lagos (1980), que buscava uma resposta continental aos desafios da crise internacional (Asante & Chanaiwa, 2010).

No entanto, o pan-africanismo só renasce de fato politicamente em fins do século XX. Isso ocorre por causa de pelo menos três razões primordiais: 1. fim do apartheid da África do Sul (1994); 2. aprofundamento do neoliberalismo, das guerras civis e das intervenções externas no continente nos anos 1990; 3. Duas Guerras do Congo (1998-2003). Tais desafios impeliram certas lideranças africanas mais progressistas a renovar a busca por uma união continental da África, revalorizando o ideal pan-africanista em termos de "Renascimento Africano", que se tornou a ideologia oficial da União Africana (UA), em 2002 (Murithi, 2007). Entretanto, deste então, a exemplo de outrora, observa-se diversas disputas políticas dentro da UA em torno de discussões que visam decidir qual projeto de integração deveria lá ocorrer: um projeto rápido e maximalista (conforme defendido por Muammar al-Gaddafi, presidente líbio) ou um gradativo e minimalista (conforme defendido por Thabo Mbeki – presidente sul-africano – e Olusegun Obasanjo – presidente nigeriano)? Só após o assassinato de al-Gaddafi, em 2011, é que o segundo se impôs à UA.

A verdade é que quanto mais esse projeto de integração é postergado ou esvaziado, mais esse "pan-africanismo" da UA, enquanto "Renascimento Africano", se distancia do pan-africanismo radical dos movimentos e organizações populares e dos jovens progressistas (dentro e fora da África), que têm por referência a luta de líderes de outrora, como

Garvey, Nkrumah, Cabral, Fanon. Muitos deles estão inseridos em poderosas práticas culturais, que Micere Mugo (2015) sabiamente classificou como "zonas de libertação", em que o pan-africanismo ressurge por meio da religião (movimento rastafári), das artes e da música (reggae, hip-hop).

Há hoje também um debate em curso sobre as possibilidades de renovação da tradição pan-africana. Trata-se de algo que vai muito além da UA. É atualmente consensual, por exemplo, a necessidade de o pan-africanismo renovar-se do ponto de vista da crítica de gênero. Isso implica não apenas um novo olhar sobre o seu passado, reestabelecendo o papel que as mulheres ali tiveram, mas sobretudo um compromisso político e institucional com uma participação mais ativa e de liderança das mulheres africanas no presente e no futuro do movimento (Femnet, 2013; Agi, 2014).

Referências

ADI, Hakim. *Pan-africanism: A History*. London: Bloomsbury Academic, 2018.

ADI, Hakim; SHERWOOD, Marika. *Pan-african History: Political Figures from Africa and the Diaspora Since 1787*. London: Routledge, 2003.

AGI – AFRICAN GENDER INSTITUTE. Panafricanism and Feminism. *Feminist Africa*, n. 19, 2014.

ASANTE, Samuel K.B.; CHANAIWA, David. O Pan-africanismo e a Integração Regional. In: MAZRUI, Ali A.; WONDJI, Christophe (orgs.). *História Geral da África, v. 8: A África Desde 1935*. 2. ed. rev. Brasília: Unesco, 2010.

BARBOSA, Muryatan S. *A Razão Africana: Breve História do Pensamento Africano Contemporâneo*. São Paulo: Todavia, 2020.

ESEDEBE, Peter O. *Pan-Africanism: The Idea and the Movement (1776-1991)*. Washington: Howard University Press, 1994.

FEMNET. Pan-africanism and the Woman's Movement. *African Woman's Jornal*, n. 6, 2013.

KODJO, Eem; CHANAIWA, David. Pan-africanismo e Libertação. In: MAZRUI, Ali A.; WONDJI, Christophe (orgs.). *História Geral da África, v. 8: A África Desde 1935*. 2. ed. rev. Brasília: Unesco, 2010.

M'BAYE, Babacar. *The Trickster Comes West: Pan-African Influence in Early Black Diasporan Narratives*. Jackson: University Press of Mississippi, 2009.

MATTOS, Pablo de Oliveira. *The Silent Hero: George Padmore, Diáspora e Pan-africanismo*. Tese (Doutorado em História) Programa de Pós-graduação em História Social da Cultura da PUC-Rio, 2018.

MUGO, Micere G. [2012]. Distinguished Mwalimu Nyerere. In: SOYNKA, Wole; AMIN, Samir (eds.). *Reimagining Pan-africanism: Distinguished Mwalimu Nyerere Series 2009-2013 Lectures*. Oxford: African Books Collective, 2015.

MUNANGA, Kabengele. *Negritude: Usos e Sentidos*. São Paulo: Ática, 1986.

MURITHI, Timothy. Institutionalising Pan-africanism Transforming African Union Values and Principles Into Policy and Practice. *ISS Paper*, n. 143, jun. 2007.

NKRUMAH, Kmawe. *Neocolonialismo: Último Estágio do Imperialismo*. Rio de Janeiro: Civilização Brasileira, 1967.

UZOIGWE, Godfrey N. Pan-africanism in World Politics: The Geopolitics of the Pan-african Movement, 1900-2000. In: FALOLA, Toyin; ESSIEN, Kwame (eds.). *Pan-Africanism, and the Politics of African Citizenship and Identity*. New York / London: Routledge, 2014.

WILSON, Henry S. Introduction. In: WILSON, Henry S. (ed.). *Origins of West African Nationalism*. London: Macmillan, 1969.

YOUNG, Kurt B. Towards an 8th Pan-African Congress: The Evolution of the Race-class Debate. *Journal of Political Ideologies*, v. 16, n. 2, 2011.

PERIGO AMARELO

Gustavo Taniguti
Laís Miwa Higa

O japonês é como enxofre: insolúvel.
OLIVEIRA VIANNA, *Raça e Assimilação.*

"Perigo amarelo" é uma expressão que racialmente descreve nações e povos do Leste Asiático enquanto ameaça e inimigo do Ocidente. Ela foi criada e difundida no mundo ocidental principalmente entre o final do século XIX e meados do século XX de maneira alegórica, sob o formato de discursos, escritos e imagens depreciativas. Sua disseminação acompanhou a crença generalizada em teorias que afirmavam a superioridade racial branca, oriundas principalmente das ciências naturais.

"Perigo amarelo" é um tropo associado à raça que, sobretudo, assinala a existência de relações de poder. Em situações de interação, indica uma ação de subordinação de um indivíduo sobre o "outro" não ocidental, ao imputar valores e estabelecer hierarquias associadas à cor da pele. O esquema classificatório étnico-racial que o sustenta pressupõe a superioridade de uma suposta "raça branca" sobre uma suposta "raça amarela" em aspectos biológicos, atitudinais, morais e valorativos. Estes últimos são, assim, sobredeterminados por atributos físico-culturais imaginados, cuja negatividade se confirmaria pela origem geográfica e cultural.

O emprego da expressão "perigo amarelo" historicamente implicou na produção de sentimentos de intolerância, medo e suspeição em relação a um inimigo genérico, originário da Ásia. Com frequência, alegorias foram utilizadas por intelectuais, diplomatas e governantes de nações ocidentais como instrumento de violência e subordinação, haja vista suas intenções de dominação política, militar e cultural no Leste da Ásia. Por isso, sua ocorrência necessita ser interpretada considerando-se os respectivos contextos de produção de ideias e atitudes nacionais, que deram lastro a visões orientalistas, colonialistas e racistas sobre a diversidade humana. Nesses casos, a expressão encontrou-se vinculada a eventos geopolíticos, culturais, diplomáticos, militares e financeiros transversais às relações entre nações do Ocidente e do Extremo Oriente.

Por vezes, o "perigo amarelo" foi dirigido à China, ao Japão, à Coreia do Norte e ao Vietnã, estendendo-se à sua população nacional e a imigrantes do Leste Asiático estabelecidos em países do continente americano, como os Estados Unidos, o Canadá, o Brasil, o Peru, a Bolívia e a Argentina. Por isso mesmo, sua história permite entender sua ocorrência enquanto um processo de racialização que persiste na contemporaneidade. Segundo Ana Paulina Lee, em *Mandarin Brazil*, a memória política e cultural decorrente do contato entre grupos de origens distintas (em períodos de migrações em massa, por exemplo) é capaz de produzir ou ativar categorias nacionais racializadas.

Não raro, sua ocorrência eclode em momentos de conflitos e crises (econômicas, diplomáticas, guerras, migratórias ou sanitárias). Estudos recentes têm mostrado que, sob várias formas e em diversas situações, chineses foram associados a doenças e pragas, enquanto os japoneses e os vietnamitas foram associados à ameaça militar ou política, à espionagem, à falsidade e à deslealdade. Nos Estados Unidos, estudos na área das ciências sociais expuseram casos de racismo direcionado aos descendentes de chineses e filipinos nos anos seguintes a uma epidemia de Síndrome Respiratória Aguda Grave (Sars), iniciada em 2003 (Leung, 2008). Em 2020, poucos meses após a Organização Mundial da Saúde, a OMS, declarar oficialmente a existência da pandemia da Covid-19, foram relatadas diversas situações de racismo contra asiáticos naquele mesmo país (De Leon, 2020). A China foi apontada como o epicentro dessas crises sanitárias.

Nesses casos, mesmo que sino-estadunidenses e filipino-estadunidenses fossem cidadãos nascidos nos Estados Unidos, observou-se claramente a convergência entre ideias de homogeneidade racial e estereótipos nacionais. A emergência da China enquanto potência econômica mundial no início do século XXI também tem servido de pretexto para o retorno do discurso sobre o "perigo amarelo". Livros como *Die gelbe Gefahr: Wie Chinas Gier nach Rohstoffen unseren Lebensstil gefährdet* (O Perigo Amarelo: Como a Ganância da China Por *Commodities* Está Colocando em Risco Nosso Estilo de Vida), publicado em 2012, mostram que o uso da expressão também ocorre na atualidade.

A origem do "perigo amarelo" remete a escritos europeus do início do século XVIII, em referência à invasão mongol a países do Leste do continente. Ela é referida enquanto o "maior *perigo amarelo* da Idade Média" (Chen, 2012). Em sua forma moderna, o "perigo amarelo" se consolidou entre o final do século XIX e início do XX. Seu marco simbólico é a tela encomendada pelo kaiser Guilherme II, da Alemanha (1859-1941), ao artista Hermann Knackfuss (1848-1915), intitulada *Die Gelbe Gefahr* (O Perigo Amarelo, 1895). A obra retrata, em primeiro plano, nações europeias enquanto anjos e valquírias e, ao fundo, a imagem de um Buda envolto por chamas. Na tela, está inscrita a frase: "Nações da Europa! Juntem-se em defesa de sua fé e de seu lar!" O kaiser enviou cópias da tela a monarcas europeus e ao presidente dos Estados Unidos, dando início à difusão moderna do mito.

No mesmo ano de 1895, Guilherme II escreveu ao czar russo Nicolau II (1868-1918), atribuindo-lhe a responsabilidade de "cultivar o continente asiático e defender a Europa das incursões da Grande Raça Amarela" (Palmer, 2009; Shimabuko, 2017). Ao fim do século XIX, portanto, narrativas sobre a "invasão asiática" na Europa e nas Américas passaram a se expressar por meio do "perigo amarelo", contando com a colaboração da imprensa, legitimadas por filósofos e intelectuais.

De início, o "perigo amarelo" referia-se principalmente à China enquanto ameaça ao poderio econômico de nações imperialistas do Ocidente, sobretudo durante a Primeira Guerra do Ópio (1839-1842) e em meio à contratação de mão de obra vinda da Ásia. Os integrantes dessa mão de obra foram chamados, à época, de *coolies*. Em 1871, por conta da paranoia generalizada propagada pelo "perigo amarelo", ocorreu o Massacre Chinês na Chinatown de Los Angeles, quando vinte chineses foram torturados e assassinados por cerca de quinhentos homens brancos. Na década seguinte, os Estados Unidos promulgaram o Ato de Exclusão de Chineses (1882), que restringiu a imigração e impunha dificuldades à sua naturalização.

Na passagem do século XIX para o XX, o Japão conquistou vitórias militares em guerras contra a China e a Rússia, colonizou e anexou ao seu território as regiões de Okinawa, Hokkaido, Taiwan e Coreia. Também iniciou um processo de emigração em massa de sua população, principalmente em direção às Américas. Sob a imagem do "perigo amarelo", os japoneses passaram a ser referidos enquanto indivíduos ameaçadores e perigosos, capazes de invadir o Ocidente por meio de "estratégias nefastas" (Lyman, 2000). Em 1924, foi implementada, nos Estados Unidos, a Lei de Imigração, conhecida como Ato de Exclusão a Asiáticos, que incentivou outros países, como Canadá, Peru e Brasil, a adotarem medidas similares. Dois anos depois, praticamente apenas o Brasil, apesar de restrições, ainda recebia imigrantes japoneses no Ocidente.

Com a entrada dos Estados Unidos na Segunda Guerra Mundial após o ataque japonês a Pearl Harbor (1941), o "perigo amarelo" ganhou força junto a expressões como "Súditos do Eixo" (para designar indivíduos de nacionalidade alemã, japonesa ou italiana) e "Quinta Coluna" (jargão militar que designa grupos infiltrados). Nos Estados Unidos, Canadá, Austrália, Peru, imigrantes de países do Eixo foram encarcerados em campos de concentração, criando-se um clima generalizado de perseguição e suspeição.

Finda a Segunda Guerra Mundial, o "perigo amarelo" ganhou contornos específicos, relacionados à expansão do comunismo na Ásia no contexto da Guerra Fria. Assim, China, Coreia do Norte e Vietnã passaram a ser considerados como ameaça aos países capitalistas do Ocidente (Tchen, 2010). Nesse sentido, o termo "perigo vermelho" (em referência ao comunismo asiático) também passou a ser utilizado. No século XXI, foi reportado o aumento de crimes de injúria racial e xenofobia contra asiáticos, em especial nos Estados Unidos (Ghosh, 2021). Eles foram agravados tanto pelo poderio econômico e militar chinês quanto pela ocorrência de epidemias virais em que a China fora apontada como a origem (Center, 2021). Em 2021, durante a pandemia da Covid-19, o assassinato do tailandês Vicha Ratanapakdee, na cidade de São Francisco, na Califórnia, foi considerado um crime de motivação racial. Foi o estopim para a criação do movimento Stop Asian Hate (Parem com o Ódio Contra Asiáticos)[1].

No Brasil, o uso da expressão "perigo amarelo" foi mais recorrente entre as décadas de 1900 e 1940 para se referir ao Japão e aos japoneses. Esse período engloba tanto o avanço imperialista do Japão na Ásia e as barbáries das guerras mundiais quanto o auge da entrada de japoneses no Brasil. Contudo, o imaginário nacional brasileiro acerca do sujeito "amarelo" é anterior. Ele remonta ao final do período colonial, com a vinda de trabalhadores chineses. Estes foram contratados para trabalhar em plantações de chá logo após a chegada da família real portuguesa ao Brasil (Yang, 1977). Em uma sociedade escravocrata e colonial, os discursos sobre os chineses estiveram imbuídos por forte negatividade (Dezem, 2005).

Assim, no Brasil, o sujeito "amarelo" se tornou produto do imaginário colonialista e serviu como substrato para novas rubricas de nacionalismo e identidades racializadas que vieram a se constituir ao longo do século XX em projetos de Estado-nação modernos (Lee, 2018). Na Primeira República, esse imaginário se uniu a concepções de raça, hierarquia, progresso e civilização dos modelos raciais deterministas trazidos da Europa. Eles foram retraduzidos pelas elites locais de modo a viabilizar a ideia de uma nação brasileira mestiça, porém desejavelmente branca (Schwarcz, 1993). Nesse sistema de classificação racial, a "raça amarela" ganhou significados materializando-se em corpos, coletividades e representações caricatas de nações asiáticas. O "perigo amarelo" já não tinha sentido apenas político e militar, mas também étnico-racial: tornou-se também uma ameaça ao ideal de nação branca.

Esse ideal foi largamente aplicado às políticas migratórias, em especial às do Estado Novo (1937-1945), marcadas pela repressão e pela tentativa de "assimilação" forçada de imigrantes em busca de uma aparente homogeneidade étnico-racial e cultural. O insulamento dos imigrantes japoneses durante a Segunda Guerra Mundial o clima de intolerância e de conflitos acentuou-se. Nem mesmo a derrota japonesa eliminou a suspeição do "perigo amarelo". Com o explícito apoio governamental, questionou-se a capacidade de "assimilação" dos cerca de duzentos mil japoneses entrados no Brasil até os anos 1940. Não por acaso, na Constituinte de 1946 propôs-se uma emenda visando a proibição da imigração japonesa (Emenda n. 3.165).

A história do "perigo amarelo" no Brasil mostra, sem dúvidas, que a formação do Estado-nação brasileiro e a busca por uma identidade nacional vai além de fronteiras estritamente políticas e territoriais (Seyferth, 2002). Compreender seus sentidos demanda considerar, em cada contexto, as articulações entre imigração, nacionalidade e raça. Por fim, o exame crítico do "perigo amarelo" deve servir como contraponto à sua persistência na atualidade.

Nota

1 Ver o *site* STOP AAPI Hate.

Referências

CENTER *For the Study of Hate and Extremism*. Report to the Nation: Anti-Asian Prejudice & Hate Crime: City Data Chart (june 1st, 2021). Disponível em: <https://www.csusb.edu/hate-and-extremism-center>. Acesso em: 12 dez 2021.

CHEN, An. On the Source, Essence of "Yellow Peril" Doctrine and Its Latest Hegemony "Variant" – the "China Threat" Doctrine: From the Perspective of Historical Mainstream of Sino-Foreign Economic Interactions and Their Inherent Jurisprudential Principles. *The Journal of World Investment & Trade*, v. 13, 1º jan. 2012.

DE LEON, Adrian. The Long History of US Racism Against Asian Americans, from "Yellow Peril" to "Model Minority" to the "Chinese Virus". *The Conversation*, 8 apr. 2020. Disponível em: <https://theconversation.com/the-long-history-of-us-racism-against-asian-americans-from-yellow-peril-to-mo-

O *perigo amarello* (não confundir com os bonds da *Villa Isabel*) ameaçando meio mundo (?).

"O Japão Moderno". *Fon-fon!*, Rio de Janeiro, n. 48, 7 de março de 1908. Fonte: AFBN/RJ/Takeuchi, 2016.

del-minority-to-the-chinese-virus-135793>. Acesso em: 12 nov. 2021.

DEZEM, Rogério. *Matizes do "Amarelo": A Gênese dos Discursos Sobre os Orientais no Brasil (1878-1908)*. São Paulo: Humanitas, 2005.

GHOSH, Nirmal. Alarmat Hate Crimes Targeting Asian Americans in US. *The Straits Times*, 12 febr. 2021. Disponível em: <https://www.straitstimes.com/world/united-states/alarm-at-hate-crimes-targeting-asian-americans>. Acesso em: 12 dez. 2021.

LEE, Ana Paulina. *Mandarin Brazil: Cartographies of Race and Memory*. Palo Alto: Stanford University Press: Stanford University Press, 2018.

LEUNG, Carrianne. The Yellow Peril Revisited: The Impact of Sars on Chinese and Southeast Asian Communities. *Resources for Feminist Research*, v. 33, n. 1-2, spring-summer 2008. Disponível em: <http://link.gale.com/apps/doc/A195680111/AONE?u=aikentcl&sid=bookmark-AONE&xid=72b9cfcb>. Acesso em: 11 nov. 2021.

LYMAN, Stanford M. The "YellowPeril" Mystique: Origins and Vicissitudes of a Racist Discourse. *International Journal of Politics, Culture and Society*, v. 13, n. 4, 2000.

PALMER, James. *The Bloody White Baron*. New York: Basic Books, 2009.

SHIMABUKO, Gabriela Akemi. A Origem do Perigo Amarelo: Orientalismo, Colonialismo e a Hegemonia Euro-Americana. *Blog Outra Coluna*, São Paulo, 26 mar. 2017. Disponível em: <https://outracoluna.wordpress.com/2017/03/26/a-origem-do-perigo-amarelo-orientalismo-colonialismo-e-a-hegemonia-euro-americana/>. Acesso em: 20 jun. 2022.

SCHWARCZ, Lilia. *O Espetáculo das Raças: Cientistas, Instituições e Questão Racial no Brasil*. São Paulo: Companhia das Letras, 1993.

SEYFERTH, Giralda. Colonização, Imigração e Questão Racial no Brasil. *Revista USP*, São Paulo, n. 53, mar.-mai. 2002.

STOP AAPI Hate. Disponível em: <https://stopaapihate.org/>.

TAKEUCHI, Marcia Yumi. *Imigração Japonesa nas Revistas Ilustradas: Preconceito e Imaginário Social (1897-1945)*. São Paulo: Edusp, 2016.

_____. *O Perigo Amarelo: Imagens do Mito, Realidade do Preconceito (1920-1945)*. São Paulo: Humanitas, 2008.

TCHEN, John Kuo Wei. Notes For a History of Paranoia: "Yellow Peril" and the Long Twentieth Century. *The Psychoanalytic Review*, v. 97, 2010. (Número Especial: Politics and Paranoia.)

YANG, Alexandr Chung Yuan. O Comércio dos "Coolie" (1819-1920). *Revista de História*, n. 112, 1977. Disponível em: <https://www.revistas.usp.br/revhistoria/article/view/62243>. Acesso em: 29 jan. 2022.

PÓS-ABOLIÇÃO

Ynaê Lopes dos Santos
Álvaro Pereira do Nascimento

Um dos maiores desafios às sociedades que experimentaram o fim da escravidão de africanos e de seus descendentes nas Américas foi transformar uma das propostas da Revolução Francesa em realidade, ou seja, construir a igualdade entre seres cujas diferenças econômicas, sociais, raciais, políticas e culturais haviam sido forjadas e experimentadas historicamente. A possibilidade de pessoas negras votarem, terem o direito de ir e vir, aceitarem ou não uma proposta de trabalho, entre outras liberdades, geraram incômodos à maior parte dos brancos, que se sentiu ferida sob o risco de terem seus privilégios divididos com pessoas negras.

O pós-abolição surge então como o campo historiográfico que analisa sociedades liberais emancipadas da escravidão moderna, que experimentaram um conflitante processo de racialização da cidadania entre os séculos XIX e o atual. Essas sociedades são marcadas pela manutenção de privilégios e/ou benefícios reservados aos homens e, em menor grau, às mulheres brancas, tendo a diferença de raça – antes que a de classe –como elemento estruturante na reprodução das desigualdades entre cidadãos. O campo busca compreender como pessoas negras livres, libertas e suas descendentes articularam estratégias individuais e/ou coletivas para sobreviver, burlar e enfrentar as desigualdades de direitos e as precárias condições materiais de existência durante o processo que as levou a se emancipar escravidão e a construir o que entendiam por liberdade.

A construção do pós-abolição enquanto campo historiográfico é recente no Brasil, ganhando maior visibilidade e destaque a partir dos anos 2000. Foram os antropólogos seguidos por sociólogos que primeiro investigaram valores, costumes e as experiências políticas, econômicas e sociais dos negros após a escravidão.

No entanto, o campo oferece estudos das relações étnico-raciais nas Américas, tanto no que diz respeito às perspectivas nacionalistas como no que tange às abordagens transnacionais, sobretudo aquelas de cunho comparativo. A gênese do campo remete à constatação elaborada no início do século XX em diferentes localidades do continente americano sobre a contundente desigualdade social, política e econômica que atravessava as experiências das populações negras nas Américas, mesmo após a abolição formal da escravidão e a instauração de estados liberais.

De início, houve um investimento dos pesquisadores em compreender as origens dessa desigualdade a partir do exame mais verticalizado do passado escravista. A premissa desses estudos era que a herança da escravidão seria a principal chave explicadora da estrutura racista identificada (de forma e intensidade distintas) nas diferentes nações americanas.

Nessa perspectiva, duas obras tiveram grande impacto na produção historiográfica. A primeira foi *Casa-Grande & Senzala*, de Gilberto Freyre, de 1933. A segunda foi *Slave and Citizen*, de Frank Tannenbaum, publicada em 1946. A obra de Freyre teve papel crucial em positivar a herança escrava/africana da história brasileira, ao mesmo tempo que reconhecia na instituição escravista (entendida como a relação estabelecida entre escravizados e proprietários) o jogo antagônico a partir do qual a sociedade patriarcal brasileira foi fundada.

Leitor de Freyre, Tannenbaum desenvolveu uma análise comparada entre as duas maiores sociedades escravistas das Américas, Brasil e Estados Unidos, pontuando que os tipos de desigualdade racial produzidos em cada uma dessas sociedades eram fruto de duas matrizes de governabilidade da população escravizada: a matriz católica e a matriz protestante, e a determinação de ambas na constituição e na própria existência das populações negras e mestiças desses países.

Nas décadas de 1950 a 1970 começaram a surgir exames que, embora reconhecessem a necessidade de um olhar aprofundado para o passado escravista, sublinhavam que a desigualdade racial observada no período pós-abolição também tinha raízes nas dinâmicas estabelecidas nesse período. Na literatura brasileira, é fundamental destacar a obra de Florestan Fernandes e de outros cientistas sociais que, ao questionarem o mito da democracia racial brasileira, apresentaram dados, práticas e políticas públicas da experiência republicana, que eram responsáveis pela manutenção sistemática do racismo voltado às populações negras. Tal perspectiva era abertamente contrária ao pressuposto de que o Brasil seria um país com menor grau de racismo, tendo em vista sua histórica e intensa mestiçagem.

Além de firmar a necessidade dos estudos sobre a experiência cidadã negra – que durante algum tempo foi um tema mais explorado pelos sociólogos –, a crítica à pretensa suavidade do regime escravista permitiu uma intensa produção historiográfica sobre a escravidão (no Brasil e nos Estados Unidos, principalmente), que tinha como objeto de análise a figura do escravizado, que passava a ser examinado como um sujeito histórico, ou seja, como atores sociais, possuidores de agência, cujas histórias deveriam ser analisadas para além da sua categoria jurídica de bem semovente.

O que se observa na produção historiográfica, a partir de então, é um movimento paralelo e conectado, tanto no Brasil como em outros países americanos, em que a desigualdade racial se apresenta de forma naturalizada. Por um lado, a produção cada vez mais aprofundada de análises sobre a experiência dos escravizados desnudava uma série de aspectos relacionados às redes e dinâmicas que esses homens e mulheres criaram, inclusive para saírem da escravidão, dando assim novos sentidos à liberdade. Por outro lado, os estudos sobre a complexidade das sociedades escravistas e o incremento de pesquisas interessadas na população negra livre durante a vigência da escravidão, fez com que a abolição deixasse de ser o grande divisor de águas das relações raciais nas Américas.

Desse modo, junto com a *abolição* da escravidão, os processos de *emancipação* se tornaram aspectos centrais na análise das experiências cidadãs da população negra. Tanto no Brasil como nos Estados Unidos, em Cuba, na Jamaica e em outras localidades caribenhas, a experiência cidadã negra ganha significativo relevo, por meio de análises que corroboram de maneira cada vez mais pujante a urgência de exames interseccionais de raça, classe e gênero.

Ao trabalhar conjuntamente com as emancipações e a abolição da escravidão, os estudos do pós-abolição mergulharam em uma série de histórias que foram sistemática e/ou propositadamente silenciadas por gestores da educação, historiadores e/ou autores de livros didáticos, com o intuito de retirar não só o protagonismo, mas também as inúmeras contribuições da população negra na construção da cidadania brasileira, reduzindo a experiência negra aos tempos da escravidão. Não por acaso, durante décadas, os estudantes das escolas do Brasil tiveram pouco ou nenhum contato com experiências de pessoas negras que não estivessem na condição de escravizados.

Vale dizer que, além das mudanças metodológicas trazidas pela História Social e História Cultural – ampliação de fontes primárias, abordagens comparadas e/ou conectadas –, a construção do campo do pós-abolição também foi marcada pelo diálogo imprescindível entre a academia e os movimentos sociais, sobretudo os movimentos negros. As novas perguntas, feitas a partir de outros olhares e vivências (muitas delas negras), têm se mostrado fundamentais para a consolidação do pós-abolição.

O campo vem sendo ampliado em diferentes temáticas, demonstrando a diversidade de histórias construídas por sujeitos e sujeitas negras entre a Lei do Ventre Livre (1871) e os dias atuais – em outras palavras, quando não mais nasceriam crianças juridicamente escravizadas e, na atualidade, com as leis que implementam políticas afirmativas reivindicadas por históricos movimentos negros.

As trajetórias de homens e mulheres negras finalmente vieram à luz após eclipsadas por historiadores acadêmicos do século XX. Filiados às abordagens historiográficas europeias, sobretudo francesas, esses(as) profissionais não incluíram as diferenças de cor entre os indivíduos pesquisados, corroborando indiretamente para a validação de uma pretensa democracia racial freyreana, que igualava todos os brasileiros sob o fenômeno da mestiçagem.

As pesquisas recentes abraçaram outros arcabouços teóricos e enegreceram toda essa história. Não à toa, vêm desconstruindo explicações causais ainda resistentes em compêndios escolares. Um deles se refere aos processos migratórios forçados ou voluntários dos negros com o fim da escravidão. Investigações recentes mostram a inexistência de uma grande migração de egressos do cativeiro para as cidades. As migrações ocorreram, mas não volumosas e imediatamente como se tinha até então. Famílias negras poderiam permanecer nas antigas fazendas, comprar, ganhar, arrendar ou ocupar terras e nelas constituir família e a produção campesina. A migração, embora constante, pode ter sido ampliada somente por parte de gerações posteriores à dos libertos pelas leis emancipacionistas.

O associativismo negro tem apresentado grandes resultados no que tange à reunião de pessoas negras em clubes, grêmios literários, templos religiosos, grupos educacionais, centros cívicos e associações beneficentes. A Frente Negra Brasileira (e seu jornal *A Voz da Raça*) e o Teatro Experimental do Negro (através da folha *Quilombo*) são exemplos dessas organizações locais ou nacionais investigadas pela historiografia. Mas há outras possibilidades de associativismo que devem ser buscadas levando-se em conta as particularidades regionais – as primeiras pesquisas realizadas no estado de São Paulo não devem enquadrar o azimute de novas pesquisas. As escolas de samba, por exemplo, já podem ser consideradas instituições de associativismo negro no Rio de Janeiro.

O campo de análise do pós-abolição vem cobrando maior observação da historiografia acerca da cor das pessoas investigadas durante suas pesquisas. Afinal, qual a cor do político, da trabalhadora, do cantor, da presidiária, do engenheiro, da médica e de tantas outras pessoas investigadas? Num país de maioria negra até os dias atuais, a ausência da cor dos indivíduos historicamente investigados e de como eles enfrentaram o racismo, em seu conjunto, produzem uma série de problemas graves na construção da história social do país, reforça o racismo (negros são vistos até hoje como potenciais vagabundos e marginais) e reflete uma historiografia à europeia (ainda branca na visão de alguns) bem menos que a de um país repleto de descendentes de africanos

A exploração, as humilhações e as torturas sofridas por corpos de crianças e adultos negros e negras quando internados em instituições totais, como orfanatos, presídios e espaços militares, ainda precisam ser melhor observados pelo campo. Representam espaços nos quais as relações sociais e de trabalho assemelham-se às relações escravistas com uso de castigos corporais, suspensão de pagamentos, obrigação de morar no trabalho somada à extenuante carga horária de trabalho. A historiografia que investiga o trabalho doméstico vem dando grandes passos na construção da história dessas pessoas e das linhas tênues que separam as relações de trabalho livre, do trabalho análogo à escravidão e do trabalho compulsório.

O campesinato negro evoca questões que alcançam os primórdios da escravidão, e mantém-se enquanto tema nos debates acerca dos territórios quilombolas da atualidade. Para além das referências teóricas do que é entendido por "campesinato" em Chayanov ou Ciro Cardoso – este último no caso brasileiro –, estudiosos do pós-abolição perceberam que as diferenças raciais revelam as particularidades desse tipo de produção. Muitos deles ainda hoje acessam a justiça para garantir seus direitos sobre a terra cultivada, exercendo seus direitos de cidadania.

Os estudos do pós-abolição já apontaram para a necessidade de um conceito de cidadania mais dinâmico e complexo que aquele definido por Marshall, ou mesmo outro, o de estadania, proposto por José Murilo de Carvalho, ambos muito presentes na historiografia brasileira até os dias atuais. Eles não incluem as experiências em séculos de escravidão e a genealogia de diferenças e desigualdades raciais na construção da cidadania. Como escreveu Raquel Machaqueiro, resenhando a obra de Frederick Cooper, a cidadania não deve ser pensada como categoria estável, mas como estrutura para debate (e luta) cujas variáveis são dinâmicas e inter-relacionadas no tempo e no espaço. A cidadania, dessa forma, pode ganhar predicados que melhor a definam historicamente a exemplo do conceito de cidadania negra em obras de Wlamyra Albuquerque.

Por último, o campo vem buscando interlocuções teóricas e metodológicas junto a pensadoras e escritoras negras na crítica à história única, eurocêntrica, heteronormativa, racista e sexista. O conceito de interseccionalidade de Kimberlé Crenshaw, por exemplo, vem permitindo observarmos contextos, experiências e acontecimentos históricos através das diferenças (étnicas, raciais, sexuais, de gênero etc.) entre as pessoas envolvidas, sem hierarquizar suas relevâncias. "Escrevivência" de Conceição Evaristo, por sua vez, vem sendo incorporado à historiografia para percepção sensível e profunda das diferentes formas de escrita que expõem as experiências vividas por seres negros e negras, individual ou coletivamente, na História.

Referências

ALBUQUERQUE, Wlamyra. *O Jogo da Dissimulação: Abolição e Cidadania Negra no Brasil*. São Paulo: Companhia das Letras, 2009.

COOPER, Frederik. *Citizenship, Inequality, and Difference: Historical Perspectives*. Princeton: Princeton University Press, 2018.

COOPER, Frederik; HOLT, Thomas; SCOTT, Rebecca. *Além da Escravidão: Investigação Sobre Raça, Trabalho, Cidadania em Sociedades Pós-emancipação*. Rio de Janeiro: Civilização Brasileira, 2005.

CUNHA, Olivia Maria; GOMES da Flávio dos Santos (orgs.). *Quase-Cidadão: Histórias e Antropologias da Pós-emancipação no Brasil*. Rio de Janeiro: FGV, 2007.

MACHAQUEIRO, Raquel. Citizenship, Inequality, and Difference: Historical Perspectives. Frederick Cooper (Review). *American Ethnologist*, v. 46, n. 1. Febr. 2019.

MATTOS, Hebe; RIOS, Ana L. O Pós-Abolição Como Problema Histórico: Balanços e Perspectivas. *TOPOI*, v. 5, n. 8, jan.-jun. 2004.

TANNENBAUM, Frank. *Slave and Citizen*. New York: Vintage Books, 2013.

POVOS INDÍGENAS

Gersem Baniwa

Povos indígenas formam uma grande diversidade de sociedades humanas habitantes originárias e milenares da América. Trata-se de povos com continuidade histórica das sociedades anteriores à invasão europeia e que permanecem decididos a conservar, a desenvolver e a transmitir, às suas gerações futuras, seus territórios ancestrais, suas identidades étnicas, suas línguas, memórias e sistemas de conhecimentos (Luciano, 2006). Eles defendem sua autonomia por meio da manutenção de suas tradições, culturas, tecnologias, saberes, valores, línguas. Preservam-se no presente inseridos em contextos de mudanças históricas sujeitas às mesmas dinâmicas que permeiam o sistema socioeconômico, político e cultural da civilização humana global contemporânea. Para manter sua singularidade perante a sociedade atual, se autodenominam de povos ameríndios ou povos originários.

Os povos indígenas são civilizações que se desenvolveram há pelo menos treze mil anos no continente americano. Estima-se que no século XIV, um antes da invasão europeia, havia na América até 112 milhões de habitantes originários. Só o império Asteca tinha uma população de 25 milhões, e o Inca chegou a contabilizar doze milhões de habitantes, o que conferiu a esses dois impérios o título de maiores populações das Américas daquela época. No Brasil, em 1500, havia pelo menos cinco milhões de habitantes falantes de 1,4 mil línguas originárias. Em 1970, essa população foi reduzida a setenta mil indígenas. Atualmente, esses números giram em torno de mais de um milhão de indígenas de 305 povos falantes de 275 línguas, habitando 13% do território nacional. Na América Latina, vivem mais de 45 milhões de indígenas falantes de mais de quinhentas línguas nativas derivadas de 99 famílias linguísticas.

Os povos originários renascem das sombras do longo e trágico processo de colonização. O protagonismo deles dentro da sociedade planetária indica perspectivas de construção de outros modelos de desenvolvimento econômico e social, plural, sustentável, igualitário e justo. Desse renascimento, surgem novos sujeitos indígenas de luta. Trata-se de pesquisadores, profissionais e acadêmicos indígenas que vão se somando a movimentos com instrumentos modernos de luta como o direito, a ciência, a tecnologia etc.

POLÍTICAS E MOVIMENTOS INDÍGENAS CONTEMPORÂNEOS

Os povos originários, com a criação de federações e confederações, sempre resistiram a todos os processos de dominação colonial europeu. Na atualidade, a estratégia de resistência está centrada no fortalecimento do movimento indígena, que se estrutura tendo como base uma rede de organizações indígenas locais, regionais, nacional, internacionais, étnicas, pan-étnicas, profissionais e de gênero, articulando-se em torno de estratégias e ações coletivas comuns. Trata-se de um esforço conjunto e articulado de lideranças, povos e organizações com o objetivo de avançar em uma agenda comum de luta pela terra, pela saúde, pela educação e por outros direitos.

Essas organizações assumiram cada vez mais o protagonismo da luta e forçaram um repensar da relação com o Estado, contribuindo significativamente para avanços no campo dos direitos indígenas e das políticas indigenistas.

POLÍTICAS INDIGENISTAS

O conceito de "política indigenista" é utilizado para descrever as intervenções que o Estado vem efetuando desde o início do século XX junto aos povos indígenas. Em 1916, o Código Civil brasileiro instituiu a tutela como figura jurídica reguladora da condição dos povos indígenas, considerando-os incapazes de compreender seus direitos e responsabilidades legais e de responder judicialmente por seus atos. As leis outorgaram ao Estado a função de tutor, representando-os civil e judicialmente.

Uma das principais mudanças na Constituição Cidadã de 1988 foi o reconhecimento da capacidade civil, jurídica e cognitiva dos indígenas. Foi reconhecido o protagonismo político desses povos na garantia e efetivação de seus direitos e a corresponsabilização no desenvolvimento de políticas públicas de seu interesse.

A concepção desenvolvimentista que vê os índios como um estorvo, um empecilho e um obstáculo permanece viva e vigente. Os argumentos praticamente são os mesmos: a necessidade de garantir o domínio da metrópole sobre as terras e suas riquezas e levar o progresso e a civilização aos povos colonizados considerados não civilizados, sem cultura ou até mesmo não humanos. Percebe-se ainda hoje a continuidade e o aprofundamento do integracionismo e do assimilacionismo que aceleram e aprofundam a escalada de violência contra os povos indígenas. Trata-se do contexto mais adverso enfrentado pelos índios desde o processo de redemocratização do país, redemocratização que, entre outras coisas, consagrou o direito originário dos povos indígenas sobre seus territórios, bem como reconheceu sua organização social, costumes, línguas e tradições.

O processo de redemocratização tentou reparar injustiças de todas as ordens dos primeiros colonizadores das Américas, que buscaram desqualificar as culturas indígenas, seus conhecimentos, suas línguas e seus modos de viver com a finalidade de requalificá-los, ensinando-os a "verdadeira" cultura, os "verdadeiros" conhecimentos, os "verdadeiros" caminhos da civilização. Em todo processo colonizador, os indígenas sempre estiveram em grande desvantagem em relação aos não índios por conta do não entendimento do modelo de organização política e militar dos invasores, a sua forma de funcionamento, o exercício do poder praticado pelo Estado e finalmente pelo poderio militar e tecnológico.

CONTRIBUIÇÕES DOS POVOS INDÍGENAS À FORMAÇÃO DA NAÇÃO BRASILEIRA

Na história oficial do Brasil, não aparece nenhum feito ou contribuição dos povos indígenas à formação da nação brasileira. Isso porque os colonizadores não admitiam nenhum progresso material vindo da parte dos índios, considerados sem cultura. Na prática, desde a chegada dos primeiros portugueses, os povos indígenas vêm ajudando a construir o Brasil. A primeira contribuição foi ensinar aos colonizadores técnicas de orientação durante as expedições, técnicas de sobrevivência na selva e como lidar com várias situações de perigo na mata. Ao longo de toda a história de construção do Estado brasileiro, os povos indígenas estão presentes, ora como aliados na expulsão de outros invasores estrangeiros, ora como mão de obra nas frentes de expansão agrícola ou extrativista.

O idioma português incorporou muitos vocabulários, palavras e conceitos de línguas indígenas. O conhecimento culinário e de medicina tradicional dos índios está presente na vida dos brasileiros, como, por exemplo, nos numerosos preparos da mandioca, que serve tanto para enriquecer o sabor dos pratos dos brasileiros como para incrementar a saúde de quem a consome.

Os povos indígenas detêm e cuidam de imensuráveis riquezas da nação brasileira. A principal delas é a megabiodiversidade existente em seus territórios, que representam quase 13% do território nacional, a maior parte totalmente preservada. Esta não é apenas uma riqueza dos índios, mas de todos os brasileiros e dos viventes do planeta, na medida em que são florestas que contribuem para amenizar os graves desequilíbrios ambientais da Terra nos tempos atuais.

AUTONOMIAS INDÍGENAS

Autonomia é uma forma de exercício do direito à livre determinação dos povos de acordo com o que estabelece o Artigo 1 do Pacto Internacional dos Direitos Civis e Políticos, Sociais e Culturais, implicando substancialmente o reconhecimento de autogoverno comunitário no âmbito de um Estado nacional.

Os povos indígenas desenvolveram, há milhares de anos, suas civilizações autônomas exercendo seus direitos de decidir sobre suas formas de vida presentes e futuras muito tempo antes da chegada dos europeus. Autonomias indígenas são experiências, valores e direitos originários. Mesmo após a instalação do Estado brasileiro e sob a opressão colonial, os povos indígenas continuaram praticando e vivendo suas autonomias societárias e territoriais como formas concretas de resistência e sobrevivência étnico-cultural, e continuam organizando suas aldeias em seus territórios segundo seus sistemas sociais, econômicos, jurídicos, religiosos, cosmológicos e epistemológicos.

Mas o projeto de dominação colonial de 522 anos acabou abalando e fragilizando alguns princípios e práticas de autonomias desses povos, exigindo a necessidade de rediscussão e retomada contextualizada de seus sentidos sociopolíticos. A luta contemporânea desses povos por autonomia inclui a luta por uma emancipação social, política e econômica capaz de tirá-los das péssimas condições de vida a que estão submetidos como resultado de séculos de dominação e exploração colonial, forçando-os a fazerem parte dos setores mais excluídos, empobrecidos e discriminados.

Desde o século XIX, ocorre a conformação do Estado brasileiro como expressão dos interesses das elites colonizadoras, excluindo os povos indígenas do seu projeto político. Diante disso, os povos indígenas vêm se constituindo em sujeitos de seus próprios destinos, fazendo valer seus direitos coletivos e cobrando dos governos a construção de um Estado plural, que possibilite em seu interior a existência e o desenvolvimento de espaços de autonomia. As diferentes formas de autonomia dos povos indígenas estão dirigidas para tornar as instituições vigentes do Estado mais flexíveis e abertas, com capacidades de promover a coexistência pacífica e solidária de todos os brasileiros. Trata-se de uma autonomia que se fundamenta na vontade de interagir, de participar e de não excluir componentes culturais diversos.

Autonomia indígena significa permitir-se o uso de suas próprias regras, que, no âmbito do Estado brasileiro, implica duas formas possíveis: a primeira como permissão para que os povos indígenas cuidem de seus próprios assuntos e para que mantenham suas culturas e modos de vida; a segunda, como um regime cojurídico ou pluralismo jurídico, implica a criação de uma coletividade política, jurídica, cultural e epistemológica no seio da sociedade nacional.

CIDADANIA, REPRESENTAÇÃO E PARTICIPAÇÃO POLÍTICA INDÍGENA

A ideia central de cidadania é o direito de pertencer e participar da vida em sociedade, portanto, participar das decisões sobre esta vida em sociedade. Os direitos indígenas são partes integrantes dos interesses da sociedade brasileira que requerem estratégias de participação e representação indígena nos espaços de tomadas de decisões. Os povos originários são portadores de direitos específicos além daqueles extensivos a todos os brasileiros e, ao longo de milhares de anos, desenvolveram diferentes formas de exercício do poder. A essa dupla condição sociopolítica – indígena e brasileira – denomina-se de cidadania diferenciada. A cidadania indígena assegura o reconhecimento do direito de diferenciação legítima, garantindo a igualdade de condições não pela semelhança, mas pela equivalência, criando campos sociais e políticos nos quais os índios são cidadãos do Brasil e, ao mesmo tempo, membros plenos de suas respectivas sociedades étnicas. As ideias do Brasil como um país pluriétnico e multicultural abrem caminhos para a cidadania diferenciada dos indígenas. Os povos indígenas constituem um pilar sociocultural na formação da identidade da nação brasileira e carregam sentimentos de brasilidade iguais a outros segmentos que a constituem.

PLANOS DE VIDA E A COSMOPOLÍTICA INDÍGENA

Segundo Bruce Albert (2002), os planos de vida indígenas são formas cosmopolíticas de projetar o futuro, no sentido de que traduzem conceitos cosmológicos em busca de inteligibilidade entre os mundos – os seus mundos e o mundo do branco. Conforme Luís Cayón (2010), na perspectiva da cosmopolítica, os mundos indígenas e o mundo dos brancos poderiam conviver, na medida em que as construções dos conceitos elaborados pelas autoridades estatais e pelos índios tenham a possibilidade de se aproximar, embora cada uma constitua um mundo autônomo, ontologicamente autodeterminado, mas que podem se tornar inteligíveis, abrindo espaços de negociação direcionados à neutralização das assimetrias existentes, que impedem a convivência. Isabelle Stengers (2005) criou o conceito de "cosmopolítica" para analisar as articulações que os mundos múltiplos e distintos são capazes de realizar, em vista de novos modos de coexistência possíveis.

RACISMO, IMAGINÁRIOS E ESTEREÓTIPOS ANTI-INDÍGENAS

Os colonizadores europeus criaram imaginários e estereótipos racistas sobre os ameríndios, dentre os quais o mais influente e persistente foi a dúvida em relação à humanidade deles. A dúvida produziu a vigência de teorias racistas que desqualificaram os indígenas como gentios, selvagens, animais, bestas, canibais ou seres humanos degradados, bárbaros, seres incapazes de se tornarem cristãos e súditos do rei, podendo assim serem escravizados ou mortos.

Tais teorias serviram como pretexto para a escravização e extermínio dos povos nativos e justificaram a conquista destes povos pelos europeus por uma necessidade de "civilizar" os "degenerados", humanizá-los, substituindo suas culturas, costumes, línguas, valores, hábitos, cosmovisões e ensinando-lhes os valores cristãos. O projeto colonizador se consumaria quando os povos nativos abandonassem seus modos de vida, seus territórios, seus sistemas de conhecimentos, suas línguas e suas identidades.

SABERES INDÍGENAS

Os saberes indígenas formam um conjunto de ideias, práticas, símbolos, códigos que respondem às necessidades e projetos de vida dos povos originários. Trata-se de crenças, valores e tecnologias que provêm de conhecimentos comunitários práticos gerados a partir de milhares de anos de observação e experiências que garantiram o desenvolvimento de modos de vida específicos.

A natureza é fonte de todo conhecimento. Cabe ao homem desvendar, contemplar, cuidar e usufruir de forma respeitosa e sustentável, além de compreender e conhecer ao máximo o seu funcionamento para seguir e levar em consideração sua lógica, seus limites e potencialidades em benefício de sua vida.

Os saberes indígenas são construídos e controlados socialmente a partir de um sistema de valores, usos e normas de produção e distribuição própria. Os processos de transmissão intergeracional oferecem oportunidades privilegiadas para as readequações, reelaborações, atualizações e aperfeiçoamentos permanentes. São holísticos, onde as distintas aplicações do conhecimento envolvem, de forma interligada, relações sociais, práticas rituais, trocas econômicas, estruturas políticas e cosmopolíticas.

Os sistemas indígenas de conhecimentos possuem elevado grau de autarquia, ou seja, possuem epistemologias e ontologias próprias e lugares específicos de utilização. Eles também são altamente autônomos, isto é, os grupos sociais que os produzem e controlam não precisam de outros sistemas para manter seus modos de vida em desenvolvimento nas Américas há milhares de anos.

Os conhecimentos indígenas são conectados com o mundo ancestral. A ancestralidade é o conjunto de princípios, valores, saberes e capacidades criados e deixados nos primeiros tempos da humanidade e do mundo que chegam até os tempos atuais por meio de histórias orais, mitos, rituais e cerimônias praticadas e repassadas de geração a geração. Essa conexão com o mundo ancestral se materializa permanentemente por meio da vigência da cosmovisão xamânica de pensar com os e através dos espíritos das coisas, dos seres e da natureza (Kopenawa & Albert, 2015).

Para os povos indígenas, conhecer é uma habilidade que se adquire na relação com outros seres que habitam o mesmo mundo. Quanto mais engajamento e integração com a natureza, mais possibilidade de conhecimento. As pedagogias indígenas ancestrais vão além com a ética cósmica do xamã, para quem o conhecimento só é possível com a permissão e colaboração da natureza.

A educação indígena tradicional ancora-se na chamada pedagogia ancestral, que está orientada sob a filosofia do Bem Viver. Bem Viver é viver em equilíbrio, respeito, reciprocidade, solidariedade e interdependência com a natureza, porque todos os seres que vivem no planeta se complementam uns aos outros. A pedagogia do Bem Viver ensina a viver aliando sabedoria, autonomia, liberdade, sentido existencial, alegria, empatia e amor, mesmo diante de adversidades.

DESCOLONIZAÇÃO E INTERCIENTIFICIDADE INDÍGENA

Nas últimas décadas, houve um crescimento significativo na oferta da educação escolar nas aldeias indígenas do Brasil. Esse processo de escolarização possibilita que os conhecimentos indígenas estejam em circulação tanto na esfera da tradição familiar, comunitária e étnica quanto nas esferas da escola, permitindo um duplo fluxo: conhecimentos indígenas que vão à escola e os conhecimentos escolares que vão às aldeias, resultando em uma educação intercultural e intercientífica real ou potencial. Para identificar essas distintas matrizes de conhecimentos, foram criados os conceitos de educação indígena, que se refere aos processos próprios de produção, transmissão e uso dos conhecimentos dos povos indígenas; e de educação Escolar Indígena, com referência aos processos de produção, transmissão e uso dos conhecimentos não indígenas e indígenas por meio da escola (Meliá, 1979).

Os distintos regimes de conhecimento indígena estimularam a criação do conceito de intercientificidade, entendida como forma real ou potencial de interação entre os distintos sistemas de conhecimentos, ontologias e epistemologias. Os relacionamentos entre diferentes culturas produzem formas de interculturalidade, e a inter-relação de vários sistemas de conhecimentos produz formas de intercientificidade.

Interculturalidade indígena é o conjunto de possibilidades teóricas e práticas de convivência democrática, dialógica e colaborativa entre diferentes culturas em que predominam processos de interação sem anular a diversidade, ao contrário, promovendo o potencial criativo, colaborativo e solidário resultantes das relações entre as diferentes culturas. Intercientificidade refere-se às formas de pensar e fazer ciências que reconhecem e promovem as diferentes matrizes, lógicas e metodologias de produção, transmissão e uso distintos de sistemas de conhecimento e de seus sujeitos produtores e usuários.

Os conhecimentos indígenas são produzidos coletivamente, portanto, são bens e patrimônios coletivos que não podem ser privatizados. Há conhecimentos que são considerados especiais ou que têm valor ritual simbólico e sagrado, e sua circulação é restrita e reservada a espaços e tempos específicos. Muitos conhecimentos medicinais e xamanísticos entram nessa categoria. Os detentores desses conhecimentos não têm interesse em comercializar seus saberes e nem que ganhem patentes, porque são do povo e para uso daquele povo.

LÍNGUAS INDÍGENAS

As línguas indígenas se estruturam como expressão, representação e significação das concepções de mundo e de vida das respectivas comunidades linguísticas para dar conta de uma cosmologia específica desenhada por uma determinada cultura (Saussure, 1975). Escassez de caça pode ser resultado de uma falta ou ineficiência de comunicação entre os pajés e os espíritos da "mãe das caças" (Baniwa, 2019). A natureza sempre se manifesta por sinais e por eventos, cabendo aos sábios interpretá-los, revelá-los e manejá-los[1].

As línguas indígenas pertencem à dimensão sociocósmica a partir de uma rede de comunicação cósmica, com suas variadas formas de transmissão, comunicação e linguagens, tais como: orais (conceitos, palavras, narrativas); visuais (desenhos, objetos, coisas, lugares, imagens, imaginários), verbais (mitos, benzimentos), sonoras (cantos, flautas) e performances (cerimônias, rituais). As línguas indígenas expressam e organizam cosmologias, epistemologias, racionalidades, temporalidades, espacialidades, valores, sentidos e significados existenciais e espiritualidades (Luciano, 2006). Os rituais xamanísticos (re)estabelecem relações por meio da comunicação entre os seres da natureza. A perda de uma língua por um povo afeta a relação desse povo com o cosmo, resultando em quebra ou redução de conectividade.

As línguas e culturas indígenas vão sendo constantemente atualizadas, moldadas, aperfeiçoadas e enriquecidas ao longo do tempo, mas também podem ser perdidas, abandonadas e mortas, porque acompanham a história, as descobertas e os costumes, e estão sempre abertas e receptivas às atualizações, às inovações e às mudanças que vão transformando o mundo e, junto, a língua, a cultura e os modos de vida e de pensamento dos distintos grupos humanos (Bakhtin, 1992).

É necessário superar a visão racista em relação aos povos indígenas, que os trata como transitórios, que estimula a desvalorização e morte lenta, silenciosa e dolorosa das línguas, das culturas, o que pode causar o fim de muitos saberes, de partes da nossa humanidade e de muitos mundos fascinantes, obras magníficas da Grande Natureza e do Grande Universo.

No Brasil, há 275 línguas indígenas faladas segundo dados do IBGE de 2010. É bom lembrar que esse número representa menos de um terço de idiomas falados no Brasil à época da conquista portuguesa, estimado entre 1200 e 1500 línguas indígenas (Luciano, 2006).

Essas línguas são fundamentais nos processos de luta por reconhecimento e legitimação da identidade étnica. Elas proporcionam a autoestima dos indivíduos e dos grupos falantes, no contexto das alteridades e autonomias étnicas e linguísticas.

As línguas indígenas gozam de reconhecimento, proteção e promoção da Constituição brasileira e de leis internacionais. Tais instrumentos legais declaram o rompimento da política integracionista de homogeneização cultural, étnica e linguísticas e garante aos indígenas o direito de continuarem falando suas línguas e praticando suas culturas e tradições.

Uma boa iniciativa que vem acontecendo muito lentamente ao longo das últimas décadas são as cooficializações de algumas línguas indígenas no âmbito dos municípios. Atualmente oito municípios já cooficializaram dez línguas indígenas (Ipol, 2020). Esse tipo de reconhecimento é necessário, porque eleva a autoestima dos falantes e cria uma base legal de uso dessas línguas em todas as instâncias, espaços e momentos de uso.

Os diálogos interlinguísticos são filosóficos e cosmopolíticos. Ajudam a romper a subalternidade interétnica colonialista na medida em que colaboram para a construção de processos educativos e incentivam atitudes objetivas e transformadoras de diálogo político e epistêmico de rompimento com a colonialidade tutelar, escritocêntrica, eurocêntrica, historicamente enraizada na sociedade. A manutenção escrita ou falada de uma língua indígena é um verdadeiro ato de resistência sociopolítica que busca uma relação de reconhecimento e de respeito.

Notas

1 Aqui, o sentido de "manejar" é de equilibrar, pôr em diálogo, pôr em acordo, combinar, acertar ou corrigir defeitos de comunicação ou de relações. Portanto, não tem nada a ver com as noções de dominação e manipulação, próprias do mundo ocidental europeu.

Referências

ALBERT, Bruce. O Ouro Canibal e a Queda do Céu: Uma Crítica Xamânica da Economia Política da Natureza (Yanomami). In: ALBERT, Bruce; RAMOS, Alcida Rita (orgs.). *Pacificando o Branco: Cosmologia do Contato no Noroeste Amazônico*. São Paulo: Editora Unesp, 2002.

BAKHTIN, Mikhail (Volochinov). *Marxismo e Filosofia da Linguagem*. São Paulo: Hucitec, 1992.

BANIWA, Gersem. Língua, Educação, e Interculturalidade na Perspectiva Indígena. *Anais do Seminário Ibero-americano de Diversidade Linguística - 2014, Foz do Iguaçu, PR*. Brasília: Iphan, 2019.

CAYÓN, Luís. *Penso, Logo Crio: A Teoria Makuna do Mundo*. Tese (Doutorado em Antropologia) Departamento de Antropologia Social da Universidade de Brasília, 2010.

IPOL - Instituto de Investigação e Desenvolvimento em Política Linguística. *Lista de Línguas Cooficiais em Municípios Brasileiros*. Disponível em:<ipol.org.br>. Acesso em: 10 dez. 2020.

KOPENAWA, Davi; ALBERT, Bruce. *A Queda do Céu: Palavras de um Xamã Yonamami*. São Paulo: Companhia das Letras, 2015.

LITTLE, Paul E. *Conhecimentos Tradicionais Para o Século XXI: Etnografias da Intercientificidade*. São Paulo: Annablume, 2020.

LUCIANO, Gersem José dos Santos. *O Índio Brasileiro: O Que Você Precisa Saber Sobre os Povos Indígenas no Brasil de Hoje*. Brasília/Rio de Janeiro: Secadi/MEC/Laced/Museu Nacional, 2006.

MELIÁ, Bartolomeu. *Educação Indígena e Alfabetização*. São Paulo: Loyola, 1979.

SAUSSURE, Ferdinand de. *Curso de Linguística Geral*. São Paulo: Cultrix, 1975.

STENGERS, Isabelle. The Cosmopolitical Proposal. In: LATOUR, Bruno; WEIBEL, Peter (eds.). *Making Things Public: Atmospheres of Democracy*. Cambridge: MIT Press, 2005.

PRECONCEITO RACIAL

Luciane Soares da Silva

O preconceito racial se apresenta no entrelaçamento entre raça e estereótipo. Está no cotidiano das relações sociais, nos espaços públicos e privados e em instituições fundamentais como a família, a Igreja e a escola. Ele também se apresenta de forma aberta ou velada na publicidade, nos folhetins televisivos e, recentemente, nas redes sociais. Isto é, o preconceito racial manifesta-se toda vez em que ocorre o emprego de classificações que têm na raça, enquanto construção social, e não biológica, uma poderosa ferramenta de organização social, hierarquização, inferiorização e reprodução de representações sociais. Da mesma forma, o estereótipo funciona como redutor da complexidade humana, das relações e possibilidades dos indivíduos, posto que são confinados em imagens de grupo racializado, quando há presença de preconceito racial.

É fato que os seres humanos são reduzidos a explicações gerais dentro de etiquetas do seu grupo étnico ou de origem. Contudo, o preconceito racial se manifesta quando tais etiquetas visam estigmatizar e inferiorizar sistematicamente coletividades por sua cultura e fenótipo. Esse processo de estigmatização ao qual são frequentemente submetidos indivíduos cuja cor da pele ou outras características/comportamentos difiram de outro grupo pode ser chamado de preconceito racial. Devemos frisar que nesse processo de estigmatização é possível observar relações de poder ou não. No caso brasileiro, onde o fenótipo, como afirma Oracy Nogueira, é decisivo nas formas de classificação racial, o preconceito sempre deve ser avaliado a partir da uma situação empírica dada. Isso porque, diferente dos Estados Unidos, a experiência brasileira mostra que a linha que divide brancos e negros pode ser atravessada a depender de variáveis como local de moradia, nível educacional, traços tidos como suaves, condição econômica. Todavia, saliente-se que essas características não impedem a existência de atitudes movidas pelo preconceito racial, mas podem alterar a intensidade de sua exteriorização.

Segundo o sociólogo francês Michel Wieviorka, a origem do preconceito pode estar associada a boatos de um grupo em relação a outro. Em sua formulação, há preconceito quando um grupo julga a comunidade a que pertence como superior em detrimento do grupo ao qual faz fronteira social. Nesse sentido, o preconceito pode ganhar existência em todas as relações humanas em que haja contato com o outro. Contudo, o preconceito racial possui características próprias; ele se apresenta em contextos concretos, vividos, marcados por experiência em que a ideia de raça – seja sustentada pelas diferenças culturais, seja sustentada pela hierarquização da variabilidade fenotípica da espécie humana – se faz presente e é operada para marcar a inferiorização do outro com base em ideias preconcebidas e representações estereotipadas do Outro.

O preconceito opera, particularmente no Brasil, a partir de conteúdos historicamente incorporados. Esses conteúdos podem ser apreendidos em diferentes níveis da vida: desde o aprendizado das práticas e representações em processos de socialização no ambiente familiar ou nas redes de amizades e vizinhança, e também pode ser absorvido e reforçado pelas instituições, a exemplo do sistema educacional, dos espaços de trabalho, dentre outros. A esse respeito, é possível citar como exemplos as piadas antissemitas, que apresentam os judeus como sovinas, ou as observações sobre o mundo do trabalho e representações que reforçam historicamente uma ideia de desintegração dos negros na ordem formal liberal capitalista, ou ainda as visões estereotipadas de que os indígenas são selvagens e de que grupos originários dos povos orientais (japoneses, coreanos e chineses, especialmente) seriam inassimiláveis, em razão da sua cultura tida como "fechada" e intransponível. Podemos afirmar que uma ação que utiliza como operador da interação o preconceito racial, só o faz porque instrumentaliza conteúdos internalizados e reproduzidos historicamente. Ou seja, o ato de discriminar é parte de um processo longo de aprendizado social. Dito de outra maneira, há uma relação intrínseca, mas não exclusiva, entre a discriminação e o preconceito.

Na literatura brasileira especializada sobre o tema, há referências que discutem o desenvolvimento do preconceito racial de acordo com relações humanas estabelecidas entre determinadas regiões. O século XX assistiu ao processo migratório na direção das cidades do sudeste, o que gerou vários sentimentos de superioridade por parte dessa região em detrimento daquelas regiões de origem dos migrantes (norte/nordeste) vistas como inferiores. Tal representação de inferioridade vale-se muitas das vezes da ideia de raça representada em estereótipos sobre a cultura e em relação às características físicas desses migrantes, geralmente populações cuja origem se deu a partir da miscigenação com povos indígenas e africanos e seus descendentes. Já os processos imigratórios de origem europeia fixaram uma população de origem alemã, italiana, polonesa, ucraniana na região sul do país. Ao imigrante branco e seus descendentes foram imputadas representações positivas, sendo estes entendidos como agentes da civilização, do trabalho livre e da assimilação social. Entendidos como a representação do progresso e do desenvolvimento da nação brasileira, a mão de obra desses imigrantes muitas vezes era preferida no mercado de trabalho, uma vez que o imaginário social sobre o grupo era favorecido por causa de sua origem (Europa), cultura (ocidental) e fenótipo (branco).

No caso específico dos negros, geralmente as representações que procuram caracterizá-los dentro da sociedade são dotadas de grande negatividade. Como se vê, trata-se de representações opostas àquelas construídas para descrever o imigrante europeu.

Vale dizer que esses conteúdos, para ambos os casos, tentam congelar as representações sobre os grupos. Aí entra em operação o estereótipo. Ao selecionar narrativas que associaram grupos não brancos (especialmente os considerados mestiços) à imoralidade, sensualidade, criminalidade e força física, cristaliza-se o preconceito. Ele opera nos níveis mais básicos do cotidiano. Mas também pode ser observado na seletividade penal, no sistema carcerário, no desconforto de uma parcela da população diante de políticas públicas que visam mitigar as desigualdades como as ações afir mativas.

Com o desenvolvimento da indústria no Brasil e o processo de decadência do latifúndio tão característico do mundo rural, considerando o investimento na adoção de políticas de embranquecimento, a questão do preconceito racial ganhará a marca da regionalização que opõe sul e sudeste ao restante do país. Para compreender as formas de classificação e preconceito racial, devemos seguir o desenvolvimento das ciências sociais, as pesquisas interessadas na compreensão das especificidades nacionais quanto à temática das relações raciais e à diversidade fenotípica encontrada de norte a sul do país como resultado dessas pesquisas. Citamos aqui a análise da Unesco como decisiva para a compreensão dos aspectos regionais do preconceito racial no país. Isso porque o contexto, as formas de miscigenação e o histórico de urbanização em cada cidade serão determinantes nas formas que o preconceito assume no cotidiano brasileiro.

Nesse sentido, podemos compreender o preconceito racial no Brasil contemporâneo enquanto forma de representação que diminui ou impossibilita determinados grupos de acessar direitos, dignidade e reconhecimento social. O preconceito racial assim definido, explicita como os grupos dominantes buscam assegurar para si lugares de poder. O preconceito opera como um demarcador de diferença. Esse demarcador não é neutro, uma vez que seu conteúdo tende a desqualificar alguns grupos com base na cor da pele, por exemplo, ou com base em práticas culturais e religiosas. O preconceito também opera de forma depreciativa ao classificar os mais aptos para determinadas atividades (intelectuais, por exemplo). Em última instância, o preconceito age como instrumento de reprodução do racismo estrutural. Podemos constatar suas consequências ao olharmos as diferenças de acesso às universidades e ao mercado de trabalho. Basta observarmos as dificuldades enfrentadas pelos negros no Brasilno que diz respeito ao acesso a uma educação superior de excelência e a certas posições sociais no mercado de trabalho. Por outro lado, o encarceramento em massa dessa população explicita o caráter seletivo do Estado na sua forma de controle social.

Referências

BASTIDE, Roger; FERNANDES, Florestan. *Relações Raciais Entre Brancos e Negros em São Paulo*. São Paulo: Anhembi, 1955.

BLUMER, Herbert. Preconceito de Raça Como Sentido de Posição de Grupo. *Plural: Revista do Programa de Pós-Graduação em Sociologia da Universidade de São Paulo*, v. 20, n. 1, 2013. Tradução de Benno Victor Warken Alves e Paulo de Tarso Medeiros Valério.

GUIMARÃES, Antonio Sérgio Alfredo. *Preconceito e Discriminação*. São Paulo: Editora 34, 2004.

NOGUEIRA, Oracy. *Tanto Preto Quanto Branco: Estudos de Relações Raciais*. São Paulo: T.A. Queiroz, 1985.

WIEVIORKA, Michel. *O Racismo, uma Introdução*. São Paulo: Perspectiva, 2018.

QUILOMBOS

José Maurício Arruti
Givânia Maria Silva

Ao abordar o termo "quilombo", é necessário reconhecer, em primeiro lugar, que desde seus usos originais, na África, até os seus usos recentes, no Brasil, ele sofreu diversas extensões metafóricas, das quais resultaram deslocamentos e até mesmo inversões de sentidos e usos sociais. Além disso, se as palavras podem denominar coisas diferentes, as coisas também podem ser denominadas de distintas formas no tempo e no espaço. Ao ser importado pela legislação colonial, o termo "quilombo" implicou uma ampliação lexical da língua portuguesa falada no Brasil, por influência dos trânsitos coloniais. Da mesma forma, mas não no mesmo sentido, ao ser incorporado à Constituição de 1988, o quilombo implicou uma ampliação do léxico jurídico e político, por pressão dos movimentos sociais.

A palavra "quilombo" tem origem no aportuguesamento de "kilombo", vocábulo da língua umbundu, compartilhada pelos povos bantu. Originalmente ela parece designar "acampamento" ou local fortificado". A partir do século XVII, em função de uma longa história de conflitos entre aqueles povos e seus vizinhos, a palavra sofre uma extensão metafórica, passando a designar a instituição guerreira imbangala (jagas), mas cada vez mais tende a se converter em transcultural, na medida em que o processo de ingresso nela passou a ser precedido de severos rituais de iniciação, cuja função era justamente o abandono dos laços de origem e linhagem para se adquirir uma nova identidade social.

O termo quilombo, já aportuguesado, aparece em Pernambuco a partir de 1681, mas a sua consolidação no vocabulário português aparentemente decorre da sua introdução na legislação colonial (Conselho Ultramarino de 1740), na qual o termo designa "toda habitação de negros fugidos que passem de cinco, em parte despovoada, ainda que não tenham ranchos levantados nem se achem pilões neles". Seu uso persiste estável ao ressurgir na legislação imperial, fixando no imaginário nacional a imagem dos quilombolas como agrupamentos de escravizados fugidos e isolados em locais de difícil acesso, sem comunicação ou troca comercial com o meio circundante.

Com o fim do regime escravista, o termo legal perde seu objeto, desaparecendo da legislação republicana até 1988. Nesse interregno, entretanto, a categoria não perde de todo o seu uso, na medida em que, ao tornar-se objeto de interesse histórico e antropológico, vai sendo submetida a releituras que lhe atribuem novos sentidos culturais e morais, que a associam às noções de resistência política e cultural negra. Isso aparece tanto no primeiro trabalho histórico sobre o quilombo dos Palmares, publicado pelo historiador e etnólogo Edson Carneiro (1912-1972), em 1947, quanto nos trabalhos dos jornalistas e historiadores Clóvis Moura (1925-2003) e Décio Freitas (1922-2004), que enfatizavam o aspecto ativo e mesmo revolucionário (sob a forma de rebelião e guerrilha) da população escrava aquilombada diante do regime escravista.

A historiadora e ativista Beatriz Nascimento (1942-1995), por sua vez, enfatiza o quilombo como uma instituição que expressa a busca pela independência, autonomia e organização própria, metas que a levam a conceber o quilombo como um fenômeno que não está limitado aos marcos históricos e jurídicos da escravidão, mas que se estende a territórios negros contemporâneos, notadamente às favelas, tanto como um tipo de organização social quanto como uma imagem, "instrumento ideológico" da luta negra contemporânea. O fenômeno histórico ganha um sentido cada vez mais contemporâneo até dar lugar à proposição do conceito de "quilombismo", formulada em 1980 pelo ator, escritor e artista plástico Abdias Nascimento.

Assim, ao longo das décadas de 1970 e 1980, o quilombo, e em especial o quilombo dos Palmares, consolida-se como imagem privilegiada da luta negra no Brasil. O que é materializado com o tombamento da Serra da Barriga, Alagoas, como patrimônio histórico e cultural brasileiro, em 1985. Em 1988, finalmente o termo ingressa no corpo legal republicano por meio da Constituição Federal (CF 1988), sofrendo sua última grande ressignificação. O termo "quilombo" aparece no capítulo relativo à Cultura, associado à ideia de patrimônio histórico (artigos 215 e 216), mas é a partir do seu emprego no artigo 68 do Ato das Disposições Constitucionais Transitórias (ADCT) que ele adquire um sentido novo e socialmente produtivo.

Ao falar de "remanescentes das comunidades de quilombos" e da obrigação do Estado em titular as suas terras (Art. 68, ADCT-CF1988), o artigo constitucional aponta tanto para comunidades contemporâneas quanto as vincula ao tema da terra. Isso inverte o uso repressivo que o termo tinha na legislação colonial e imperial, mas também o afasta dos seus usos alusivos. Esses dois movimentos de delimitação conceitual são consolidados pela norma que mais tarde regulamenta a aplicação do citado artigo. Assim, atualmente e para fins de políticas públicas, o termo "remanescentes de quilombos" designa "os grupos étnico-raciais, segundo critérios de autoatribuição, com trajetória histórica própria, dotados de relações territoriais específicas, com presunção de ancestralidade negra relacionada com a resistência à opressão histórica sofrida". (Decreto, 4887/2003).

Etnicidade e território, além da memória da resistência à opressão histórica, são conceitos de apoio que ajudam a circunscrever o termo, atribuindo-lhe também peso conceitual. Etnicidade é um conceito antropológico, mas que ganha dimensão legal (e simplificada) na forma do direito à autoatribuição, estabelecido pela Convenção 169 da Organização Internacional do Trabalho (OIT, 1989), que é ratificada pelo Estado Brasileiro em 2004 (Decreto n. 5.051/2004). Território é um conceito tanto geográfico quanto antropológico, que enfatiza a diferença no modo pelo qual tais comunidades se relacionam com as terras que lhes devem ser tituladas. Uma relação que não deve ser pensada em termos de produtividade, mas que deve contemplar o caráter de "uso comum" e as dimensões simbólicas e de manejo ambiental que as populações lhe atribuem. Assim, por meio da CF 1988, quilombo dá lugar ao conceito de "remanescentes de quilombos".

Cabe agora fazer um breve apontamento sobre a realidade social que o conceito pretende descrever. Recentemente, o Instituto Brasileiro de Geografia e Estatística (IBGE) fez um levantamento que estimou a existência de 6.023 "localidades quilombolas" (IBGE, 2020) a serem abordadas no próximo censo demográfico nacional. Elas estão distribuídas por 1.674 municípios (30%) e por quase todas as unidades da federação. A maioria delas está situada na Bahia, Minas Gerais e Maranhão, cobrindo entre 50% e 60% dos seus municípios. Apesar de não apresentarem números absolutos tão expressivos, outros estados também têm localidades quilombolas em mais da metade dos seus municípios: Alagoas (55%), Pernambuco (59,4%) e Sergipe (68%).

A desigualdade social e de acesso aos serviços públicos é uma marca constante dessas localidades. Pouco mais de quatro mil delas são oficialmente reconhecidas pela (ou possuem a Certificação da) Fundação Cultural Palmares (FCP), órgão público criado para promover e preservar os valores culturais, históricos, sociais e econômicos da influência negra na sociedade brasileira. Menos de duas mil conseguiram abrir os seus processos de regularização dos seus territórios no Instituto de Colonização e Reforma Agrária (Incra) e, destas, menos de trezentas contam com seus Relatórios Técnicos de Identificação e Delimitação (RTID), uma das primeiras e mais relevantes etapas do longo processo de titulação dos territórios. Pouco mais de duzentas foram efetivamente tituladas.

Com relação à educação, os dados são igualmente preocupantes. Segundo o Instituto Nacional de Estudos e Pesquisas – Inep, em 2020 apenas cerca de 30% das escolas em áreas quilombolas possuem acesso a material didático específico para a diversidade sociocultural das comunidades quilombolas, conforme estabelece as diretrizes supracitadas. Além disso, o percentual de escolas que acessam esses materiais recuou em 2018 e em 2019 com relação a 2017. Em 2020, essa informação já nem mesmo constava do Censo Escolar, o que aponta um movimento de abandono e desconsideração do tema por parte do governo.

Mesmo com o direito constitucional assegurado, ainda que tardiamente, percebemos que os níveis de desigualdades e violações de direitos das comunidades quilombolas são constantes no Brasil. A falta da regularização dos territórios quilombolas, o não cumprimento das diretrizes curriculares nacionais para a educação escolar quilombola (Resolução n. 08 do Conselho Nacional de Educação de 20.11.2012) e a ausência de políticas públicas de saúde estão entre os fatores que mais violam os direitos dos quilombolas. Isso aumenta os níveis de exclusão e desigualdades dos quilombolas em todas as dimensões. E essa situação apenas piora desde 2017, quando assume o governo um grupo que declara guerra aos territórios indígenas, quilombolas e de proteção ambiental.

O esvaziamento e/ou extinção de órgãos e orçamentos criados para atuar na elaboração e execução das políticas para as comunidades quilombolas, têm feito aumentar a invisibilidade dos modos de vida, das dinâmicas e histórias dos quilombos no Brasil e se transformaram em um motor para fomentar a desigualdade e a não garantia de direitos. O que não está visível socialmente passa a não ser palpável. Isso gera menos mobilização para a implementação das ações que levam à garantia dos direitos como a educação, a regularização dos territórios, o acesso à saúde, entre outros.

Referências

ARAUJO, Eduardo; SILVA, Givânia Maria da. Racismo e Violência Contra Quilombos no Brasil. *Confluências*, v. 21, n. 2, ago.-nov. 2019.

ARRUTI, José Maurício. Quilombos. In: PINHO, Osmundo Araújo; SANSONE, Lívio (orgs.). *Raça: Novas Perspectivas Antropológicas*. Salvador: Edufba, 2008.

ARRUTI, José Maurício et al. O Impacto da Covid-19 Sobre as Comunidades Quilombolas. *Informativo Desigualdades Raciais e Covid-19, Afro/Cebrap*, n. 6, jan. 2021.

GOMES, Flávio Gomes. *Mocambos e Quilombos: Uma História do Campesinato Negro no Brasil*. São Paulo: Claro Enigma, 2015.

HENRIQUES FILHO, Tarcísio. Quilombola: A Legislação e o Processo de Construção de Identidade de um Grupo Social Negro. *Revista de Informação Legislativa*, v. 48, n. 192, out.-dez. 2011.

MUNANGA, Kabengele. Origem e Histórico do Quilombo na África. *Revista USP*, n. 28, dez.-fev. 1995-1996.

NASCIMENTO, Beatriz. [1977]. Historiografia do Quilombo. In: NASCIMENTO, Beatriz. *Quilombola e Intelectual: Possibilidades nos Dias da Destruição*. São Paulo: Filhos da África, 2018. (Coletânea organizada e editada pela UCPA - União dos Coletivos Pan-Africanistas.)

RAÇA

Antonio Sérgio Guimarães

A palavra "raça" tem uma história relativamente longa no mundo europeu ocidental e nos continentes colonizados ou conquistados pelos seus povos. A palavra, na verdade, surge ainda antes da expansão europeia, no século XV, nas línguas românicas faladas na península ibérica, entre criadores de cavalos, para se referir a uma depuração de linhagem, se espalhando rapidamente para referências a virtudes e defeitos transmitidos em linhagens humanas. Assim, trata-se de algo já anteriormente utilizado pela nobreza com a finalidade de justificar seus privilégios e a natureza divina de suas virtudes.

Entre os diversos significados corriqueiros da palavra, o *Dicionário Aurélio da Língua Portuguesa* destaca: "Conjunto de indivíduos cujos caracteres somáticos, tais como a cor da pele, a conformação do crânio e do rosto, o tipo de cabelo etc., são semelhantes e se transmitem por hereditariedade, embora variem de indivíduo para indivíduo." Tal definição aparece apenas no século XIX, quando o termo "raça" foi objeto de sistematização e racionalização pela ciência biológica. Essa sistematização ficou conhecida como racismo científico, doutrina que classificava os seres humanos em grandes famílias de características somáticas relativamente homogêneas e que pretendia também explicar diferenças culturais, habilidades sociais e capacidades individuais a partir dessa classificação.

O vocábulo "raça" que nos interessa aqui é aquele usado hoje nas ciências sociais e que, em termos políticos, está sempre associado a "racismo" e "antirracismo". Trata-se de um conceito político em dois sentidos precisos: primeiro, não se refere a um objeto natural e exterior ao mundo social, ou seja, a um *a priori* filosófico; segundo, o seu uso está sempre associado à criação e à reprodução de uma ordem social. É analítico para as ciências sociais no sentido de ser imprescindível para que a análise sociológica desvende uma ordem de opressão que utiliza explícita ou implicitamente a ideia de raça. Ou seja, é analítico porque o conceito se refere a uma noção que orienta a ação social e permite ao analista compreender e explicar o curso dessa ação.

Para entender melhor o conceito de raça, devemos considerá-lo em três contextos distintos, ou seja, em três construções discursivas – o racismo, o antirracismo e a ciência.

RAÇA E RACISMO

A raça como depuração de virtudes e de qualidades humanas através de uma linhagem familiar ou grupal já traz em si um sentimento de superioridade e uma certa hierarquia, mas não necessariamente está associada à hierarquia social e à opressão de povos ou de outras parcelas da população. O racismo derivado da raça espalha-se a partir da Europa Ocidental, a partir do século XV, atualizado pelos colonizadores europeus em diversos continentes, sendo dirigido contra várias populações, sendo as principais: 1. judeus, árabes e seus descendentes; 2. africanos subsaarianos e asiáticos. Em relação às primeiras, a ideologia racista aciona principalmente marcadores culturais; para as demais, os marcadores são invariavelmente somáticos e fenotípicos. O que há de comum entre as populações citadas acima é: a ideia de raça enquanto hereditariedade de características morais e intelectuais dos membros de um grupo social, ou seja, a transmissão de valores culturais pelo sangue, pelos fluidos humanos e pela linhagem; e a classificação das sociedades humanas segundo traços culturais, considerados imutáveis. Como tais populações convivem num mesmo espaço social e econômico, tais classificações implicam em criar, reproduzir e justificar desigualdades de oportunidades de vida e de acesso a bens materiais.

Ou seja, o racismo utiliza o termo "raça" para: 1. utilizar a noção de hereditariedade e a transmissão de características somáticas a fim de explicar a história e a vida social, isto é, procura com isso tratar a ordem social e política como se esta fosse parte de uma ordem natural. Em outros termos, o mundo social é reduzido ao mundo natural; 2. utilizar-se de marcadores somáticos e culturais de descendência em discursos políticos com a finalidade de designar e manter hierarquias sociais. Ou seja, para justificar a distribuição desigual de riquezas, de propriedades e de oportunidades de vida entre grupos sociais em posições de poder superiores e inferiores.

Esses dois elementos e suas consequências surgiram e se desenvolveram em processos históricos distintos. Entre eles, destaco quatro principais, sistematizados, em diferentes obras, por Collete Guillaumin e Jean-Fréderic Schaub:

1. A inquisição ibérica e o uso sistemático da noção de pureza de sangue: conversos ao catolicismo não seriam inteiramente convertidos, herdariam pelo sangue a impureza do judaísmo ou do islamismo e, por isso mesmo, não seriam sujeitos inteiramente confiáveis. Esse tipo de antissemitismo deixa claro dois fatos a serem gravados: a. a ideia de raça pode dispensar marcadores corporais e fenotípicos; b. a ideia de raça é criada a partir de uma necessidade política de diferenciar pessoas cuja aparência física as torna indiferenciadas. O marcador visível no caso do antissemitismo é a religião, o invisível é a descendência pelo sangue.

2. O segundo grande processo histórico foi a conquista da América e de outros continentes e a subsequente colonização europeia. Tal processo envolveu a escravização e a subordinação dos povos conquistados, e esses povos passaram a ser marcados e diferenciados principalmente por suas características somáticas e fenotípicas.

3. O terceiro processo foi o desenvolvimento da ciência moderna e da noção de endodeterminação da natureza, ou seja, a noção segundo a qual o mundo visível e real se desenvolve a partir de causas internas aos organismos e à sua natureza. Essa

forma de compreensão do mundo abriu a possibilidade para que um novo ramo da ciência natural, a raciologia, explicasse, no século XIX, o desenvolvimento social e cultural da humanidade a partir de características raciais dos diferentes povos.

4. Finalmente, vale a pena acrescentar que, durante a colonização, surgiu nos colonizadores europeus o medo de se misturarem com as populações colonizadas, isto é, o medo de que a mestiçagem entre eles e as raças subordinadas apagasse os marcadores visíveis já estabelecidos dessas hierarquias sociais. Esse medo esteve também na base dos diferentes sistemas de classificação racial do mundo americano (norte, central e sul) desde a colonização da América.

Dois tipos de racismo ocuparam mais detidamente a atenção dos estudiosos do Ocidente europeu: o antissemitismo e o racismo contra os negros.

O antissemitismo apresenta algumas características únicas para o entendimento de como a noção de raça pode ser usada para criar, discriminar e oprimir um grupo social. Os judeus, isto é, os que professavam a religião judaica, constituíam uma minoria discriminada e espacialmente segregada na Idade Média europeia. Moravam em guetos e não podiam exercer certos ofícios.

Tal situação de opressão foi, até certo ponto, modificada na Península Ibérica do século XV com a expulsão dos judeus e a conversão compulsória em massa ao catolicismo daqueles que quisessem permanecer. Ou seja, a perseguição mostrou-se de caráter claramente religioso e étnico. Tal situação durou pouco, entretanto. À medida que os conversos, entrados na vida social de Espanha e Portugal em igualdade de direitos, progrediram social e economicamente, passando a ocupar posições de destaque em todas as esferas sociais, avultou um sentimento de rejeição aos convertidos, chamados de cristão-novos ou marranos, acusados de perseguirem os cristãos-velhos, de conspirarem contra o reino e de o explorarem. Enfim, não seriam nem fiéis à Casa Real, nem à nação. Desenvolveu-se assim a teoria de que os conversos não seriam nem confiáveis, nem honestos, mas que uma essência judaica em sua natureza mesma se transmitia hereditariamente, tornando-os perversos, desonestos, exploradores e conspiratórios. Ou seja, a raça judaica substituía a religião como justificativa para discriminá-los socialmente e nutrir-lhes ódio.

O racismo antissemita nos ensina, portanto, que a raça pode ser criada, marcada e identificada tão apenas por ancestralidade, e que a atribuição de hereditariedade de traços psicológicos e comportamentais antecede a ciência biológica e a genética modernas. Do mesmo modo, o grupo racial discriminado pode também sê-lo por ressentimento nutrido pelo seu sucesso social. O grupo social que discrimina, a raça discriminadora assim formada, ao contrário, fará das suas pretensas qualidades raciais herdadas a justificativa para a sua pretensão de superioridade social e de monopólio das posições de prestígio e de poder.

A partir do século XVI, a expansão de Portugal, Espanha, Inglaterra, França e outras potências europeias em direção aos demais continentes, conquistando territórios, exterminando e subjugando povos nas Américas, na Ásia, na África, na Austrália, possibilitou, como já disse, que marcadores somáticos passassem a ser indispensáveis para os europeus como forma de distinguir-se dos demais povos.

A cor mais clara dos europeus, principalmente, passou a sintetizar as diferenças somáticas percebidas. A classificação dos povos humanos pela cor da pele e por outros traços fisionômicos generalizou-se e cristalizou-se, pois a cor já era fundamental na simbologia religiosa europeia – o branco simbolizando a pureza e a virtude, por exemplo, e o negro, a perversão, a maldade, a morte.

Mas, durante algum tempo, a conversão ao cristianismo, principalmente ao catolicismo, impôs-se como marcador de humanidade plena. Foi provavelmente a partir da necessidade de reproduzir situações de colonização, que demarcavam com clareza os colonizadores dos colonizados, os senhores dos escravizados, que a cor, principalmente a brancura livre da mestiçagem, se impôs como marcadora, junto com outros traços somáticos, da situação de monopolização do prestígio e do poder. Esses marcadores raciais puderam ser adaptados e modificados em cada situação colonial específica, dando origem a diversos sistemas de classificação racial.

Concomitante ao racismo científico, num desenvolvimento paralelo de covariação, as sociedades americanas se tornavam politicamente independentes, aboliam o sistema escravocrata e a cor (junto com traços somáticos) se erigia como marcador de privilégios e oportunidades sociais desiguais. Ao mesmo tempo, a África era ocupada e colonizada pelos europeus.

RAÇA E ANTIRRACISMO

A rejeição do racismo deu-se principalmente pelo surgimento e pela consolidação das ciências sociais (antropologia e sociologia) no final do século XIX e começo do XX, que afastaram a hipótese de que as sociedades e os grupos humanos, enfim, os fenômenos da vida social, pudessem ser compreendidos no âmbito das ciências naturais, e de que a cultura humana pudesse ser reduzida a determinações biológicas ou genéticas.

A rejeição de tal paradigma racista se consolidou depois da Segunda Guerra Mundial como reação ao genocídio dos judeus europeus pelos regimes nazifascistas, o qual – numa demonstração absurda da força ideológica do racismo – contou com a passividade de governos liberais. No pós-guerra, a partir de 1945, passou a viger um certo consenso entre os cientistas das mais diversas áreas de que o termo "raça" deveria ser retirado do discurso científico, substituído pelas noções seja de "população" seja de "etnia" e, quando fosse estritamente necessário utilizá-lo, deveria sê-lo entre aspas, para que ficasse claro que seria uma noção usada por outros e não como parte do discurso científico.

Esse tipo de antirracismo científico, cujo fundamento é a negação das raças, entretanto, coube melhor ao combate do antissemitismo que à luta dos negros contra o racismo, que se desenrolava ao mesmo tempo.

Como vimos, a noção de raça como justificativa de monopólio de poder antecedeu à sua incorporação pela ciência, do mesmo modo que as sociedades de meados do século XX, principalmente no mundo colonial e pós-colonial, continuaram a ser estruturadas por hierarquias sociais demarcadas pela noção de raça, ainda que se negasse a sua cientificidade. Exemplos mais conspícuos eram os sistemas segregacionistas dos Estados Unidos e da África do Sul, que continuavam a vigorar no seio de democracias liberais. Mas outros sistemas, menos abertamente raciais, apoiados na flexibilização da noção de raça, como as doutrinas de mestiçagem e de democracia racial na América Latina, se apoiavam também em privilégios raciais.

Nesses casos, as estruturas sociais e a política construída sob a justificativa da hierarquia de raças em séculos anteriores podem se reproduzir e se consolidar mesmo sem a justificativa da raça como *a priori*, ou seja, como conceito natural.

A resistência que se mostrou mais eficiente a tais sistemas de opressão e de exploração de povos definidos como negros ou não brancos foi edificada pelos oprimidos a partir do reconhecimento e ressignificação da noção mesma de raça que os subjugava. Assim, W.E.B. Du Bois, sociólogo e político negro estadunidense, já redefinia, no final do século XIX, a "raça" para torná-la noção central na luta de emancipação dos povos negros e na edificação de sociedades não racistas. Raça, para Du Bois, seria "uma vasta família de seres humanos, geralmente de sangue e linguagem comuns, sempre de história, tradições e impulsos comuns, que, voluntária ou involuntariamente, lutam juntos pela realização de certos ideais de vida concebidos de maneira mais ou menos vívida". Ou seja, Du Bois trocava o caráter hierárquico implícito na noção de raça por um ideal igualitário de convivência, respeito e tolerância, dando início, no plano político, a um discurso racial antirracista.

RAÇA E CIÊNCIA

O que chamamos acima de "racismo científico" e "antirracismo científico" são entendimentos que se mostraram incorretos. Isso nos alerta para o fato de que não apenas a ciência modifica seus entendimentos, como também estes têm profunda vinculação com interesses sociais de época.

As ciências sociais do século XXI procuram conciliar os valores morais que fundamentam a valorização dos indivíduos, o reconhecimento da sua liberdade e da igualdade fundamental entre eles, com os valores morais decorrentes do reconhecimento da riqueza intrínseca de todas as culturas humanas e da formação de coletividades sociais a partir de estruturas sociais de poder de grande resiliência. Se os indivíduos não podem ser subsumidos e compreendidos apenas a partir de características somáticas ou culturais de seus grupos sociais, também a ciência não pode ignorar a força política desses grupos e a pujança da vida cultural e da diversidade onde medram identidades coletivas.

Assim, as ciências sociais utilizam hoje o conceito de raça para se referir a coletivos sociais que se formam com base nesse sentimento de pertencimento racial. Elas assim procedem seja para criar, reproduzir e justificar hierarquias sociais, seja para contrapor-se a tais hierarquias, seja na luta para criar ordens sociais mais igualitárias, seja no movimento conservador para manter as desigualdades existentes. Para a ciência, não basta negar a raça como *a priori* social ou natural, é preciso compreender o modo como essa noção atua na vida coletiva e usá-la, desse modo, como conceito político ou sociológico.

Referências

BESSONE, Magali; SILVA, Diana Mendes Machado. Que Gênero de Grupo São as Raças? Naturalismo, Construtivismo e Justiça Social. *Plural: Revista de Ciências Sociais/USP*, v. 27, n. 2, 2020. Disponível em: <https://doi.org/10.11606/issn.2176-8099.pcso.2020.179829>.

DU BOIS, W.E.B. (2004). On the Meaning of Race. ZUCKERMAN, Philip (ed.). *The Social Theory of W.E.B. Du Bois*. Thousand Oaks: Sage, 2004.

GUILLAUMIN, Colette. *L'Ideologie raciste: Génèse et language actuel*. Paris: Mouton, 1972.

GUIMARÃES, Antonio S.A. *Modernidades Negras: A Formação Racial Brasileira (1930-1970)*. São Paulo: Editora 34, 2021.

SCHAUB, Jean-Frédéric; SEBASTIANI, Silvia. *Race et histoire dans les sociétés occidentales XVe-XVIIIe siècle*. Paris: Albin Michel, 2021.

RACIALIZAÇÃO

Valter Roberto Silvério

Quando digitamos a palavra "racialização", o revisor ortográfico do word em português não reconhece e pede para verificar se a ortografia está correta – e sugere sua substituição por racionalização, radicalização, parcialização –, o que significa que o termo ainda não consta em dicionários de língua portuguesa. Nos dicionários de língua inglesa, no entanto, o uso da palavra pode ser traçado desde o século XIX. O verbo transitivo *racialize* (Estados Unidos) ou *racialise* (Inglaterra) significa, em uma tradução livre "as formas como a linguagem é usada para colonizar, racializar e mercantilizar o Outro" (*NEW Dictionary of the History of Ideas*, 2005: 501-507). Já o adjetivo *racialized* (Estados Unidos) *racilised* (Inglaterra) está associado a "uma ideologia cada vez mais racializada das diferenças entre europeus e Outros" (Ibidem). O substantivo racialização está relacionado a processos nos quais minorias étnicas experimentaram "feroz racialização e discriminação" em uma escala hierárquica em cujo topo se situa a brancura.

Em termos das ciências sociais e humanas, a racialização faz parte de uma sequência temporal de problemáticas que aparecem no pós-guerra, são denominadas na década de 1970 como problemáticas da "raça", em 1980 como do "racismo" e, a partir da década de 1990, como da "racialização" (Solomos & Les Back, 1994; Barot & Bird, 2001). Rohit Barot e John Bird (2001), por exemplo, ao situarem a transição de foco de "raça e relações raciais" para a questão do racismo e o processo de racialização das relações intergrupais argumentam, seguindo Michael Banton (1997: 35), o seguinte: "O que o uso da racialização, a nosso ver, não parece ter alcançado é encontrar uma saída para as dificuldades causadas pela multiplicidade de significados dados à palavra raça." (Barot & Bird, 2001: 608)

O fim da Segunda Guerra marcou o início de uma profunda mudança na superfície do globo terrestre, que foi acompanhada por novas formas de regulação social acordadas no âmbito da Organização das Nações Unidas (ONU), com destaque para a Organização das Nações Unidas para a Educação, a Ciência e a Cultura (Unesco), que surgem com a preocupação explícita de evitar que tragédias como o fascismo e o nazismo ocorressem de novo, embora a segregação racial nos EUA tenha permanecido até 1968 e o apartheid, na África do Sul, implementado oficialmente em 1948, tenha perdurado até 1994.

As transformações ocorreram em função do e coadunadas com o movimento de lutas de libertação na Ásia e na África, com as tentativas reais de organização dos não alinhados (conferência de Bandung 1955), congressos de escritores negros (Paris 1956 e Roma 1959), All-African Peoples' Conference (Conferência dos Povos Africanos, Acra 1958), entre outros. No plano dos Estados europeus, são os deslocamentos de populações das antigas colônias que proporcionam o debate político sobre imigrações e relações raciais em seus aspectos sociais e econômicos (Balibar & Wallerstein, 1991; Miles, 1993; Wrench & Solomos, 1993).

O diagnóstico nem sempre explícito, nos autores europeus e estadunidenses, está na relação entre o crescimento em volume de novos tipos de imigração das antigas colônias para vários países europeus e a constituição de novas formas de racialização. Daí a tendência de muitos comentaristas de usarem noções como "novo racismo" e "racismo cultural" para falar sobre a mudança na morfologia das ideias e práticas raciais em sociedades como a Grã-Bretanha, os Estados Unidos da América e outras sociedades ocidentais.

Ao retomar a questão posta por Banton (1997: 35), do tratamento impreciso e da multiplicidade de significados dado à raça, Robert Miles, em *Racism and Migrant Labour*, e junto de Anne Dunlop, no artigo "The Racialization of Politics in Britain", desenvolve aquela que pode ser considerada uma profunda reflexão crítica cujo ponto de partida foi sua oposição à existência de uma sociologia da "raça" e sua visão de que o objeto de análise deveria ser o racismo. Assim, a raça é acima de tudo uma construção política. É nesse contexto que os conceitos de categorização racial e racialização têm sido usados para se referir ao que Robert Miles chama de "aquelas instâncias onde as relações sociais entre as pessoas foram estruturadas pela significação das características biológicas humanas de forma a definir e construir coletividades sociais diferenciadas" (Miles, 1989: 75). Coletividades sociais que, no entanto, quando se trata de diferenciações raciais são sempre criadas no contexto da diferenciação de classe (Miles, 1989), resultando no que a literatura denomina como "reducionismo de classe" que, em última análise, limita o escopo do trabalho teórico sobre a conceitualização do racismo e das relações sociais racializadas.

Para o caso estadunidense, ao se trabalhar com Michael Omi e Howard Winant (1994), a ênfase deve ser na formação racial na qual "raça é entendida como um complexo fluido, instável e 'difamado' de significados sociais sendo constantemente transformados pelo conflito político [moldando] a psique individual [...] e fornecendo um componente irredutível de identidades coletivas e estruturas sociais" (Omi & Winant, 1994: 59). Racialização, para Winant, é o processo de construção de identidades e significados raciais. Winant usa a formação racial para destacar a natureza dinâmica e transformadora da identificação, na qual os significados baseados na raça passam a desempenhar um papel decisivo (1994: 59-68).

A abordagem teórica do Grupo CCCS, Centre for Contemporary Cultural Studies (Centro de Estudos Culturais Contemporâneos), influenciada pelo trabalho de Stuart Hall, em particular o ensaio "Race, Articulation and Societies Structured in Dominance", criticava tanto os argumentos dos sociólogos da raça quanto os trabalhos de Miles. Isso porque a ação política baseada na classe está, em última análise, em oposição a qualquer tipo de organização política sustentada em torno de uma noção de raça e, para Miles, a política racial está estritamente confinada à luta contra o racismo.

Dessa forma, o argumento de Stuart Hall (2019) é o seguinte: embora o racismo não possa ser reduzido a outras relações sociais, não pode ser explicado autonomamente a partir delas. Assim, o racismo comanda uma autonomia relativa das relações econômicas, políticas e outras relações sociais. Tomando como ponto de partida teórico o argumento bastante abstrato e programático de Hall, uma série de tentativas foram feitas por autores associados em um momento ou outro ao CCCS para teorizar novamente o significado da natureza do racismo dentro da sociedade britânica (Solomos et al., 1982; Gilroy, 1987; Wrench & Solomos, 1993).

A perspectiva desenvolvida pelo Centro de Estudos Culturais Contemporâneos na Universidade de Birmingham, Inglaterra, resultou, em 1982, na publicação de *The Empire Strikes Back* (Centre for Contemporary Cultural Studies, 1982). Para os nossos objetivos, um colaborador do volume desenvolveu, posteriormente, análises significativas. Paul Gilroy (1987) enxergava a raça como uma construção política aberta, em que o significado político de termos como *black* (negro) era discutido. Identidades coletivas eram faladas por meio de raça; comunidade e localidade são, por toda a sua espontaneidade, meios poderosos para coordenar ações e criar solidariedade (Gilroy, 1987, 1993a, 1993b).

Em resumo podemos dizer que, primeiro, em relação à "problemática racial", as críticas incidem sobre o uso do termo "raça" considerado um termo cientificamente inválido do qual os sociólogos se esquivavam em relação à validade das teorias raciais. A substituição desse termo por "processo de racialização", que é sociologicamente útil, não permitiria que discussões sobre o tema flutuassem acima das vidas daqueles que vivenciam o racismo. O racismo na prática não é relativístico. As sociologias de "raça" pouco fizeram para resolver isso por meio de suas terminologias.

Segundo, "racialização" é uma palavra usada consistentemente para indicar processo e mudança no nível cultural, isto é, formas de racialização cultural. Esta é talvez sua conotação mais útil. Como sugere Miles (1989: 73-74), não há uma ideologia de raça fixa, mas uma variedade de maneiras pelas quais as ideias e estruturas são racializadas. Mesmo que, para Miles, o foco real da "raça" sejam as estruturas de classe social e as desigualdades, isso não significa que essa seja a única maneira de entendermos os processos de racialização.

Terceiro, para Fanon, assim como para Banton e Miles, a racialização do mundo é algo que se originou na Europa e serviu para negar outras culturas. Nesse sentido, o trabalho de Fanon destaca-se por dois motivos: em primeiro, há a sugestão de resistência à racialização, resistência que pode muito bem, como ele argumenta em *The Wretched of the Earth*, ser necessariamente violenta, porque foi construída na e pela experiência do colonialismo; em segundo, e algo que teve um lugar um tanto incômodo nas operacionalizações subsequentes da racialização, ele indica a centralidade do corpo em todas as formas de racialização. As racializações do corpo e da psique analisadas em *Black Skin, White Mask* fornecem um contraponto à sua análise da violência da opressão colonial e indicam a continuidade entre o que tem sido visto por alguns como formas distintas de velho e novo racismo (Barker, 1981). A centralidade da racialização do corpo e da psique e a violência destes fica clara a seguir, um encontro com o que poderíamos agora chamar de olhar branco.

"Olha, um negro!", escreve ainda Fanon:

> Eu era responsável ao mesmo tempo por meu corpo, minha raça, por meus ancestrais. Eu me submeti a um exame objetivo, descobri minha negritude, minhas características étnicas; e fui espancado por tom-toms, canibalismo, deficiência intelectual, fetichismo, defeitos raciais, escravos e, acima de tudo, acima de tudo: "Sho 'good eatin."
>
> Naquele dia, completamente deslocado, sem poder andar com o outro, o homem branco, que me aprisionou sem dó, me afastei da minha presença, muito longe, e me fiz objeto. O que mais poderia ser para mim senão uma amputação, uma excisão, uma hemorragia que salpicou todo o meu corpo com sangue negro? (1988: 112)

A reflexão de Fanon (1988) tem estimulado o desenvolvimento de um conjunto de estudos intitulados *visual culture* (cultura visual) que trabalham a violência da construção do campo visual em linhas raciais. Isso tem levado a uma contínua crítica dessa violência por muitos produtores culturais e ativistas e por sujeitos que se identificam com numerosas raças e/ou etnias. Um dos aspectos do estudo da cultura visual no início do século XXI tem sido a análise e o desdobramento da visualidade em termos de raça e as histórias aliadas da colonização e do imperialismo. No cerne dessa perspectiva, encontra-se a percepção de que a construção/estruturação da visualidade está atrelada à produção e reprodução de representações (e apagamentos) de sujeitos racializados, e essas imagens, seja através do estímulo da fantasia ou da produção de percepções do que é ostensivamente realidade, por sua vez possibilitam muito do andamento da violência da sociedade contemporânea.

Assim, a racialização, na esteira de Fanon, tem sido pensada com base em representações, imagens e discursos do passado colonial que são repostos discursivamente na atualidade contemporânea racializada, demarcando as nossas diferenças com base em cadeias de significados que atravessam os nossos corpos com consequências práticas.

O primeiro aspecto da racialização é a "epidermização" dos lugares e posições sociais, ou seja, aquilo que se entende por raça passa a ser definidor das oportunidades e barreiras vividas pelos indivíduos ao longo de sua vida. Tanto a pretensa "europeização da razão ou do sujeito" quanto a objetificação reificada do negro – ou não branco / ocidental / europeu – são expressões desse mesmo processo de racialização (Faustino, 2013; ibidem, 2018).

O segundo é a interiorização subjetiva por parte do colonizador e por parte do colonizado dessa epidermização. É o momento em que os indivíduos deixam de se reconhecer mutuamente como reciprocamente humanos para ver a si e ao outro através da lente distorcida do colonialismo. A fantasmagórica e hierárquica contraposição binária entre branco e negro é assumida por ambos como identidades fixas e essenciais, moldando de forma empobrecedora a percepção de si e do mundo.

Ocorre que essa racialização do branco é acompanhada pela *teodiceia* que o endeusa e o toma fantasiosamente como referencial universal de humano, racializando, assim, a sua própria percepção a respeito do que é humano e do que é universal. Daí a necessidade da persistente tentativa de desumanização e demonização monstrificada do negro. São essas as questões que os ativistas, intelectuais, acadêmicos, negras, negros, africanos e africanas, entre outros, têm procurado demonstrar, que o racismo – esse problema branco de implicações objetivas e subjetivas – não se restringe aos seus protagonistas e se apresenta também ao negro, como a alteridade sob a qual ele tenta forjar, não passivamente, a sua própria identidade.

Referências

BALIBAR, Etienne; WALLERSTEIN, Immanuel. *Race, Nation, Class: Ambiguous Identities*. London: Verso, 1991.

BANTON, Michael. *Ethnic and Racial Consciousness*. London: Longman, 1997.

BARKER, Martin. *New Racism: Conservatives and the Ideology of the Tribe*. London: Junction Books, 1981.

BAROT, Rohit; BIRD, John. Racialization: The Genealogy and Critique of a Concept. *Ethnic and Racial Studies*, v. 24, n. 4, July 2001.

CENTRE for Contemporary Cultural Studies. *The Empire Strikes Back: Race and Racism in 70's Britain*. London: The Centre for Contemporary Cultural Studies, University of Birmingham/ Routledge, 1982.

FANON, Frantz. *Pele Negra, Máscaras Brancas*. Trad. Renato da Silveira. Salvador: Edufba, 2008.

____. [1952]. *Black Skin, White Mask*. London: Pluto Press, 1988.

____. *The Wretched ofthe Earth*. New York: Grove Press, 1968.

____. *Les Damnés de la terre*. Paris: Maspero, 1963.

____. *Peau noire, masques blanc*. Paris: Seuil, 1952.

FAUSTINO, Deivison. Reflexões Indigestas Sobre a Cor da Morte: As Dimensões de Classe e Raça da Violência Contemporânea. In: FEFFERMANN, Marisa et al. (orgs.). *As Interfaces do Genocídio: Raça, Gênero e Classe*. São Paulo: Instituto de Saúde, 2018.

____. A Emoção É Negra e a Razão É Helênica? Considerações Fanonianas Sobre a (Des)universalização do "Ser" Negro. *Revista Tecnologia e Sociedade*, v. 1, n. 18, 2013. Disponível em: <https://periodicos.utfpr.edu.br/rts/article/view/2629>. Acesso em: 09 maio 2023.

GILROY, Paul. *Black Atlantic: Modernity and Double Consciousness*. London: VERSO, 1993a.

____. *Small Acts: Thoughts on the Politics of Black Cultures*. London: Serpent's Tail, 1993b.

____. *There Ain't no Black in the Union Jack: The Cultural Politics of Race and Nation*. London: Routledge, 1987.

HALL, Stuart. Race, Articulation and Societies Structured in Dominance. [1980]. *Essencial Essays, v. 1*. Durham: Duke University Press, 2019.

MILES, Robert. *Racism After "Race Relations"*. London: Routledge, 1993.

____. *Racism*. London: Routledge, 1989.

____. *Racism and Migrant Labour*. London: Routledge, 1982.

MILES, ROBERT & DUNLOP, Anne. The Racialization of Politics in Britain: Why Scotland Is Different. *Patterns of Prejudice*, v. 20, n. 1, 1986.

MILES, Robert; PHIZACKLEA, Anne. *Racism and Political Action in Britain*. London: Routledge and Kegan Paul, 1979.

OMI, Michael; WINANT, Howard. *Racial Formation in the United States: From the 1960s to the 1990s*. 2. ed. New York: Routledge, 1994.

SOLOMOS, John; BACK, Les. Conceptualising Racisms: Social Theory, Politics and Research. *Sociology*, v. 28, n. 1, Febr. 1994.

SOLOMOS, John; FINDLAY, Bob; JONES, Simon; GILROY, Paul. *The Organic Crisis of British Capitalism and Race: The Experience of the Seventies*. London: The Centre for Contemporary Cultural Studies, University of Birmingham/ Routledge, 1982.

WRENCH John; SOLOMOS, John (eds.). *Racism and Migration in Western Europe*. Oxford, Providence: Berg, 1993.

DICIONÁRIOS

CONCISE *Oxford English Dictionary*. London: Oxford University Press, 1971.

____. 12. ed. London: Oxford University Press, 2011.

NEW *Dictionary of the History of Ideas*. Ed. Maryanne Cline Horowitz. New York: Thomson Gale, a part of the Thomson Corporation, 2005. (V. 1, 4, 5, 6.)

THE CAMBRIDGE *Dictionary of Sociology*. General editor Bryan S. Turner. New York: Cambridge University Press, 2006.

RACISMO INSTITUCIONAL

Juliana Vinuto

São muitos os trabalhos que demonstram a existência de desigualdades raciais na sociedade brasileira, revelando que as assimetrias entre brancos e negros em áreas como educação, renda, mercado de trabalho, acesso à saúde e muitas outras são históricas, constantes e multidimensionais. É digno de nota que as inúmeras estatísticas que demonstram a persistência de tal desigualdade são produzidas em interação por pessoas que nem sempre percebem que estão oferecendo um tratamento diferenciado para brancos e negros, e por vezes até mesmo as próprias pessoas que sofrem tais desigualdades não as notam.

Para ilustrar a complexidade deste tópico, há várias estatísticas oficiais nas quais podemos nos aprofundar, como é o caso da dinâmica do encarceramento no Brasil: de acordo com o Anuário Brasileiro de Segurança Pública, em 2020 havia 759.518 pessoas presas no Brasil, sendo que 66,3% delas eram negras, apesar de esse público compor 56,2% da população brasileira segundo a Pesquisa Nacional por Amostra de Domicílios de 2019. Essa desigualdade entre brancos e negros nas taxas de encarceramento são produzidas durante as muitas interações entre acusados, policiais, juízes, advogados, promotores etc., mas isso nem sempre é percebido ou intencional, já que grande parte dos operadores do sistema de justiça criminal e da segurança pública não escolhe deliberadamente punir mais as pessoas negras do que as brancas. Também destaque-se que não há nenhum dado oficial que demonstre que pessoas negras cometem mais crimes do que as pessoas brancas. Então, como é possível que haja um número tão desproporcional de pessoas negras encarceradas?

Um conceito fundamental para entender a complexidade desta e de outras questões é o chamado "racismo institucional". Trata-se de uma ferramenta analítica que ajuda a compreender de que modo as instituições se organizam com base em hierarquias raciais, mesmo quando individualmente seus profissionais não veem ligações entre suas próprias ações e o tratamento geral e habitual destinado ao público atendido por suas organizações. Há, desse modo, mecanismos de discriminação inscritos no próprio funcionamento das instituições.

O termo "racismo institucional" foi elaborado no final dos anos 1960 por Stokely Carmichael e Charles V. Hamilton, ativistas e intelectuais do grupo Panteras Negras. Os autores distinguem dois tipos de racismo:

um, aberto, no qual há atos violentos individuais que podem ser claramente identificados e inclusive podem ser gravados por câmeras; e, outro, no qual é difícil identificar os indivíduos responsáveis, já que é efeito do funcionamento rotineiro de instituições respeitadas pela sociedade. Por estar ligado a instituições já estabelecidas, os autores destacam que esse tipo de racismo recebe menos condenação pública do que o primeiro tipo. Esse é o racismo institucional.

Segundo Carmichael e Hamilton, o racismo institucional refere-se a qualquer prática de uma organização, seja pública ou privada, que não promova um serviço adequado para certas pessoas devido à sua cor, cultura ou origem étnica, e se mostra sutil porque nem sempre é evidente que determinadas decisões e práticas afetam brancos e negros de modo diferenciado. Por isso o conceito de racismo institucional pode ser útil, já que se refere a práticas discriminatórias não explícitas, mas elaboradas e reproduzidas no cotidiano das instituições a partir de expectativas, hábitos e normas mobilizadas por seus profissionais, que assim tratam brancos e negros de modo distinto, mesmo quando não percebem isso. Tal tratamento diferenciado pode ocorrer de vários modos, como negligência, falta de atenção, rispidez, ou mesmo ao seguir o que é considerado o procedimento padrão, o que ganha amplitude por ocorrer em um contexto institucional. Podemos utilizar o exemplo do encarceramento racialmente desproporcional para ilustrar esse argumento: se um indivíduo associa suspeição à cor de pele, ele pode se sentir coagido a mudar de calçada ao ver uma pessoa negra na rua vindo em sua direção. Mas se esse indivíduo é o responsável por julgar casos da justiça criminal, a extensão de sua discriminação se expande e os efeitos de seu racismo ganham abrangência, já que não se trata mais de uma decisão individual (trocar de calçada), mas de uma decisão tomada em nível institucional (sequências ininterruptas de julgamentos de casos que envolvem pessoas negras). E assim, mais pessoas negras sofrerão consequências drásticas por serem associadas à suspeição.

Como vemos, o racismo institucional não é simplesmente um racismo individual realizado *em* instituições, mas é sim resultado de padrões históricos de submissão operados *por* instituições durante a interação entre seus operadores e os cidadãos atendidos. Isto é, o racismo institucional não depende apenas de atuações racistas individuais, já que se realiza na própria operação das instituições, ou ainda nas tomadas de decisões de pessoas responsáveis por tais organizações. E se o racismo abertamente declarado nem sempre é considerado racismo (como no caso de "piadas" ou xingamentos de cunho racial), o racismo institucional enfrenta ainda mais barreiras para ser considerado enquanto tal, já que suas manifestações são rarefeitas – mas nem por isso menos perversas.

Podemos observar algumas dinâmicas que revelam que nem sempre o desejo individual do profissional de uma dada instituição irá prevalecer sobre a configuração organizacional da instituição na qual atua. Para seguir no exemplo do encarceramento, é possível observar que as polícias e a justiça criminal produzem uma repressão racialmente desigual, independentemente do desejo de seus operadores. Um exemplo no caso das polícias é o fato de que grande parte de suas ações ocorre com base em atuação ostensiva em detrimento de atividades investigativas, o que fomenta a repressão de crimes realizados em espaços públicos, como roubo ou venda de drogas em certos territórios, em detrimento de crimes de colarinho branco, que não recebem tanta atenção da repressão estatal. Com base em um olhar interseccional, vale lembrar que raça não está desligada de classe e, portanto, a repressão a crimes cometidos por pessoas da classe média (como sonegação fiscal) poderia acarretar em um número maior de prisão de pessoas brancas, mas não é isso o que ocorre. Além disso, grande parte das abordagens policiais é orientada por "fundada suspeita", "faro policial", "tirocínio policial", "experiência pessoal" ou outras questões subjetivas, o que pode mobilizar estereótipos raciais não percebidos sobre o que seria um suspeito.

Para além do funcionamento das polícias, há características relevantes no âmbito da justiça criminal que reforçam tal repressão racialmente seletiva, pois é comum que promotores e juízes não considerem de forma plena a versão dos acusados, alegando que a versão do policial tem fé pública. Nesse caso, os operadores da justiça criminal consideram a perspectiva do policial como confiável na íntegra, o que usualmente faz com que esta seja a principal prova do processo, não levando em conta outros fatores possivelmente relevantes para o julgamento do caso. Somado a isso, dinâmicas de suspeição generalizada sobre determinados grupos sociais levam a uma lógica de "presunção da culpa" contrária ao que determina leis e diretrizes oficiais.

Ao olhar para essas questões, observamos que desejos individuais podem ser limitados institucionalmente, ora por diretrizes impostas pelos tomadores de decisão com mais poder na instituição, ora por estereótipos que o próprio operador mobiliza sem perceber ao interagir com a população atendida.

É justamente para acessar o caráter tácito do racismo institucional que o tratamento estatístico ganha relevância, pois são dados quantitativos que permitem enxergar o resultado geral desse tratamento diferenciado no interior de organizações, já que, como dito, este nem sempre é percebido durante as interações que o produzem. Cabe destacar que pesquisas qualitativas são oportunas quando se fala de racismo institucional, pois há carência de informações que permitam compreender como o racismo se realiza durante a interação entre profissionais e cidadãos.

Devido à complexidade do racismo institucional, é necessário elaborar políticas públicas igualmente complexas de modo a mitigar e responsabilizar esse fenômeno tão difícil de visualizar e, portanto, mais resistente à reforma. Políticas universais, mesmo ampliando oportunidades disponíveis à população negra, não necessariamente reduzem as desigualdades raciais. Por isso é preciso compreender a singularidade da desigualdade racial, que decorre tanto da falta de políticas específicas para reduzi-las quanto da interdição de pessoas negras aos espaços decisórios. Um exemplo de política de enfrentamento ao racismo institucional são as ações afirmativas, cujo objetivo é aumentar a presença de pessoas negras em determinados espaços, como em universidades e no serviço público. Outro exemplo são os programas de qualificação e treinamento profissional, que podem oferecer elementos para que trabalhadores percebam e minimizem o uso de estereótipos direcionados à população negra.

O Brasil é um caso exemplar para pensarmos a necessidade de políticas específicas direcionadas à redução das desigualdades raciais. De acordo com a Lei Federal 7716/89, que define os crimes resultantes de preconceito de raça ou de cor, uma instituição não pode ser acusada de racismo, mas apenas seus agentes, o que certamente é indício da complexidade em responsabilizar o racismo institucional. Porém houve um aprimoramento desse debate, a partir da atuação dos movimentos negros brasileiros, sobretudo desde a sua presença na Terceira Conferência Mundial contra o Racismo, a Discriminação Racial, a Xenofobia e Formas Correlatas de Intolerância, conhecida como Conferência de Durban, promovida pela Organização das Nações Unidas em 2001. É nesse momento que ganha força o conceito de racismo institucional no Brasil, o que orientou o debate sobre políticas públicas antirracistas no país. Como efeito, a partir de 2003 houve um aumento da presença de intelectuais e ativistas negros atuando como integrantes do Estado, o que produziu mudanças significativas para o enfrentamento da desigualdade racial, como a criação da Secretaria Especial de Políticas de Promoção da Igualdade Racial (Seppir), em 2003.

Em 2005, o governo brasileiro lançou o "Programa de Combate ao Racismo Institucional no Brasil", que, se inspirando na já referida definição de Carmichael e Hamilton, estabelece que racismo institucional é:

> O fracasso das instituições e organizações em prover um serviço profissional e adequado às pessoas em virtude de sua cor, cultura, origem racial ou étnica. Ele se manifesta em normas, práticas e comportamentos discriminatórios adotados no cotidiano do trabalho, os quais são resultantes do preconceito racial, uma atitude que combina estereótipos racistas, falta de atenção e ignorância. Em qualquer caso, o racismo institucional sempre coloca pessoas de grupos raciais ou étnicos discriminados em situação de desvantagem no acesso a benefícios gerados pelo Estado e por demais instituições e organizações. (Programa de Combate ao Racismo Institucional, 2006 apud López, 2013)

O conceito de racismo institucional tem um grande potencial, tanto para nortear pesquisas empíricas quanto para a elaboração de políticas públicas, possibilitando acessar nuances, expectativas, microagressões e outras sutilezas que não são evidentes àqueles que não se engajam no debate sobre o racismo no Brasil. Entretanto, é preciso considerar também em que medida o conceito de racismo institucional pode ser limitador para a pesquisa empírica, sobretudo quando é tido como pressuposto ao invés de algo a ser explicado, o que abre espaço para afirmações que defendem a existência de racismo institucional, mas sem demonstrá-lo. Tal demonstração, seja com base em estatísticas, descrições ou outros dados empíricos, deve indicar quais relações produzem o racismo institucional, pois caso contrário torna-se impossível identificar responsáveis.

Outro ponto relevante: a abordagem sistêmica pressuposta no conceito de racismo institucional deduz princípios causais que afetam o comportamento individual. Isso pode abrir espaço para análises que centralizem a estrutura e desconsiderem a agência dos indivíduos. E ao definir o racismo institucional como algo completamente autônomo, se enfraquece as possibilidades da luta antirracista. Assim, é necessário identificar caso a caso as dinâmicas históricas, relacionais e interacionais de modo a considerar sempre a relação indivíduo-instituição na produção do racismo institucional, levando em conta que os diversos modos organizacionais de reprodução do racismo só adquirem força ao enrijecer estereótipos, que por sua vez reforçam práticas institucionais.

Referências

CAMPOS, Luiz Augusto. Racismo em Três Dimensões: Uma Abordagem Realista-Crítica. *Revista Brasileira de Ciências Sociais*, v. 32, 2017. Disponível em: <https://www.scielo.br/j/rbcsoc/a/8YSCLH9MSCZ3dPWC47JLmFd/?format=pdf&lang=pt>. Acesso em: 24 mar. 2022.

CARMICHAEL, Stokely; HAMILTON, Charles V. *Black Power: The Politics of Liberation in America.* New York: Vintage, 1967.

LÓPEZ, Laura Cecilia. Reflexões Sobre o Conceito de Racismo Institucional. In: JARDIM, Denise Fagundes; LÓPEZ, Laura Cecilia (orgs.). *Políticas da Diversidade: (In) visibilidades, Pluralidade e Cidadania em uma Perspectiva Antropológica.* Porto Alegre: Editora UFRGS, 2013.

SILVERIO, Valter Roberto. Ação Afirmativa e o Combate ao Racismo Institucional no Brasil. *Cadernos de Pesquisa*, n. 117, nov. 2002. Disponível em: <https://www.scielo.br/j/cp/a/RkKqjbyCXDYS93kh8bNdLLs/?format=pdf&lang=pt>. Acesso em: 24 mar. 2022.

WERNECK, Jurema. Racismo Institucional e Saúde da População Negra. *Saúde e Sociedade*, v. 25, n. 3, 2016. Disponível em: <https://www.scielo.br/j/sausoc/a/bJdS7R46GV7PB3wV54qW7vm/?format=pdf&lang=pt>. Acesso em: 24 mar. 2022.

SEGREGAÇÃO RACIAL

Danilo França

Existe uma imaginário que sugere que segregação racial seria um fenômeno típico dos Estados Unidos, sendo recorrente a alusão aos guetos negros e ao histórico das leis de Jim Crow, cujas regras, amparadas em legislação, impediam que negros e brancos compartilhassem escolas, assentos em ônibus, bebedouros etc. Esse imaginário é reforçado pelo fato de que os estudos sobre segregação do mundo todo são intensamente influenciados pela produção estadunidense, que possui o maior acúmulo de trabalhos acadêmicos e técnicas de investigação sobre esse fenômeno social.

A comparação com os Estados Unidos é o principal argumento utilizado para diminuir a necessidade de compreender a segregação racial no Brasil, dando destaque apenas à segregação por classe social. Em nosso país, enormes desigualdades socioeconômicas entre negros e brancos são amplamente documentadas pela pesquisa acadêmica e publicamente conhecidas. Contudo, tais diferenças raciais são frequentemente dissimuladas por certos discursos propagados pelos brasileiros em sua vida cotidiana. É muito comum ouvir que questões raciais no Brasil não seriam tão graves porque aqui não há segregação. A "não segregação", assim como os casamentos inter-raciais, é apontada como evidência da "mistura racial" que caracterizaria a sociedade brasileira. Nesses discursos, o contraponto favorito são os Estados Unidos da segregação e da homogamia, exemplo negativo ao qual o Brasil se oporia enquanto caso de "harmonia racial". Essa mitologia traz consigo, na verdade, características marcantes da questão racial brasileira, que tem sido desconstruída pelas pesquisas das ciências sociais[1]. Convém, portanto, delimitar os conceitos e termos do debate, bem como apontar as principais descobertas das pesquisas em torno do tema da segregação racial.

A noção de segregação, tal como empregada nas ciências sociais, designa circunstâncias e processos pelos quais determinados grupos sociais se separam uns dos outros, evitando o convívio e a interação. Charles Johnson, no clássico *Patterns of Negro Segregation* trata de "todas as convenções e rituais sociais que pretendem impor isolamento social e distância social" (1943: 4). Essa separação é fundada "sobre uma relação de desigualdade entre os grupos sociais implicados" (Brun, 1994: 24). Johnson, por sua vez, diz que segregação envolve discriminação (1943: 4). A segregação está, portanto, em inequívoca associação com desigualdades, hierarquias e discriminações. É, em geral, imposta a partir da ação dos dominantes – visando evitar contatos, interações e, principalmente, a mistura com grupos subordinados –, mas pode ser construída com o apoio de membros destes últimos.

É na separação de grupos no contexto urbano que a segregação assume seu sentido mais comum. Em *Cidade de Muros*, Teresa Caldeira (2000) indica que quando tratamos de segregação estamos abordando as possibilidades de contatos e relações com a alteridade, materializadas e mediadas pelo espaço urbano. Assim, nas ciências sociais, há um século, o espaço físico (e a distância métrica) tem sido a principal via de abordagem desse fenômeno. Entende-se que, se não se pode falar de uma correlação estrita entre distâncias físicas e possibilidades de interação, as clivagens espaciais, no mínimo, favorecem o crescimento da diferenciação e da distância social. Desse modo, a pesquisa sobre este tema centrou-se no espaço habitado, considerando a vizinhança uma indispensável esfera de sociabilidade, privilegiando o estudo dos diferenciais de localizações das moradias de distintos grupos.

Ainda segundo Johnson: "A segregação racial nas áreas residenciais fornece a estrutura básica para outras formas de segregação institucional." (1943: 8) A rigidez da segregação é muito determinada pela frequência a instituições próximas aos locais de moradia, estas com forte vínculo com seus respectivos bairros por serem pontos de agregação das comunidades locais.

Tais formas de abordagem decorrem de pressupostos colocados desde os anos 1920 por Robert Park e demais autores da escola de Chicago de sociologia. Dentro dessa tradição de pesquisas, o estudo da segregação residencial é tomado como um indicador do estágio de assimilação de minorias e grupos imigrantes à sociedade estadunidense. Essas expectativas teóricas se comprovaram muito no exame empírico do processo de assimilação de imigrantes europeus que aportaram no país no início do século XX (Massey, 1985). Entretanto, a persistência da segregação dos negros estadunidenses é considerada uma das principais evidências contrárias a tais expectativas.

Nos Estados Unidos, a segregação racial é, de fato, um fenômeno de grandes proporções que há muito tempo desperta preocupações nos debates público e acadêmico, sendo considerada um dos princípios organizadores das relações raciais (Massey & Denton, 1993). A segregação residencial foi um dos principais elementos de um regime mais geral de segregação que, resguardado por dispositivos legais, objetivava a separação física entre negros e brancos de modo a evitar todo tipo de contatos, relacionamentos, amizades, casamentos e misturas inter-raciais. Nesse país, não apenas a maior parte dos negros foi mantida nas posições mais baixas da hierarquia social, mas, de certa forma, a segregação também criou algo como uma estratificação social paralela, uma vez que os negros que ascendiam socialmente também eram obrigados a permanecer nos guetos.

No entanto, deve ser acrescentado que naquele país ocorrem situações de segregação muito distintas, principalmente se considerarmos diferenças regionais. Dentre tais situações, cabe destacar as diferenças entre a segregação de certas metrópoles do Norte e Nordeste dos EUA, onde ocorreriam o que alguns autores chamaram de "hiperguetos", e a das cidades do Sul onde, no passado, prevaleciam as duras regras de Jim Crow. Nestas últimas, valores dos indicadores de segregação residencial são menores do que nas cidades do Norte[2].

Mesmo após a década de 1960 – com as reformas dos direitos civis e as leis contra a discriminação na moradia –, os índices de segregação vêm diminuindo muito lentamente, os negros pobres continuam confinados nos guetos, locais que foram abandonados pelos negros de classe média. Porém, estes últimos, em geral, vivem em subúrbios distintos daqueles onde moram os brancos de semelhante posição social, de maneira que a segregação entre negros e brancos perdura independentemente da classe social.

A literatura sociológica, ao aplicar técnicas de mensuração de segregação residencial desenvolvidas nos Estados Unidos e disseminadas mundo afora, constatou que a segregação por raça no Brasil seria qualificada como "moderada" em comparação à das metrópoles estadunidenses (Telles, 2012). Além disso, diversos estudiosos têm menosprezado a segregação racial no Brasil tendo como referência o contexto estadunidense de segregação legalmente amparada. Donald Pierson (1971), um dos clássicos da sociologia das relações raciais no Brasil, faz uma comparação explícita com os Estados Unidos, afirmando não existir "esforço proposital de segregar as raças a fim de manter distinções de casta, como naquela época em várias partes dos Estados Unidos" (Pierson, 1971: 106). No entanto, é justamente pelo fato de não ter havido explícita proteção legal à segregação no Brasil que deveríamos dar especial atenção aos contornos de segregação por raça identificados em nossas cidades. Cabe questionar os processos e mecanismos constitutivos da segregação racial no Brasil a despeito da propalada "falta de esforços abertos" para separar negros e brancos[3].

Nos estudos urbanos brasileiros, o estudo da segregação residencial em nossas cidades tem sido pautado pelo debate acerca da polarização entre um centro rico e uma periferia pobre. Os cânones desse campo de pesquisa enfatizam que os padrões habitacionais nas metrópoles brasileiras se organizam, básica, senão unicamente, a partir das desigualdades de classe social, sendo pouco desenvolvidas questões em torno da raça no debate sobre o espaço urbano no Brasil (um exemplo importante é o posicionamento de Flavio Villaça no debate organizado por Sposati et al., 2004).

Na sociologia das relações raciais, podemos encontrar estudos empregando abordagens quantitativas que incidem sobre a questão da segregação com base na raça já em autores clássicos, como na pesquisa do supracitado Donald Pierson (1971) em Salvador, mas também nos estudos de Fernando Henrique Cardoso e Octávio Ianni (1960) em Florianópolis, e o de Costa Pinto (1998) sobre o negro no Rio de Janeiro. A despeito desses estudos seminais terem levantado evidências que poderiam suscitar outras pesquisas que visariam um debate mais aprofundado sobre segregação por raça no Brasil, a questão permaneceu despertando pouco interesse nas décadas que se seguiram. Foi apenas na década de 1990 que a pesquisa sobre segregação por linhas raciais ganhou certo destaque, principalmente a partir do trabalho do sociólogo estadunidense Edward

Telles (1993, 1995, 1996), que deu ao tema um tratamento mais sistemático através da utilização de dados censitários de 1980 para a constituição de indicadores sintéticos visando à mensuração do fenômeno em 35 regiões metropolitanas brasileiras, concluindo que havia moderados graus de segregação racial nas cidades brasileiras, mas que se tornavam mais agudos nas faixas de renda mais altas.

A publicação das pesquisas de Telles influenciou a realização de muitos outros estudos sobre segregação racial no Brasil. Em nossas pesquisas (França, 2015; 2022), desenvolvemos o argumento de que nas cidades brasileiras prevalece um padrão de segregação por raça *e* classe no qual brancos ricos e de classe média residem mais próximos entre si nas áreas mais privilegiadas das metrópoles e se distanciam de pobres e negros que têm maior concentração em periferias urbanas. A segregação racial é particularmente evidente nas classes médias e altas. Na metrópole de São Paulo, por exemplo, negros e brancos de classe média e alta concentram-se não apenas em áreas distintas – os brancos nas "áreas nobres" e os negros fora delas, em locais mais periféricos –, mas também em áreas distantes umas das outras – são grandes as distâncias físicas entre ambos os grupos. Por fim, também demonstramos que os brancos, mesmo que de classes mais baixas, estão mais representados em áreas mais ricas da cidade do que os negros. Ou seja, as camadas mais altas são compostas majoritariamente por brancos, ao passo que os pobres que os cercam também são brancos.

Nossas pesquisas também apontam para o fato de que na medida em que negros e brancos estão residencialmente segregados, são segregadas também suas redes de relações pessoais e seus locais de frequência. Os diferenciais nas localizações residenciais contribuiriam para constituir limites ao acesso dos negros a serviços urbanos de melhor qualidade e a áreas mais valorizadas, limites à integração da população negra com as camadas sociais mais altas e, portanto, à mobilidade social e inserção dos negros nas camadas médias e altas. Conclui-se assim que, também no Brasil, a segregação entre negros e brancos no espaço urbano é um elemento determinante para a manutenção das hierarquias raciais na sociedade brasileira.

Notas

1 O aspecto da situação racial no Brasil que mais impressiona aparece sob a negação incisiva de qualquer problema "racial" ou "de cor". O preconceito e a discriminação raciais, bem como a segregação racial, são encarados como uma espécie de pecado e de comportamento vergonhoso. Dessa maneira, temos dois níveis diferentes de percepção da realidade e de ação ligados com a "cor" e a "raça": primeiro, o nível manifesto, em que a igualdade racial e a democracia racial se presumem e proclamam; segundo, o nível disfarçado, em que funções colaterais agem através, abaixo e além da estratificação social. (Fernandes, 1972: 62.)

2 De acordo com Edward Telles: "Nos Estados Unidos, a segregação racial residencial foi originada principalmente com as leis Jim Crow de segregação no sul do país, que teve seu paralelo no norte através da discriminação imobiliária e do enrijecimento da *color line*. A segregação aumentou no início do século XX nas cidades do norte, especialmente através da violência contra negros, convenções restritivas e da discriminação imobiliária [*blockbusting*]." (2012: 170)

3 "Por causa da ausência desses dois tipos de lei, vive-se a crença de que o Brasil não é um país segregacionista, isto é, um país onde a discriminação racial não é acompanhada de fronteiras especiais definidas pela cor da pele. A segregação residencial, escolar, hospitalar, nos espaços de lazer, nos transportes públicos, nos restaurantes, nos banheiros, estádios

de jogos etc. conhecida no sul dos Estados Unidos e na África do Sul durante o regime do apartheid é geralmente negada no Brasil, tanto na visão popular quanto nos discursos oficiais. A ideologia de um Brasil de mistura racial, que é uma das peças essenciais de ideologia racial no Brasil, rejeita qualquer observação de uma segregação racial implícita." (Munanga, 2006: XI).

Referências

BRUN, Jacques. Essai critique sur lanotion de ségrégation et sur son usage en géographie urbaine. In: BRUN, J.; RHEIN, Catherine. *La Ségrégation dans la ville*. Paris: L'Harmattan, 1994.

CALDEIRA, Teresa. *Cidade de Muros: Crime, Segregação e Cidadania em São Paulo*. São Paulo: Edusp/ Editora 34, 2000.

CARDOSO, Fernando Henrique; IANNI, Octávio. *Cor e Mobilidade Social em Florianópolis: Aspectos das Relações Entre Negros e Brancos Numa Comunidade do Brasil Meridional*. São Paulo: Companhia Editora Nacional, 1960. (Coleção Brasiliana, v. 307.)

FERNANDES, Florestan. *O Negro no Mundo dos Brancos*. São Paulo: Difusão Europeia do Livro, 1972.

FRANÇA, Danilo. *Segregação Racial em São Paulo: Residências, Redes Pessoais e Trajetórias Urbanas de Negros e Brancos no Século XXI*. São Paulo: Blucher, 2022.

____. *Atlas da Segregação Racial em Metrópoles Brasileiras*. Campinas: Librum, 2021.

____. Desigualdades e Segregação Residencial Por Raça e Classe. In: MARQUES, Eduardo Cesar Leão (org.). *A Metrópole de São Paulo no Século XXI: Espaços, Heterogeneidades e Desigualdades*. São Paulo: Editora da Unesp, 2015.

JOHNSON, Charles. *Patterns of Negro Segregation*. New York: Harper & Brothers Publishers, 1943.

MASSEY, Douglas. Social Class and Ethnic Segregation: A Reconsideration of Methods and Conclusions. *American Sociological Review*, v. 46, n. 5, Oct. 1985.

MASSEY, Douglas; DENTON, Nancy. *American Apartheid: Segregation and the Making of the Underclass*. Cambridge: Harvard University Press. 1993.

MUNANGA, Kabengele. Prefácio. In: SILVA, Maria Nilza da. *Nem Para Todos É a Cidade: Segregação Urbana e Racial em São Paulo*. Tese (Doutorado em Ciências Sociais), PUC-SP, São Paulo, 2004.

PIERSON, Donald. [1942]. *Brancos e Pretos na Bahia*. São Paulo: Editora Nacional, 1971. (Brasiliana, v. 241.)

PINTO, L.A. da Costa. [1953]. *O Negro no Rio de Janeiro: Relações de Raça Numa Sociedade em Mudança*. Rio de Janeiro: Editora da UFRJ, 1998.

SPOSATI, Aldaíza et al. A Pesquisa Sobre Segregação: Conceitos, Métodos e Medições. *Espaço & Debates: Revista de Estudos Regionais e Urbanos*, São Paulo, v. 24, n. 45, jan.-jul. 2004.

TELLES, Edward. [2004]. *O Significado da Raça na Sociedade Brasileira*. Trad. Ana Arruda Callado. 2012. Disponível em: <https://static1.squarespace.com/static/5d3230eb29908c00018b7fcf/t/6036da-c48025463935a4b9be/1614207694389/livro_o_significado_da_raca_na_sociedade_brasileira.pdf>.

____. Identidade Racial, Contexto Urbano e Mobilização Política. *Afro-Ásia*, n. 17, 1996.

____. Race, Class and Space in Brazilian Cities. *International Journal of Urban and Regional Research*, n. 19, 1995.

____. Cor da Pele e Segregação Residencial no Brasil. *Estudos Afro-Asiáticos*, n. 24, 1993.

TEORIA CRÍTICA RACIAL

Allyne Andrade e Silva

GÊNESE

Dois eventos são citados como antecedentes determinantes para o surgimento da Teoria Crítica Racial: 1. a demissão de Derick Bell e a criação do curso alternativo na Faculdade de Direito da Universidade de Harvard e; 2. as divergências nas conferências.

Em 1980, Derick Bell, atuante advogado negro dos movimentos de direitos civis e professor universitário deixou a faculdade de Direito de Harvard em que lecionava, para tornar-se diretor da faculdade de Direito da Universidade de Oregon. Com a saída do professor, os alunos de Harvard começaram a se mobilizar pela contratação de um novo professor negro e pela manutenção de um curso que tratasse de temas como direito constitucional que tivesse raça como tema central. A resposta institucional de Harvard à demanda tinha dois argumentos centrais baseados no "conceito" de meritocracia. O primeiro afirmava que não havia outros professores negros qualificados que correspondessem aos interesses de Harvard. O segundo questionava a real necessidade da existência de um curso que cobrisse tópicos especiais (raça) dentro da faculdade, uma vez que o curso de Direito constitucional e legislação acerca de discriminação no mercado de trabalho já cobriam questões sobre igualdade. No lugar da contratação de um professor negro e do estabelecimento de uma disciplina na grade principal do curso, foram contratados Jack Greenberg e Julius Chambers, ambos renomados advogados negros de direitos civis, para um minicurso de três semanas sobre litígio nessa área.

Os alunos ocuparam a reitoria e decidiram boicotar o minicurso e criaram o Curso Alternativo (*The Alternative Course*), que era uma continuação do curso lecionado por Derick Bell. O curso é entendido pelos autores como gênese do movimento Teoria Crítica Racial – TCR, porque ele foi o primeiro esforço organizado para trazer acadêmicos não brancos interessados em desenvolver uma análise do tratamento legal sobre raça a partir de uma autoconsciência racial crítica. Houve esforços anteriores para a organização de acadêmicos negros, mas não havia uma orientação explícita como um movimento de esquerda, progressista, de oposição. O que marcou o curso alternativo foi esse posicionamento político de oposição somado à crença compartilhada pelos mobilizadores do curso de que era preciso contestar o discurso oficial a partir da premissa de que conhecimento e política estavam conectados. Além disso, o movimento trazia uma crítica ao discurso liberal da irrelevância de raça para o direito, e afrontava discursos baseados em mérito e neutralidade, como aquele oferecido por Harvard para negar a reivindicação dos alunos.

O segundo antecedente que marca a criação da teoria crítica racial foi o dissenso nos encontros de CLS (Critical Legal Studies, ou Estudos Jurídicos Críticos) de 1986 e 1987. O objeto principal do CLS "é a denúncia das relações de poder que subjazem às normas e à prática jurídica" (Freitas Filho, 2007: 43).

O movimento de estudos críticos de direito era basicamente formado por neomarxistas, exativistas da "nova esquerda", excontra-culturalistas e uma variedade de opositores do ensino jurídico tradicional que era formado, em sua maioria, por homens brancos e acadêmicos. Durante os anos 1980, havia um número pequeno de professores de cor e um número significativo de mulheres brancas feministas que frequentavam esses congressos, bem como crescia o número de estudantes que se afiliavam às críticas formuladas por esse movimento.

As divergências entre os brancos e não brancos começaram a surgir em razão do desentendimento em relação à necessidade da análise de raça para a compreensão do Direito. Os participantes do que mais tarde viria a ser a TCR acreditavam que raça e racismo – e não apenas classe – funcionavam como pilares do poder hegemônico naquele país. Os teóricos críticos do Direito não haviam formulado nem incorporado nenhuma crítica sobre poder racial em sua análise, reproduzindo tanto na práxis quanto na teoria aplicações indistintas das instituições dominantes que eles contestavam, no que tange à raça.

Se a crítica à desigualdade racial dentro do Direito não foi feita pelos estudos críticos do Direito, ela seria feita mais tarde pela teoria crítica racial. Os teóricos que compartilhavam essa divergência intelectual e acreditavam na centralidade de raça para análise do poder e do Estado e, consequentemente, do Direito, iniciaram seu projeto de compreender como o Direito construía a raça, ou como o Direito tornou-se um elemento constitutivo do poder racial. Em 1989, foi criado um encontro denominado Critical Race Theory Workshop (Oficina de Teoria Crítica Racial) organizado por Kimberlé Crenshaw, Neil Gotanda e Sthepanie Philips, com a presença de 35 pesquisadores tendo por finalidade sistematizar uma teoria crítica do Direito que fosse responsiva à realidade política racial estadunidense. O nome do encontro foi utilizado para explicitar a centralidade de raça e racismo. Esse evento é entendido como fundante da TCR.

PREMISSAS TEÓRICAS

Os teóricos da teoria crítica racial concordam que raça é uma construção social, assim sendo, raça é um produto do pensamento e das relações. Não se trata de um conceito objetivo, inerente ou fixo, e não corresponde a nenhuma realidade biológica ou genética. Raças são categorias que a sociedade inventa, manipula ou aposenta quando conveniente (Delgado & Stefancic, 2017: 6-8). Apesar de raça não ser uma realidade biológica nem genética, isso não significa que ela não exista e não opere na realidade social. Um dos interesses da teoria crítica racial é entender como as categorias de raça são criadas e como a sociedade foi capaz de dotá-las de características pseudo-permanentes.

Mari J. Matsuda, Charles R. Lawrence III, Richard Delgado e Kimberlé W. Crenshaw (1993) apontam quatro conceitos-chaves para o entendimento da teoria. Em primeiro lugar, o racismo é entretecido no tecido da vida estadunidense. É normal e tão arraigado na consciência estadunidense que é naturalizado. Em razão dessa naturalização, somente as formas mais flagrantes e atrozes de racismo garantem a atenção e justificam um remédio jurídico, ao passo que formas mais sutis e sistêmicas são desconsideradas.

As crenças compartilhadas pelo movimento é que o racismo é comum, não aberracional, que perpassa e molda as formas como a sociedade faz negócios e se relaciona, sendo a discriminação racial – o racismo mesmo – uma experiência comum na vida das pessoas de cor nos Estados Unidos (Delgado, 2017: 6).

A teoria considera a branquitude como um bem precioso (Harris, 1993). O racismo definiu, por exemplo, quem tem direito à propriedade (o branco), quem seria destituído de sua propriedade (o nativo americano) e quem deveria virar propriedade (os africanos e seus descendentes escravizados). A distribuição de bens e direitos por linhas de cor é elemento fundamental para o surgimento e manutenção dos Estados Unidos como Estado-nação, bem como para entender a distribuição desigual de bens e direitos na sociedade contemporânea.

Para a teoria, essa distribuição injusta se dá também na construção de espaços privilegiados para a branquitude, em outras palavras, na criação de instituições onde os brancos excluem os não brancos. Se essa exclusão se dá no período formativo de uma instituição, sendo a mesma estruturada para a manutenção de privilégios aos indivíduos brancos, que uma vez no poder agem para que seja mantida a distribuição do poder institucional ao longo de linhas raciais, então há uma normalização da branquitude. Dessa forma, aqueles que possuem a branquitude passam a ser considerados como aqueles que têm mérito para estar em posição de poder e, portanto, têm direito a participar das instâncias de poder e representação.

Essa normalização se dá por meio da instalação de uma cultura organizacional que justifica, perpetua e legitima o domínio branco (muitas vezes tacitamente). Para um exemplo brasileiro, podemos pensar nas regras neutras dos concursos públicos das carreiras públicas de elite como diplomacia, magistratura e ministério público, e seu sucesso em selecionar indivíduos da mesma origem social e racial, com raras exceções.

Em segundo lugar, as análises históricas e contextuais das práticas sociais e institucionais permitem entender os efeitos e intenção das práticas atuais. Tais análises conectam práticas contemporâneas a práticas históricas em que a intenção racial – e racista – era clara e desaguou em consequências na produção das desigualdades que enfrentamos no presente.

Em terceiro lugar, a teoria desafia a existência da neutralidade, objetividade e meritocracia, que são fundamentais para uma ideologia racial liberal de igualdade formal (perante a lei). Essa ideologia trata o racismo como uma série de atos históricos, intencionais, aleatórios, isolados e muitas vezes extremistas, perpetrados por indivíduos ignorantes que exigem uma solução caso a caso. Para a TCR, o racismo é um sistema historicamente construído que opera, muitas vezes além da consciência, para perpetuar a hierarquia racial. Para esse grupo de autores, categorias como neutralidade, objetividade, meritocracia ou democracia racial, se pensarmos no caso do Brasil, atuam como racionalizações que tanto camuflam quanto promovem o domínio branco e, enquanto ideologias racistas, precisam ser denunciadas. Tratar o racismo como desviante, operacional, ou adotar concepções formais de igualdade expressa em regras que insistem apenas no tratamento liberal da igualdade são atitudes incapazes de lidar com a profundidade da questão racial (Delgado, 2017: 8)

Por fim, a teoria situa o conhecimento construído a partir das experiências das pessoas negras e de suas comunidades como válidas e essenciais para analisar desigualdades raciais e seus imbricamentos. Esse conhecimento empírico é entendido como válido para a disputa de narrativas oficiais que normalmente são construídas por brancos.

ESCOLAS DE PENSAMENTO

Além dessas premissas teóricas, há quem divida o movimento intelectual da Teoria Crítica Racial em duas fases. Delgado (2017) colocou a primeira geração de TRC em uma escola realista de pensamento, focada na materialidade social do racismo em relação ao poder, contexto histórico e outros determinantes materiais, como, por exemplo, a lógica do lucro, que impactam as experiências e o progresso das pessoas não brancas, em especial afro e latino-americanos, na sociedade estadunidense. Essa geração nomeou e atacou o racismo como um sistema que atuou estrutural e institucionalmente para manter hierarquias raciais através da alocação de *status*, privilégio e várias formas de capital (por exemplo, cultural).

O mesmo autor situa a segunda geração de TRC em uma escola idealista de pensamento. Essa geração mudou o foco de estruturas e instituições para a idealização. O racismo passa a ser associado a palavras, símbolos, estereótipos e categorias e é abordado por meio da desconstrução de discursos.

A diferenciação entre materialistas e idealistas, na visão de Delgado, não é uma questão menor. Ela informa o foco e a estratégia na discussão sobre a desigualdade racial. Para os realistas, é preciso alterar a condução material de desigualdade e garantir igualdade de oportunidades, acesso à saúde, educação, moradia e aos espaços de poder, diminuir o encarceramento da população negra e as violações de direitos a que ela é submetida para que o racismo se enfraqueça. Os idealistas se preocupam com medidas para atenuar a discriminação que aparece em estereótipos criados pela mídia, procura estimular a participação da diversidade humana em seminários, promover rodas de conversa e cura, gera meios para tornar as pessoas conscientes em relação à perversidade do racismo, cria prêmios acadêmicos, incentiva o aumento da representatividade na mídia, encoraja a ocupação de lugares de fala. Há um caminho do meio entre as duas posições que acredita que alterações materiais e culturais são indispensáveis para um programa mais amplo de alteração da desigualdade racial.

O movimento também acabou se especializando e foram criadas algumas subdivisões que estabeleceram uma agenda própria de pesquisa, porém continuam a contribuir com a teoria crítica racial e a se identificar como parte dela. Entre essas subdivisões é possível identificarmos os estudos críticos latinos (LatCrit), que têm se voltado a pesquisas e análises sobre imigração, discriminação baseada em sotaque ou origem nacional. Descendentes de asiáticos também têm se ocupado dessa temática.

Interessados em outro panorama de discussões, o movimento *queer* (queer-crit) também desenvolve estudos dentro da Teoria Crítica Racial em um segmento que se ocupa de gênero e sexualidade. Aí podemos identificar grupos que levantam a preocupação em desvendar e estudar os perigos de discursos que a sociedade heteronormativa cria com a intenção de denominar aquilo do que ela pretende se descolar, taxando de anormal, estranho, abjeto, subalterno etc. (Miskolci, 2012)

Mais outra tendência de estudos identificada como viva contribuição à Teoria Crítica Racial contempla o engajamento de pesquisadores indígenas que se ocupam, prioritariamente, das questões de direitos indígenas, direitos territoriais e soberania, por exemplo. E, no que diz respeito ao controle das diferenças físicas, culturais, religiosas etc., tratadas como inimigas ao longo de toda a história da humanidade, depois do 11 de setembro de 2001 nos Estados Unidos, nessa mesma linha pesquisadores árabes passaram a se ocupar dos efeitos da guerra ao terrorismo e da assunção de descendentes árabes taxados como inimigos da América, o que trouxe para o centro das discussões nesse campo as complexas questões de imigração (Volpp, 2002-2003).

Nos últimos tempos, a Teoria Crítica Racial tem se desenvolvido como movimento extrapolando fronteiras territoriais se transnacionalizando com a contribuição de teóricos na África do Sul, Colômbia, Índia e Brasil, o que indica suas potencialidades de difusão em vários países, em diversos territórios, ganhando cada vez mais relevância inclusive nos meios acadêmicos.

Referências

CRENSHAW, Kimberlé. Demarginalizing the Intersection of Race and Sex: A Black Feminist Critique of Antidiscrimination Doctrine, Feminist Theory and Antiracist Politics. *University of Chicago Legal Forum*, v. 1989, n. 1, 1989.

CRENSHAW, Kimberlé; GOTANDA, Neil; PELLER, Gary; THOMAS, Kendall. *Critical Race Theory: The Key Writings That Formed the Movement*. New York: The New Press, 1995.

DELGADO, Richard; STEFANCIC, Jean. *Critical Race Theory: An Introduction*. New York: New York University Press, 2017.

FREITAS FILHO, Roberto. Estudos Jurídicos Críticos (CLS) e Coerência das Decisões. *Revista de Informação Legislativa*, Brasília, v. 44, 2007.

HARRIS, Cheryl I. Whiteness as Property. *Harvard Law Review*, v. 106, n. 8, Jun. 1993.

MATSUDA, Mari J. et al. *Words That Wound: Critical Race Theory, Assaultive Speech, and the First Amendment*. Boulder: Faculty Books, 1993.

MISKOLCI, Richard. *Teoria Queer: Um Aprendizado Pelas Diferenças*. Belo Horizonte: Autêntica, 2012.

SILVA, Allyne Andrade e. Do Epistemicídio a Epistemologias do Aparecimento: Mulheres Negras no Sistema de Justiça e nas Ciências Criminais. *Boletim do IBCCRIM*, v. 328, 2020.

_____. *Uma Teoria Crítica Racial do Direito Brasileiro: Aportes Teóricos e Metodológicos Sobre Direito e Raça*. Tese (Doutorado em Diretos Humanos). Faculdade de Direito, Universidade de São Paulo, São Paulo, 2019.

UNGER, Roberto Mangabeira. *O Movimento de Estudos Críticos do Direito: Outro Tempo, Tarefa Maior*. Belo Horizonte: Letramento, Casa do Direito, 2017.

VOLPP, Leti. On Culture, Difference, and Domestic Violence. *Journal of Gender, Social Policy & The Law*, v. 11, 2002-2003.

XENOFOBIA

Handerson Joseph

A palavra tem sua origem nos termos gregos *xénos* (estranho, estrangeiro) e *phóbos* (medo, fobia), referindo-se à aversão, à rejeição e ao ódio em relação aos "estrangeiros" e tudo aquilo que integra o seu mundo social. No *Dictionary of Race, Ethnicity and Culture*, os autores mostram que, mais do que medo, a xenofobia se constitui numa fobia, numa reação desproporcional a um suposto "perigo", muitas vezes imaginário ou mais exagerado do que real, e leva a uma atitude irracional e incontrolável (Bolaffi et al., 2003, p. 331). Diríamos que a xenofobia é uma percepção falsa do outro, distorcendo-o, conscientemente ou não, gerando a fobia.

Na Grécia Antiga, os gregos se autodesignavam cidadãos, civilizados e superiores em detrimento das pessoas estrangeiras que eram vistas como bárbaros, passivos de serem submetidos à escravização. Hoje, o termo "estrangeiro" remete à nação, tem a conotação de não nacional e pode significar uma ameaça e um perigo aos ideais do Estado-nação. Mas, como ele antecede o Estado nacional, é uma atitude de suspeição e de alarme frente ao "estrangeiro" que vem de muito tempo atrás na história humana, vem de uma atitude de "estranhamento". Daí também as palavras "estranho" e "estrangeiro" por vezes se confundirem.

A xenofobia é uma prática de exclusão construída teológica, acadêmica, histórica, cultural e politicamente no imaginário social por meio das manchas de dor e de violência física e simbólica (in)visíveis nas corporeidades consideradas fora de lugar, para justificar a crença ideológica de que são desprovidas da cidadania, de direitos humanos, civis e políticos por serem consideradas os outros, por pertencerem a um outro Estado (imigrante), comunidade étnica ou outro grupo social e religioso em múltiplas escalas regionais, nacionais e supranacionais. Ela se materializa nos discursos cristãos, nos livros didáticos, nas normas e nas políticas públicas, nos mundos do entretenimento cultural e nos discursos científicos. Para além das dimensões destacadas, Bolaffi e os coautores mostram que também é uma prática de exclusão psicopatológica, quando passa do medo à fobia.

A xenofobia enquanto tecnologia de poder se constitui por meio das relações de dominação, de hierarquização e do ritual de humilhação e de desumanização dos outros e de seus corpos, submetidos à morte moral e social, rebaixados e inferiorizados. Essa prática ritualística de exclusão dicotomiza as relações entre "nós" e "eles" por meio de estereótipos e estigmas pelos quais os "outros" são subjugados social e/ou juridicamente, sendo considerados uma ameaça à segurança, à unidade e à identidade nacional em detrimento da diversidade cultural, linguística, religiosa e racial.

A xenofobia não é homogênea, não é uma prática que atinge todos os "outros" da mesma maneira. Ela afeta desproporcionalmente os corpos em movimento que estão situados em um tempo e local específicos, interseccionando com diversos marcadores sociais de diferença, como classe, cor da pele, sexo/gênero, religião, deficiência, além da regionalidade e da nacionalidade. As pessoas originárias de classes mais desfavorecidas da estrutura social, mulheres, pessoas com deficiência, que pertencem às comunidades LGBTQIA+, praticantes de religiões não ocidentais como as de matriz africana, muçulmana, judaica etc., notadamente as pessoas mais marcadas racialmente, são aquelas mais submetidas às práticas xenofóbicas. Por conta disso, ao longo da história da humanidade, alguns povos e etnias, culturas, religiões, nações e línguas foram dizimadas por meio de práticas sociais embasadas na xenofobia, como, por exemplo, para ficar nos casos recentes, o Holocausto (1939-1945), o regime do apartheid na África do Sul (1948-1994), a Guerra Civil de Ruanda (1990-1994), o conflito histórico entre Israel e Palestina que se arrastra desde a década de 1940, o massacre de mais de quinze mil haitianos na vizinha República Dominicana, em 1937, sob o mando do governo Rafael Leonidas Trujillo, as centenas de chineses assassinados na cidade de Torreón, México, em 1911, entre outros. Tudo isso reforça a ideia de que a xenofobia é uma atitude baseada na percepção falsa do estrangeiro, de reação contra a presença dele, com base numa fobia, num medo irracional ou exagerado enraizado no (in)consciente individual, coletivo e social.

Há uma relação também entre xenofobia e racismo e, embora não sejam a mesma coisa, juntos representam um poderoso dispositivo de controle social interseccional de exclusão e violência contra populações consideradas "perigosas". Para além das manifestações específicas de certas práticas, cabe destacar que se trata de lógicas estruturais que se consolidam historicamente e que se constituem por meio de instituições estatais e civis e dos meios de comunicação, transformando-se em políticas discriminatórias e excludentes (Joseph & Ceja, 2021).

Se consideramos o racismo como um conjunto de noções socialmente construídas com base em marcadores fenotípicos, como a cor da pele, poderíamos dizer que o preconceito quanto ao estrangeiro, o outro, vindo de um outro lugar, pode ser agravado pelo racismo. Ou seja, a depender da percepção racializada, a xenofobia pode se mostrar ainda mais forte, mais fóbica. E o grupo social que é alvo será ainda mais discriminado, nesse caso, principalmente pela nacionalidade e pela raça. Por outro lado, pode também existir uma xenofobia quanto a um grupo que não se diferencia por marcadores visíveis, mas que inferioriza ou estigmatiza o "outro" com base em preconceito de origem, que não é necessariamente racial.

Na década de 2000, Ambalavaner Sivanandan, o romancista srilankês cunhou o conceito de *xenorracismo* no artigo "Povertyisthe New Black" (A Pobreza É o Novo Negro, 2001). Inspirou-se no 11 de Setembro e nas dinâmicas migratórias contemporâneas no contexto da sociedade capitalista europeia, principalmente as políticas migratórias securitistas e xenofóbicas dos Estados europeus. De acordo com Sivanandan, o xenorracismo não se reduz à cor da pele, ao "código de cores", não diz respeito apenas às pessoas negras, mas às novas categorias de deslocados, despossuídos e desarraigados, principalmente migrantes pobres de diversas origens raciais, culminando nas novas formas de o racismo se expressar e se reatualizar nas sociedades capitalistas. Segundo o referido autor, os brancos pobres também vivenciam as marcas e rastros do antigo racismo por serem estranhos e indesejados. "É um racismo em substância, mas 'xeno' em forma." (Sivanandan, 2006) O xenorracismo seria uma ideologia nacionalista de exclusão dos migrantes pobres, relacionando a xenofobia com a aporofobia, a aversão aos pobres.

Hoje, como nunca, no Brasil, nos Estados Unidos e em vários países da Europa, das Américas e da Ásia, há um discurso político internacional e ideológico sobre defesa e segurança nas fronteiras que atinge de forma desigual e seletiva as pessoas migrantes brancas e negras. O que demonstra uma racialização da xenofobia, o discurso anti-imigrante também tem cor e alvo, e passa a ser uma estratégia política em vez de uma política estratégica em prol da livre circulação das pessoas. Esse discurso anti-imigrantes e revela por meio da xenofobia e também do "código de cores", operacionalizando-se por meio do regime de controle das fronteiras, do erguimento de barreiras, de construção de cercas e muros para aqueles mais marcados racialmente.

Também há uma relação intrínseca entre xenofobia, mobilidade e corporeidade. São os corpos em movimento e marcados racialmente que são os mais submetidos às práticas sociais com base na xenofobia. Ao pensarmos o lugar do corpo na mobilidade humana, nos deparamos com a sua originalidade, já assinalada por intelectuais brasileiros como: Muniz Sodré, como corpo-território; Beatriz Nascimento, como corpo-mapa e corpo-documento; e pelos expoentes latino-americanos do grupo Modernidade/Colonialidade (Aníbal Quijano, Walter Mignolo, Enrique Dussel, Nelson Maldonado-Torres, Ramón Grosfóguel, dentre outros), que falam da geopolítica e do corpo-política dos subalternizados.

Inspirado nessa literatura sobre corporeidade e também sobre mobilidades, migrações e fronteiras, chamo a atenção para duas categorias – corpo-movimento e corpo-fronteira – que conformam uma dialética corpo-movimento-fronteira. Uma das singularidades do corpo migrante é o movimento, é um corpo em busca de, não é estático, parado num lugar, é um corpo que ganha sentido pelo movimento e por meio do movimento. Os corpos migrantes sonham, se projetam além do mar, buscam uma vida melhor longe de casa por meio de projetos migratórios. Os corpos migrantes são também territórios, ao mesmo tempo individuais e coletivos.

Se, por um lado, a mobilidade atribui vida ao corpo, o corpo se movimenta no espaço e no tempo, conformando o poder performativo que compõe a ação política (Butler, 2018); por outro lado, as fronteiras simbólicas e geopolíticas desconstroem os corpos móveis em nome dos supostos interesses nacionais e de segurança que se escondem por trás de ideologias políticas segregacionistas e racistas. Nesse sentido, os corpos em movimento se transformam em territórios de vida (pela mobilidade) e de morte (pelas fronteiras físicas e simbólicas).

Nos últimos anos, a esmagadora maioria dos migrantes negros tem vivenciado o terror e o medo de viver no Brasil. Alguns têm sido agredidos moral, psicológica e fisicamente, tal como ocorreu num posto de gasolina no Rio Grande do Sul. Um grupo de seis haitianos, sentados e conversando diante da Igreja Missão Paz, na cidade de São Paulo, foi baleado por quatro pessoas que passavam dentro de um carro e gritaram: "Haitianos, vocês roubam os nossos empregos." Os migrantes feridos foram para duas unidades de saúde, que se recusaram atendê-los pelo Sistema Único de Saúde (SUS) por serem migrantes.

Ainda em São Paulo, um migrante angolano foi morto esfaqueado e dois ficaram feridos ao tentar impedir a violência provocada por conta de uma discussão com um cidadão brasileiro sobre o auxílio-emergencial concedido às pessoas em situações de vulnerabilidade durante a pandemia provocada pela Covid-19. De acordo com o agressor, os migrantes não deveriam ter acesso ao auxílio por não possuírem a nacionalidade brasileira. Porém, do ponto de vista da lei, a Constituição Federal garante aos migrantes o direito ao referido auxílio.

Numa escala internacional, em outubro do referido ano, o mundo testemunhou uma das cenas mais violentas e desumanas já acontecidas, que viralizou nas redes sociais e nos meios de comunicação: a imagem dos agentes da Alfândega e Proteção de Fronteiras dos EUA (U.S. Customs and Border Protection) atacando migrantes haitianos com chicotes e cavalos, impedindo-os de atravessar o rio Bravo, que liga a cidade de Acuña, no México, com Del Rio, no estado do Texas. No início do ano de 2022, o assassinato brutal do refugiado congolês Moïse Kabamgabe no Rio de Janeiro causou revolta.

Lamentavelmente esses assassinatos não são casos isolados, fazem parte de um repertório nacional e internacional neocolonial e anti-imigrante negro. No caso brasileiro, historicamente – durante o período da Primeira República (1889-1930), do Estado Novo (1937-1945) até o Estatuto do Estrangeiro instaurado durante a Ditadura Militar pela Lei 6.815/1980 e revogado em 2017 pela nova Lei de Migração 13.445/2017 – as leis de migração tinham uma forte influência eugenista, implementando recortes raciais excludentes.

No México não era diferente, a partir da década de 1920, as leis expressavam explicitamente o preconceito e a discriminação racial contra os migrantes, proibindo a migração de chineses (em 1921), indianos (1923), negros (1924), ciganos (1926) e árabes (1927), entre outros. A título de ilustração, a Lei de 1926 considerava que os migrantes negros representavam um atraso e um perigo de degeneração física para o projeto nacional mexicano, portanto era imprescindível "selecionar os imigrantes" (Schwarz, 2012). Numa escala nacional e internacional, se por um lado, os migrantes negros eram considerados indesejados nesses países, por outro lado, as leis e as elites dirigentes incentivavam a migração europeia, por meio da ideologia do branqueamento da população, tendo como pressupostos a crença na desigualdade das raças, ou seja, na superioridade das pessoas brancas e na inferioridade das pessoas negras.

A miscigenação seletiva, por meio da chegada do imigrante ideal garantiria que as gerações futuras alcançassem a aparência e o fenótipo branco (Seyferth, 2000; Koifman, 2012; Schwarz, 2012). Essas leis mostram a influência do Estado na materialização das práticas sociais baseadas na xenofobia, forjando noções de cidadania e nacionalidade por meio da raça para alcançar um projeto de nação ideal fundamentado na suposta assimilação cultural e física das pessoas negras. Para usar as palavras de Achille Mbembe, são tempos de brutalidade, e os corpos-negros-migrantes se tornavam (e continuam se tornando) cada vez mais expostos e alvos dessa brutalidade, cotidianamente em risco. São os corpos de fronteira entre a vida e a morte.

Tanto as barreiras físicas quanto os muros legais impostos aos migrantes fazem parte de um modelo de criminalização dos migrantes e de militarização das fronteiras e, neste caso específico, o fato de serem em sua maioria migrantes negros e pobres faz com que sejam vistos como suspeitos por representarem uma tripla ameaça aos ideais da nação, por serem migrantes, negros e pobres, transformando-se em indesejados por excelência. Essas medidas restritivas à circulação dos migrantes têm sido acompanhadas pelo desenvolvimento de aparelhos administrativos e burocráticos não só nas fronteiras, mas também dentro dos territórios nacionais. Isto demonstra a dificuldade das políticas migratórias nacionais de intervirem na origem de processos situados para além das fronteiras e que sejam capazes de despolitizar, descriminalizar e desmilitarizar as dinâmicas migratórias construídas como um "problema" governamental.

Decorre daí a formulação da dialética do corpo-movimento-fronteira. Primeiro, a mobilidade se constitui como o momento de afirmação desses corpos, segundo, a fronteira se constitui como o momento de negação, e o terceiro momento é de resposta, resistência e reexistência desses corpos por meio da agência e do protagonismo, na medida em que são desenvolvidas estratégias de resistência, de transformação e superação das fronteiras e das práticas sociais baseadas na xenofobia, de forma individual e coletiva, por meio de associações e organizações migrantes que buscam explodir as fronteiras geopolíticas e simbólicas, principalmente com protestos, caravanas e lutas migrantes, marchas e movimentos como Vidas Imigrantes Negras Importam, que exigem proteção, direito de ser, de existir e de estar em movimento. A corporeidade negra também aparece como território simbólico e racializado, o corpo-negro-migrante como território subjugado pelo passado escravocrata e pela persistência das desigualdades estruturais.

Esta terceira dimensão da dialética é também uma demanda corporal por vidas possíveis de se movimentarem para além dos regimes de controle (Butler, 2018). Isto demonstra que os corpos em movimento não são e não estão simplesmente passivos em face das tecnologias de controle dos Estados, ou são simplesmente objetificados, pelo contrário, são também corpo-circulatório e corpo-sujeito que mobilizam a racionalidade para melhor se moverem, seja por meio dos mapas, seja dos conhecimentos práticos, das tecnologias de informação e de comunicação, rompendo com a dicotomia corporeidade e intelectualidade.

Este terceiro momento da dialética é um movimento corporal de resistência, trazendo à tona a negação ontológica do ser-no-mundo e o saber-circular. Também traz à tona o significado colonialista das fronteiras e provoca a sua descolonização, a explosão das barreiras, dos muros e das cercas, questionando a desumanização e a atitude contra os efeitos materiais, epistêmicos e simbólicos em prol da descolonização das fronteiras e a pluriversalidade das migrações.

A dialética corpo-movimento-fronteira possui uma dupla pretensão. Por um lado, denuncia as práticas sociais baseadas na xenofobia por meio da continuidade das formas coloniais no contexto migratório que determinam quais corpos podem se movimentar e quais não, como e onde podem se mover (Sheller, 2018), caracterizando o controle exponencial do movimento dos corpos e a geopolítica do controle da mobilidade (Menjívar, 2014). Por outro, desnaturaliza a suposta miserabilidade e passividade das pessoas migrantes para colocar a ênfase também na agência e no protagonismo delas, mostrando como a mobilidade se torna central para a gramática da corporeidade em movimento dentro de uma hierarquia étnico-racial global (Joseph, 2021).

Nesse sentido, os corpos em movimento não podem ser vistos apenas na lógica da divisão internacional do trabalho, corpos eminentemente passivos diante das condições do sistema mundial global capitalista, mas também corpos-sujeitos que pensam, sonham, projetam o futuro, que denunciam a subjugação e se reinventam por meio do movimento.

Desta forma, ao lado dos espetáculos das fronteiras, da produção do medo e da fobia como mecanismo de controle dos "outros" e seus corpos, há também a performatividade do corpo-político, corpo-móvel e corpo-resistência. Na origem da xenofobia está a produção do medo, do "perigo", da fobia e da violência nos modos de construção das subjetividades dos corpos em movimento na relação com os "outros".

Referências

BOLAFFI, Guido et al. Xenophobia. In: *Dictionary of Race, Ethnicity and Culture*. London: Sage, 2003.

BUTLER, Judith. *Notes Toward a Performative Theory of Assembly*. Harvard: Harvard University Press, 2018. (Edição do Kindle.)

JOSEPH, Handerson. La Negrización de las Migraciones. In: JOSEPH, Handerson; MIRANDA, Bruno. *(Trans)Fronteriza: Movilidades y Diásporas Negra sen las Américas*. Buenos Aires: CLACSO, 2021.

JOSEPH, Handerson; CEJA, Iréri. Xenofobia, Racismo y Aporofobia. In: CEJA, Iréri; ÁLVAREZ-VELASCO, Soledad; BERG, Ulla D. *Migración* Buenos Aires: CLACSO, 2021.

KOIFMAN, Fábio. *Imigrante ideal: O Ministério da Justiça e a Entrada de Estrangeiros no Brasil (1941-1945)*. Rio de Janeiro: Civilização Brasileira, 2012.

MENJÍVAR, Cecilia. Immigration Law beyond Borders: Externalizing and Internalizing Border Controls in an Era of Securitization. *Annual Review of Law and Social Science*, v. 10, 2014.

SCHWARZ, Tobias (2017). Políticas de Inmigraciónen América Latina: El "Extranjero Indeseable" en las Normas Nacionales, de la Independencia hasta los Años de 1930. *Procesos: Revista Ecuatoriana de Histôria*, Quito, n. 36, II semestre 2012.

SEYFERTH, Giralda. As Identidades dos Imigrantes e o *Melting Pot* Nacional. *Horizontes Antropológicos*, Porto Alegre, a. 6, n. 14, nov. 2000

SHELLER, Mimi. *Mobility Justice: The Politics of Movement in an Age of Extremes*. London: Verso, 2018.

SIVANANDAN, Ambalavaner. Poverty is the New Black. *Race and Class*, v. 43, n. 2, Oct. 2001.

_____. Race, Terror and Civil Society. *Race and Class*, v. 47, n. 3, Jan. 2006.

SOBRE OS AUTORES

ADERIVALDO RAMOS DE SANTANA
Historiador, docente no departamento de Estudos Lusófonos da Universidade Paul-Valéry Montpellier 3. Realiza uma pesquisa micro-histórica sobre o comércio transatlântico de escravos com base em biografias de ex-escravos que viveram no Brasil.

ADILBÊNIA FREIRE MACHADO
Professora da UFRRJ. Formada em Filosofia, é mestre em Educação pela UFBA e doutora em Educação pela UFC. Coordena o Eixo Filosofia Africana e Afro-Diaspórica da Associação Brasileira de Pesquisadores Negr@s (ABPN), e é sócia-fundadora e pesquisadora do Grupo de Pesquisa Rede Africanidades (UFBA).

AGUSTIN LAÓ-MONTES
Sociólogo e professor da Universidade de Massachussets em Amherst, EUA, e doutor em Sociologia pela State University of New York-Binghamton. É especialista em sociologia histórica mundial e globalização, sociologia política (sobretudo movimentos sociais e sociologia do estado e nacionalismo), identidades e desigualdades sociais, sociologia de raça e etnia e diáspora africana.

ALEX RATTS
Doutor em Antropologia Social pela USP e professor na UFG nos cursos de graduação e pós-graduação em Geografia e de pós-graduação em Antropologia. Coordenador do Laboratório de Estudos de Gênero, Étnico-Raciais e Espacialidades do Instituto de Estudos Socioambientais da UFG, participa da Rede Espaço e Diferença (RED) e da Rede de Estudos de Geografia, Gênero e Sexualidades Ibero Latino-Americana (REGGSILA).

ALEXANDRE DE PAIVA RIO CAMARGO
Professor e coordenador adjunto do Programa de Pós-Graduação em Sociologia Política da PPGSP-UCAM e doutor em Sociologia pelo Instituto de Estudos Sociais e Políticos do IESP-UERJ. Atualmente coordena diferentes projetos de pesquisa, entre os quais "A Contribuição do Centro de Estudos Afro-Asiáticos Para as Ciências Sociais Brasileiras", com auxílio financeiro da FAPERJ.

ALLYNE ANDRADE E SILVA
Advogada, possui doutorado e mestrado em direito pela USP. Obteve o Master of Laws na área de Teoria Crítica Racial na Faculty of Law da Universidade da Califórnia. Professora do Insper nas áreas de Direito e Políticas Públicas e líder de Diversidade e Inclusão na UERJ. Integra o movimento de mulheres negras no Brasil e tem sua trajetória profissional e acadêmica ligada ao direito e políticas públicas,

direitos humanos, organizações da sociedade civil e movimentos sociais, teoria crítica racial, interseccionalidade, equidade racial e de gênero, diversidade e inclusão.

ÁLVARO PEREIRA DO NASCIMENTO

Professor da UFRRJ, faz parte do corpo docente permanente do Programa de Pós-Graduação em História (PPHR) e do Programa de Pós-Graduação Interdisciplinar em Humanidades Digitais (PPGIHD) da mesma universidade. Membro da Red Iberoamericana de Investigación en Comunidades Marítimas (RIICoMa) e dos grupos de trabalho Mundos do Trabalho e Emancipações e Pós-Emancipação.

AMAURI MENDES PEREIRA

Doutor em Ciências Sociais pela UERJ e especialista em História da África pelo Centro de Estudos Afro-Asiáticos (CEAA) da UCAM, onde também foi pesquisador do Centro de Estudos Afro-Asiáticos e do Centro de Estudos Afro-Brasileiros. É professor no Curso de Pós-Graduação Lato Sensu em História da África e do Negro no Brasil (CEAA-UCAM).

AMILCAR ARAUJO PEREIRA

Doutor em História pela UFF com pós-doutorado nas áreas de Educação e História na Universidade Columbia, em Nova York (EUA). Atualmente é professor da Faculdade de Educação e do Programa de Pós-Graduação em Educação da UFRJ, coordenador do Grupo de Estudos e Pesquisas em Educação Antirracista (Gepear-UFRJ) e Bolsista Jovem Cientista do Nosso Estado – Faperj.

ANA CLÁUDIA CASTILHO BARONE

Urbanista, pesquisadora do campo de história da cidade, com ênfase na investigação sobre as implicações do urbanismo sobre a diáspora negra. Doutora pela FAU-USP e docente da mesma instituição, onde coordena o Labdias – Cultura, Cidade e Diáspora. Doutora pela École des Hautes Études en Sciences Sociales, em Paris, foi ainda pesquisadora visitante no DRCLAS da Universidade Harvard.

ANGELA FIGUEIREDO

Antropóloga, mestre em Ciências Sociais pela UFBA e doutora em Sociologia pela Sociedade Brasileira de Instrução – SBI/IUPERJ, com pós-doutorado no Carter Woodson Institute (UVA-EUA). Atualmente é professora adjunta da Universidade Federal do Recôncavo da Bahia e associada ao Programa de Pós-Graduação em Estudos Étnicos e Africanos (Pós-Afro da UFBA), onde é coordenadora do curso avançado em estudos étnico-raciais Fábrica de Ideias. Integra o Fórum Nacional Marielle Franco.

ANNA VENTURINI

Doutora em Ciência Política pelo Instituto de Estudos Sociais e Políticos (IESP) da UERJ, mestre em Direito Público e bacharel em Direito, ambos pela USP, é atualmente Secretária de Ações Afirmativas no Ministério da Igualdade Racial e pesquisadora do Afro/cebrap.

ANTONIO SÉRGIO GUIMARÃES

Doutor em Sociologia pela Universidade de Wisconsin (EUA), professor do Departamento de Sociologia da USP e pesquisador do Cebrap. Foi tinker visiting professor na Universidade de Chicago, titular da Cátedra Simón Bolívar da University of Cambridge e da Chaire Brésilienne de Sciences Sociales Sérgio Buarque de Holanda, na Fondation Maison des Sciences de l'Homme, Paris, e presidente da Sociedade Brasileira de Sociologia, tendo recebido a comenda do Mérito Científico do Governo do Brasil.

AZA NJERI

Doutora em Literaturas Africanas, pós-doutora em Filosofias Africanas, pesquisadora de África e Afrodiáspora, professora da PUC-Rio, escritora, roteirista, multiartista, crítica teatral e literária, mãe, podcaster e youtuber.

CLÍCEA MARIA AUGUSTO DE MIRANDA

Doutora em História Social pela USP, graduada e mestra em História Política pela UERJ. É professora do Curso de História e Cultura Afrodescendente da PUC Rio (latu sensu), e membro do GT Emancipações e Pós-abolição da ANPUH e da Rede de Historiadorxs Negrxs. Desenvolve pesquisas com interesse em História do Brasil Império, História da América, Abolição, Abolicionismo, Pós-emancipação, História e Cultura Afro-Diaspórica.

CRISTIANE SANTOS SOUZA

Mestre em Ciências Sociais (com ênfase em Antropologia) pelo Programa de Pós-Graduação em Ciências Sociais da UFBA, doutora em Antropologia Social pela Unicamp e pós-doutora pelo Programa de Pós-Graduação na área de Estudos Comparados de Ensino Superior, Políticas Públicas e Inovação da Universidade Eduardo Mondlane (UEM) e pelo Centro de Estudos Africanos (UEM), em Moçambique. Atualmente é professora adjunta da Universidade da Integração Internacional da Lusofonia Afro-Brasileira (Unilab) na Bahia.

DANILO SALES DO NASCIMENTO FRANÇA

Doutor em Sociologia pela USP e professor de Sociologia da UFF, é pesquisador do Núcleo de Pesquisa e Formação em Raça, Gênero e Justiça Racial do Centro Brasileiro de Análise e Planejamento (Afro-Cebrap).

DEIVISON FAUSTINO

Professor do Departamento de Saúde, Educação e Sociedade e do Programa de Pós-Graduação em Serviço Social e Políticas Sociais do PPGSSPS-Unifesp e do Núcleo de Estudos Reflexos de Palmares. Graduado em Ciências Sociais pelo Centro Universitário Fundação Santo André, é mestre em Ciências da Saúde/Epidemiologia pela Faculdade de Medicina do ABC e doutor em Sociologia pela UFSCAR, com pós-doutorado em Psicologia Clínica pelo Instituto de Psicologia da USP.

ELISA LARKIN NASCIMENTO

Mestre em Direito e em Ciências Sociais pela Universidade do Estado de Nova York (EUA) e doutora em Psicologia pela USP, atua no Instituto de Pesquisas e Estudos Afro-Brasileiros (Ipeafro), que guarda o acervo de Abdias Nascimento e das instituições que ele criou, com base no qual idealiza e organiza iniciativas voltadas ao ensino da história e cultura de matriz africana. Curadora de exposições de pinturas de Abdias Nascimento e do acervo do Museu de Arte Negra, co-organizou o fórum Educação Afirmativa Sankofa.

FELIPE FREITAS DE SOUZA

Doutor em Ciências Sociais da Faculdade de Ciências e Letras de Araraquara da Unesp, é mestre em Educação Tecnológica pelo Centro Federal de Educação Tecnológica de Belo Horizonte, e integra o Grupo de Antropologia em Contextos Islâmicos e Árabes (Gracias) e o Núcleo de Antropologia da Imagem e Performance (Naip).

FERNANDO DE SÁ MOREIRA

Mestre em Filosofia pela Unioeste e doutor em Filosofia pela PUC-PR, é professor da UFF na área de Filosofia da Educação e Epistemologia das Ciências da Educação. Desenvolve as frentes de pesquisa de filosofia africana e afrodiaspórica e de doutrinas de identidade pessoal no pensamento de Arthur Schopenhauer e Friedrich Nietzsche.

FERNANDA FELISBERTO

Doutora em Literatura Comparada pela UERJ, professora de Literatura Brasileira no Departamento de Letras do Instituto Multidisciplinar da UFRRJ e tutora do grupo PET Conexões Baixada da mesma universidade. Coordenou o Ciclo de Seminários Mulheres nas Artes: Conceição Evaristo, promovido pela Escola do Olhar do Museu de Arte do Rio (MAR). Integra o conselho editorial para a publicação dos manuscritos de Carolina Maria de Jesus.

FERNANDA MIRANDA

Doutora em Letras pela USP, é professora da Universidade Federal do Sul e Sudeste do Pará (UNIFESSPA). Compõe o Conselho editorial responsável pela publicação da obra completa de Carolina Maria de Jesus.

FLÁVIA M. RIOS

Doutora em Sociologia pela USP, é professora da UFF, onde foi coordenadora do curso de Ciências Sociais (Licenciatura). Foi ainda visiting student researcher collaborator em Princeton. Integrou o quadro docente da UFG, na qual coordenou o Pibid-Ciências Sociais. Atualmente, é coordenadora do Núcleo de Estudos Guerreiro Ramos (Negra - UFF) e integra o Programa de Pós-Graduação em Sociologia (PPGS) e os comitês científicos do Afro/Cebrap e do projeto "As Responsabilidades de Empresas Por Violações de Direitos Durante a Ditadura" (CAAF/Unifesp).

FLÁVIO GOMES

Doutor em História Social pela Unicamp, é professor da UFRJ e pesquisador do CNPq, nas temáticas de pensamento social e história do racismo, cartografia e antropologia histórica, campesinato negro e pós-emancipação.

FLAVIO THALES RIBEIRO FRANCISCO

Doutor em História Social pela USP e professor de Ciências Humanas e de Relações Internacionais da UFABC. É membro do Laboratório de Estudos de História das Américas (LEHA) e integrante do Grupo de Estudos de História dos Estados Unidos e Relações Interamericanas.

FRANCIROSY CAMPOS BARBOSA

Antropóloga, docente associada no Departamento de Psicologia da USP, pós-doutora pela Universidade de Oxford, coordena o Grupo de Antropologia em Contextos Islâmicos e Árabes (Gracias). Dirigiu o documentário *Allah, Oxalá na Trilha Malê* (2015), entre outros disponíveis na plataforma Vimeo.

GABRIEL MIZRAHI

Mestre em História Social pela UFRJ e doutorando em relações internacionais pela PUC-RJ, é pesquisador e colaborador do Instituto Brasil-Israel e integra o Laboratório de Religião, Espiritualidade e Política (Larep), vinculado ao Instituto de Sociologia da UFRJ.

GERSEM BANIWA

Mestre e doutor em Antropologia Social pela UnB, foi secretário municipal de educação de São Gabriel da Cachoeira, cofundador da Coordenação das Organizações Indígenas da Amazônia Brasileira (COIAB) e da Federação das Organizações Indígenas do Rio Negro (FOIRN). Atualmente é professor da UFAM.

GIVÂNIA MARIA SILVA

Educadora, quilombola e pesquisadora. Mestra em Políticas Públicas e Gestão da Educação pela UnB e doutora em Sociologia pela mesma universidade. É membra fundadora e coordena o coletivo nacional de educação da Coordenação Nacional de Articulação das Comunidades Negras Rurais Quilombolas (Conaq). Integra a Associação Brasileira de Pesquisadores/as Negros/as (ABPN), onde é coordenadora do Comitê Científico: Quilombos, Territorialidades e Saberes Emancipatórios. É membra da Rede de Ativista Pelo Direito à Educação do Malala Fund no Brasil.

GUSTAVO TANIGUTI

Mestre, doutor e pós-doutor em Sociologia pela USP, com período de estágio doutoral (visiting student research collaborator) no Departamento de Sociologia da Universidade Princeton (EUA). Desde 2011 é editor regional da revista Global Dialogue, publicada pela International Sociological Association (ISA).

HANDERSON JOSEPH

Professor do Departamento de Antropologia e do Programa de Pós-Graduação em Antropologia da UFRGS. Professor do Programa de Pós-Graduação em Estudos de Fronteira (PPGEF) da Unifap e do Mestrado em Antropologia pela Université d'État d'Haiti.

HENRIQUE RESTIER DA COSTA SOUZA

Doutor em Sociologia pelo Instituto de Estudos Sociais e Políticos da Iesp-UERJ, leciona sociologia junto ao Bacharelado de Línguas Estrangeiras Aplicadas às Negociações Internacionais (Leani/Cefet-RJ). Desenvolve pesquisas no campo de estudos de homens e masculinidades e relações raciais.

JOÃO FLÁVIO DOS SANTOS GOMES

Técnico em Mecatrônica e aluno de graduação em Engenharia de Produção.

JOÃO H. COSTA VARGAS

Mestre e doutor em Antropologia, é professor do Department of African and African Diaspora Studies, College of Liberal Arts da Universidade do Texas em Austin. Pesquisa as invenções coletivas que combatem a antinegritude que caracteriza a formação social brasileira.

JOAZE BERNARDINO-COSTA

Mestre e doutor em Sociologia pela UnB, na qual é professor do Departamento de Sociologia. Realizou seu pós-doutorado no Departamento de Estudos Étnicos da Universidade da Califórnia e atuou como pesquisador visitante na Universidade Rutgers, onde aprimorou seus estudos sobre intelectuais negros caribenhos. Integrou a equipe da UNB que elaborou e propôs a Política de Ações Afirmativas para Estudantes Negros(as), Indígenas e Quilombolas nos Cursos de Pós-Graduação, aprovada em 2020.

JOSÉ MAURÍCIO ARRUTI

Mestre e doutor em Antropologia Social pelo Museu Nacional (UFRJ). Na Unicamp coordenou o Centro de Pesquisa em Etnologia Indígena, o Curso de Graduação em Ciências Sociais e atualmente é chefe do Departamento de Antropologia e coordena o Laboratório de Pesquisa e Extensão com Populações Tradicionais Afro-Americanas (LAPA) do Centro de Estudos Rurais (Ceres).

JUCÉLIA S. BISPO RIBEIRO

Antropóloga (UFBA), psicóloga (Universidade de Salvador) e mestre em Ciências Sociais pela

UFBA, atua principalmente com a antropologia social e psicologia clínica e social, abordando temas como gênero, relações raciais, sexualidade, políticas públicas, direitos sociais e geração.

JULIANA VINUTO

Professora do Departamento de Sociologia e Metodologia das Ciências Sociais e pesquisadora de pós-doutorado pelo Programa de Pós-Graduação em Antropologia da UFF. Doutora em Sociologia pela UFRJ, é também pesquisadora do Laboratório de Estudos sobre Conflitos, Cidadania e Segurança Pública (Laesp-UFF), do Núcleo de Estudos da Cidadania, Conflito e Violência Urbana (Necvu-UFRJ), do Núcleo de Estudos Guerreiro Ramos (Negra-UFF) e do Grupo de Estudo e Pesquisa em Direito da Criança e do Adolescente (Gedica-Uneb). Editora adjunta da Dilemas – Revista de Estudos de Conflito e Controle Social.

LAÍS MIWA HIGA

Antropóloga, doutoranda e mestra em Antropologia Social pela USP. Pesquisadora do Núcleo de Estudos de Marcadores Sociais da Diferença (Numas/USP) e do Núcleo de Etnohistória (USP).

LIA VAINER SCHUCMAN

Doutora em Psicologia Social pela USP com estágio de doutoramento no Centro de Novos Estudos Raciais pela Universidade da Califórnia. Professora do Departamento de Psicologia da UFSC, pesquisadora de Psicologia e Relações Étnico-Raciais.

LILIA MORITZ SCHWARCZ

Historiadora, antropóloga, formada em História pela USP. É doutora em antropologia social pela USP e, atualmente, professora titular da Faculdade de Filosofia, Letras e Ciências Humanas na mesma universidade. É editora da Companhia das Letras, membro do *advisory group* da Universidade Harvard e do Conselho Científico do Instituto de Estudos Avançados da UFMG.

LÍVIA SANT'ANNA VAZ

Mulher negra. Promotora de justiça do Ministério Público do Estado da Bahia, atua na Promotoria de Justiça de Combate ao Racismo e à Intolerância Religiosa de Salvador. Mestra em Direito Público pela Universidade Federal da Bahia, doutora em Ciências Jurídico-Políticas pela Faculdade de Direito da Universidade de Lisboa.

LUCIANA DA CRUZ BRITO:

Doutora em História pela Universidade de São Paulo, mestra em história social pela Unicamp e graduada em História pela Universidade Federal da Bahia. Professora da graduação e do mestrado em História da África, da Diáspora e dos Povos Indígenas da Universidade Federal do Recôncavo da Bahia. É membro do GT Emancipações e Pós-abolição da ANPUH, da Rede de Historiadorxs Negrxs e do conselho executivo da Association for the Study of the Worldwide Diaspora (ASWAD).

LUCIANE SOARES DA SILVA

Professora da Universidade Estadual do Norte Fluminense Darcy Ribeiro. Doutora em Sociologia pela UFRJ, é chefe do Laboratório de Estudos da Sociedade Civil e do Estado (Lesce) e coordena o Núcleo de Estudos Cidade Cultura e Conflito (NUC).

LUIS HIRANO

Professor de Antropologia da Faculdade de Ciências Sociais da UFG. É doutor em Antropologia

Social pela USP, onde também realizou seu pós-doutorado. Foi *visiting fellow* da Faculty of Arts and Sciences da Universidade Harvard.

MARA VIVEROS VIGOYA

Doutora em Antropologia pela Escola de Estudos Superiores em Ciências Sociais de Paris (EHESS); economista, fundadora e atual coordenadora da Escuela de Estudios de Género e professora do Departamento de Antropologia da Universidade Nacional da Colômbia.

MÁRCIA LIMA

Professora do Departamento de Sociologia da USP e pesquisadora sênior do Cebrap, onde coordena o Afro-Núcleo de pesquisa e formação em raça, gênero e justiça racial. Foi visiting fellow no Hutchins Center for African and African American Studies da Universidade Harvard e membro do Comitê Executivo da Brazilian Studies Association.

MARCIO ANDRÉ DE OLIVEIRA DOS SANTOS

Doutor em Ciência Política pelo Instituto de Estudos Sociais e Políticos da UERJ e professor do curso de Licenciatura em Ciências Sociais e do Bacharelado Interdisciplinar em Humanidades da Unilab. Fez pós-doutorado no Programa Multidisciplinar de Pós-Graduação em Estudos Étnicos e Africanos da UFBA, onde atualmente atua como colaborador. Pesquisa sociologia das relações raciais e movimentos negros comparados

MARCO ANTONIO LIMA DO BONFIM

Professor do Departamento de Letras da UFPE, atuando nas áreas de Língua Portuguesa e Estudos do Discurso. Membro da coordenação do Núcleo de Estudos Afro-Brasileiros (NEAB). Mestre e doutor em Linguística Aplicada pela UFCE. Foi professor visitante do Certificado en Estudios Afro-Latino-Americanos do Instituto de Pesquisas Afro-Latino-Americanos (Alari) da Universidade Harvard (EUA) e é sócio da Associação Brasileira de Linguística (Abralin).

MARIA ANDREA DOS SANTOS SOARES

Doutora em Antropologia Social pela Universidade do Texas em Austin, tem experiência nas áreas de antropologia social e estudos de performance, com ênfase nos temas da diáspora africana e do pensamento das mulheres negras. Atua como docente junto ao Instituto de Humanidade e Letras da Unilab. Coordena o grupo Processos Sociais, Memórias, Narrativas Brasil-África-Nyemba, que realiza pesquisas e reflexões sobre diferentes processos e experiências sociais vivenciadas em múltiplos contextos por comunidades africanas e afro-diaspóricas.

MÁRIO AUGUSTO MEDEIROS DA SILVA

Doutor em Sociologia, escritor e professor do Departamento de Sociologia da Unicamp, onde fez sua formação, estuda principalmente o pensamento social brasileiro, a literatura e a sociedade, os intelectuais negros e a memória social.

MARTA MACHADO

Professora da Escola de Direito de São Paulo da Fundação Getúlio Vargas e pesquisadora do Afro-Cebrap, é atualmente a titular da Secretaria Nacional de Políticas Sobre Drogas e Gestão de Ativos do Ministério da Justiça.

MAURICIO ACUÑA

Doutor em Literatura pela Universidade de Princeton e em Antropologia Social pela USP, com especialização em literaturas e culturas contemporâneas da diáspora africana nas Américas, particularmente no Brasil e em Cuba. É pesquisador associado no Dartmouth College (EUA).

MATHEUS GATO

Professor do Departamento de Sociologia da Unicamp, desenvolve pesquisas nas áreas de relações raciais, sociologia política e da cultura. Formado em Ciências Sociais pela UFMA, com mestrado e doutorado em Sociologia pela USP. Foi visiting student researcher collaborator na Universidade Princeton e realizou estágio pós-doutoral em Harvard.

MICHEL GHERMAN

Professor do Departamento de Sociologia da UFRJ e do Programa de Pós-Graduação em História Social da mesma universidade. Também coordena nessa instituição o Núcleo Interdisciplinar de Estudos Judaicos. É pesquisador do Centro Vital Sasson de Estudos de Antissemitismo da Universidade Hebraica de Jerusalém.

MILLENI FREITAS ROCHA

Historiadora pela UFRJ, integra o Laboratório de Estudos Socioantropológicos em Política, Arte e Religião (Lepar) e o Núcleo Interdisciplinar de Estudos Judaicos (Niej). Desenvolve pesquisa nas áreas de sociologia da religião, denominações evangélicas e psicanálise.

MURYATAN BARBOSA

Doutor em História Social pela USP, foi pesquisador visitante na Universidade Harvard e consultor da Unesco-Brasil para o Programa Brasil-África: Histórias Cruzadas. Atualmente é professor do curso de Relações Internacionais da UFABC.

NELSON INOCÊNCIO SILVA

Mestre em Comunicação e doutor em Arte pela UnB. Professor no Departamento de Artes Visuais, vinculado ao Instituto de Artes da UnB, onde exerceu os cargos de coordenador de curso de graduação e subchefe. Atua como membro do Núcleo Docente Estruturante (NDE), na mesma universidade.

NOEL CARVALHO

Professor do Departamento de Multimeios, Mídia e Comunicação e do Programa de Pós-Graduação em Multimeios da Unicamp. Pesquisador Associado ao Centre de Recherches Interdisciplinaires sur les Mondes Ibériques Contemporains (Crimic) da Universidade Paris-Sorbonne IV. Graduado em Ciências Sociais (USP), mestre em Multimeios (Unicamp), doutor em Sociologia (USP. Pesquisa cinema, o negro e a cultura brasileira.

OSMUNDO PINHO

Mestre em Antropologia Social e doutor em Ciências Sociais pela Unicamp, é professor no Centro de Artes, Humanidades e Letras e no Programa de Pós-Graduação em Ciências Sociais da Universidade Federal do Recôncavo da Bahia.

PAULA CRISTINA DA SILVA BARRETO

Professora da UFBA e docente dos programas de pós-graduação em Ciências Sociais (PPGCS) e em Estudos Interdisciplinares sobre Mulheres, Gênero e Feminismo (PPGNEIM), coordena o A Cor da Bahia - Programa de Pesquisa e Formação em Relações Raciais, Cultura e Identidade Negra na Bahia, e compõe a diretoria da Sociedade Brasileira de Sociologia.

PAULO NEVES

Professor e pesquisador da Universidade Federal do ABC (UFABC), onde atua no âmbito do curso de Políticas Públicas e do Programa de Pós-Graduação em Ciências Humanas e

Sociais, sendo, ainda, o atual coordenador da Editora da UFABC (EDUFABC).

RENATO NOGUERA

Doutor em Filosofia pela UFRJ, dramaturgo e professor na Universidade Federal Rural do Rio de Janeiro, coordena o Grupo de Pesquisa Afroperspectivas, Saberes e Infâncias. Com formação familiar griot, desenvolve pesquisas nas áreas de educação (estudos das infâncias e com crianças) e filosofias africanas e indígenas. Foi consultor da Rede Globo para a novela Pantanal.

ROLF MALUNGO DE SOUZA

Doutor em Antropologia pela UFF, leciona antropologia na mesma instituição. Atualmente é *expert consultant* para a Universidade de Siracusa. Pesquisa gênero, masculinidade, sociabilidade, antropologia urbana, direito à cidade e direito à moradia e administração institucional de conflitos sociais, relações de gênero e raça/etnia.

RONALDO SALES

Mestre e doutor em Sociologia pela UFPE, é atualmente professor e coordenador de Pesquisa e Extensão da Unidade Acadêmica de Ciências Sociais, Direito e Filosofia da Universidade Federal de Campina Grande. Pesquisa as políticas públicas e as relações étnico-raciais.

SÉRGIO COSTA

Economista, obteve o mestrado em Sociologia na UFMG e doutorado no Departamento de Sociologia da Universidade Livre de Berlim, na qual, desde fevereiro de 2008, é professor universitário de sociologia da América Latina. Sua pesquisa se concentra na desigualdade social, diferenças culturais e democracia; ele também trabalha com racismo e antirracismo.

TATIANA LOTIERZO

É pesquisadora nas áreas de Antropologia e Artes Visuais e tem experiência nas áreas de comunicação e educação. Doutora em Antropologia Social (UnB), mestre em Antropologia Social (USP) e bacharel em História (USP) e Jornalismo (USP).

VAGNER GONÇALVES DA SILVA

Antropólogo e professor no Departamento de Antropologia e do Programa de Pós-Graduação em Antropologia Social da USP. Sua atuação acadêmica é dedicada principalmente às temáticas da etnografia das populações afro-brasileiras, antropologia urbana e teoria antropológica.

VALTER ROBERTO SILVÉRIO

Titular do Departamento e Programa de Pós-Graduação em Sociologia da Universidade Federal de São Carlos (UFSCar). Membro do Comitê Científico Internacional para o volume 9, 10 e 11 da General History of Africa (GHA, Unesco), e pesquisador do CNPq.

VERA RODRIGUES

Professora e antropóloga da Universidade da Integração Internacional da Lusofonia Afro-Brasileira (Unilab). É mestre em Antropologia Social pela URGS e doutora em Ciências Sociais pela USP. Líder do Grupo de pesquisa Oritá – Espaços, Identidades e Memórias, e coordenadora da Linha de Pesquisa "Identidades e Políticas Públicas".

VERÔNICA TOSTE DAFLON

Professora do Programa de Pós-Graduação em Sociologia na Universidade Federal Fluminense (PPGS-UFF), Jovem Cientista do Nosso Estado (Faperj) e doutora em Sociologia pelo Instituto de Estudos Sociais e Políticos (IESP-UERJ).

VIVIANE GONÇALVES FREITAS

Professora do Departamento de Ciência Política da UFMG, é doutora (UnB) e pós-doutora (UFMG) em Ciência Política. Pesquisadora associada à Rede de Pesquisas em Feminismos e Política, ao Margem – Grupo de Pesquisa em Democracia e Justiça (DCP/UFMG), e ao Grupo de Pesquisa em Democracia, Comunicação e Sociedade (DCS/UFSCar), já lecionou na PUC-MG, na UnB e na UFMG.

WANDERSON FLOR DO NASCIMENTO

Mestre em Filosofia e doutor em Bioética pela UnB, é professor do Departamento de Filosofia e dos Programas de Pós-Graduação em Bioética, em Direitos Humanos e Cidadania, e em Metafísica dessa universidade, além de colaborador dos programas de Mestrado Profissional em Sustentabilidade junto a Povos e Terras Tradicionais (Mespt). Colíder do Grupo de Estudos e Pesquisas em Educação, Raça, Gênero e Sexualidades Audre Lorde e membro do Núcleo de Estudos Sobre Filosofias Africanas "Exu do Absurdo" e do Núcleo de Estudos Afro-Brasileiros, todos da UnB.

WILLIAN LUIZ DA CONCEIÇÃO

Historiador e mestre em Antropologia Social pela UFSC, na qual leciona, e doutor em Antropologia Social pelo Museu Nacional da UFRJ. Pesquisador dos temas de identidade nacional, racismos e relações raciais/branquitude no Brasil. No momento, dedica-se aos estudos sobre colonialismo, colonialidade e políticas de assimilação da França na Guiana Francesa.

YNAÊ LOPES DOS SANTOS

Doutora em História Social pela USP, atualmente é professora no Instituto de História da UFF. Pesquisa escravidão, América ibérica, formação dos Estados nacionais, cidades escravistas, relações étnico-raciais e ensino de história. Integra o comitê executivo do Brazilian Studies Association (Brasa) e é uma das editoras da revista Tempo (UFF).

Este livro foi impresso na cidade de Guarulhos,
nas oficinas da Vox Gráfica,
para a Editora Perspectiva.